人物志的读法

RENWUZHI DE DUFA

刘君祖 著

图书在版编目（CIP）数据

人物志的读法 / 刘君祖著 . — 北京：华夏出版社有限公司，2024. — ISBN 978-7-5222-0774-2

Ⅰ．C96-092

中国国家版本馆 CIP 数据核字第 20249JF600 号

人物志的读法

作　　　者	刘君祖
责任编辑	龚　雪
责任印制	周　然

出版发行	华夏出版社有限公司
经　　销	新华书店
印　　装	三河市少明印务有限公司
版　　次	2024 年 10 月北京第 1 版 2024 年 10 月北京第 1 次印刷
开　　本	710mm×1000mm　1/16 开
印　　张	29.25
字　　数	406 千字
定　　价	86.00 元

华夏出版社有限公司　地址：北京市东直门外香河园北里 4 号　邮编：100028
　　　　　　　　　　网址：www.hxph.com.cn　电话：（010）64618981
若发现本版图书有印装质量问题，请与我社营销中心联系调换。

□ 导读

关于作者和这本书 / 001
刘昞的注释 / 003
拓展阅读的资料 / 004

□ 刘劭自序

知人者智 / 001
人的相反与相成 / 004
人力与天功 / 007
用众人之力才能成功 / 009
孔子识才的方法 / 011
中庸才是最高级的 / 013
为什么写《人物志》/ 015
《易经》大师为什么枉死 / 017

□ 九征第一

革变大有的卦象 / 031

热闹的萃卦 / 033

由外观内看人的九种征兆 / 033

思想和感情是了解人的根本 / 034

生物有形即可就近探究其本质 / 037

情绪中正平和者最佳 / 039

平淡最有味 / 041

调和鼎鼐 / 043

最适合中国人的中国学问 / 045

聪明更要平和 / 047

动脑思考与动手执行 / 049

人有能，物有性 / 050

人体具备五行 / 053

五常人格的德性 / 056

火德的人 / 058

从三方面观察人物 / 060

三种心地 / 061

多变的脸色 / 062

千变万化的声音 / 064

三种声音 / 066

从神色看人 / 068

又说偏至之材 / 069

精纯才能成大功 / 071

中庸之才与穷理尽性 / 073

性情的九种表征 / 075

德才兼备的中庸 / 078

不成材的人 / 081
庄子教的识人法 / 082

□ **体别第二**

重点是扬长避短 / 086
难以形容的中庸 / 088
应变无穷的能力 / 089
要把握好分寸 / 091
胆大好，还是胆小好 / 094
留一半清醒，留一半醉 / 096
人心最是难测 / 099
批评别人是容易的 / 102
过刚过柔都出毛病 / 104
不要总是说个不停 / 110
合群而非媚众 / 111
太冲太守都不行 / 113
说多说少宜斟酌 / 115
偏才本性难移转 / 118

□ **流业第三**

每个人都积习深重 / 123
源远流长形形色色 / 125
高手中的高手 / 130
什么人可称天下第一 / 133
具体而微的表率 / 137
聊备一格的专家 / 138

再强也是帮人干活的伙计 / 143

最高领导一窝收 / 146

☐ 材理第四

论辩很难沟通 / 154

道理各个不同 / 155

四家资质各异 / 156

九种偏执之情 / 158

七种似是而非的表现 / 160

装懂并没真懂 / 161

就是不肯认输 / 163

强词夺理走偏锋 / 164

说不通就算了 / 166

善用比喻讲道理 / 169

辩论不是吵架 / 170

真正沟通好困难 / 173

议场如战场 / 179

八种专才 / 181

通才的大成境界 / 183

☐ 材能第五

量才适用 / 192

自己干不如让人干 / 196

能者在职各有分派 / 197

领袖得面面俱到 / 201

尺有所短，寸有所长 / 203

君臣异道 / 206

利害第六

高风亮节真有用吗 / 210
严刑峻法有利有弊 / 214
运筹帷幄的绝顶高手 / 218
知进而不知退的风险 / 221
太爱批评得罪人 / 222
太琐细的技术家 / 224

接识第七

总拿自己的标准去看人 / 229
要练习欣赏和你不同的人 / 232
取得共识好难 / 239
领袖最好不拘一格 / 240
怎么辨识偏才与兼才 / 244
同温层的毛病 / 246

英雄第八

文武兼备称英雄 / 253
智勇双全方成事 / 256
知机应变的重要 / 259
创业英雄的风采 / 262
以文治武成大业 / 264

八观第九

八种观察人的方法 / 273

事到临头做不到 / 278

见义勇为特别难 / 281

天人交战不易决 / 283

深入观察才能识别 / 285

形形色色 / 288

表情很难掩饰 / 291

看出人的特质 / 294

辨别似是而非与似非而是 / 296

爱戴与尊敬的差别 / 311

通达人情不易 / 318

人人争强好胜 / 324

由人短处知其长处 / 330

聪明所能达到的最高境界 / 333

七缪第十

看人常犯的七种错误 / 344

不要轻信风评 / 347

勿陷于主观好恶 / 357

才高志大，行事审慎 / 360

人才有早发与晚发 / 364

人都是党同伐异 / 368

同类亦有微妙竞争 / 371

获提拔或遭打压 / 377

非常人物的观察法 / 384

什么都是比较级 / 390

□ 效难第十一

知人未必就能善任 / 396
各种方法都可能看错人 / 400
人会随时转化 / 410
往往看准了还不能用 / 414

□ 释争第十二

满招损，谦受益 / 422
过分好胜等于自毁 / 431
止讼莫如自修 / 438
冤家宜解不宜结 / 440
谦让不争的大智慧 / 446

导读

《人物志》是一部奇书,称得上是魏晋时期人物品鉴理论的代表作,也是中国历史上第一部以人物为研究对象的专著,系统阐述了识才用才的理论。此书自问世以来就颇受推崇,影响深远,至今仍能为我们提供识人用人的智慧,值得大家好好品读。

关于作者和这本书

唐朝文学家、政治家李德裕说:"余尝览《人物志》,观其索隐精微,研几玄妙,实天下奇才。"宋朝阮逸认为:"王者得之为知人之龟鉴,士君子得之为治性修身之檠栝,其效不为小矣。"清朝纪晓岚说:"其书主于论辨人才,以外见之符,验内藏之器,分别流品,研析疑似。""所言究悉物情,而精核近理。"我的老师毓老师曾多次讲授《人物志》,我在其门下受教良多。钱穆先生说:"我自己很喜欢刘劭此书,认为他提出'平淡'二字,其中即有甚深修养功夫。在我年轻时读《人物志》,至'观人察质,必先察其平淡,而后求其聪明'一语,即深爱之,反复玩诵,每不忍释。至今还时时玩味此语,弥感其意味无穷。"

1935年前后,美国人把《人物志》翻译成英文,以"人类能力的研究"为名出版发行,当时在美国引起了热烈讨论。这本书研究人类行为,比较人性、人情、人的工作能力以及人的才性。《人物志》意蕴深刻,即便外国人懂文言文，要翻译成"信达雅"的英文，恐怕也不容易。我们可以看出《人物志》的特殊性，居然在二十世纪三十年代就引起了西方人的重视。换句话说，"识人用人"是普天之下尤为重要的话题，不论在东方还是西方，它都是一门实用的学问。"知人善任"永远是领导者的必修功课。只要有组织，"识人任人"就很重要，无论是当主管，还是做部属，都需要知道。

这部书的作者是汉末曹魏时期的刘劭，今河北邯郸人。邯郸靠着河南安阳，离河北、河南的省界很近，在战国时期是赵国的都城。我曾去过两次，那里至今还保留着古代中原燕、赵、晋国的城墙，很有意思。刘劭在东汉末、三国曹魏时期都当过官，地位相当高，学问深厚，博览群书，精通儒家经典，是当时的政治家和思想家。

刘劭的"劭"字有两种写法，一种是"年高德劭"的劭，也有人写成"邵"，这与当时的避讳有关，所以我们以"劭"为准。为什么呢？因为古代人的名和字一定是有关联的。像关羽，字云长，意思是"既然有那么大的羽毛"，若是"云不长"，就不容易飞了。张飞，字益德（注：其实是通假"鹢"字，指水鸟），也有人说翼德，无论是哪一个，都含有展翅翱翔的意思。一直到三国时期，中国人主要都是单名，另外加个字。刘劭，字孔才，意思是大才、美才，"劭"是很美的意思。当一个人很有才华，让人家赞叹，就叫"才高德劭"。"年高德劭"是后人对长辈的推崇之辞，"年高"不一定会"德劭"。我们还可以联想到《论语》中谈到周公，用"如有周公之才之美"作为比较的基准，"之才之美"是美才，也就是"劭"的意思。这都是可以相通的。

刘劭所处的三国时期，吴国有个人叫吕蒙，从周瑜的副将、副帅，后来做到都督，设法杀了关羽。吕蒙原先是个粗野之人，受孙权的指导，觉得作为大将必须读书。吕蒙读了一些书之后，真的就脱胎换骨，被赞为"士别三日，刮目相看"，完全不再是当年的"吴下阿蒙"。这就是成语"吴下阿蒙"的由来，其中的"蒙"就是指吕蒙。《易经》中有蒙卦，意思是什么都不懂，所以得"启蒙"，得开眼，长智慧。三国时期蜀国的刘备，让儿子阿斗多读书。这些都是当时有实干经验的人，他们都认为要读书，还知道哪些书宝贵。

刘昞的注释

北魏的刘昞（一作刘昺）曾为《人物志》作注。《人物志》有了刘昞的注，更显精彩。刘昞是敦煌人，在今甘肃敦煌一带，他曾在西凉当过官，北凉灭西凉之后，刘昞被尊为国师。古人取名、字都具有含义，"昞"具有光明的意思，南方丙丁火"丙火"，又从"日"旁。刘昞，字延明，正是采用《易经》中"大人继明照于四方"之意，火要旺才可以像《庄子》说的"薪尽火传"那样，让"明"一直延续下去。刘昞走的是实学的路数，不管多忙，每天都会挤出时间读书，也注解过一些经典，比如有《易经》《韩非子》《黄石公三略》等，当然还有《人物志》。

刘昞这个人很有意思，相传他的老师要选女婿，对刘昞很欣赏，于是就试探他的胆识和心意。刘昞勇于表态，很潇洒地对老师说："向闻先生欲求快女婿，昞其人也。"结果老师就把女儿嫁给他了，这就是他有真性情的地方。当然，要讲魏晋这一段历史，不能不提《人物志》。除了刘昞的注，像汤用彤先生、钱穆先生、牟宗三先生等人也都大篇幅地谈过，他们都是承先启后的名家，所以，我在此推荐大家看看这些名家的手笔。

近年来，坊间有一些新译的《人物志》，有好的也有不那么好的，很多白话本子都把古注拿掉了，这是比较遗憾的做法。我认为最好还是把刘昞的注全文加进去，而不是节选。过去的人注书，大多是用思想去注思想，而不是一个字一个字地做训诂考据。借由创造与创造相辉映，所以掌握纲要就好，尤其是实学的东西，更不是翻译而已，怎么样能够体悟才是重点。刘昞注《人物志》，整个注文的总字数还不及刘劭的原文多，但是他的高明之处在于掌握要义，而不是解释训诂，这才是好的注解。

在当时，刘劭、刘昞都是学问深厚的人，社会经验也相当丰富。刘昞注刘劭的《人物志》，就像两个智者在对话。刘昞悟道是受到刘劭见解的启发，再次强化刘劭的观点，开展出属于自己的见解，这就是刘昞注的精彩之处。何必要一个字一个字地去解释呢？读中国书，就是要从实学活用出发，不要有太多的"头巾气"。头巾是以前书生头上戴的汗巾，一定要去掉身上的学究气，不然无法适应时代的需求。学问提升到更高一层时，会发现学经典的根本不在于训诂考据，而在于掌握与作者思想间的互动，启发出属于自己的见解，这才是"与古人对话"的真精神。

拓展阅读的资料

近年来掀起的国学热，有对中华文化的自信，也有对文化发展的广大需求。中华文化是否有足够的深度和广度来满足人们求知的需求，这是研究、传播、弘扬中华优秀传统文化的人要面对的问题。学术界的学者可能在某些方面比其他工作者专业，但是在社会历练上，因被现代专业分工的体系分化掉，所以不能体认到社会历练的重要性。自古以来，无论是经史还是子集，都是以经世致用为最主要目的，也就是"实学"。如果讲授者的社会历练不够，就无法满足大众对经典智慧的需求，包括使用的语言、讨论的主题，常常都对应不上。总之，讲学要多接触实际事务，要能实用，要讲实学。

《人物志》与"四书"的关系很密切，如果熟悉"四书"，即《论语》《孟子》《大学》《中庸》的章句，理解《人物志》就会容易一些。刘劭在《人物志》中引用"四书"里面的很多观念和语词的时候，因为将其视为众所周知的背景资料，所以不加任何批注就直接用上了。在当时，"四书"几乎是每个读书人的必读物，换句话说，刘劭的这套思想体系深受"四书"的影响，《人物志》也在发扬"四书"里面对人的认识和评价。

《人物志》里面也能看到道家思想的影子，《老子》对《人物志》的影响也很深。老子深通政治，有其特殊的治国方法，像"治大国若烹小鲜""国之利器，不可以示人""受国之垢，是谓社稷主；受国不祥，是谓天下王"等见解是十分深刻的。这跟庄子不太一样，庄子对政治没有那么大的兴趣，对政治采取比较回避的态度，正面地谈到外王，谈到政治，可能只有《应帝王》一篇，再不然就是《人间世》。对大多现代人来说，不熟悉中国传统文化的，还得从头去了解，要先看看"四书"上是怎么讲的，才能知道刘劭的思路。

大家读《人物志》，如果行有余力，就可以配合《冰鉴》一起参考着看。《冰鉴》只有七篇，是中国相学的名著之一，相学是对人的身体语言、肢体动作的剖析，从行住坐卧、静态到动态，通过人的气色、声音等各方面去判断一个人，和《人物志》一起研究，相得益彰。中国相学源远流长，但传下来的东西良莠不齐，真要从专业知识的角度来看，所有谈论相学的书都比不上《冰鉴》。《冰鉴》在相学中算是最高层次的书，不是一般看相的只见树木不见森林，或者妖言惑众的书。据说《冰鉴》的作者是曾国藩，也可能是假托的，但曾国藩识人用人确实高明得很。要用人，得先识人。以前识人，大受相学的影响。《冰鉴》中谈人，没有死板的教条，强调要配合自身的经验，不仅要靠悟性，还要有境界。《冰鉴》原文不算难理解，在网上都找得到，鼓励大家去自行研究，也可看看我的《新解冰鉴》。

中国古籍常是经史合一，必须在学习过程中加强自己对经典的熟悉度，读起来才不会太吃力。《人物志》有对历代人物的分析，像《英雄》篇列举项羽、刘邦、张良、韩信等历史上的著名人物。虽然其中可能有些后世没听过的人物，但是在当时这些人都是名人，人们都知道这些人有过哪些表现。刘劭举这样的人物为例，有一个典型作为案例，比较容易让人们了解。所以，若想对人物的背景有更详尽的了解的话，建议大家参考《史记》对人物的介绍。司马迁的文笔是一流的，他所写的人物传记十分精彩。刘劭的理论架构配上生动的描写，让那些有血有肉的英雄人物，其天赋和弱点都能够立体地呈现，也更能增加读者阅读的兴趣。

汉末三国时期的"建安七子"之一——王粲，就是《登楼赋》的作者，他写过一部书叫《英雄记》，又叫《汉末英雄记》。在中国，无论是谈古史，还是拍电视剧，不但以人物性格鲜明、事迹精彩的故事为背景，而且最喜欢选两个时代，一个是楚汉相争时期，另一个就是三国时期。正好是汉初和汉末，特别热闹，总能让人津津乐道。先不论人物的成功与否，在变动的时代中，比较容易看出人物的性格和潜力。

刘劭的《人物志》，可谓总结了前代的人才与人物的典范，用他们的社会经验写成了这部书。同时，刘劭也写出了对当时和后世的期许，但是这显然落空了，依旧改变不了人性的堕落、积习。三国之后，两晋政局腐败、社会混乱，世风离笃实任事越来越远。之后的《世说新语》等，虽然取材自东汉到东晋以来的风流人物，但谈论的重点多半偏向评东论西，讲这个人贤，那个人不贤，长得漂不漂亮，讲话有没有风范等。这都不是敦笃务实的内容，只是茶余饭后的闲谈，所以说是虚的。换句话说，刘劭所处的时代已经日渐转向虚华浮夸，后来再也没有人加入这样的讨论，在经过"五胡乱华"几百年的动荡后，人们离务实的风尚就更远了。

我们在进入《人物志》的正文之前，先讲刘劭自己写的序。大家读书要留心序言，像读《史记》，《太史公自序》就非看不可。中国历史上重要著作的序言，体现了作者的世界观和价值观，整篇文章结构完整、文字流畅，不需要读过整本书就能了解一二。

刘劭自序

夫圣贤之所美,莫美乎聪明;聪明之所贵,莫贵乎知人。知人诚智,则众材得其序,而庶绩之业兴矣。

是以,圣人著爻象,则立君子、小人之辞;叙《诗》志,则别风俗雅正之业;制礼乐,则考六艺祗庸之德;躬南面,则援俊逸辅相之材。皆所以达众善而成天功也。

天功既成,则并受名誉。是以,尧以克明俊德为称,舜以登庸二八为功,汤以拔有莘之贤为名,文王以举渭滨之叟为贵。由此论之,圣人兴德,孰不劳聪明于求人,获安逸于任使者哉!

是故,仲尼不试,无所援升,犹序门人以为四科,泛论众材以辨三等。又叹中庸,以殊圣人之德,尚德以劝庶几之论,训六蔽以戒偏材之失,思狂狷以通拘抗之材,疾悾悾而不信,以明为似之难保。又曰"察其所安,观其所由",以知居止之行。人物之察也,如此其详。

是以敢依圣训,志序人物,庶以补缀遗忘,惟博识君子裁览其义焉。

知人者智

夫圣贤之所美,莫美乎聪明;聪明之所贵,莫贵乎知人。知人诚智,则众材得其序,而庶绩之业兴矣。

【译文】

圣人、贤者认为在人的资质中，没有比明辨事理更好的；在明辨事理中，没有比能够辨识人才更重要的。能真正地辨识人才就是拥有最高的智慧，就能够量才适性，让每个人都能扬长避短，做合适的事情，这样各种政绩或绩效就兴旺了。

【现代解读】

"夫圣贤之所美，莫美乎聪明；聪明之所贵，莫贵乎知人。"刘劭在序言的一开头，就把"知人"推到一个极高极难的地位。"知人诚智"，如果你能真正知人、识人，就具有最高的智慧，"诚"就是真正的，不是吹牛的，不会看走眼的，得选对人。有这种"知人"的最高智慧，自然"则众材得其序"，让形形色色的人才，依着自己的专业长项去做合适的事情，量才适性。"得其序"就是在一个组织中把每个人都安排得恰到好处。《易经》中，卦有卦序，爻有爻序。谁管谁，谁跟谁，这是一种纵向的隶属关系和横向的联系，这就叫作"序"。把人才安排得恰到好处，每个人都摆对了地方，在《易经》中叫作"当位"，在《人物志》中叫作"众材得其序"。

"知人诚智"，"知人"要达到"智"的境界，何等不易！老子说："知人者智，自知者明。"把"自知"的"明"看得比"知人"的"智"更高明，这个"明"是指内外通达的境界，也点出人有"自知之明"比"知人诚智"更难。《易经》复卦中谈反省改过，正所谓"复以自知"，不正是自知之明吗？复卦作为人世间清明的动力，《易经》复卦《象辞》中"复其见天地之心"及儒家谈的"克己复礼"正是自知之明的意思。不过，道家认为"明"比"智"还要高一层，这也是《人物志》的一个关键——为什么识人不清？因为不能充分地自知。如果你对自己的了解有问题、盲点，判断的依据就有问题，看别人的基准能正确吗？在出发点上就有点"蒙"，哪里能够有正确的判断？所以，有"自知之明"，把自己看清楚，看人家也能清清楚楚、公正客观。为什么知人难？因为自知有问题。"知人者智，自知者明"，学《人物志》、读《冰鉴》，不是为了能看透别人，而是得先反省自己，看看自己的身上有几分是坏的，几分是好的。自己的性格在什么情况下会怎么样，这就叫"观自在"。观完"自在"，才能观"世音"，没有自知，或是自知不够透彻的人，怎么去知人呢？

《易经》明夷卦讲用人，其中《大象传》说："君子以莅众，用晦而明。"明夷卦之前的准备是晋卦，晋卦要"君子以自昭明德"才行。坤卦谈"厚德载物"，特别强调要能够接触群众、了解群众，但其前提仍与乾卦的"自强不息"的意思是一贯的。所以，真正学到了识人用人的智慧，会明白人普遍存在的一些毛病，要紧的是先观照自己。把自己观照得越清楚，就越能明白自己的缺点，再看别人，角度立马就不一样了。那些戴着有色眼镜看人的人，自己本身就看不清真相，大都是感情用事。

"得其序"，不只是把人才安排在恰当的位置，甚至连他周遭的关系都要考虑在内，比如，这样的安排会不会让别人不服或是嫉妒？所谓"畏人言"。在《易经》中有"匪寇婚媾"，就是要把亲疏远近的关系通通考虑在内，这在"用人"上也是非常重要的一点。

《易经》中特别强调，一个绝好的团队叫作雁行团队，以风山渐的渐卦为代表。在这个卦象中有一个序的观念，正是"群行以序，往来以时"。当大家都服气，都认同这样的安排，也觉得自己有用武之地，自然不会有"庸才居高位"的批评，要是找个大家都特不喜欢的人当领导，用错了人，团队就容易有分歧。师卦最后一爻的爻辞"大君有命，开国承家，小人勿用"，就是在论功行赏时，切记"小人勿用"。一旦用错了人，前面的胜仗很有可能都白打了。师卦上爻单爻变，就是蒙卦，指的是如果情欲蒙蔽理智，就看不清楚真相。

当有权用人的人，既具有用人的智慧，又能知人善任，则"庶绩之业兴矣"，即各种政绩或绩效兴旺了，这个组织就发达了。"庶"是众多，在乾卦《彖辞》中有"首出庶物，万国咸宁"，"绩"是讲政绩、考绩的绩。任何事业的成败，关键都在于人事，正所谓"人事人事，脱离人，没有事"，事在人为，用对人了，让正确的人做正确的事，比什么都重要。反过来说，如果庶绩之业不兴，就是众材未得其序，人才摆错了地方，运作就卡死了。

人的相反与相成

是以，圣人著爻象，则立君子、小人之辞；叙《诗》志，则别风俗雅正之业；制礼乐，则考六艺祗庸之德；躬南面，则授俊逸辅相之材。皆所以达众善而成天功也。

【译文】

所以，圣贤为《易经》作注释的时候，就通过爻辞和象辞说明用君子和用小人的不同结果；在修订《诗经》的时候，就已经对《风》《雅》等不同风格的诗篇作了区分；在制定礼乐制度的时候，就通过礼、乐、射、御、书、数的通才教育，来考察人恭敬的品德能否在日常生活中彰显；在带领团队的时候，就选拔精英人才来从旁辅助自己。这样一来，好的特性才能发挥出来，社会或组织才能进入全新的阶段。

【现代解读】

"是以，圣人著爻象，则立君子、小人之辞"，前面讲到《易经》师卦上爻提到"小人勿用"，指出不当的酬庸往往容易用到小人，反而错失大才，这看起来永远是人性的弱点。在既济卦第三爻同样有这样的提醒："高宗伐鬼方，三年克之，小人勿用。"打仗切勿任用小人，以免功不及过。

"圣人著爻象"，是说在《易经》的六十四卦、三百八十四爻中，借由君子与小人的对比来说明，即便在同样的资源条件下，用君子与用小人的结果是不同的。举个例子，《易经》遁卦与大壮卦就是明显的对照，大壮卦第三爻："小人用壮，君子用罔。贞厉，羝羊触藩，羸其角。"遁卦第四爻："好遁。君子吉，小人否。"遁卦和大壮卦刚好可以视为世代交替的现象，遁卦是老臣退休，大壮卦则指少壮接班，在这种青黄不接的时候，最容易安排失误。遁卦的四爻代表重臣，居中央执政的高位，爻辞中说"好遁"，是君子就吉，是小人就否，实是不吉。若遁卦四爻动就成为风山渐的渐卦，就是前面提到的雁行团队，意指如果位置安排错了，产生的结果就会截然相反。大壮卦第三爻也是一样，"小人用壮，君子用罔"，君子不冲动、不用壮，即使身处"羝羊触藩"的险境，不用壮，也不会"羸其角"。

圣人把这样的道理写得明明白白，"圣人著爻象，则立君子、小人之辞"。再举个例子，《易经》剥卦的上爻："硕果不食，君子得舆，小人剥庐。""硕果不食"指大佬。"君子得舆"，意思是为百姓所爱戴，很多人支持他，虽然剥到最后有危险的境况，但还是可以"得舆"。反过来说，如果是小人，即"剥庐"，连遮身的茅棚都没有，就完了。

刘昞为这一段作的注十分精彩，值得细细品味："君子者，小人之师；小人者，君子之资。师、资相成，其来尚矣。"这是刘昞对"君子、小人"的看法，其中明确指出，虽然君子与小人在智慧、本领、德行各方面都是不一样的，但他们是必然对立的吗？未必。没有小人，怎么能凸显君子呢？"君子者，小人之师"，小人要效法君子，以君子为老师。"小人者，君子之资"，小人作为君子的凭借，两者相反相成。这呼应了《易经》的思路，即一般人看到相反，就认为双方非得对抗不可，想要消灭对方，而太极图是相反相成的思路，正是因为不一样，才可以互相造就，彼此互补。

"师、资相成，其来尚矣"，"师、资"自古就是相成的，君子与小人不见得是必然对立的，彼此是可以合作的，甚至有些地方还是可以互补的。这样的语义和道理，在《老子》中也有："善人者，不善人之师；不善人者，善人之资。"这完全是从《老子》里脱胎而来的。社会上有好人，有不好的人，有善人，有不善的人，一定要彼此消灭吗？并不是，他们可以相反相成，即"师、资相成"。智慧领先者，你可以拜他做老师，把彼此智慧的差距缩小一点，虽然学生很笨，但是没有学生，老师教书给谁听呢？总不能对着墙壁讲吧！所以，师生是互相需要，这就是"先知觉后知，先觉觉后觉"的含义。

讲到贲卦所谈的官场历练，"贲如皤如，白马翰如，匪寇婚媾"。指同处在执政的高位，即第四爻，假如"白马翰如"看"匪寇婚媾"不顺眼，一心想要消灭"匪寇婚媾"，这种一清如水的"白马翰如"般执政团队才真正可怕。反过来说，如果说"匪寇婚媾"对付清高的"白马翰如"，那贲卦第四爻就变成"乔家大院"了。可是《易经》告诉你，当"白马翰如"和"匪寇婚媾"合为一体，就会变成无敌铁金刚。在官场中，既要做事，又要做人，任何人都可以接触，都可以为我所用。真正能干的人，不是只用君子，也是可以用小人的，这就是所谓"善人者，不善人之师；不善人者，善人之资"。君子与小人相处，互相都能进益，双方各有所长，并没有刻骨的深仇大恨。假如人人都想当伯夷、叔齐，不想推动任何事，那么大家只能互相比赛到首阳山上去饿死。

这个世间什么人都有，就是"师、资相成，其来尚矣"。所谓"水至清则无鱼"，人千万不要把自己当成典范，世间什么人都有，这就是"太极思维"。《易经》中解卦谈到和解思维，五爻君位也讲君子与小人，君子与小人之间的关系是"君子维有解，吉。有孚于小人"，意思是君子对小人要讲诚信、爱护，要对他们有期望，这样才能放下、放松，无所不解，这都是中国功夫。虽然"立君子、小人之辞"，但不是说两者有对立不可化解的矛盾，反倒是彼此可以向对方学习。纯君子和纯小人的团队都是非常可怕的，没有太大的差别，正所谓："沧浪之水清兮，可以濯吾缨；沧浪之水浊兮，可以濯吾足。"同样是水，有时候洗帽带，有时候洗脚丫，都有用处。

"善人者，不善人之师；不善人者，善人之资。"后来衍生出一个词语叫"师资"，其中典故带有多么大的期许和深意！能够把小人都变成君子，自己也得到了提升，扮演好"师"的角色。但后来仅作为一种资格的认定，意思就浅了。蒙卦中谈到"童蒙"跟"包蒙"的角色，正是"资"与"师"的对比。"师、资"之间互相需要，正是"发蒙"，其实就是"君子者,小人之师;小人者,君子之资"。

佛教说众生和诸佛,但是众生与诸佛是什么关系?从究竟的角度上说,叫"生佛平等",也就是众生与诸佛是平等的。正因为有天堂才有地狱,有坎才有离,世界才热闹。再往深一层谈,"万事皆分阴、阳",君子、小人也是动态变化着的,君子可能变成小人,小人也可能变成君子,正所谓"阴中有阳,阳中有阴"。君子也可能有阴郁的想法,可能正常状况下有七成的君子思维,一旦遇到特殊情况,内在的三成阴郁被触动,君子就开始作怪了。反过来说,小人可能也是三七开——"放下屠刀立地成佛",一念之间,佛、魔就可能对转。宇宙社会的实情,从来不是对立抗争的,正如乾卦《象传》所谓:"乾道变化,各正性命。保合太和,乃利贞。首出庶物,万国咸宁。"作为领袖的"首"和大众"庶物"的关系——"首"是从"庶物"中来的。

人力与天功

接下来,谈到"六经"。"叙《诗》志",《诗经》计约三百篇,从《周南·关雎》开始到《召南·鹊巢》,每篇的写作和编排都有"志",都有核心价值。孔子认为《诗经》可以"兴、观、群、怨",既是文学,也有义理,它的中心思想就在于"别风俗雅正之业"。

《诗经》包含"风""雅""颂",其中"风"指十五《国风》,收录地方的歌谣,展现出"一方水土养一方人"的民俗风情。当时的中国因为交通不便,不同的地域有不同的风貌,所以民俗迥异。天子设"采诗官"去"采风",也就是去了解风俗。《易经》的观卦,也是要执政者到处看看,作为治国理政的参考。观卦的《大象传》说:"风行地上,观。先王以省方、观民、设教。""风行地上"就是风俗,依卦象"巽为风、坤为地"的组成而论。"别风俗"就是体验各地的人情风俗,不只限于中国,世界各地都可以去"别风俗",体验异域的情调。不过,"雅"跟"风"不一样,

"风"是民间的生活写照,像《齐风·鸡鸣》讲到妻子不让丈夫起那么早,希望两人在床上多赖一会儿,写出夫妻间私生活的情趣,《周南·关雎》讲到想追求美人,想得都睡不着觉,这些都是真性情的体现。

只是风俗虽全,但落到台面上,提升到贵族、精英的阶层,就应该有另一层面的思考,这就是"雅",也就是《诗经》中分"大雅""小雅"的意思。因此,《诗经》中自民风、民俗开始,让人了解社会基层,了解庶民,进一步谈到贵族、精英,所以有"雅"的分别。《小雅》针对精英,《大雅》针对君王的层级。像《小雅·鹿鸣》呈现的是贵族阶层中的饮食宴乐、社交应酬,表现得更为含蓄优美,以"呦呦鹿鸣,食野之苹"为隐喻,到后段"鼓瑟鼓琴"展现出和乐的氛围。

《诗经》中的"颂",则呈现出古人对天地、鬼神、宗庙祭祀的虔诚,以及将天、地、人、鬼、神融为一体的思想。《诗经》把社会各个阶层融合其中,我们说的"附庸风雅"就是指雅俗共赏。因为"风"指民间的,"雅"指高层的,雅和俗都要有所了解。"别风俗雅正之业",能类族辨物、分门别类,无论是"白马翰如"或是"匪寇婚媾",社会上各行各业的高、中、低阶层都能交朋友,又怎么会不了解社会思潮的走向呢?

"制礼乐",一般指"六经"中的《礼记》和《乐经》,也叫"制礼作乐"。下一句"则考六艺祇庸之德"里的"祇",就是复卦的初爻"不远复,无祇悔"的"祇",是敬、虔诚、认真、严谨的意思,态度特别好。制礼作乐的目的是要养成人的"敬",既自重,又对别人存有敬意。要熏陶一个人,就要用"礼乐"来教化,而"庸"强调在日常生活之中用得上。《礼记》首篇就讲:"毋不敬,俨若思,安定辞,安民哉!"提醒人际互动要养成敬的态度,不要动不动就嬉皮笑脸,这是个人修养的问题。"制礼乐"就是要养成敬的基本态度。

"考六艺",六艺一般有两种讲法,一种是指《诗》《书》《礼》《乐》《易》《春秋》,另一种是指礼、乐、射、御、书、数的个人通才教育。从基本的"敬"来端正心态,到普遍的社会教育,在日常生活中发挥作用,创造出"人恒敬之"的和谐社会,不就是最好的治理吗?"躬南面",

谈到领导人关注的焦点。"躬"指自己本身，是反躬自省的意思。"南面"，以君王坐北朝南的方位，比喻领导人，即南面为王。《论语》中孔子称赞弟子"雍也，可使南面"，就是冉雍具有领导潜力，有领导才干。

"则援俊逸辅相之材"，当领导人就得启用辅佐的人才，还要用对人。"援"就是找人来帮忙、支持，"俊""逸"指的是精英人才，就是所谓"开张天岸马，奇逸人中龙"。"辅""相"都有从一旁帮助的意思。泰卦《大象传》中说："后以财成天地之道，辅相天地之宜，以左右民。"政通人和、天清地朗的太平盛世，社会上必定是人才鼎盛，人际关系也特别和谐，不会相互打压。"后"指诸侯、辅臣，也是"援俊逸"的意思，得找能帮得上忙的重臣襄助。这些努力都是为了什么呢？"皆所以达众善而成天功也"。

"达众善"指社会上、组织中各种善的、好的都能通达、彰显出来，于是社会、组织就能迈向新的阶段。"成天功"就是体会天道变化，进而在个人的行事中表现出来，用俗语说就是："奉行上天的旨意，走在正确的路上。"《尚书》中也讲"天工"，只是与《人物志》中的"天功"不同。《尚书》中"天工"是要人去完成的，叫"天工人其代之"，指出大自然的造化鬼斧神工就是"天工"，可是还不够，人还要懂得再进一步正确地开发，这叫作"人代天工"。对于自然的利用，既不是过度利用，也不是完全不开发，而是要正确地开发，人担有替天行道的重责。

用众人之力才能成功

天功既成，则并受名誉。是以，尧以克明俊德为称，舜以登庸二八为功，汤以拔有莘之贤为名，文王以举渭滨之叟为贵。由此论之，圣人兴德，孰不劳聪明于求人，获安逸于任使者哉！

【译文】

社会文明进入新的局面后，大家就多称赞、认同，享受盛名和美誉。

所以，唐尧以能够辨识、任用有贤能的人而著称，虞舜因任用八恺、八元等有才华的贤人而取得成功，商汤因为提拔任用伊尹而享有声望，周文王因为任用了姜太公吕望而被尊崇。根据这些案例来说，圣人想要达成德政，有哪个不是运用自己的聪明，花时间去审慎寻求合适的人才，再任用他从而使自己获得安逸的啊！

【现代解读】

"天功既成，则并受名誉"，社会文明展开新局，大家也多称赞、认同，有名誉光彩。接着文中就列举四个特别有名的历史人物，第一个当然就是尧帝。在《尚书》中尧帝以"克明俊德"著称，"克"是办得到，"明"是领导人该有的清楚明白。这是对尧帝政绩的推崇，尧帝的能力是一等一的，又能任用贤能的人。

"舜以登庸二八为功"，"庸"有"用"的意思，指舜帝在用人方面知人善任，"登"就是愿意给人发挥的空间，即给人官职，让他做做看。"二八"是指十六，提拔了十六个很有才华的贤人，称为"八恺""八元"。正因为用了这十六个人才，舜帝的治理才取得了相当的成功。

"汤以拔有莘之贤为名"，"有莘之贤"是指辅佐商汤的伊尹，他帮助商汤灭了残暴无道的夏桀，打开了新局面。孟子称赞伊尹虽然出身微贱，但是特别有担当，能力特别强，推崇他为"圣之任者"。《孙子兵法》中提道"殷之兴也，伊挚在夏"，伊尹曾在夏桀与商汤两个阵营间五度往返，最后选定了商汤。当然，商汤也有器度重用伊尹，贤君良相，相辅相成。其实做大事业不需要太多人，人多嘴杂，只要用对一两个关键的人就够了。人多了，又是委员，又是顾问，一件事拖了大半年也没有做成。"二人同心，其利断金"，最好是让提供意见的人负责推动实事，才不会太过理想化。

"文王以举渭滨之叟为贵"，这是指周文王任用了姜太公。姜太公在渭水旁边用直钩钓鱼，做做样子，其实不是要钓鱼，而是要钓人。姜太公看谁会上钩，这就叫作"姜太公钓鱼，愿者上钩"。结果周文王和姜子牙在渭水旁边会面，两个人很有默契。

"有莘之贤"和"渭滨之叟"，原来都不是显赫的人物，但领导人要有慧眼，能"慧眼识英雄"。伊尹身份微贱，靠着烹饪技术，才能跟着陪嫁的主人来到商汤这里，商汤怎么知道他是贤人？这就是作为领袖的识人本事。姜太公当时都七老八十了，没有了不起的资历，一个不得志的平常老人，周文王怎么敢放手任用他？周文王能突破既定的思维框架，这不是一般人能做到的事情。

"由此论之，圣人兴德，孰不劳聪明于求人，获安逸于任使者哉"，想做大事，必须花时间去找对的人，找合适有用的人才，花多少时间都值得。领导人就该把所有智慧都用在找对的人上，人找对了，才能过太平日子。一开始找对了人，接下来才会很轻松，即"获安逸于任使者"，放手让他去干，而不会担心手下老是出状况，不至于一天到晚御驾亲征，还要自己撸起袖子干。特别是重要的职务，找对人是最高领导者最重要的工作。美国大型企业、上市公司有时找一个CEO或执行长，都得花上好几年的时间，这期间不知道要面试多少次。支付那么高的薪水，授予那么大的权力，不能用错人啊！这么严谨，因为真是不容易找对人，就算审慎再审慎，也可能出错。"圣人兴德"也是如此，得花大量的时间去"求"，领导人千万不能太骄傲，对人才不能"呼之即来，挥之即去"，得主动去邀约。"三顾茅庐"的故事中，刘备就肯跑三趟去求诸葛亮出来帮忙。当然，诸葛亮没有弄巧成拙，能够在关键时刻见好就收，所以最后皆大欢喜。人才呢，装样子也千万不要装过头了，否则，等到最后想通了，位置不一定还在那儿。

孔子识才的方法

是故，仲尼不试，无所援升，犹序门人以为四科，泛论众材以辨三等。又叹中庸，以殊圣人之德，尚德以劝庶几之论，训六蔽以戒偏材之失，思狂狷以通拘抗之材，疾悾悾而不信，以明为似之难保。又曰"察其所安，观其所由"，以知居止之行。人物之察也，如此其详。

【译文】

所以，孔子虽然没有担任重要的官职，没有办法提拔、任用人才，但他仍旧用德行、言语、政事、文学四科来给自己的学生分类、排序，用生而知之、学而知之和困而知之三等来广泛地评价众人。又认为不偏不倚、守常不变的中庸几乎不可能做到，是殊胜的，对于资质一般的人，就鼓励、劝勉他，让他朝儒家最崇尚的德的境界迈进。又通过六蔽的训诫来告诉人们如何驾驭人才，避免因偏才的短处而带来弊病，希望得到志向高远、富于进取的人和洁身自守、拘谨守分的人，以使他们的才能得以发挥，痛恨那些貌似诚恳却不讲诚信的人，所以要分辨得出似是而非的虚伪的人。孔子又说，考虑他行事的动机、观察他行事后是否心安，就能知道这个人的素行如何了。想要去品察人才，就必须这么详尽、审慎。

【现代解读】

回头讲到孔老夫子，"不试"是《论语·子罕》中琴牢记录孔子的话："吾不试，故艺。"反映出"吾少也贱"，孔子受人冷落的情况。"试"就是"为世所用"，给予一个可以发展长才的舞台。"不试"自然就是没有"试用"的机会，现在我们还将"试用"作为遴选人才的方式。孔子当然做过大官，只是时间很短，虽然有实际的施政才干，但不是经常有工作。"不试"，所以"无所援升"，这就点出孔子既没有重要的官职，也没有可供自己发挥的舞台，自然就没有办法用人，只得回头教书了。

"犹序门人以为四科"，"序"就是排序。在《论语·先进》里，孔子把学生分为四类，"德行：颜渊、闵子骞、冉伯牛、仲弓。言语：宰我、子贡。政事：冉有、季路。文学：子游、子夏"。这里讲到的是"孔门十杰"，具有外交长才的是宰我、子贡，别看宰我爱睡觉，曾因昼寝被骂

"朽木不可雕也"，可他是优秀的外交人才，会说话，可以负责外交事务，子贡更是一等一的外交高手。具有政事长才的是冉有、子路。冉有就是冉求，越求越有，虽然冉求后来被逐出门墙，但是他是具有政治才干的。文学科则以子游、子夏为代表，孔子的学问后来得以保留发扬，离不开子夏的功劳。至于德行，是品德第一的颜回、闵子骞和冉伯牛、仲弓。颜回因营养不良早夭，冉伯牛因染恶疾去世，闵子骞被继母欺负，留下"母在一子单，母去三子寒"的典故。

"泛论众材以辨三等"，"三等"即《论语·季氏》中说的"生而知之，学而知之，困而知之"三个层次。在《论语·子路》中也有："不得中行而与之，必也狂狷乎！狂者进取，狷者有所不为也。"至于是不是就这三个呢？很多人恐怕是"困而不知，困而不学"的，对这些不入流的人，就不值得再讨论了。人天生有一定的层次，最高级的是"中庸"（中行），合乎中道是大才，孔子的三千门人中，也就只有颜回勉强算是大才。再不然就是"狂"或"狷"，多少有一点偏颇，不是过，就是不及。

即便孔子不做官，他的学生们也是现成的人才资源库。在任何组织中，最大的、最有价值的资源或资产，一定是人才。训练得好，人才资产可以增值，反之，很可能负债。但是人才不容易被列入资产，因为不容易被量化，你很难说一个好的 CEO 到底值多少钱。在《易经》中随卦能够"元亨利贞，无咎"，它的上爻就告诉你结论，人才是组织中最大的资产，即"拘系之，乃从维之。王用亨于西山"。无论到哪里，都不能抛弃人才，得全心全意地维系人心、人才。无数的事例证明，就算一时失败了，只要人才与你生死相随，你就能够东山再起。

中庸才是最高级的

"又叹中庸，以殊圣人之德"，意思是说，人要做到"中庸"几乎不可能，它太罕见了，是殊胜的。"德"一向是儒家最崇尚的，在"立德、立功、立言"三不朽中以德为首。"尚德以劝庶几之论","庶几"就是很接近、差不多的意思,这句话是说,对于一般资质的人,我们要鼓励、劝勉他,让他能迈向更高的境界。

这一段和"四书"的关系太深了。"训六蔽"出自《论语·阳货》,指出人的六种弊端分别是:"好仁不好学,其蔽也愚;好知不好学,其蔽也荡;好信不好学,其蔽也贼;好直不好学,其蔽也绞;好勇不好学,其蔽也乱;好刚不好学,其蔽也狂。"换句话说,在"四书"里面有大量人才学的素材、经验之谈,以此即可"戒偏材之失"。虽然有些人在某一方面特别有长处,但是他可能很难相处,或者有其他毛病,但你有时候看重他的专长,还不得不用他,只不过必须能够驾驭有方,否则可能得不偿失,这是《人物志》里最精彩的一段论述。《人物志》说"以戒偏材之失",是呼应《论语》的"六蔽"。

"中庸"之才是属于最高级别的,只要一点拨就搞定一切,根本不必花太多心思,就像禅宗五祖弘忍选任六祖慧能,根本就不需要花时间去教导,弘忍讲《金刚经》,还没有讲完,慧能就开悟了。但是,这种人才是万中选一、千载难逢的。至于其他人才,都只能算是"偏材"。《人物志》的特色就是教你怎么认识偏才,在其整个人才分类系统中,如何识偏才谈得最精彩。大多数人都是偏才,无论是性情、专长等都有所偏,但是没有关系,有所偏必有所长,问题是怎么用他的长处,避开他的短处。各式各样的偏才,正是"尺有所短、寸有所长",你在用他的长处的时候,一定要避开他的短处,不要让偏执的地方影响整个组织。

"思狂狷以通拘抗之材","狂狷"就不是中行之士,前面讲到"狂者进取,狷者有所不为"。"狂"就是虽然过头了,但是富有进取心,"狷"则是很保守,往往画地为牢。在《尚书·洪范》中称为"刚克""柔克",除了最好的"正直",大体上,人不就是或刚强或柔弱吗?你要针对自己的特点去下"中道"的功夫,这在《人物志》里面叫作"拘""抗"。"抗"接近"狂者",有自己的想法、主张,不太遵守规矩,总希望有所突破,能有所表现,这样的人才不需要鞭策,他也会自我要求。"拘"则比较偏向"狷者",要求自己遵守戒律、规矩,不过有些地方太拘泥了,连大步都不敢迈,不敢破格。因此,在人才布局时,当要开拓、进取,增加绩效的时候,可能就要用"抗者"或"狂者",而在财务管理上,就要用守分、守法的"狷者"或"拘者"。人才都可以用,只是千万不要放错了位置。

"疾悾悾而不信",意思是说,讨厌有些人表面看上去很诚恳、很老实,实际却不讲诚信。这句话出自《论语·泰伯》:"子曰:'狂而不直,侗而不愿,悾悾而不信,吾不知之矣!'"

"以明为似之难保","为"是指虚伪的"伪","似之难保"的意思是似是而非的,一定得要分辨出来,不然到最后会吃大亏。《论语·阳货》中,孔子就以"恶紫之夺朱也,恶郑声之乱雅乐也,恶利口之覆邦家者"和"乡愿,德之贼"来批评似是而非。既然似是而非,那就不是真的,你要目光如炬、明察秋毫,才不至于被骗。但是这不容易,得有实战经验,也可能需要有几次的试错才行。

"察其所安,观其所由,以知居止之行",这句话出自《论语·为政》:"子曰:'视其所以,观其所由,察其所安。人焉廋哉?人焉廋哉?'""视其所以",看看他做事用什么方法。"观其所由",详考他的动机。"察其所安",观察他做完之后心安不安。在《人物志》中,依此来看看这个人的素行如何,"以知居止之行"。《论语》真是伟大,刘劭只是挑一些内容来讨论,就如此丰富。"人物之察也,如此其详",要去品察人物,就必须如此详尽,因为人实在太复杂,太难对待了,真不能只看表面。

为什么写《人物志》

是以敢依圣训,志序人物,庶以补缀遗忘,惟博识君子裁览其义焉。

【译文】

所以我斗胆依照儒家圣贤的训诲,记录辨识、使用人才的理论方法与参考标准，如果这样识人的论述没有流传下来，恐怕会有遗憾。希望之后的读书人能体会我的努力与付出，对其不足之处也请多给予建议。

【现代解读】

在《人物志》中，刘劭以自己的社会经验和文化教养为基础，并引用了大量《论语》中的内容，所以他说"依圣训"——刘劭基本上以儒家思想为主，即依照圣贤的训诲。"志序人物"，是说他写这部书，就是提供用人方面的参考标准。"庶以补缀遗忘"，如果这样识人的论述没有流传下来，恐怕会有遗憾。"补缀"，就像我们缝补衣服一样，把这个缺憾补上，否则，这些过来人的宝贵经验就渐渐为人们所遗忘了。现在人说"备忘录"，不也是同样的目的吗？现在的科技发达，不一定要随身带个笔记本抄抄写写，用智能手机就可以录音、拍照，以免遗忘。

"惟博识君子裁览其义焉"，希望读书的人，包括我们在内，称呼是"博识君子"，能够用心体会作者的努力与付出，不仅要"裁"，还要"览"，了解《人物志》中的大义，希望能有知音吸取其经验。"裁"多半是用在部属呈给上司的文件上，请上司"裁决"，刘劭谦虚地说，希望人们对他写的内容提出建议。闽南语中"随便"（音同"青菜"）的古音，其实是"请裁"的意思，是很客气的话。"请你裁决"多么文雅，转变成"随便"的意思，就少了文化的韵味。

中国文化谈"内圣外王"，"外王"就是实学的部分，以经世致用为目的，像董仲舒的《春秋繁露》，牵涉到《春秋经》《公羊传》的史实和论述，还有《韩非子》等子书，都属于外王学的领域。《人物志》之所以被后人推崇（从《九征》到《释争》共十二篇，分上、中、下三卷），是因为每一篇都是高级的文字。作者刘劭，除了文字功夫是上乘，从地方到中央的行政方面也有实际经验，他把自己在职场上成功处理人际关系的心得化为记录，因此具有很高的参考价值。

《易经》大师为什么枉死

各位要知道，处理人和处理事不一样。人的问题，稍有不慎，往往自己是怎么死的都搞不清楚，哪怕你有通天的本领也没用。在汉朝时，有一位《易经》大师叫京房，他的《京房八宫卦序》以卦象阴阳变化，建立了一套独特的体系，一直到今天都被看作学习《易经》术数的典范。这位大师之所以在政治上遭难，与他当时向皇帝进言，提出改革人事体制的考核方案有关。他建议当官的人不能只靠关说或关系晋用，要对其绩效表现建立评估体系。但是京房的提案，不知道得罪了多少权贵和既得利益者，再加上当时的皇帝实力软弱，没有给予足够的支持，最后京房引火上身，斗不过反对势力，就遭难了。他空有一身算卦的好本事，却没有推动的手腕，还是没有用。

用人不就是需要考核吗？刘劭就比京房明达得多，在曹魏明帝的时候，他提出过这种官考课的提案，也就是铨叙考选的方案，包括要日省月试、既禀称事，建立起一个客观评价官员工作表现的系统。同时打击特权，把不称职的人革职查办，该升迁的升，该降位的降。他提的方案内容没有留下来，心得结论却流传下来了，这就是《人物志》。一个能够在官场斗争中保全自己，特别是在敏感的人事评鉴中经受历练，自然非等闲之辈。其实刘劭也是著作等身，只是他所注、所写的东西大多没有留下来，流传下来的只有这部中国历史上识人学的宝典《人物志》，从理论到实际有着非常科学的分类系统，此后再也没有别的书能与《人物志》相提并论。

刘劭向皇帝提了这样的人事评鉴方案，自然与他的职务有关，只是实行的结果看起来受到特权的阻碍，没有办法顺利推行，跟京房是一个路子。但是，京房死于政治斗争，刘劭却能得到善终。大家如果对刘劭感兴趣的话，可以研究一下他写的这篇序。另外，《人物志》成书后，并没有马上受到关注，有很长一段时间被冷落。到后来，慢慢地有些人从这本书中受到启发，给予其高度重视、高度赞扬，才使其终成一家之言。这本书有根、有底，对中国人的个性、习气掌握得很到位。到现在为止，如果从西方英文版的介绍来看，全世界在人物学研究方面超过刘劭的恐怕不多，他的《人物志》不仅非常完整、深入，表达和思路也清晰，所以值得推荐引介。

中国人谈政治、谈领导统御的学问，就儒家来说，当然是基本志业，即"修身、齐家、治国、平天下"，这一套思想可以参考董仲舒的《春秋繁露》中相关的论述。另外，道家主要以老子为主。由老子的思想逐渐转化为法家、名家等，对后代哲学思想的影响很大。像如今人事考核，基本上就是名实相符，不能讲人情，该是什么就是什么。一个职务是干什么的，专长在哪里，实际产出的东西又有什么表现、绩效，这个有名家的味道了。但是，这部分跟公孙龙那一类名家，谈"白马非马"的哲学概念又不一样。《人物志》更实际，从人的表现与他的职务间的对应关系，然后配合着法家冷静的、不讲情面的坚持，一切看实际表现。这些论述，也影响了《人物志》中对人才的分类，这些思想脉络在书中也受到了重视。这些才是国宝，我们慢慢地读就会发现中国几位大家的思想在《人物志》里都有。这就是重实学的人，很重视"术"，术就是做事情的方法。

为什么作为领导者要重视术？因为领导者站在最高点，如果在关键时刻一击不中，连退路就没有了。所以《人物志》有高、中、低档的人才分类，各取所长，各避所短。至于一些不入流的，就连分类都免了，干脆不算数。官场也好，职场也罢，不算数的居多，真能有好的表现，把事情处理得漂漂亮亮，留下很多正面影响的人，是少数中的少数。最高的领袖是真正可以统御群才的人，对他的要求与对在专门职位上处理事务的人员的要求又不一样，这在书里不留情面地分析出来了。

《人物志》的最后一篇《释争》，最发人深省，在转了一圈之后回到原点，也就是教我们要修"谦德"。人与人之间就是争，本事不如人，看到人家有本事，心里就不舒服、就忌妒，就想方设法直接或间接地破坏，所以《易经》就点出讼卦、噬嗑卦。但《释争》这一篇，是刘劭在成书之后留下的嘱咐，"释争"——我们能不能不要争？放过别人，放开自己，退一步海阔天空。

为什么要嫉妒别人呢？为什么不懂得欣赏他人呢？为什么一定要分派系、搞小团体呢？人要服善，《释争》是刘劭最后提出来的期盼，如果大家都好争，斗个不停，组织就不容易有好的绩效，就不容易有前途。这个"争"不知道要耗费多少精力，人何苦把生命浪费在无谓的拉扯纠缠之中？《易经》中的家人卦、睽卦、蹇卦、解卦，就是到最后谁也动不了，特别是内斗，可能比外斗更狠、更激烈。所以《释争》就是和解，只有和解才能真正解决问题。从培养心量开始，学会放下，让心更宽，是对别人也是对自己的救赎。

《大学》的最后引《尚书·秦誓》的说法："若有一介臣，断断兮，无他技，其心休休焉，其如有容焉。人之有技，若己有之；人之彦圣，其心好之。不啻若自其口出，寔能容之，以能保我子孙黎民，尚亦有利哉！人之有技，媢嫉以恶之；人之彦圣，而违之俾不通。寔不能容，以不能保我子孙黎民，亦曰殆哉！"

人才，是社会的公产。作为领导人要能看重部属的优点、长处，给予尊重和赞赏。刘劭研究总结出这么精密的人才学问，原本是要对付这些人与人之间的内耗争斗的，但他走了一圈，回到了原点，得到了像《易经》中谦卦一样的结论，也用生命的历史印证了老子的"江海纳百川"的观点："夫惟不争，故天下莫能与之争。"《大学》特别提出"休休有容"的理想人格典范，把具有谦德的人描述出来，同时给予赞叹、肯定。刘劭虽然有这个意愿，但他达到目的了吗？没有，人们依旧斗争不止。刘劭希望"释争"，而读《人物志》的人往往着眼于"如何竞争、斗争"，没有人听他的话，这就是人心的业力所在。从汉末一直到魏晋，讨论的方向基本上比较倾向于现实的一面，后来的朝代相对虚浮，就很少讲这种身心性命的实学，像唐朝的经学就不成气候，反而诗词、文人的诗酒风流成为时代的主要潮流。当然，唐朝在文学领域有很灿烂的表现，但风格和汉朝的笃实已经不一样了。时代转变，在文体和文风上也会产生变异。

我们讲帝王学这些实学，其目的是调和鼎鼐。《易经》的鼎卦最具代表性，其中描述了众多不同的角色，形形色色。既有执政团队，还有朝野关系，包括了官府与民众、高层与基层的关系。领导人肯定要非常"聪""明"，也就是刘劭《自序》中的"夫圣贤之所美，莫美乎聪明；聪明之所贵，莫贵乎知人"。在鼎卦的象辞中直接就点出"聪""明"很重要，"巽而耳目聪明"就是情报要灵通，要懂得提前布局。在自己的管辖范围内，对将要发生的事情，时时刻刻都要做到心中有数，都要有情报来源，而且还不能完全依靠单一的来源，来源要多元化。情报不明，怎么治国？怎么理事？领导人大都是靠情报网络，才能做到天眼通、天耳通，像有千里眼、顺风耳一样。鼎卦的上卦是离卦，离是明，有"南面为王"的帝王象。他凭什么可以那么英明，什么事情都知道？就是和下卦的巽卦有关。巽卦就是深入无形的情报网络，深入社会的每一个领域，还不会被人发现。所以，鼎卦第五爻的君位才能实施有效的治理。

鼎卦中同时也提到"圣贤"，在鼎卦《象传》中有"圣人亨以享上帝，而大亨以养圣贤"的说法。"大亨以养圣贤"，提出了一个政治生态系统，与颐卦中"天地养万物，圣人养贤以及万民"相呼应。因为"圣"是最高级别，所以可以领导"贤"，这是直接管理，再往下还有一般基层的"民"。"圣"不直接领导"民"，而是通过"贤"分层管理负责、领导"民"，这是间接管理，所以是"以及万民"。由圣而贤，贤再分好几个位阶，分层负责，最后的目的是面对广大基层的"民"，构成一个有组织的生态系统。

人总是会老的，但组织或事业得延续下去，那就要物色接班人。物色接班人，不是一天两天的事，要长期培训，所以，"圣人养贤"。圣和贤为什么放在一起呢？因为谁也不知道某人是不是圣，但至少知道他是贤，也就是资质、能力都在一般人的水平之上。在诸多贤人里头，人人都有机会，个个没有把握，经过长期的培训之后，有一两个脱颖而出的人，得到众贤的支持，或许将来下一个接班人就是他，这是培养接班人的正常程序。

清朝皇子的培养，就是沿用这样的模式。康熙皇帝有几十个儿子，为什么最后是四皇子出线呢？康熙皇帝早就特意安排四皇子参与一些重要的事情，对其他皇子也都各有锻炼，只是最后选择由四皇子来继位。这些皇子原来就是一支圣贤团队，让每个人都充分地表现自己的能耐，公平竞争，到最后圣人就从贤人中脱颖而出，成为团队的领袖人物，而出线的"圣"也就有了现成的班底。若过程中再经过考核，有足以服众的事功，自然能让大家服气。所以，在《易经》鼎卦开始的第一爻，新王一开始执政推行新政，就已经在培养接班人了，即"得妾以其子"。只是，刚开始"圣"不会直接地凸显出来，要经过一段时间的磨炼和考核，看他会不会做实事，能不能临危不乱，一直到鼎卦最后一爻，旧王退位，新王继位，下一个震卦才浮出水面。这个过程，历经六个爻的考核，旧王要手把手地培养，带着一起做事。

康熙皇帝挑选接班人，不拘泥于形式，打破"嫡长子继承"的条框，看能力而不论资排辈，这是非常超前的理念。人的才干不见得和血统有关，即使不是嫡系，庶出的也可以做接班人，这就叫"得妾以其子"。中国历史上有很多嫡长子，因为身份的关系而继位，致使真正能干的人才出不了头，最后国家衰落甚至覆亡。最好是公平竞争，鼎卦初爻的爻变，就是火天大有卦，也就是地位、机会平等。这是《易经》的用人学，讲得多好！

"夫圣贤之所美，莫美乎聪明；聪明之所贵，莫贵乎知人"，没有比知人更难的事了。很多人都妄称自己聪明，这就是不知人，因为"知人知面不知心"，没有比人更难琢磨的。历史上那些了不起的人物，真正做到百分之百没看错过人的人，几乎没有。所以说"聪明之所贵，莫贵乎知人"，就是贵在能了解人、会看人，知人善任。这种聪明不是一般的聪明，起码不会感情用事，能冷静思考，不但看得既长远又深入，而且考虑问题的出发点绝不是为个人着想，而是替组织的长远发展着想，即要怎么样选一个合适的接班人，这就叫知人。

人不是静态不变的，而是动态的。为什么团队隔一段时间，就要对人员进行考核？在几十年的共事经验中，刚开始对他的印象，到后来他变成的模样，可能完全不一样。原先的好人，可能后来堕落，坏得一塌糊涂，而原先的坏人，过了一段时间，可能突然开窍了，幡然醒悟，发愤图强，这都很难预料。千万不要认为你对人的第一印象就可以盖棺论定，所以要有持续的追踪，经常做考核，去掌握每个人的变化。

一个例子是《尚书》中谈传统政治，对尧、舜都是歌功颂德，推崇他们的知人之明。尧传给舜没问题，但舜找禹接班，不就是在"知人之明"上被后人打了一个大问号吗？舜是模范帝王，他找禹来接班后，"公天下"的制度被翻转了，舜只是将禹看作水利工程师，禹就把天下交给自己的儿子了，这怎能说舜有知人之明？另一个有名的例子是"挥泪斩马谡"，诸葛亮到后来都还为这事伤神，但马谡是谁启用的？不就是诸葛亮本人吗？马谡这个人谈起兵法来让人感觉很豪爽，好论军计，让诸葛亮以为他是人才，但是言大而夸。连智慧不如诸葛亮的刘备都看马谡不顺眼，临终时还提醒诸葛亮要小心："马谡言过其实，不可大用，君其察之！"但诸葛亮还是对马谡赋予重任，既然用了，就得负责善后，最后因为失街亭，把马谡军法处置。可见知人并不容易啊！历史人物中几乎没有知人善任到不曾犯过一个错误的，《尚书》里面就讲："惟帝其难之，知人则哲。"能真正做到知人，就是最高级的智慧"哲"。"惟帝其难之"，连尧、舜那样的圣人都觉得知人难如登天，我们又怎么能自信满满？

学识人、相人，首先要有"太极思维"，中国用太极图这种精微的观点去看大宇宙、小宇宙，万事万物皆分阴阳，"阴中有阳，阳中有阴；阴极转阳，阳极转阴"，讲究"相反可以相成"。因此从《易经》来看团体中不能避免的内部矛盾就是家人卦和睽卦，是内斗，是反目成仇。睽卦中有咬牙切齿、爱恨交织，不把对方消灭难解心中之恨，但退一步想，真有那样的深仇大恨吗？你看对方是恶人，是一车子鬼，那是真的吗？你想消灭对方，对方是泥猪吗？睽卦上爻说："睽孤。见豕负涂，载鬼一车。先张之弧，后说之弧。匪寇婚媾。往遇雨则吉。"当互相看对方都不顺眼的时候，很少有人检讨自己，大都拼命地指责、苛求别人。因此，睽卦的《象传》和《大象传》是疏通人的思想，要人把气度放大，不再陷溺在之前的深仇大恨里。睽卦的《大象传》说"君子以同而异"，不是求雷同、混同，而是在同中分别出异来，要保留各自的特色，即便如此，彼此间也可以和谐相处，利用差异性来互补。

一般人以为，"同"就必须附和、众口一词，要去掉很多个性、差异，其实不然。一家子那么多人不可能都没有自己的性格，每个人都应该有各自的特色，都应该"睽"，怎么能要求每个人都是一样的呢？《易经》乾卦的《象传》说："乾道变化，各正性命。"我尊重你，你尊重我，我不必迁就你，你也不必迁就我，各自保有自己的特色。即便是谈"天下一家"的《易经》同人卦，也注重"同而异"的概念，人际关系中也要重视"类族辨物"，就是分门别类，不一样就是不一样，不能硬搞成一样。我们追求的是"大同"，不是"雷同"，那是指"雷一打，大家都吓一跳"的共同反应，可不是说每个人都要相同。你爱吃辣，我爱吃酸，这怎么个同法呢？所以，"以同而异"是说认清万物各自有其性格。

再进一步看，《易经》睽卦的《彖传》说："天地睽而其事同也，男女睽而其志通也，万物睽而其事类也。睽之时用大矣哉！"天地睽、男女睽、万物睽，本来就各不相同，可是相反相成，特别是"其事类"，要懂得"类"，自然不会那么小气，能放开心量，这个就是解睽的妙方。要是不能从观念上厘清，每个人都自以为是，然后聚在一起找同温层取暖，党同伐异，那就什么事也不用干了。

前面提到"君子""小人"的观点，"圣人著爻象，则立君子、小人之辞"指出《易经》提到这么多重要的事情，"君子吉，小人否""君子得舆，小人剥庐""小人用壮，君子用罔"等，可是就这么一句"立君子、小人之辞"，成为识人学、人才学的根本。至少要能辨识君子、小人，更重要的是君子和小人要如何相互对待、如何和平共处。任何一个时代、任何一个组织里都有君子、小人，绝对不是"君子要把小人杀光，小人要把君子赶走"的势不两立，而是有"师、资"的相反相成，就是太极图的太极思维，求取动态中的平衡。所以，"君子者，小人之师；小人者，君子之资"，若没有小人，君子就没有"资"，没有用武之地。小人没有君子，就难以提升，得不到启发，也就不能"发蒙"。社会原本就是这样组成的，所以说"其所由来尚矣"，本来就是这样的。古今中外的对立、抗争，大到整个国际形势、宗教战争，大都是因为把自己视为君子，将对方视为小人，甚至要动武以消灭对方，所以这是死路一条，行不通的。

再说，君子身上会有小人的成分，小人身上也会有君子的成分，是具有可变性的。高宗或鬼方，善人或不善人，难道是绝对的、不可调和的吗？如果是不可调和的，《易经》中就不会有蒙卦的相互启发，包括童蒙、包蒙、发蒙、击蒙和困蒙这些说法。一个"圣人团队"是很可怕的，全是自以为是的圣人。这个世界之所以热闹，就是因为什么都有，君子与小人的互动、阴与阳的互动。《老子》第二十七章中的话："善人者，不善人之师；不善人者，善人之资。不贵其师，不爱其资，虽智大迷，是谓要妙。"劝君子"不善人者，善人之资"，而勉小人"贵其师"，可以看透自己，使自己受到启发得到提升，怎么能不好好尊重"贵人"呢？"不爱其资，虽智大迷"，是在骂那些自以为是的人，不懂得上进，错失接触、亲近善知识的机会，就算有点所谓的聪明才智，那也是最迷惑、最糊涂的人。"是谓要妙"，这才是最重要的、最关键的。

刘昞的注解就是脱胎于《老子》的原文，不仅拓深了刘劭的"圣人著爻象，立君子、小人之辞"的义理并加以诠释，还把对立的观点变得有和谐融通的可能。读通了这个观念，自然就懂得包容，不会跟人家起争执，所以《老子》才有"夫惟不争，故天下莫能与之争"的进一步发挥，呼应了《易经》谦卦的道理，天、地、人、鬼、神都包容进去，器量大得不得了，才能成就大人物。再提升一层，就是"受国之垢，是谓社稷主"的高度，最高领导者要有"专门装垃圾"的大器。哪个地方没有一点儿"垃圾"呢？连你自己心里都有一些隐藏着的"垃圾"，能够"受国之垢、受国不祥"才可以为"社稷主"，做"天下王"。这一层层地展开《老子》的思想系统，很有意义。刘劭对人际的冲突纷争体会太深，从实践中有了心得,在《人物志》中将人才细致分类,从《老子》的理论到个人经验。最后一篇《释争》讲"谦"德,"释"就是放开,呼应《易经》解卦的"赦过宥罪",一天到晚对立冲突,机关算尽,最后才发现还是"放开,心更宽"的人生自在些。

刘劭说:"疾悾悾而不信,以明为似之难保。"有些人会骗人,不容易被识破,正所谓"知人知面不知心"。"悾悾"就是指貌似诚恳,实际上不讲信用。虽然中国有俗话说"人言为信",但是要"落实才信",也就是"人行为信"。所以,孔子说的"听其言,观其行",比较稳当。"疾",痛恨,刘劭特别痛恨貌诚实伪的人,这也是从《论语》中脱胎而来的。"以明为似之难保","为"与"伪"相通,就是指假的,但看来好像是真的"似",如果轻信,就要倒霉了。

《易经》的中孚卦里谈人性、人情,取母鸟孵育小鸟的象,展现出"信、望、爱"的光辉。亲子之情完全不必怀疑,但是在其他情况下,该怎么处理?初爻一开始就告诉你该怎么操作,"虞吉",要"虞"才会"吉"。"虞"是什么?就是征信调查。不管他长得怎么样、讲过什么话,都要先调查一下,再经过一个试用期、观察期。不只听他怎么说,还要看他怎么做,看言行是否一致,这就是"虞"。用"虞"来把关,作为门槛,经过这个阶段,才会有诚信的交往,才能有进一步的付出。《人物志》就教人用"虞"的手段,没有经过这样细致的观察、考核,怎么能够随便失去自我呢?反过来说,经过一段时间的相互了解,建立起信任的关系,也就不要三心二意,有别的想法,可以真情往来。识人、用人就是"疑人不信,信人不疑"。中孚卦的初爻:"虞吉。有它,不燕。""有它"就是指第三者,结果心里又有其他想法。"不燕"就是不快乐,整天不是疑人,就是变心,当然享受不到人间"中孚"的快乐。《易经》中孚卦的初爻爻变就是风水涣卦,也就是因为信心不足,彼此建立的关系很容易瓦解。所以,中孚卦的初爻谈"虞"的好处,也谈"有他,不燕"的三心二意。

前面提过,几乎没有人一辈子没有看错过人、用错过人,甚至还有的人因为错交朋友，以致后来绝交、老死不相往来。这又启发了刘昞的思考："厚貌深情，圣人难之。听其言而观其所为，则似托不得逃矣！"人心太难辨识，就连圣人都会被"厚貌深情"骗过。"貌"是外貌，外面表现出来的样子可能很忠厚，乍一看你会感觉整个世界都亮了，可是过一段时间，你会发现人又变了，因为人隐藏在心中的情绪实在太难把握了。所以，孔子才说要"听其言，观其行"，刘昞也说"听其言而观其所为"，只能靠这个老实的办法考察人才。

不能听了"言"就下决定，得要再看"说的话有没有落实"，相信的有没有变成信念，成为行为的指导原则。所以不用急，慢一点反而比较可靠，就是"虞"的事前调查、事后检查。"则似托不得逃矣"，"似"就是"好像是，其实不是"，"托"就是"假装是，其实有问题"，即托词，"不得逃矣"，绝对逃不过你的法眼、照妖镜。因为经过长久的言行考核，几乎没有人能够不露馅儿，这就能识出人的"厚貌深情"了。"厚貌深情"出自《庄子》，在这里有两个解释，一个是"显现出忠厚的样子"，用来解释"悾悾而不信"，至于"深情"也不只是说表现得情意款款。另一个更深刻的意思是外貌很突出，而情意控制得好、藏得很深，外表与内在很可能有天壤之别。《易经》六十四卦里，内外一致的卦只有八个（八纯卦），就是乾、坎、艮、震、巽、离、坤、兑，其他五十六卦都是表里不一的。换句话说，用《易经》的比例来看人世，只有八分之一的人是表里如一的，八分之七的人内外不会完全一致。

《大学》中谈到"诚于中，形于外"，可能就是讲那八分之一有读《大学》的人。有的人为了做生意、做官，或是达到其他目的，多多少少会讲一些善意的谎言。像是我们经常用来应酬的话，说对方"年高德劭""深孚众望"，谈到健康说"炯炯有神""神采奕奕"之类。但是，心里真是这样想的吗？若不是，那就是表里不一。表面虚伪客套，心中想的完全是相反的，表面看来是劝进，实际可能是劝退。如果将心比心，人家讲的话，你怎么就敢肯定他是这样想的？

当然，人很少表里如一，卦象也是。卦象的表现，还有镜像对称的，如《易经》的颐卦、大过卦、中孚卦等，虽然不是表里如一，但是它类似物理学的原则，就是在上卦跟下卦、内卦跟外卦间划一条界线，当成一面镜子。上下两卦的卦象，就好比是镜子两面的实物与镜像对照。以中孚卦为例，上巽下泽称为"风泽中孚"，《易经》中原本八卦的意象，巽代表长女，泽代表少女。所以，这个对称的镜子一照，在镜子面前的少女就变成了镜子里面的老妇人，由兑转巽，多可怕啊！反过来看，镜子面前的老先生，用镜子一照变成少女。《易经》小过卦中的菜鸟练飞，也一样是镜像对称，雷山小过、上震下艮，艮是翩翩少男，震是老头子，照照镜子，能看到未来。颐卦谈养生，山雷颐，养生养得好，一照镜子就看到自己重返年少。这就是《易经》迷人的地方，千变万化。但八纯卦不全是如此，只有乾、坤、坎、离具有这样的特性，怎么看都是一样的。这里可以发挥的地方很多，我们先点到为止。

孔子门下有三千弟子，具有政治实权者不在少数。孔子通过学生来收集和掌握各国情报，分析政治，不限于鲁国，也保持与各国政要的接触。所以有《论语·学而》所谓"夫子至于是邦也，必闻其政，求之与？抑与之与"和"夫子温、良、恭、俭、让以得之"的问答，孔子通过结交很多的贤士大夫，使他们主动汇报政情，这就是"工欲善其事，必先利其器"。孔子每到一个地方，都要去拜会当地的精英人物，掌握当地的风土人情。换句话说，孔子算是阅人无数，绝对不是"宅男"。可是在《论语·泰伯》中，孔子感叹："才难，不其然乎？"人才太少，太难得了！真正的人才真没有几个，有的刚看着还不错，很快就露馅儿了，有的受限于体制而无法发挥才干，这都叫"才难"。我前面讲，在楚汉相争、三国鼎立这两段历史中，由于局势的动荡，所有制约的力量都得到了解放，文的也好、武的也罢，人才鼎盛。

清朝有位著名诗人、思想家龚自珍，他比别人更早地看出中国面临着生死存亡的危机，心中很着急，便写诗："九州生气恃风雷，万马齐喑究可哀。我劝天公重抖擞，不拘一格降人才。"以祈求天神能够"不拘一格降人才"，人才之有没有，一半来自老天爷的安排，另一半是要突破既有的框架，发挥自由创造的空间。"不拘一格"就是不论出身，不拘泥于形式，不正和孔子的"才难"属同一喟叹吗？

识人的功夫很重要，真人才不多，赝品倒不少，千万不要被鱼目混珠。《尚书》说："惟帝其难之，知人则哲。"千古以来的感叹都是一样的。标准越高，人才越少，特别是当夸夸其谈的人到处都是的时候，敦艮笃行的人更显得难能可贵。《易经》中的"忧患九卦"，也可以视为一套系统的人才学，处在动荡的时局，哪一些是人才？可以从三个方面来看，第一履卦，在动荡中还能够脚踏实地地干，不断累积社会经验。所以先要看"履"，是做事的、不是高谈阔论的，还要有胆识，能履险如夷，"履虎尾，不咥人。亨"，踩老虎尾巴，还不被老虎咬死。做事情有分寸、守伦理，能安定人心，这叫"辨上下，定民志"。但这第一条就不知道要淘汰多少人了。第二谦卦，不但主张对人谦，而且对天、地、鬼、神都要谦，磨掉自以为是、自命不凡的骄矜之气，这就又淘汰一半人了。第三复卦，在《易经》中代表具有核心的创造力，这一点在乱世，人心不定的时候更是难能可贵。若能通过这三个方面检验的人，就已经是上等人才了。

要是再挑剔下去，就看能不能持续，在卦象上显示的是恒卦，恒卦的《大象传》要求"立不易方"。用时间来考验，总能看出真假。假的自然不能持久，所谓"不恒其德，或承之羞"，对任何事情都是三分钟热度，很难不功败垂成。"恒"在造字上是"一日心"，连一日的恒都难以坚持，更不用说处于乱局时的定力了。接下来是损、益两卦，性格上具有高度理性的平衡计算，不会轻易感情用事。做事情能想得长远，有全盘的布局，《论语·为政》所谓斟酌三代的损益，"损益盈虚，与时偕行"，绝对不是抱残守缺的，而是先损后益，能让利、共荣，创造双赢。

但即便如此，也不代表这样的人才一定会成功，人生还是会有艰难困苦，这就是困卦和井卦的启发。原有的那一套做法，经过一段时间后越来越施展不开，就是"穷"，遇到"困"境了，如果还没回过神来，可能就把你压垮了。当所有资源丧尽，还得想办法、动脑筋去开发创新，井卦就提出"开发新的潜在的资源"。"忧患九卦"的最后一卦是巽卦，所有过程和手段要懂得"行权""低调"，懂得"巽为风"所代表的含义："先庚三日，后庚三日，吉。"

能连闯这九关，经过"忧患九卦"筛选的人，还能剩下多少？所以，《论语·子罕》中孔子和学生说："可与共学，未可与适道；可与适道，未可与立；可与立，未可与权。"说的就是这个意思。

九征第一

盖人物之本,出乎情性。情性之理,甚微而玄,非圣人之察,其孰能究之哉!

凡有血气者,莫不含元一以为质,禀阴阳以立性,体五行而著形。苟有形,质犹可即而求之。

凡人之质量,中和最贵矣。中和之质,必平淡无味,故能调成五材,变化应节。是故观人察质,必先察其平淡,而后求其聪明。

聪明者阴阳之精,阴阳清和则中睿外明,圣人淳耀,能兼二美。知微知章,自非圣人莫能两遂。故明白之士,达动之机而暗于玄虑,玄虑之人,识静之原而困于速捷,犹火日外照不能内见,金水内映不能外光。二者之义,盖阴阳之别也。

若量其材质,稽诸五物,五物之征亦各著于厥体矣。其在体也,木骨、金筋、火气、土肌、水血五物之象也。五物之实,各有所济,是故骨植而柔者谓之弘毅,弘毅也者,仁之质也。气清而朗者谓之文理,文理也者,礼之本也。体端而实者谓之贞固,贞固也者,信之基也。筋劲而精者谓之勇敢,勇敢也者,义之决也。色平而畅者谓之通微,通微也者,智之原也。五质恒性,故谓之五常矣。

五常之别,列为五德,是故温直而扰毅,木之德也。刚塞而弘毅,金之德也。愿恭而理敬,水之德也。宽栗而柔立,土之德也。简畅而明砭,火之德也。虽体变无穷,犹依乎五质。

故其刚柔明畅贞固之征著乎形容,见乎声色,发乎情味,各如其象。

故心质亮直，其仪劲固；心质休决，其仪进猛；心质平理，其仪安闲。夫仪动成容，各有态度：直容之动，矫矫行行；休容之动，业业跄跄；德容之动，颙颙卬卬。

夫容之动作发乎心气，心气之征，则声变是也。夫气合成声，声应律吕。有和平之声，有清畅之声，有回衍之声。夫声畅于气则实存貌色，故诚仁必有温柔之色，诚勇必有矜奋之色，诚智必有明达之色。

夫色见于貌所谓征神，征神见貌则情发于目，故仁目之精，悫然以端；勇胆之精，煜然以强。然皆偏至之材，以胜体为质者也，故胜质不精则其事不遂。是故直而不柔则木，劲而不精则力，固而不端则愚，气而不清则越，畅而不平则荡。是故中庸之质，异于此类。五常既备，包以澹味。五质内充，五精外章，是以目彩五晖之光也。故曰物生有形，形有神精。能知精神，则穷理尽性。

性之所尽，九质之征也。然则平陂之质在于神，明暗之实在于精，勇怯之势在于筋，强弱之植在于骨，躁静之决在于气，惨怿之情在于色，衰正之形在于仪，态度之动在于容，缓急之状在于言。其为人也，质素平澹，中睿外朗，筋劲植固，声清色怿，仪正容直，则九征皆至，则纯粹之德也。

九征有违，则偏杂之材也。三度不同，其德异称。故偏至之材，以材自名；兼材之人，以德为目。兼德之人，更为美号。是故兼德而至，谓之中庸。中庸也者，圣人之目也。具体而微，谓之德行。德行也者，大雅之称也。一至谓之偏材，偏材，小雅之质也。一征谓之依似，依似，乱德之类也。一至一违谓之间杂，间杂，无恒之人也。无恒依似，皆风人末流。末流之质，不可胜论，是以略而不概也。

革变大有的卦象

在讲《九征》之前，先给大家讲一个卦象，以方便各位理解《人物志》，我曾就《人物志》一书占得一个卦象，即革变大有。《人物志》共计一万多字，刘劭深入观察，自成一家，从各个角度讲人情、人性，这样的人物理论到底有什么价值？泽火革，三爻齐变，成火天大有。其中二、五、六爻动，指出《人物志》内容丰富且相当具有创意。"革"是革新、革命，确实是发前人之所未发，不但集中国以往人才学、知人学之大成，还有很多个人创见。三爻齐变为大有，就是包罗万象，什么人都有！大有卦与同人卦相综，可以说是一体两面。无论是同人卦《大象传》的"类族辨物"，还是大有卦《大象传》的"遏恶扬善，顺天休命"，都是把形形色色的人分门别类，而且还将好人、坏人给挑出来，"遏恶扬善"。每个人面对自己的不足之处，都希望能"每天进步一点点"，慢慢地向美善的境界迈进以"顺天休命"。

大有卦的意象是"火在天上"，像太阳光照大地、明察秋毫，把人一个一个都照得清清楚楚，而革卦具有创意，在革卦的《大象传》中称"治历明时"，"革"的动力来自"顺天应人"，才能获得支持，拥有力量，发挥"革故鼎新"的作用。识人学的本质就是了解人，而人从天来，正是"天命之谓性"，所以刘劭能掌握自然的法则而"顺天应人"。

革卦齐变的三个爻，二爻是下卦离火的中心，可谓透明、透亮，爻辞中"己日乃革之。征吉。无咎"，就是说准备好了，可以出发。刘劭的这一套体系，已处在一个极好的原点，可以大胆地发挥创意，探索"征吉"。然后五爻君位，又有大突破，"大人虎变，未占有孚"，革卦的《小象传》中指出"其文炳也"，文质兼具，五爻单爻变为丰卦，包含了天、地、人、鬼、神，内容极为丰富。到上爻的"君子豹变，小人革面"连同五爻的"大人"，看来刘劭的创意理论，把大人、君子和一般的庶民全都涵盖了。"革之时，大矣哉"，人才学是动态的，因为人是会变的，有可能向好的方向转变，也可能向坏的方向转变，所以不能用既定的刻板印象去看人。

热闹的萃卦

接下来的《九征》，用易占的卦象是不变的萃卦。萃卦代表精英分子、人才荟萃，它也同时说明人所有的性情，在萃卦《象传》中有"观其所聚，而天地万物之情可见矣"，好像是特别写给《人物志》的批注一样。人聚在一起会有碰撞、摩擦，进而就有磨合的问题。于是，形形色色的神仙、老虎、狗，或是乌龟、兔子、贼，"同声相应，同气相求"，大人、君子、小人也各自密切互动，这就是"萃聚"的热闹。

《水浒传》是一个讲"萃"的故事，包含了高层、基层。萃中有"一山难容二虎"的矛盾，也有"文人相轻、才士相妒"的毛病，因为各路英雄彼此势均力敌，所以要在一起干事不容易。彼此若没有交集的话，其实也好来好去，一旦聚在一起，就会争老大。为什么会有萃呢？因为有缘才聚。萃卦前一卦是姤卦，就是因缘际会，不是冤家不聚头。姤卦有"不期而遇"的意思，只是碰到之后，也没有一定的好坏，完全看彼此是否能够成功解决磨合的问题，能够容纳、承受彼此的摩擦，就有生机，要不然就谢谢惠顾。机缘本身不分善缘、恶缘，反正不是来报恩的，就是来报仇的，因为萃卦有"情"，卦辞只有"亨，利贞"而少"元"。

既然聚在一起有这么多的问题，那不聚在一起就没事了吗？萃卦《象传》有"利有攸往，顺天命也"，意思是该来的总会来，"顺天应人"，坦然接受生命的种种因缘际会和挑战，人生就在这样的相聚离散中留下足迹。

由外观内看人的九种征兆

《人物志》讲的是"实学"，不只是建立一套美学的鉴赏标准去欣赏、分类，如果是这样，《人物志》就不会受到如此的重视。《世说新语》谈魏晋名士的风流行事，当时崇尚"潮"，每个人把外表弄得漂漂亮亮，行为也有点标新立异，但这样的举措并未给后世留下深远的影响。《人物志》所建立的架构和人生观就完全不同，它承袭了先秦两汉以来的论述，是一个有着深厚的实学支撑的完整系统。

"九征"指看人的九种征兆。我们只能看到人的表面，无法看透内在，但人无论如何深沉，其内在的起心动念，不可能在外在上完全没有征兆，可能是一个狡诈的眼神，或者一个志得意满的表情，多多少少能流露出某些信息。《冰鉴》中说："一身精神，聚乎两目。"只要盯住对方的眼睛，心灵之窗不大容易骗得了人，也就是《孟子》中说的"观其眸子"，即内心征兆。行走坐卧、一颦一笑都是征兆，尤其是无意间自然流露出来的，更是征兆。"九"是指多数，在古文的表意上，三、九都有象征多数的意思。刘劭认为，只要细心观察，人所表露心思的征兆俯拾即是，怎么会突然讲了这些话？这话为什么这么讲？是刻意讲给我听，还是不小心说漏了嘴？这都显露了水下冰山的真相。

"九征"就是由外观内，在《易经》中讲"知几应变"，其中"几"也是"征"的意思。征兆就像冰山一角，真正重要的是看不见的部分，所以《周易·系辞传上》才说"知幽明之故"，把看不见的"幽"和显现出来的"明"关联起来，就能知道原因何在。因为人再怎么伪装、讲谎话，也不可能全天候、全年无休地分裂为双重人格，所以就看你观察得细致不细致、深入不深入了。

思想和感情是了解人的根本

盖人物之本，出乎情性。情性之理，甚微而玄，非圣人之察，其孰能究之哉！

【译文】

人物内在的根本，是通过思想和性情表现出来的。关于思想和性情的道理，是非常微妙和玄远的，不容易掌握；没有达到圣人般明察秋毫的境界，恐怕没有办法把它们探究清楚！

【现代解读】

"盖人物之本，出乎情性"，人作为有情众生之一，《易经》咸卦的人道开始就谈"情"，到了恒卦的天长地久，还是讲情。《易经》萃卦的精英相聚、兑卦的欢颜，都是情。"情"与"性"两字都是竖心旁，而情从性出，只是如《三字经》所说的"性相近，习相远"，情却可能相远。《中庸》说："喜怒哀乐之未发，谓之中。发而皆中节，谓之和。"人情的自然反应可能是性，但表现出来能够"中节"，合乎规范，才是最好的情，这样社会才会和睦融洽。可惜人类大部分的情都是"发而不中节"，动辄感情用事，往往对彼此造成伤害。情绪的喜、怒、哀、惧、爱、恶、欲起伏波动，要完全合乎中道真的很难！这也是为什么人与人之间总是容易产生嫌隙、不和及纷争。所以，谈论社会大势，必先从性情入手，不但要观察、熟悉人情，还要了解情由性生。人性的差别不大，到情的层面却千差万别，是受后天教育的影响，还是与生俱来的习性呢？

乾卦《文言传》中讲："乾元者，始而亨者也；利贞者，性情也。"对比出天道和人道的不同。因为天性可能是正性，但是发展到极端有可能走偏了，所以才要提醒"利于贞"，得固守住才能有利。动情时须固守，不要离本性太远，一旦离谱就无法有所得利。"元亨利贞"代表正性纯情，但对比《易经》大壮卦的血气方刚、发情冲动，卦辞就要人"利贞"，得先"贞"才能有"利"。如果完全不受控制，爱干什么干什么，一定会闯祸出事，陷入"羝羊触藩，羸其角"的进退两难的局面。所有含"情"的卦，像咸、恒、萃、兑等卦，都是"亨，利贞"，就是元德不显，这就暗示着人情与本性的"元亨利贞"之间，总是存在着使人蒙昧的东西，例如父母对子女有时候会偏心，男女朋友之间也有如《论语·颜渊》所谓"爱之欲其生，恶之欲其死"的极端反应，面对同一个对象，可能因爱生恨，这就是人情的偏激和可怕。《易经》中家人卦反目即成睽卦，是相连相依的。

情和性，或者说思想与性情，是了解人物的根本，其他的都是枝节，都没有那么重要。既然人如此善变难测，那我们就从原点、发源地开始，把源与流搞清楚，这样才能对治性情的难题。《大学》中说："人莫知其子之恶，莫知其苗之硕。"所有父母都亲爱小孩，不知道小孩子为什么变坏，因为父母心中偏袒，所以只看得见小孩好的地方，这就是人性。农业社会时，庄稼人家即使不觉得自己田地的禾苗长得苗壮，也总想有更好的收成，这就是人情。很多人批评别人，往往头头是道、鞭辟入里，讲起来神采飞扬，可是看不到自己的毛病。

"情性之理，甚微而玄"，是说对情和性的掌握可没那么容易，不但隐微不显，而且可能有观察者的盲点。"玄"有恍惚、不可捉摸的意思。"非圣人之察，孰能究之哉"，没有达到圣人明察秋毫的境界，恐怕没有办法探究清楚。先前提到的《易经》颐卦说："天地养万物，圣人养贤以及万民。"圣人"知贤、养贤、用贤"，最重要的是不能看错人。到了鼎卦，要求就更高了："圣人亨以享上帝，而大亨以养圣贤。"圣人还要"养圣"，得要能培养接班人，保证薪火相传。"知贤"，这一步就叫作"察"。其实"察"并不简单，"察"字上面是宝盖头，象征女性，代表包容。坤卦中讲"厚德载物""含弘光大，品物咸亨"，宝盖头的翻天印、照妖镜一罩下来，全部在坤卦的关怀范围之内，宝盖头就代表生命的来源、蕴蓄能量的地方。"察"下面是"祭"，就要像祭祀那样认真谨慎，才能明察秋毫。在《论语·为政》中，孔子说："人焉廋哉？人焉廋哉？"也得靠"察"的功夫，分为"视其所以，观其所由，察其所安"三个步骤，由"视"到"观"，功夫逐渐加深。再到"察其所安"，就是看他做完之后的心理状态，心安不安。最终的步骤就是"察"。"视、观、察"，一步更深一步。连圣人都得用"察"的功夫，不然真没有办法完全掌握而不出状况，这就是因为"情性之理，甚微而玄"，人性太复杂，人情太难捉摸。

生物有形即可就近探究其本质

凡有血气者，莫不含元一以为质，禀阴阳以立性，体五行而著形。苟有形，质犹可即而求之。

【译文】

凡是有生命的物体，没有不包含元和一的本质的，他们秉承着阴阳的特性，依据五行而成就形体。所以，只要是有形体的生命，就可以通过靠近他们，透过外在的形体来深入探求其本质。

【现代解读】

接下来，识人的功夫越来越实际化、具体化了。

天生万物，有了具体的外形，就可以通过外形去了解里面的本质。这种外形、本质连动的概念，在《易经》中的乾、坤两卦里就已出现，从"大哉乾元，万物资始"的本质动力，到"至哉坤元，万物资生"的万物化成，这一切都由"元"而来。在《春秋》中，孔子将道家老子提出的"一"的说法，讲自然的统一律，再往深拓展，"改一为元"，加入了人文化成的无限可能。"元"作为儒家哲学论述的根源，即便是在识人、相人上，也都要探讨根源。"由元生一"，再"一生二，二生三"，无论是谈形而上还是形而下的本质理论，只要能掌握"元""一"，就可以化繁为简、以简驭繁，所以说"元一以为质"。这是刘劭当时所认识的自然规律和生命发展，由质而形。《周易·系辞传上》中有"易有太极，是生两仪；两仪生四象，四象生八卦"的无限衍化，所以说"禀阴阳以立性，体五行以著形"，由质到性，从性到形，成为明确的目标"形"。

只要是"形"就必然有其特性，中国用"五行"谈金、木、水、火、土五种特质和现象，来对"形"进行描述。汉朝初年，阴阳五行之说大盛，大儒董仲舒利用阴阳五行来解释自然界中的种种现象。除了时代风潮，在五行分类的论述渐趋完整的情况下，包括生克关系的发展等，也开始有了直接与人格、个性有关的讨论。刘劭自然也受五行观念的影响，在文章后段就直接谈到金形人、木形人、水形人、火形人和土形人，有的人从外形上大概就可以看出来具有一定的特征。这就把原本很深幽、无形无象的"质"，经过发展具象到可以被观察、分类的程度。

"体五行而著形"，当万物造化之气、阴阳调和比例产生了不同的性格，不仅表现在形貌上，还通过"著形"显现出来，最后呈现出金、木、水、火、土五类性格和征貌。一旦有"形"，就可启动"逆向工程"，去掌握形后面的"质"——"含元一以为质"的质。要通过接近、近身了解，去探讨形背后的质。《易经》观卦也谈观察、观摩，爻辞中点出，观察，不利远观，要近身观察。观卦五爻君位："观我生，君子无咎"可以作为举世典范。爻与爻之间的关系指出，四爻位于五爻之下，经常接触才看得清楚，"利用宾于王"配合着"阴承阳、柔承刚"的带领学习，才能观到东西。四爻又是上卦巽风的入口，不仅深入，还无形无象，可谓入室弟子。可是观卦二爻，虽然与五爻也具有"应与"的关系，但是距离五爻太远，只能"窥观"，从门缝中去看伟大的人物，肯定看不清楚，连崇拜也是盲目的。

另外，从文章笔法来看，"凡有气血者，莫不含元一以为质，禀阴阳以立性，体五形而著形"，这句话也有《中庸》的影子，《中庸》中说："凡有血气者，莫不尊亲。故曰配天。"语气如出一辙，看得出来刘劭深受"四书"的影响。"血气"包括了"血"和"气"两种意象，中医和武术也都讲"血"和"气"，由"气"推动着血液循环，是过去对人体的认识。所以《易经》的涣、节两卦，也是讲"气血流行"的问题。

"苟有形，质犹可即而求之"，要了解一个人，得先接近他。"即"就是接近、靠近。真想交朋友，总得深入了解对方，一开始先与他接近、聊天，再观察一下，之后合作项目，看看彼此的调性是否相同，思维能不能在同一个频道上。这些都得"即而求之"，不能离得太远。学术研究中有"田野调查"，就是要实际到现场去探访，也就是"即"。如果要替人写传记，在可能的情况下最好能够"贴身采访"，包括跟传主一起生活一段时间，才能看到其真面目。因为很多人从表面上"望之俨然"，私下生活可能是幽默风趣，不深入观察是看不准的。"即而求之"是必要的，深入观察，好的也好，不好的也罢，才能看到真实的象。

情绪中正平和者最佳

凡人之质量，中和最贵矣。中和之质，必平淡无味，故能调成五材，变化应节。是故观人察质，必先察其平淡，而后求其聪明。

【译文】

人的资质和量度，能时中之道、求和而致，是最难能可贵的。一个人如果有中、和这种素质，表现出来的必然是平淡无味的，所以能够协调出仁、义、忠、信、勇五种品德，不管发生什么事情，都能够应付得恰到好处。所以，观察一个人的素质，必然要先考察他是否有平淡的气质，然后才能看到他明晰事理的境界。

【现代解读】

"凡人之质量"，"质"和"量"本来就是两个概念，而"质量"这个词的意思往往是偏重于"质"而不是"量"，因为本质是关键，所以量多量少不重要，"贵精不贵多"。很多大事业就是靠几个核心人物同心同德做成的，人多还怕嘴杂呢！就要看核心分子心里想的到底是什么。"以利合者，必凶终隙末"，开始关系好，后来闹翻脸的多得很。"质"很重要，就是"水平""档次"够不够。

"中和最贵矣"，这显然是承袭《中庸》《大学》的正统思想。《中庸》里说："喜、怒、哀、乐之未发，谓之中；发而皆中节，谓之和。中也者，天下之大本也；和也者，天下之达道也。致中和，天地位焉，万物育焉。""喜、怒、哀、乐之未发，谓之中"是指"性"，"发而皆中节，谓之和"是指最美的"情"。所以说"中"是"天下之大本","和"是"天下之达道",持"中和",走到哪里都通畅无阻。"致中和"就是把"中"与"和"、"体"与"用"发挥得淋漓尽致,然后就可以创造出一个和谐的宇宙,"天地位焉,万物育焉"。因此,刘劭说"中和最贵"就表明在他看来,评价人物要从"品物流形""品物咸亨""品物咸章"三个方面,才能清楚人才的质量。魏晋时期有所谓"九品中正"制度,上上、上中、上下,中上、中中、中下,下上、下中、下下共计九品,把职务这样分类,也对应了人才的质量。这也是《人物志》的时代背景。

刘劭从《中庸》中体认到"中和"是最了不起的,所以称"中和最贵",既合乎"时中之道",还能"求和而至"。我在前面提到《易经》的"忧患九卦",第一卦履卦就是"履,以和行""履,和而至""履虎尾,不咥人。亨",有跟老虎(历来有不同的意象隐喻)相处都可以相安无事的功夫,就叫"履"。《易经》中也强调"中和最贵"的道理,谦卦当然是"和",而且兼有"中"与"和"。

假定一个人有"中和"的素质,他表现出来的必然是平淡无味的,不会刻意强调自己的特色,却能"调成五材,变化应节"。《九征》中提出了"中和平淡"的最高范例,教我们"观人察质",先察其平淡,而后求其聪明,这句话得到了钱穆先生的高度认同。钱穆先生说自己年轻的时候读《人物志》,读了这段就像被电流电到一样。每个人到了一定的年纪、地位时,多多少少有人世、人际历练,也遇到过不少人,而能够把棱角一一磨去,在与人相处时不会让人感到有压力,这种人太难得、太可贵了。聪明的人或者自以为聪明的人多的是,但聪明外露有时候是会伤到别人的,适得其反。聪明很重要,刘劭的《自序》一开始就说"圣贤之所美,莫美乎聪明",这是指"聪"的清晰、"明"的观察,说到底是自己对世界的了解与掌握,但表现出来是"与世界和谐"的境界,就是"平淡",对世事的变化不会心潮腾涌,不会放言高论,不会剑走偏锋。在"平淡"中所蕴含的那种气质、那种力道,是"过尽千帆"的千山万水化为轻风拂面,也是"笑看春秋"的洞悉世情而若即若离。其实是化尽绝顶聪明、深经人世历练，而成为中和平淡、返璞归真的人，所以，"暧暧内含光"能包容各种"聪""明"。

平淡最有味

《易经》的贲卦，本是五光十色的华丽，走到上爻是"白贲，无咎"，绚烂归于平淡，达到"中和"的境界。"上得志"是白色的，甚至可以说无色，这个特别难！有才气、聪明的人不容易平淡，如果真能够达到平淡，"白贲，无咎"，就是"大成"。山火贲是人文化成，以前是以官场为主，现在就是职场众生相。从噬嗑卦的丛林法则，进一步到贲卦的光彩绚丽，最后成就的是一种"采菊东篱下，悠然见南山"的"白贲，无咎"。当所有聪明都化到平淡里，没有棱角，不见犀利，"大德敦化，小德川流"才是中国学问的正脉。"中和之质"的人，自己心平气和，对人也谦和。这种人才能包容各色人才，才能做真正让大家心服的领导人。不管是领导人，还是精神领袖，不仅不会跟部下争论，还可以用很多在某些方面比他更有能力的人，正所谓"黄裳，元吉"，与艮卦中"敦艮，吉"的道理相通。

"中和之质"还有一个特色，即平淡无味。《老子》中讲："味，无味。"口味重的人，对于平淡的滋味是完全尝不出来的。性格上有所偏好，也没有办法欣赏别人的个性，无法包容与自己不同的观点，就很难欣赏到生命中形形色色的万千变化。简单来讲，就是《庄子·大宗师》中所谓"其嗜欲深者，其天机浅"。《九征》中谈各方英雄豪杰、江湖好汉，难道那么容易收服吗？"平淡、无味"的胸襟，才能无私无我，有孚惠心。先要自己心里干净，才能看清楚各种人物的长处与短处。有太多欲望的人，连自己都搞不定，根本看不清楚别人。《老子》讲："知人者智，自知者明。"自己的坐标必须先没有问题，才能定人家的坐标。

"故能调成五材，变化应节"，综合各方意见，达成共识，相互成就。

"五材"有不同的解释，有说是"勇、智、仁、信、忠"的，有说是后文提到的"仁、礼、信、义、智"，不用特别追究，反正指形形色色、各式各样的人才。这些人才彼此间可能相生相克，但是具有"中和之质"的领导人，能够"调成五材"，把大家融合在一起。"调和鼎鼐"就是取象于鼎中将各色食材来烹煮，调成美味佳肴，即"治大国若烹小鲜"，以善于烹饪来比喻善于做宰相，让每一种人才都能有发挥空间，不生争执，不会冲突。

至于"变化应节"，谈的是动态的对应，不管发生任何事情，都能够应付得恰到好处。"发而皆中节"，不会有过与不及，也不是一成不变的，虽然是由"中和平淡"的人所领导，但团队组织能够应形势的变动，能够应节，让人心服口服。

"是故观人察质，必先察其平淡，而后求其聪明。"刘劭先立了一个"中和平淡"的高标准，用这个标准来观察人才。当然，人不会有百分之百的平淡，假定有百分之三十的平淡也就可贵了。但完全没有的话，也要小心容易发生争执，就是因为"谦"不下来，《易经》乾卦的《文言传》中说："亢之为言也，知进而不知退，知存而不知亡，知得而不知丧。"也就是"亢龙有悔"，自然平淡不下来，这些都是老生常谈的道理。不在其位，能不能保持一贯的态度无怨无悔地付出？还是绝对不能失去舞台，一定要叱咤风云？虽然楚汉相争的项羽天生英武，但是不能"中和平淡"，一旦失败，他宁愿自杀，也不愿苟活。因为他是那种只能够活在掌声中和聚光灯下的人，所以他认为富贵若不能衣锦还乡，那将毫无意义。这种人显然不可能"中和平淡"。没有"中和平淡"的成分，恐怕终难达到最高境界。

首先是"中和平淡"，其次才是"聪明"，不过，没有"聪明"恐怕只是平庸，达不到"中和平淡"。"中和平淡"是聪明的表现，具有"大智若愚"的深刻。一般人认为的"平淡"，就是无所欲求、不求进取，一天就是"三饱一倒"，日子过得没有目标，无所事事，这实在不是刘劭识人、选才的"中和平淡"。"中和平淡"和"聪明"是有机结合的，因为"聪明"往往不容易"中和平淡","中和平淡"是更上一层楼,是加上生命的试炼之后所呈现的境界。这就是禅宗大师讲的,从"见山是山,见水是水",到"见山不是山,见水不是水",最后回到"见山只是山,见水只是水"的境界。这种聪明人到最后变得平淡、包容了,不再计较得失,有了群体的意识,懂得体察每个人的长处与短处。《老子》也说:"道之出口,淡乎其无味。"呼应"中和平淡"的无为、无味,不存私心,没有锋芒。反过来说,企图去吸引别人的注意,在心中就有某种程度的不满足,"乐与饵,过客止"。

调和鼎鼐

烹饪调和五味,酸、甜、苦、辣、咸各具滋味,需要提味才能有更多发挥。"甘受和"的"甘"代表中道,也就是提味的关键,因为它本身不能影响原本的滋味,所以才能"和"。领导人就是要能调和各个桀骜不驯、各具长才的部属,就像将各种食材加以烹制,煮出一锅好菜,所以称"调和鼎鼐"。想要"和",就得"甘",有一点偏激的味道都不行。在《易经》节卦中讲"中节",恰到好处,节卦的君位就是:"甘节,吉。往,有尚。"居九五中正之位,道理就在这里。其他爻都有所偏,四爻"安节"虽是守分,但缺少创造性,所以没有办法调和五味。上爻"苦节"走到死胡同,就会怪异、偏激,不好相处。"甘"不是甜,只是韵味回甘,像吃甘蔗,慢慢地品出滋味,让人感觉舒服、厚重,才是境界。

不过,在临卦中也有"甘",三爻"甘临"却"无攸利"。临卦谈自由开放、创新创意,自以为有些经验,认为爱干什么就干什么,这就误解了临卦的真义。六三在爻位上既不中也不正,因为底蕴不够,却想依样画葫芦,结果"画虎不成反类犬"。三爻的"甘"不是真的甘,硬装是装不像的,没有经过时间历练,只是表面上的"甘",没有厚度、回味,这不是真正的甘。所以,没有足够的人生历练,就没有办法了解进退的分寸，就像如果没有经过五爻、六爻的深刻教育，又哪里能有"敦临"的沉稳持重？所以，"敦"在《易经》中是五爻、上爻的用字，没有到第五爻、第六爻的阶段，根本不知道什么叫"敦"。除了"敦临"外，复卦第五爻君位的"敦复"，强调核心创意，艮卦的上爻"敦艮，吉"，已经达到止欲修行的巅峰。

刘昞在注释"中和最贵"时，说："质白受采，味甘受和，中和者百行之根本，人情之良田也。""质白"能接受任何色彩，"味甘"能承担和谐的重任。"中和"是百行的根本，《中庸》讲"致中和"，也就是得先求平淡、去嗜欲，才能"调成五材，变化应节"，最后成为识人学的千古名言。选材须达中和平淡而后求聪明，一天到晚爱表现的家伙，其实只是小聪明。

在《易经》中兑、涣、节三卦，也在阐述这个道理，兑卦指的是喜、怒、哀、惧、爱、恶、欲，也就是人情。人情的表现是涣卦，情绪出来能不能够中节，就是节卦。这三个卦都在讲"中和"的道理。兑卦的初爻谈"和"，从"和兑，吉"开始，到二爻"孚兑，吉。悔亡"，与人交往切磋，首先要有良好的气氛，其次要包容，具有爱心，不用大肆宣扬，正所谓："天何言哉，四时行焉，百物生焉。"老天爷生育万物是不讲话的，一切依照规律，"四时行，百物生"，哪有什么特别？《中庸》依此发挥"上天之载，无声无臭。至矣"，最高的境界就是平淡、无味，一点也不麻辣。诸葛亮掌握了中华民族的正脉，他在《诫子书》中对儿子说："非淡泊无以明志，非宁静无以致远。"这些生命教言，自古以来都具有共同的回响，这就是中国人共同的心灵悸动。

明朝大儒、大臣吕坤著有一部书叫《呻吟语》，书中说："深沉厚重，是第一等资质；磊落豪雄，是第二等资质；聪明才辨，是第三等资质。"按照中国人的标准，世间的人才分成三等，三等以下是不入流的，就略而不述了。首先，聪明才辨的，或是聪明辨慧的人，只能算是三流人物，绝对不能做领导。虽然这样的人才有长处，但是不够周全。比聪明才辨高一级的人物，叫磊落豪雄，行事坦荡、光明磊落，是属于打天下、创业型的人物。这种英雄，多半能指点江山、敢作敢为，也勇于冒险犯难，在创业初期，磊落豪雄多半很讲义气，为朋友两肋插刀、豪气冲天。磊落豪雄不会计较，遇事看大处、抓大方向，基本上磊落豪雄比聪明才辩的人更适合做老板。例如汉高祖刘邦就有这种魅力，很多人愿意跟随他，不过他得了天下之后，就开始杀功臣了。清朝曾国藩平定太平天国运动时国库空虚，他就自己设关卡抽税来筹军费，非常有胆识。等到乱事被平定后，嫉妒他的人就说曾国藩抽税的账目不清，甚至诬蔑他造反等。这些上呈皇帝、太后的奏折，装满了箱子，一个个送到北京，所以有成语"谤书盈箧"。所幸太后看都不看，直接烧掉，这样才能用人。像曾国藩这种就叫磊落豪雄，只是仍然不是人才中的最高境界，因为打完天下之后，能不能明哲保身，能不能收敛锋芒，以免招杀身之祸，这就得看"平淡"功夫的高低。只是英雄气重就难安于平淡，容易功高震主。所以，最高级的人才叫"深沉厚重"，这就是"敦"的意思。这种人做最高领导人，才能海纳百川，可大可久。

最适合中国人的中国学问

从《九征》开始，刘劭就特别推崇"中和平淡"，作为待人处世的最高境界，这是值得一再体悟的。"平淡"并不是不聪明，而是把聪明都内敛为"大智若愚"的上乘功夫。"平淡"代表"嗜欲浅"，满脑子的欲望、偏执，追求名利之徒认为所有事情都"舍我其谁"，自以为是、爱搞斗争、排挤别人，再就是见不得别人优秀，嫉贤妒能，甚至坏人好事，这样的人又怎能"平淡"？

《易经》贲卦中推崇"平淡"，称为："白贲，无咎。"当聪明不外露、不伤人时，这样的人才适合做最高领导者。如果居于领袖地位，一天到晚要跟人家较量，甚至要跟部下较量，嫉妒部下的才干，这种胸襟怎么能广纳天下英豪，让每个个性不同的人为他效力？结果就是各自结党成派，搞派系斗争，根本不可能调和鼎鼐，恐怕组织就要四分五裂了。

《礼记》说："甘受和，白受采。"用"吃""穿"这样最平实的事情来说明"白贲，无咎"的"中和平淡"。用颜色来比喻，虽然太阳光是七色光，但最后中和呈现出来的颜色是白色，它不带一点红、橙、黄、绿、青、蓝、紫中的某一种颜色。"白贲，无咎"，虽然平淡，但白中包容了形形色色的"贲"。贲在白中，聪明藏在平淡中，懂得"时中之道"，懂得"中和"，所以就少消耗、少纷争，才能够有效率、有绩效。

《论语·八佾》中说"绘事后素"，在画画、上妆之前都要先用白色打底，以此作为底色。这是因为没有固定的成见，成为厚实的基础，所以任何一种颜色都能在上面站得住，衬得出"白受采"。如果是以七色光中任何一种颜色作底色，别的颜色再覆上去就会相互干扰，没有办法凸显彼此的特色。所以，子夏与孔子的问答，就从底色的问题开始，到"礼后乎"的启发。子夏问："'巧笑倩兮，美目盼兮，素以为绚兮。'何谓也？"子曰："绘事后素。"曰："礼后乎？"子曰："起予者商也，始可与言《诗》已矣。"

这就是中国经典的启发，是一层层更深刻的领悟，随着生命和经验的累积，这样的学问就叫底色，叫"绘事后素"，完全不会干扰任何别的专业，只能加强衬托既有的专业，就像绘画前打下的白色底色一样。这是作为一个人，尤其是一个中国人最基本的气质。不管你喜不喜欢，你这半辈子都是要跟中国人打交道，处在这个文化圈里，自然有很多地方与西方那一套格格不入。

何况中国人学西方的东西，因为文化、语言的障碍，血统基因里面就有不契合的地方，所以不可能学得到其上乘功力。你一个招式才出手，西方人就知道下半局了，这种情况下你怎会有竞争力？只有用中国功夫，你一出手，西方人才不知道你的路数，怎么看也看不懂。用自己民族的学问，除了比较得心应手，更重要的是有所差异，具有文化竞争力。

中国学问过去以"文、史、哲、政、经、法"作区分，与现在西方教育的分科系统完全不冲突，甚至很多专业上有成就的朋友，都受惠于中国文化的底蕴，成为专业的基本训练，能了解人、了解事。无论外显的是多绚烂的红、橙、黄、绿、青、蓝、紫，再过一千年"白贲，无咎"的底色，还得是"四书五经"，还得是群经诸子。

聪明更要平和

聪明者阴阳之精，阴阳清和则中睿外明，圣人淳耀，能兼二美。知微知章，自非圣人莫能两遂。故明白之士，达动之机而暗于玄虑，玄虑之人，识静之原而困于速捷，犹火日外照不能内见，金水内映不能外光。二者之义，盖阴阳之别也。

【译文】

聪明，是人阴阳二气的精华所调和化生的。阴阳清正而调和，就会使人内心睿智而外在明达，圣人之所以性格淳厚而无染，是因为他同时具有睿智和明达两种美德。既能明察细微，又能彰显事机，如果不是圣人，不能够两者兼备。所以行动派和实干家，能够抓住行动的机会，却不耐烦去深思熟虑；哲学家和思想家，能够追本溯源、探求问题的本质，却往往缺乏行动力。就好像火焰和太阳的光芒能照耀外物，但只能看到光芒，而不能完整地看到本体的轮廓，金属和水面能映出外物的形象，却不能对外放出光芒。这两种东西之所以不同，就在于阳动、阴静的区别。

【现代解读】

"聪明"，从"阴阳"开始谈起，"聪明者阴阳之精"，结合了"阴阳"的精华。《易经》乾卦的《文言传》说："大哉乾元！刚健中正，纯粹精也。"这就是一种生命的动能，在当时的认知水平看来，所有事物都是阴阳二气调和化生的。"精"就是其中成分特别好的，受到老天爷特别善待才能得到。"阴阳清和"指阴阳之间是平衡、调和的,是刚柔并济、相反相成的。《老子》中将这种和谐的状态称为:"负阴而抱阳,冲气以为和。"先天的禀赋配合上后天的约束和修正,才会恰到好处,这就是彰显常道,显现"中和"。这样的说法很多,基本上含有阴阳和合、刚柔并济的意思。

无论是"和"或"平",都不容易达到。人经常有的状态是心中不平,《易经》观卦修到上爻都还"志未平"。因为"不平",就生怨怼,就起纷争,所以观卦后接噬嗑卦,就是争斗,咽不下那口气。所谓"人争一口气,佛争一炷香",连自己都摆平不了,不管怎么忍,到了某个临界点就爆发出来了,于是就产生冲突,留下遗憾。能把自己的身心调养得这么好,既"清",又"和",自然"中睿外明",即心中充满睿智,表现在行事上就是洞悉世情。"睿"不是指一般的智慧,是极高的智慧,在佛教中被称为"妙智慧",在《周易·系辞传》中被称为"古之聪明睿智神武而不杀者",能够"神以知来,知以藏往",得有超乎寻常的高明。

"圣人淳耀,能兼二美","淳耀"指性格淳厚、无染,对外能够产生影响力。圣人的境界,圣人能兼"淳""耀"两美,也就是既能执"中和平淡",又能秉"聪""明"两种美才。中和平淡是美,聪明是美,两者兼备,才情焕发,就是"圣人淳耀"的境界。很多人往往偏一执而少两全,唯有圣人才能两全其美。乾卦《文言传》中说:"知进退存亡而不失其正者,其唯圣人乎!"既能聪明应世,又平淡中和,谈何容易!

"知微知章"出自孔子在《周易·系辞传》中对《易经》豫卦第二爻的发挥,豫卦第二爻"介于石,不终日,贞吉",孔子认为:"介如石焉,宁用终日,断可识矣。君子知微知彰,知柔知刚,万夫之望。"君子作为千万人的领袖,作为众人盼望、仰望的领导,在任何事情还没有发生的时候,就能够看到走向,有先见之明。这样的人物,跟着他肯定没错。"知微"自然要耳聪目明,"介于石"是保持平淡、超然,没有私心。"章"自"微"来,所有"看得见"的都来自细微的、容易被忽略的部分,因此,从小处细心留神开始,由潜龙到飞龙、由"微"到"章",由霜变坚冰。

大多数人是后知后觉的，发觉变化了，还难以置信。聪明人在"微"的时候就已经知道势所必至，但是若无"中和平淡"，也会固执己见、自以为是，会被偏执障蔽视野，会被刚愎左右判断，最终很难察觉由此引来的杀身之祸，或由此将组织推向险境。

"自非圣人莫能两遂"，如果不是圣人，怎么能够达到兼备平淡和聪明，知微又知章呢？"遂"就是"成"，我们说的"心想事成""无攸遂"等，都是成就、如愿的意思。从正面解释，就是圣人的修为，既可以聪明绝顶，又能中和平淡，就是先前说的"白贲，无咎"，而之所以如此，正是因为"白"中包含所有色光"贲"，只是化为"白"。"两遂"很不容易，偏才就没法"两遂"，往往是强于此而弱于彼。若偏才在组织中担任最高领导人，就不容易称职，因为有所偏颇，所以很难开放心胸去欣赏、运用与自己不同的长处。在此，刘劭举例来说明上述所提到的原则，简单说明这个结论，接下来有更详尽的分类。

动脑思考与动手执行

"故明白之士，达动之机而暗于玄虑"，"明白之士"指有些行动派、实干家看事情、想问题，搞得清楚明白。如果懂得掌握行动的时机，即"达动之机"，像许多成功的企业家，就是趁"机"通达，别人看不出的机会、行情，他们一探风向就明白，在这方面是强项。可是，若叫他们去做哲学的形而上的思考、论证，恐怕就是强人所难了。《老子》说："玄之又玄，众妙之门。"这种对于哲学深入的讨论和思考型的哲学论述，就叫"玄虑"，而"玄虑之人"，如哲学家、思想家，能够建立起思想的理论体系，"识静之原"，就是因为他静得下来，能看穿外在的迷障，追本溯源地探求问题的本质。只是这样的人，又往往因缺乏行动力而"困于速捷"，凡事深思熟虑，难免优柔寡断。换句话说，你要让"明白之士"去做"玄虑之思"，或是要"玄虑之人"不假思索、当机立断，凭直觉出手快、狠、准、稳，恐怕都是强人所难、才非所用了。

"犹火日外照不能内见，金水内映不能外光"，刘劭用自然界的现象作比，火和日都可发光照明，光芒能照亮四周，却不能把燃烧的本体完整呈现出来，只能见到光芒而不见轮廓。金属和水，可以像镜子一样，将影像呈现在光滑的表面上，却不能像火和日一样把光芒投射外照。用在看人、识人上，就是人分内向型、外向型，很难求全，真能做到"静如处子，动如脱兔"的动静皆宜，谈何容易？这除了必须具有多元的方面，还得看时机表现。

"二者之义，盖阴阳之别也"，最后刘劭用"阴阳"对比，说明大多数的人才，恐怕还是局限于内向或外放，以"阳动""阴静"为喻，指出动静差别的不可得兼的"阴阳之别"。

人有能，物有性

若量其材质，稽诸五物，五物之征亦各著于厥体矣。其在体也，木骨、金筋、火气、土肌、水血五物之象也。五物之实，各有所济，是故骨植而柔者谓之弘毅，弘毅也者，仁之质也。气清而朗者谓之文理，文理也者，礼之本也。体端而实者谓之贞固，贞固也者，信之基也。筋劲而精者谓之勇敢，勇敢也者，义之决也。色平而畅者谓之通微，通微也者，智之原也。五质恒性，故谓之五常矣。

【译文】

如果要衡量人的才能和资质，要按照木、火、土、金、水五物的分类原理来进行考察，五种物质显现在人体上，都各有其表现的征象和外现的特征。对人体来说，以木的挺直作为骨的象征，以金的延展作为筋的象征，以火的网络交杂作为气的象征，以土的塑形作为肌的象征，以水的流畅作为血的象征，指出人体中五行的表现形式。五种物质所对应的实际物象，各自都有不同的作用。所以骨骼挺拔又柔软的，可以称为器量广大、意志坚强的人，具有温柔包容的广大器量，又能坚毅不挠、务实任事，这就是仁的特质。气息清明而又开朗的，可以称为公平中正、有条不紊的人，行为公平中正，做事有条不紊，这就是礼的特质。形体端正而又坚实的，可以称为端正稳重、坚守节操的人，举止端正稳重，行事让人信赖，这就是信的特质。外形筋腱强劲而精干的，可以称为身先士卒、果敢决断的人，敢于冒险犯难、身先士卒，做事果敢决断，这就是义的特质。脸色和神态平和，气息通畅，可以称为通晓事物、洞察细微的人，能够见机察微、掌握变化，这就是智的本源。仁、礼、信、义、智与木、火、土、金、水相匹配，都具有恒常不变的特性，所以称它们为五常。

【现代解读】

"若量其材质，稽诸五物"，要衡量评估一个人到底是怎样的特质，先要考察他属于哪一种类型。"稽"就是考核、稽查，要按照五行分类的原理来考核、考察。金、木、水、火、土五行，在刘劭所处的时代已经是普遍为人所知的分类方式，中国的中医、武术等方面很早就应用这个分类方式了。因为要"量其材质"，只谈阴、阳的因素有点过于空泛且难以掌握，用具象比喻"五物"，可以让人联想其性质，较容易理解，所以刘劭就从五行、五物的分类来谈。

"五物之征亦各著于厥体矣"，各种基本类型都有其外显的特征。"厥"是"其"，指的是"这个要研究的主体"。前文中提到"体五行而著形"，内在本质因为"阴阳之别"而有所差异，不管是直接的还是间接的，都会显现在外，可以借由一些指标、征兆去分类。从五行、五物的角度来切入，配合相生相克的原理去描述，最后呈现于外，是为"著形"。

接下来，讲到五行、五物套用在人的分类上，像金型人、火型人、土型人等，基本上我们能够很快地联想在一起，包括身材长相、言谈举止，彼此间与群体的互动、生克关系。当然，各种因素的影响程度大小有区别，如"五行生克"，虽然彼此间有其正向或负向的关联性，但不只是简单的生克关系，因为对整体影响程度太小，杯水不能灭车薪之火，还受很多其他条件的影响，所以是无法直接套用生克关系就可以解释的。《孙子兵法》说："五行无常胜，四时无常位。"这说明万物不是机械式的操作，任何结果都不能保证。中国上古神话里，水神共工与火神祝融大战，虽然说"水能灭火"，但最后的赢家是火神祝融。共工打不赢祝融，没处发脾气，一头撞向不周山，撞折了支撑天穹的天柱，于是中国大地才会地陷东南、水向东流。古希腊神话里面的各路神仙，一样充满比较、嫉妒，气不过的还会把对方变成猪、变成狗……连神仙都有弱点，更何况平凡的我们。所以，对人不要苛求，就是这么平常，充满了弱点，天、地、人、鬼、神，没有例外。

因此，放大观察"五物之征"，很明显地成为靶标。"各著于厥体矣"，就显现在人的形体上。刘劭由虚讲到实，由根本的东西讲到具体的东西，"其在体也，木骨、金筋、火气、土肌、水血五物之象也"，这就开始分析人身这个臭皮囊了。以木直作为骨的象征，金的延展比喻筋柔的拉伸，气的流动贯穿全身——取《易经》离卦火的交杂的意象，而外在的塑形，用土的特质来联想"土肌"，到最后是"水血"的液体意象。所以，塑形人的钢筋、混凝土和装潢、线路、内控系统都具备了。

这样的概念运用到中医上，就以《易》卦为喻，巽卦为木、风，与骨相应，离卦为心、火，虽然震卦有说为阳木、属肝，但是就卦象的特质，震卦是身之主，具有"震动"的特质——心脏的搏动叫震。心不跳动了人就死了，叫"震苏苏""震遂泥"，而"震索索"的心律不齐，就要小心。人在恐惧的时候，心会狂跳，就叫"震来虩虩，后笑言哑哑"，所以要人"恐惧修省"。这样看来，就震卦的意象来说，也应当是指心，而离卦讲心，主要是偏向与各个官能的联系。无论是震还是离，都代表心的不同作用。震又有嫡长子继位的象征，离卦谈到"大人以继明照于四方"，也都具有永续的意思。至于离卦中"日昃之离，不鼓缶而歌，则大耋之嗟，凶"，也可以说是人老了，心力衰弱了。当心的作用停止，或是心肌梗死、心脏病突发，就是离卦第四爻的"突如其来如，焚如、死如、弃如"。所以说，依义理来看，可能与一般的认知不同，像巽卦无形无象，藏得很深，又是厥阴风木，才应该是肝的意象。不过，若真要把八卦配五行，把震卦当作肝的意象是有问题的。

以上刘劭以五行来作为人物分类的方法，只是因应需要，没有对错高下，为了"化繁为简、以简驭繁"，也为了更容易掌握，否则无法描述。我们不用刻意花心思研究分类的好坏，能用到就好。

人体具备五行

"五物之象"指出人的身体中具备五行，各有其表现形式，有筋、有骨、有精、有气血流行。"五物之实，各有所济"，人身上的金、木、水、火、土，不但是组成的元素，而且是各有其"作用"。五行强调的是彼此的关系，不是成分。"济"就是指五行的作用，各有所成，每个都有实际不同的作用。接着，刘劭就借由五物特质来给人分类。

"是故骨植而柔者谓之弘毅，弘毅也者，仁之质也。""植"就是直挺挺的，骨骼坚挺的象征，正是"木直"之象。但"植"还能"柔"，也就是具有弹性，要能够既坚挺又柔韧才好，不能变成硬邦邦的干枯死相。"谓之弘毅"，人若能意志坚强又具有弹性，就能做大事。"弘毅"出自《论语·泰伯》，曾子说："士不可以不弘毅，任重而道远。仁以为己任，不亦重乎？死而后已，不亦远乎？""弘"与"毅"不同，"弘"是器量大，所谓"含弘光大"。"毅"是意志坚定、百折不挠、坚持到底。所以，曾子才说，一个士人不可以没有广大的胸襟，不可以没有坚定的意志和实践的动力。"任重而道远"，"任重"就要包容、承担，而在此期间受尽挫折和委屈，若没有坚持的决心和实践的动力——"弘毅"，又怎么能挑起重担，走得长远呢？"弘"和"毅"能两全也极为不易，虽然能吃尽苦头、不惧挫折而坚持干到底，但是有足够大的器量容人纳物，这又是另一种考验。"弘毅"的概念，刘劭先用在对人体的描述上，再进一步提升为精神、性格的状态上。从"骨植而柔"的具体现象，用"弘毅"表达，再通过"弘毅"的义理，发挥为一种本质——"仁"，既具有温柔包容的大器量，又能坚毅不挠、务实任事，这就是仁人的表现，"仁之质也"。

《冰鉴》中也谈到了"骨"，讲的是不能有所偏，要能和谐、合适。某方面过分凸显，性格过激都不是好事，阴阳、刚柔并济才好。若"植而不柔"，则刚硬易折，若"柔而不植"，恐怕会没有肩膀，不能承担，也不是好现象。只有"植而柔"，既坚强又有弹性，才称得上"弘毅"，既弘且毅，才是"仁之质"。

《尚书·洪范》中说："水曰润下，火曰炎上，木曰曲直，金曰从革，土爰稼穑。润下作咸，炎上作苦，曲直作酸，从革作辛，稼穑作甘。""木曰曲直"指的是生长、发展的状态，所以"木"引申为生机，《易经》复卦中说："休复之吉，以下仁也。"是"进厂保养，重见生机"的意思，"休复"回到了"仁"的"复其见天地之心"。在造字上，"休"是人累了，到树下靠着休息休息。"休"也有美好的意思，如"休休有容"，休息真是一件美好的事情。由于"木"的意象，引申出"仁者"的特质，有这种心境的人多半情绪稳定，所以有"仁者寿"的说法，木型人一般比较长寿。

"气清而朗者谓之文理"，"气"指火气，与《易经》离卦的温暖光明之象相呼应，离卦又代表纵横交织的人际网络，引申为文理、文明、文化。因此，精神状态和心智情绪，是不是清明、开朗；与人互动，能不能感受到彼此的温暖包容；扩大到社会人际网络，有没有彼此和谐敦睦，即《大学》中所说的"絜矩之道"，在此称为"文理"。"文理"就是有秩序、有逻辑的安排，可以维持适当的距离。《中庸》有"文理密察，足以有别也"，指出在人际事务中，有许多"眉角"（潜规则、应注意而未言明的细节），要能够清楚其中纵横交织的关系，才能处理、安排得合理适当，这就是"文理也者礼之本也"的意思。

前面提到的"忧患九卦"，"履以和行"，行的依据是"礼"——一是履卦的《大象传》说的"辨上下，定民志"。二是谦卦所说的"谦以制礼"，表现出来是合宜的对待方式，谦卦的《大象传》说："裒多益寡，称物平施。"资源要公平共享。三是复卦的"克己复礼"，要回到人心本初上，才是"礼"的精神。人群的互动，总要有一个规范，无法脱离"礼"。无论是建立上下秩序，还是摆平多寡不均等问题，都是以"文理"和"礼"为出发点。这样的胸怀和决断力，需要有自我反省的能力和对社会的关怀，所以复卦的《大象传》中，以"先王以至日闭关，商旅不行，后不省方"作注解。《老子》中提道："致虚极，守静笃。万物并作，吾以观复。夫物芸芸，各复归其根。归根曰静，是谓复命。复命曰常，知常曰明。不知常，妄作凶。"这可以说是贯通了复、谦、履三卦的义理。

"体端而实者谓之贞固"，有些人带给人的感觉是端正稳重，刘劭称为"贞固"。乾卦《文言传》说"贞"是"元亨利贞"四德之一，又说"贞者，事之干也""贞固，足以干事"，这样的人，外形上能端正稳重，引申为行事让人信赖放心，所以为"信之基也"。

"筋劲而精者谓之勇敢"，从外形体态上来描述豪杰之士，身手矫健、筋骨有力且有神。"勇敢也者义之决也"，"决"是决断、果决，为了正义、公益，敢于冒险犯难、身先士卒。刘劭先从外形上来支持"勇敢"的说法，再由"勇敢"导入"义"的正向发挥和利人之举。

刘劭提到的"弘毅、文理、贞信、义勇"，原是在乾卦的《文言传》中列为君子四德的特质："元者，善之长也；亨者，嘉之会也；利者，义之和也；贞者，事之干也。君子体仁，足以长人；嘉会，足以合礼；利物，足以和义；贞固，足以干事。君子行此四德者，故曰：乾，元亨利贞。"这就把"仁、礼、义、信"相互融通，可以参考。

"色平而畅者"指不会一天到晚愁眉苦脸的，一副苦大仇深的样子。脸色和神态平和，气息通畅，既不急促，也不紧张，这就是"谓之通微"，是有智慧的表现。因为能够随时见机察微，掌握变化，自然就不慌张，能处于平衡的状态，所以归类于"智之原也"。

"仁、礼、信、义、智"搭配"木、火、土、金、水"，将观人的心得分配成"仁、义、礼、智、信"五种人格形态，称为"五质恒性"。这是因为各种性格都有一定的神态，是经验之谈，也是一种共性、共识，不需要强调证据。所以，刘劭将自己总结整理出来的共同点，称为"五常"。

五常人格的德性

五常之别，列为五德，是故温直而扰毅，木之德也。刚塞而弘毅，金之德也。愿恭而理敬，水之德也。宽栗而柔立，土之德也。简畅而明砭，火之德也。虽体变无穷，犹依乎五质。

【译文】

根据五常的基础，可以进一步发挥成五种品德。所以温和正直而和顺果敢，是"木"的品德。刚健笃实而宽宏坚毅，是"金"的品德。质朴恭敬且处事有条理，能赢得尊重，是"水"的品德。随和宽待而肃穆庄敬，温柔又有办事能力，是"土"的品德。爽快刚直、思绪顺畅变通而又明于事理，善于反省，是"火"的品德。虽然人的品性变化无穷，但还是以五物的品质为依据。

【现代解读】

以"五常"为基础，刘劭进一步发挥："五常之别，列为五德。"这五种分类各具特色，具体表现在"五德"上。至于"五德"到底指什么，后来的注家各有说法，这里我们只是提一下《尚书·皋陶谟》的"九德"作为呼应："皋陶曰：'宽而栗，柔而立，愿而恭，乱而敬，扰而毅，直而温，简而廉，刚而塞，强而义。彰厥有常，吉哉！'"《尚书》中提出"九德"的观点，一直影响着后世对人物的判断标准，过去注《人物志》也多半引用这一段。刘劭把"九德"变成"五德"，利用五行的金、木、水、火、土来分类，像"温直而扰毅""刚塞而弘毅""愿恭而理敬""宽栗而柔立"和"简畅而明砭",仍然沿用这样的笔法和观点。

《尚书》是关于尧、舜、禹等人的政治记录,后世的很多说法都受到《尚书》的影响。我们引用的这一段取材自皋陶和大禹的对话,皋陶是大禹时代的贤相。其中举出的九种特性,因为本身都有缺点,所以必须有互补相成的元素结合才恰当。像"宽而栗",代表谨慎、细察,因为心胸宽大的人,往往不拘小节,所以不辨明细处,就易生嫌隙。"柔而立",一般软的东西通常站不起来,这里强调的是处事既能柔和,又能有主见。这九个方面,不仅具有外在表现的特质,也包含了内在的支持性的优势,可以说具有十八种不同维度的思考。若要全面地掌握中国文化的精髓,一定不能忽略经典的影响力。刘劭肯定也读过这段文字,因此发而为文,就直接引用经典的说法。

"温直而扰毅"就是取自"扰而毅""直而温",属于"木之德也",简单来说就叫"温和正直、和顺果敢",不过,其中的韵味还要自己体会。"扰"在此句中解释作"驯、顺"。还有一个容易被误会的是"乱而敬"的"乱",在《尚书》中解释作"治理",所以是说"以审慎且带有敬意的态度去治理"。因为人掌握了权力往往带有傲慢,所以必须有"敬"才能平等,甚至以谦卑的态度去处事待人。这种相反词汇的用法,在先秦经典中经常出现,受到中国相反相成的观念影响,常说"一治一乱",其实是说治世后必有乱局,而在乱局中仍有其规律可以掌握,好比太极图"黑中有白、白中有黑"的概念。《论语·泰伯》中也记录了周武王谈治臣,武王曰:"予有乱臣十人。"说的是周武王推崇当时辅佐自己安定政治局面、拨乱反正的十位贤臣。《易经》蛊卦虽然代表乱局,但又提出"干蛊"的说法,就代表"治于其中"。现在我们常说"好不快乐"和"好快乐",其实都是心情开朗快乐的意思,这就是相反相成的逻辑在日常语汇中的应用。

"刚塞而弘毅,金之德也","刚"作刚健,"塞"是充满、笃实,不留一点缝隙。在这种情况下能包容、坚持,不是三分钟热度,而是以"弘"对治"塞","毅"互补"刚"。至于分类为"金之德也",纯粹是刘劭的理解，并不是金科玉律。

"愿恭而理敬"，"愿"是质朴，能持有适当的态度，该恭敬的地方表现恭敬。"理敬"代表的是理事之才，处事有条理，能赢得人的敬重。所以称为"水之德也"，正是取法水的灵活，作为智慧的象征。《孙子兵法》中说："兵无常势，水无常形。"水入圆则圆、入方则方，能随局势而变化，另外，水能把一切东西都清洗得干干净净，"沧浪之水清兮，可以濯吾缨；沧浪之水浊兮，可以濯吾足"，这就是"水之德"。

虽然"宽栗"指出随和宽待，但仍然要有严肃的地方，很多时候需要你认真，就不能嬉皮笑脸。不能因为"宽"，就认为做什么都可以。"栗"是严肃、庄敬。"宽"的时候，能让人感觉不到压力，但是到了该认真的时候，又让人不敢乱来。"宽"又能"栗"，即宽厚又有威严，不会失去分寸。"柔立"，温柔而有办事的能力。所以，这一段利用两个相反相成的因素来互补调和。"扰"又能"毅"，和顺又兼具果敢，"温"且"直"，即语气和缓却直率坦白。虽然你心直口快，但是当下的语气、态度不好，让人听了刺耳，就没法接受你的建议，若能够"换个说法"，面面俱到，整体才能好。

火德的人

"简畅而明砭，火之德也。""简畅而明砭"的"畅"与前文中"色平而畅者"的"畅"，还有一点引申，"色平而畅者"源自"水血"之济，是"智之原"。为什么呢？因为"仁者乐山，智者乐水"，水能随着容器、环境的变化而调整、不定型，具有流动的性质，就是"通微"。一般人大而化之，看不出来很多微细的变化或已经在暗处发展的趋势，可是有智慧、灵动的人，就能"识微机先"，这就叫"通微"。刘劭察觉"通微"的人有一种特征，就是"色平而畅"，也就是表现出来的样子很顺畅，没有窒碍。别人认为难的事、烦心的事，有智慧的人一想就通，因为他能抓到事物的本源,自然不会被问题绊住,这就是"畅"。现今《人物志》的通行本多以"畅"为主,在木刻版的《人物志》中是作"暘"。虽说"暘"通"畅",但本意是"源泉滚滚",从水的灵活流动,象征有智慧且能通微。《老子》中说:"古之善为士者,微妙玄通,深不可识。"这种境界就叫"通微",而"暘"作为"源泉之水",代表思想的源头可以像泉水一样取之不尽、用之不竭地冒出来,想法层出不穷。这些字的用法是有意境的,我们必须要了解它的意涵,而不是堆砌形容词。《孙子兵法》中讲形势、虚实,说"兵形象水",因此"兵无常势,水无常形;能因敌变化而取胜,谓之神",就是这种灵活变通的境界。

"砭",历来有诸多争议,没有定论,但基本上对掌握"火德"之人的理解没有影响——也就是直率、不拐弯抹角的性格。"砭",取石字旁,是过去以石针扎穴的针灸疗法,所以说"针砭",后来延伸出新的意义,是说希望对方能不吝赐教,改正自己的缺点。除了要有接受别人针砭的态度,还要有好朋友愿意提供谏言,正所谓"旁观者清",如果没有能给予针砭的朋友,就要有反省的习惯,"吾日三省吾身"。"人非圣贤,孰能无过",犯错要改,改就是"砭",治好了自己的痼疾,心智才会越来越清明,这就是"火之德"。也因为不断地向上提升,文明就能持续地前进、创新,而背后的动力就是纠错的机制,乾卦"君子终日乾乾,夕惕若。厉,无咎"的无限动能,就是改过反省的能力。

"火之德"取《易经》离卦明亮、温暖的感觉,对人有正向的帮助,能形成健康的人际关系。"简畅"是指要言不烦,一句话就正中要害,当我们能不断地接受人家的针砭,一扎通气,智慧开了,就能改正自己的缺点,"苟日新,日日新,又日新",让光明可以像日出一样,灿烂辉煌。所以《易经》晋卦说"君子以自昭明德",就是如何能实现"突破昨日之我,创造明日之我"的目标。

"虽体变无穷,犹依乎五质。"虽然人的品性变化无穷,但总是以五物的品质为依据。所谓万变不离其宗,脱离不了金、木、水、火、土五物的特性。

从三方面观察人物

故其刚柔明畅贞固之征著乎形容,见乎声色,发乎情味,各如其象。故心质亮直,其仪劲固;心质休决,其仪进猛;心质平理,其仪安闲。

【译文】

所以刚、柔、明、畅、贞固的内质,显现在形态举止、面色容貌上,发现于声色的抑扬顿挫里,表现在性情的趣味中,各与其外在的表现一致。所以内在的品质诚信且正直,他的仪表就奋进而稳固;内在的品质安定而果决,他的仪表就勇猛精进而有进取心;内在的品质平和而理性,他的仪表就安逸悠闲而不匆忙。

【现代解读】

"故其刚柔明畅贞固之征",综合上述五质的小结,要做进一步的发挥,可以从哪些方面来观察"五质"呢?刘劭展开了三步论述,第一步叫"著乎形容",显现在形态举止、面色容貌上。这种明显可以看得出来的,称为"著"。"形容"这个词,在这里指外表容貌,但在不同的地方有不同的解释,例如《周易·系辞传》中也讲"形容"。其中,"圣人有以见天下之赜,而拟诸其形容,象其物宜",指的是从外观来描述,先从远处看到"形"的大致轮廓,等到再走近一点,就看到脸上的表情"容",七情显露在脸上。对人的了解也是如此,最初从远处观察得到的印象是"形",等到近距离接触互动后,有了进一步对对方的反应、情绪的掌握,就是"容"。因此,"容"是动态的,"形"比较偏向稳定,没有一定的时间是转变不过来的。如果只了解到"形"而不了解"容",就只是泛泛之交。

"著乎形容"就告诉你掌握人的线索,"形""容"都明摆出来了,这就是征兆。在《论语·子张》中,子夏描述孔子是由远而近,从观察到互动的心得:"君子有三变:望之俨然,即之也温,听其言也厉。"这是一步步由"形"而"容",到互动的感受。其中"听其言也厉"的"厉",指的是鼓励、激励,这是通过对谈发现,君子都抱持鼓励、启发的正向态度。因此,刘劭诉诸普遍的人际交往经验,从远远地观察,由"形"开始想象是虎背熊腰,还是风摆杨柳、玉树临风,借由"形"做初步判断。等到靠近后,才展开细致的观察以看清人物的"容",对表情、容色有了更深的认识。

第二步是"见乎声色",指通过声音的抑扬顿挫,来掌握对方的情绪和心思。人的声音是很有意思的,"形容"会随着时间改变、苍老,即使"声色"再老,变化也不大。《楞严经·耳根圆通章》就是着眼于"耳"比"目"更能感受世界的脉动,人看不到身后的东西,但能听得到身后的声音。所以《人物志》要我们观人时,注意其"声色"是豺狼之声,是"鸣鹤在阴,其子和之"的温柔呼唤,还是"翰音登于天"的喧嚣?"声"的表现,同时也反映出每个人的五行特性"见乎声色"。

至于他是什么表情,讲什么,怎么讲,背后的心思就是第三步"发乎情味"。

这三种表现,能约略呈现出一个人的全貌"各如其象"。

佛教常说"如不如法",《易经》则看"如不如象"。从卦象、爻象来印证其表现,也就是"各如其象"的意思——在形容、声色、情味三方面上表现出来。《九征》的目的是要从外在的征兆去探讨内心的实质。

三种心地

"故心质亮直","心质"是内在的质地、品质。"亮"同"谅",也就是"讲究诚信"的意思,不过有时候指的是小诚、小信,不能大开大合。《论语·卫灵公》中有"君子贞而不谅",指的是固守大原则,对于小诚小信,则"出入可也",可以有所权宜,不必一定要遵守。

《论语·宪问》提到管仲的行事:"子贡曰:'管仲非仁者与?桓公杀

公子纠，不能死，又相之。'子曰：'管仲相桓公，霸诸侯，一匡天下，民到于今受其赐。微管仲，吾其被发左衽矣。岂若匹夫匹妇之为谅也，自经于沟渎而莫之知也。'"管仲在公子纠争夺齐国王位落败时，没有为主子殉节，反而转向为桓公效力，当时很多人不认同他的作为。孔子在面对学生的提问时，说明管仲不在乎这种小节，因为他心中希望能实现理想，所以他选择的是以国家民族为先。他的目的是在北方夷族骚扰和中原情势动荡的情况下，为齐国贡献自己的力量，而且他很自信，要留有用之身做实事。所以，他不殉节，中原文化也因此保留下来了。

孔子所称的大事，就是"霸诸侯，匡天下""微管仲，吾其被发左衽矣"的民族文化大业，而不是"匹夫匹妇"心中的小诚小信，"谅"的格局太小。无论如何，"谅"有"诚信"的意思，"心质谅直"，能够体谅人，设身处地为他人着想，特别是对他人的无心之失，能够包容、宽谅。在内"心质谅直"，在外"其仪劲固"，这样的人做事是玩真的，该坚持的就会坚持，不会轻易动摇。

"心质休决"，如果心中安定果决，不会犹豫、激动，当下就可以决断，那外在的表现必然勇猛精进、明断进取。"休"，即"休休有容""其心休休焉"。"决"是有决断力。

"心质平理"，即平和理性，表现出来的是安逸悠闲、不慌不忙，"其仪安闲"，不至于"惶惶不可终日"。

多变的脸色

夫仪动成容，各有态度：直容之动，矫矫行行；休容之动，业业跄跄；德容之动，颙颙卬卬。

【译文】

这些仪表的外在表现，各自有不同的姿态风度：个性正直的人表现出来的样子，是矫健敏捷、处事利落的；个性宽容的人表现出来的样子，是谨慎稳重、进退有节的；品德高尚的人表现出来的样子，是气宇轩昂、令人敬仰的。

【现代解读】

"夫仪动成容"，这些仪表变化，会形成各种不同的容色、声音和情味。我们接触到一个人的外在三相，就能揣摩出其心中的想法，"各有态度"。"仪动成容"，"容"是动态的，不是一成不变的。老实说，没有比"人"更难搞的对象了，如果我们把自己一天的表情录下来，就会发现脸上不知道有过多少种神情，随着情绪、意念和待人接物的态度不同，脸上一直在换"风景"。这就是"仪动成容"，至于如何"各有态度"，就是以下所列的三种态度："直容之动，矫矫行行；休容之动，业业跄跄；德容之动，颙颙卬卬。"

"直容之动，矫矫行行"，"矫行"就是指矫健、勇决，反应直接、处事明快，子路是这个性格。在《论语·先进》中，描述孔子弟子们侍侧的神态，子路是"行行如也"，"行"就是勇决的样子。子路身手矫健、敢作敢为，犯错了也没有关系，个性完全显现在一举一动之中，这就叫"直容之动"。

"休容之动，业业跄跄"，"跄跄"是"连走路都有节奏"，好像踏在鼓点节奏上，不是散漫地行动。至于"业业"就有"兢兢业业"的小心谨慎，所以，"休容之动"讲的是谨慎稳重、进退有节。

"德容之动"，指的是具有道德修养的行动，修养又比前两者更深一层。"颙颙卬卬"，"颙"就是指人所呈现出来的风范、风骨。当人修养到一定程度，所表现出来的气质一定是气宇轩昂，让人心生敬意的。"颙"这个字在《易经》观卦中也有出现，就是卦辞中的"盥而不荐，有孚颙若"。"有孚颙若"，指同宗庙里的塑像一样，给人高高在上的感觉，让人肃然起敬。一旦我们仰视一个对象，就会由衷地产生虔诚、敬仰的感觉，这就叫"颙颙"。因为有德，所以自然不会矫揉造作，而看到的人自然就肃然起敬。清朝嘉庆皇帝就是"颙"字辈,"颙"字与帝王威仪、领袖的贵气有关。

刘劭由内而外来描述"仪",连贯动态的"仪"可组成"容","仪"带有模范、示范的功能,所以常称"仪队"。在《易经》渐卦中也谈到"仪",特别强调的是循序渐进、长期熏陶的结果,就像山上种林木,生长成茂盛的林相。"仪"既然可以作为标准,自然就要知进知退。在雁行团队中,谁都有领头的时候,只是做完后就换领队,一点也不会恋栈,这就是渐卦上爻中"鸿渐于陆,其羽可用为仪,吉"的意思。一般当权者容易对权力产生迷恋,放不下、退不了,而能够该退就退,给年轻人机会,做一个好的示范,再回到队伍中,这种胸襟叫"仪"。

"颙颙卬卬"也在《诗经·大雅·卷阿》中出现:"颙颙卬卬,如圭如璋,令闻令望。""圭"和"璋"都是玉器,用玉来形容人,指其人如玉,具有美好的气质。"令闻令望","令"就是美好,"闻""望"指的是名声和威望,用这句话来形容"这样的人物,给人的感觉就是不一样,是真正的气宇轩昂"。今天我们称呼别人的父母、子女,都用"令尊、令堂"或"令郎、令爱",就是取"令"的美好的意思。

千变万化的声音

以上算是对"著乎形容"的分析,接下来就自"形容"而带入"声色"的展开,随着环境、心绪的变化,声音也会有不同的表现,这就是"声变"。

夫容之动作发乎心气,心气之征,则声变是也。夫气合成声,声应律吕。有和平之声,有清畅之声,有回衍之声。

【译文】

人的外在表现与人内心的心思、情绪有关,内心的心思、情绪的变化，又会引起声音的变化。通过气引起身体（声带）的共鸣而产生的声音具有一定的节奏、曲调，能拨动人心。有温和平缓的声音，有清纯流畅的声音，有回旋深长的声音。

【现代解读】

"夫容之动作发乎心气"，人的容貌神色，与心思、情绪有关，要是心不平、气不和，脸色肯定不会太好。一旦心情愉快，自然就表现出温暖如春风的感觉，所以"心气"决定"容之动作"，而征兆就在"声"——"心气之征，则声变是也"。

"夫气合成声"，通过气的发动产生身体（声带）的共鸣而有了声音。"声应律吕"，声音是有节奏的。"律吕"是中国音乐的音阶、音高的定音器，据说是十二根管子，利用长短不同所发出的不同声响来定音，奇数的管子称为律，偶数的管子称为吕，后来多半用"律吕"做音律的代名词，像是"黄钟大吕"等。一般而言，"阳奇阴偶"，也就是"偶"的声音比较和平，而"奇"的声音比较阳刚、清亮。所以，刘劭听人讲话的声音，根据音律的节奏和规律产生的体会，早在《庄子·齐物论》中就分为"人籁、地籁、天籁"三种，而《易经》中有中孚卦的"鸣鹤在阴"的美声，也有"翰音登于天"的聒噪。对一个人而言，声音是他的外在表现非常重要的部分，借由声音来传递感情和感染群众。"声应律吕"就是发声有一定的节奏、曲调，引申来说就是能引起广泛的共鸣，像《易经》豫卦的"鸣豫"、谦卦的"鸣谦"，即主张、发言是引起共鸣还是反感，这就得看讲话的时机和内容。在《周易·系辞传》中，孔子解释中孚卦第二爻说："子曰：'君子居其室，出其言，善则千里之外应之，况其迩者乎？居其室，出其言不善，则千里之外违之，况其迩者乎？言出乎身，加乎民，行发乎迩，见乎远。言行，君子之枢机，枢机之发，荣辱之主也。言行，君子之所以动天地也，可不慎乎。'"君子就算待在家里，其出言之善、恶，都会对社会产生巨大的影响力，所谓"千里之外应之，千里之外违之"。

另外,"豫"与音乐有关,豫卦就是讲音乐的卦,豫卦《大象传》说:"雷出地奋,豫。先王以作乐崇德,殷荐之上帝,以配祖考。"在祭祀时通过对天地、神明、祖宗、上苍的"颂",表达一种超越性的情感,几乎所有宗教里的赞辞都有这个意思。先前提过《诗经》也是音律的表现,其中最高的境界,既不是民风的风,也不是仕宦贵族的"雅",而是天人相通的"颂",它表达的是终极关怀和超越人世的敬畏与诚意。豫卦第四爻说,音律对了就可以风靡一时,可以号召群众,所谓:"由豫,大有得。勿疑,朋盍簪。"而《易经》师卦的初爻叫"师出以律",这个"律"不只是纪律,也是一种共同的心声,只有如此才能够劳师动众,打动群众的内心,让他们追随。所以,"律"能拨动人的心弦,能让人为目标忘劳忘死。我们常常会因为一段音乐旋律产生出画面、感觉,完全符合当时的心境,所以不自觉地潸然泪下,或者慷慨激昂,这也是"声应律吕",实际上是掌握了人心的脉动。

三种声音

接下来,刘劭将"声音"分为三种,和平之声、清畅之声、回衍之声。不过,其中多半有个人主观判断的成分,"和平之声"恐怕是具有大德者的,他的声音听起来是既"和"又"平",反映出他的心境。"清畅之声",恐怕要自己想象,"回衍之声",也许就是"余音绕梁"的韵味,话已经说完了,但是仍让人觉得声音还在耳边回荡,余韵无穷。在中国京剧的唱腔中,很多唱功都有转折,声音不是那么单调,而是具有余韵。只是不论如何分类都只能作为参考,要再细分也可以,像是从"声"来判断各地人的声调,所谓"一方水土养一方人",吴侬软语的江浙风情和粗犷豪放的北方声调,说话的方式就是最好的说明。另外,"色见于貌""发乎情味",一层比一层有更深的体悟,由形容到声色到情味,一层层都是由内在显现出来的特征。

夫声畅于气则实存貌色，故诚仁必有温柔之色，诚勇必有矜奋之色，诚智必有明达之色。

【译文】

声音在气息中流畅，相连相生，其内在的本质会体现在容貌中。所以，真正的仁者必然显现出温柔的神色，真正的勇者必然显现出高亢的神色，真正的智者必然显现出明澈通达的神色。

【现代解读】

"夫声畅于气"，"声"与"气"是相连相生的，所谓"同声相应，同气相求"的意思是"各从其类"，也就是俗话说的："龙生龙，凤生凤，老鼠的儿子会打洞。"由于"声""气"之间的关联性，声音很难骗人，"则实存貌色"是指声气会从外在表现显现出来。"诚仁"，如果一个真正的仁者，"必有温柔之色"，就是"仁者爱人"的表现。"诚勇必有矜奋之色"，勇敢的气势，自然会表现在你的面容、行止之中。"矜奋"是一种高亢的情绪，就是现代人说的"很 High"，所以临阵杀敌、奋勇争先。"诚智"，如果是真正的智慧，"必有明达之色"，就可以通过脸上所表现出来的自信看到。

《史记·项羽本纪》中巨鹿大战，项羽破釜沉舟，大破敌军。他连续冲杀九次，作壁上观的诸侯援军都看傻了。楚军把秦军杀得落花流水，项羽一战成名成为盟军统帅，有人要去拜见他，都得跪下来用膝盖走路。走到项羽面前，也不敢仰视——司马迁的描述，惟妙惟肖地把这种矜奋、威武之态描绘了出来："当是时，楚兵冠诸侯。诸侯军救巨鹿下者十余壁，莫敢纵兵。及楚击秦，诸将皆从壁上观。楚战士无不一以当十，楚兵呼声动天，诸侯军无不人人慴恐。于是已破秦军，项羽召见诸侯将，入辕门，无不膝行而前，莫敢仰视。项羽由是始为诸侯上将军，诸侯皆属焉。"

所以"诚勇"是真的"勇"，有如此之"勇"才敢把所有粮食烧掉，破釜沉舟，也就是有"不胜仇敌誓不返"的视死如归，所以才能展现出矜奋战场的雄风。这是"诚于中"所以"形于外"，色厉内荏是装不出来的，所以说"见乎声色"。

从神色看人

夫色见于貌所谓征神，征神见貌则情发于目，故仁目之精，悫然以端。勇胆之精，煜然以强。然皆偏至之材，以胜体为质者也，故胜质不精则其事不遂。

【译文】

这些神色出现在容貌上，就是人们所说的征神。征神出现在容貌上，其真实的情感就从眼睛中显露出来。表现出仁慈、爱护的眼神的人，是诚实谨慎、端正恭敬的。表现出勇气、有胆识的眼神的人，是光芒闪耀、敢为天下先的。然而这些都是偏才，只是具有某一方面的强项，因而表现得比较突出，所以如果不能在这方面深研、打磨，不断提升自己，还是成不了什么大事的。

【现代解读】

"色见于貌所谓征神"，指的就是内在的精神会表现在外貌上，故称"征神见貌"，而"情发于目"就点出眼睛作为心灵之窗，藏不住心中真正的情感。《孟子·离娄上》中，孟子就说："听其言也，观其眸子，人焉廋哉？""眸子"是眼睛，我们从人的双眼来观察，就不太容易被骗，因为眼神会泄露心中的秘密。据说以前杀手行动前，往往会使眼色，利用眼角的余光、目移目送来传递心意。一般人看到美女走过来，眼神就不自主地被吸引过去，变得飘忽游移，一旦心中有邪念，眼神就怪怪的，咕噜咕噜地乱转。这些都是一般人的经验。所以，人之精神，俱在两目。《冰鉴》也认为，识人没有比观察眼睛来得更直接的了。刘劭讲出"征神见貌""情发于目",实在是识人的关键,眼神的流露很难骗得了人,除非经过专门的训练。

中国人比较不善于表现,上课时多半坐得直挺挺的,不过当老师问问题的时候,每个人头都垂得低低的,眼睛不敢与老师对视,这就叫"目逃",避开他人的眼光。《孟子·公孙丑上》说:"北宫黝之养勇也,不肤桡,不目逃。"一个勇士既不会害羞、客气,眼神又敢与人对视而不闪躲的,叫"不目逃"。眼睛是情绪的窗口,所以说"仁"是"目之精",呼应前文中的"必有温柔之色",也就是表现出一种慈爱呵护。"悫然以端","悫然"是严谨、恭敬的样子,而且端庄稳重的人,眼神自然不会乱瞟。关爱也可以从眼神中看得出来,要是目中无人,都不会拿正眼瞧你。粉丝希望得到偶像的注意,就是希望被看到,在《易经》豫卦中有"盱豫悔,迟有悔",就是"瞪大了眼睛,望着偶像,希望得到关注",这也是一种祈求的眼神。"仁目之精",通过眼睛,能呈现出众人的不同心态。

"勇胆之精",即"勇"是"胆之精",指的是胆识、器量。我们常用胆子大、有胆量来形容人的勇敢。至于"精",是《人物志》中最高级、最高端的层次,具有"刚健、中正、纯粹"的特点,才能称为"精"。既然如此,表现出来就是"煜然以强",表现出光芒闪耀的样子,有一种"敢为天下先"的气势。至于"智",文中没有提到,这与"智、仁、勇"三达德的惯常分类似乎有所遗漏。这多半是因为典籍流传下来,虽然大部分都被保留,但多少有些篇章、段落被漏掉了。无论是因为传抄、战乱,还是因为政治修订,都难免不能保全。否则,前文中提到"智、仁、勇",后文不会没有呼应。既然漏了,就留给大家自由发挥。虽说"智、仁、勇"不错,但都不是最高的境界,"然皆偏至之材",都是"偏材"。

又说偏至之材

"偏材"是指某一项特质达到一定的高度,可以成为标准,叫"偏至之材"。虽说此项特质可以成为标准"至",但不够全面,不是中正、中和、平淡的全方位均衡发展。"以胜体为质者也",正因为具有这方面的强项,因而表现特别突出。一般人都算是偏才,具有某项特长。只是还要看这项特长达到什么程度,有没有到位,成不成熟。"故胜质不精",特质达不到精纯的地步,"则其事不遂",要把事情做好就不容易,因为还没有达到一定的水平。任何一门专业、一项特长和一种特色,都要精到一个境界,才可能有所成就。只是即便如此,都还有可能陷入"专业的瓶颈"里,不够全面。所以"不够好","故其事不遂",反过来说,想把事情做成,就得问自己有没有下"精"的功夫,正是《尚书·大禹谟》中"惟精惟一,允执厥中"的意思。

无论是智、是仁,还是勇,若能磨炼到"精"的地步,外表自然会呈现出不同的气质。刘劭对于"勇"的人,用光芒闪烁来形容其强悍、豪放,而"仁"则是温柔忠厚、充满爱意的。但这只是在某一方面有所成就,并没有全方位的圆满,所以称"偏至之材"。能全面发展、各方面又能达到"精"的地步,这种"中和平淡"的人,实在是少之又少。

在下一章《体别》中,就点出"人各有体,各有分别",既然能有所"表现",自然是某方面特别突出,这就是"偏"。但"偏材"的突出特长,若已经有一定的水平,就是"材"的等级了。"偏材"之中,又有层次上的差别,有的超越百分之五十,有的已经超越百分之九十,可以套用刘劭的定义,称为"偏至"(指某项特长所发展的程度)。既然"偏材"有所偏,那与其他的偏才,就不见得好相处,因为各有所长、各有盲点,所以没办法做最高领袖。至于那些连任何特长都没有,甚至连偏才都不是的人,不知道怎么归类,就不入流了,也不用提。

识人的目的在于判断所接触的人,是否值得交往,或是考虑是否可以委以重任等。所以,《体别》就是探讨这个问题的。《论语·子路》中,孔子说:"不得中行而与之,必也狂狷乎!""狂狷"就是偏才,"狂者进取,狷者有所不为",前者太冲动,后者太保守。孔老夫子教了那么多学生,最后还是"不得中行而与之",感叹没能找到一个可以托付的接班人传衣钵，这就是"与之"。没找到中行的全才，就只能退而求其次地考虑偏才，或是狂者、狷者。所以，《体别》就讨论"偏"在哪里，该如何取长补短。如果能这样，偏才也能够得到修正，就不至于有"专业的偏执"，当然也可以得到全面的发挥。

回到这一段中，这种身体和神情表现的关系，如眼睛、肝胆和性格，就是"以胜体为质"，在官能上有特别的表现，也就是"胜"。但是"胜"还不够，必须还得"精"。"胜质"只是比较突出，但不一定到"精"的程度，还得磨炼。前文提到"偏至之材"，指的是已经到"精"的程度，所以称"至"。"故胜质不精则其事不遂"，就是说，如果"胜质"不"精"，"样样通，样样稀松"，做事无法成功。要做就做某方面的专家，一出手就是行家里手，否则人家凭什么用你？例如，你学会计，但连证书都考不下来，相较于有证书的会计师，人家自然就会选择后者。不要以为有天赋，就自以为优秀，仗着天赋"胜"，不经磨炼是成不了事的，无论任何职位选人，都会选"精"的。就算修到"精"的程度，也要自知自己只是"偏材"，还有凤毛麟角的最高层领导统驭"中和平淡"，人只有这样才能心怀谦卑而不断提升生命的质量。

精纯才能成大功

是故直而不柔则木，劲而不精则力，固而不端则愚，气而不清则越，畅而不平则荡。

【译文】

所以，耿直而不兼具柔和就表现得木讷、呆板，刚劲而不兼具精巧就表现得粗鲁、莽撞，固执而不兼具端正的观念就表现得顽固、愚笨，脾气缺乏理性就表现得偏激，声音流畅而不兼具平和就表现得轻浮。

【现代解读】

刘劭在这里做了一个小结,即便是发展某一方面的气质、禀赋,也要追求"精纯",不然做事也不会有大成功。

比如,"直而不柔则木",虽然要直立,但不能失去柔韧度,如果太僵硬,不知变通转弯,少了生机,那就叫"木"。我们常形容有的人"木头木脑",就给人没有生机的感觉,完全是直线思维。我们虽有所坚持、讲究正直,做到了"直"却不够柔和,动辄声色俱厉,就少了温柔敦厚,这就是"木"。现在的话叫呆板,虽然有"直"的长处,但拘而不柔。人要真能充分了解自己的长处,且能善用自己的长处,还得要选择恰当的时机发挥长处,所谓"人生如戏",得在恰当的时候,把它表现得恰到好处。

"劲而不精则力","劲"有粗糙和细致的区别,若光有蛮劲而不精致,就给人粗暴、鲁莽的感觉——"力"。虽然孔武有力,但是"劲"讲究的是"巧"而不只有"力","劲"指的是内功,不是表现在外的张牙舞爪。西方的拳击手与东方内家拳师,就是最好的对比。

把这样的概念从身体推到精神层面,就是"固而不端则愚",如果人对自己的信念坚定不移,自然是好的。但若是所认定的观念不够端正严谨,不曾深入思考,却又固执己见,认为自己所认定的就是正确的,自己就是在捍卫真理,这样的话,就是愚昧而不值得称许。因为人往往容易固执己见,所以孔子特别小心地提醒要革除这样的态度,《论语·子罕》中说:"子绝四:'毋意,毋必,毋固,毋我。'"坚持信仰和信念,必须做到"端"得中正平衡,否则就有所偏邪,变成顽固、愚笨,如此,根本没有办法处理好事情,关键是没有人理你。

"气而不清则越","气"指性情、脾气。"不清"则浊,也就缺少思考、缺少理性,很难心平气和。"越"是太超过,比较偏激,逾越了常轨。《周易·系辞传》中也说:"杂而不越。""杂"和"浊"一样,极容易"越"。也就是说,不能理出头绪,心情不能平和,处理事情就很难恰如其分,往往不是"过"就是"不及"。"杂"能"不越",必定有其内在的逻辑。这样的说法,无论是《春秋》中的规范,还是《易经》的连贯性都当之无愧。虽然有的人认为《春秋》杂乱无章，但绝对有内在的条理和章法，只是他们搞不清楚而已。《易经》也是一样，每一爻都有一个意象，爻与爻之间是具有贯通性的，所以《周易·系辞传》中才说："其称名也，杂而不越。"又说："开而当名辨物，正言断辞，则备矣。"就说明了其中意象丰富、包罗万象。

"畅而不平则荡"，"荡"是放荡、放纵，也就是无所收束、过犹不及。这句话的意思是，就算能够发挥舒展，也要注意持中稳重，才不致放纵，像荡秋千一样，稍微在某些方面过于张扬、凸显了，整体上就会失去平衡。要合乎"时中之道"实在太难，需要经过长期的教育熏陶，才能变成一种自然而然的显现。

中庸之才与穷理尽性

是故中庸之质，异于此类。五常既备，包以澹味。五质内充，五精外章，是以目彩五晖之光也。故曰物生有形，形有神精。能知精神，则穷理尽性。

【译文】

所以，处事中和平淡的资质，是和上面所说的那些不同的。既具有仁、义、礼、智、信五常的优点，外表显现得厚重、平淡。又将弘毅、文理、贞固、勇敢、通微五常的资质充实于内，五种精神在外彰显出来，所以，眼睛中闪现各种特质的光芒。因此说万物都有它各自的形体，形体也有它的精、神。能够深刻地了解精、神，就能把其中的道理和性情研究到家了。

【现代解读】

最后，刘劭回到他心中的理想型人才。有一种与前文所述的偏才型不一样的人才特质,叫"中庸之质",也就是"中和平淡"的类型,最适合做最高领导人。刘劭直接借《中庸》之名称之为"中庸之质","异于此类"指和前面讲的通通不一样。

"五常既备,包以澹味",具有前述五种类型的优点,却没有特别显眼、张扬的锋芒。"包"是包容、包装,"淡"有淡泊明志、宁静致远的意思。正是《易经》贲卦"白中有贲"的平和滋味,因为走过,所以心境不同,显现出来的是白、是平淡、是包容,不会犀利伤人。《老子》说的"挫其锐,解其纷,和其光,同其尘",就是"包以澹味"。"国之利器,不可以示人",也是一种策略战术上的"包以澹味",藏锋于渊的韬略。过去,剑士剑未出鞘,不现其锋,等到剑一出鞘,对手还没看清就死了,这也叫"包以澹味"。不懂的人容易忽略、轻视,其实是不是真人物,等到出手才知道。"五常"即仁、义、礼、智、信五种常德,用《易经》的话说,就是具备"大畜"的境界,要什么有什么,"万物皆备于我"。在这种情况下,外表显现出来的,反而特别厚重、平淡。"包以澹味"也有五味调和的意思。

"五质内充",正因为内在充实,所以诚中形外。"五质"是哪五类呢?仁是弘毅,礼是文理,信是贞固,义是勇敢,智是通微。仁、义、礼、智、信内充而外精,所以说"五精外章","章"同"彰",就是彰显、表现出来。依照传统说法,就是对应心火、肝木、脾土、肺金、肾水的五脏、五行。刘劭从"以胜体为质"点出天赋特点,会造就不同气质,人的身心自然而然会显现出其当下的状况,不管是智、仁、勇的分法,还是仁、义、礼、智、信的分法,内充之后,自然就"章"。只要细心观察,从眼神中都能看得清清楚楚,"是以目彩五晖之光也",在眼睛中闪现各种特质的光芒。

"故曰物生有形",所有生物都有个别的形貌。乾卦说"云行雨施,品物流形",各类物等,各具风貌。但光看外貌还不行,还得研究内在的精神"形有神精"。我们常说精、气、神,得抓住这三个要点。《九征》由外而内,目的在于"能知精神",知道"精神"后,就能"穷理尽性"。

这个词汇出自《易经·说卦传》："和顺于道德而理于义，穷理尽性以至于命。""穷理"就是探究万事、万物之理，知道逻辑后，就能发挥人的创造性价值，所以能"尽己之性、尽人之性、尽物之性"，然后"与天地参"，这就是《中庸》的精神。《中庸》说"天命之谓性"，孔子说"五十而知天命"，就是因为对理、对性进行了透彻研究，才能领受到自然的规律变化和人类创造的价值与"天命"。这样看来，"穷理尽性"的前提得要能"知精神"，而"知精神"又得从外在表现上得知。所以，能够对人、事、物由外而内地掌握，才能"穷理尽性"，不然，只流于表面，没有办法深入"穷理尽性"的哲学深度思考。

《人物志》谈的是实学，把人、事、物研究透彻，也叫"穷理尽性"。深入研究后的运用比一般的了解自然技高一等，不会束手束脚。刚才我们讲到"故胜质不精则其事不遂"，如果不够精，就不会有竞争力。朱子说过："精神一到，何事不成！"有精、神，项羽能够以寡击众，这是"精神"的另一层意义。

性情的九种表征

性之所尽，九质之征也。然则平陂之质在于神，明暗之实在于精，勇怯之势在于筋，强弱之植在于骨，躁静之决在于气，惨怿之情在于色，衰正之形在于仪，态度之动在于容，缓急之状在于言。

【译文】

摸透人的性情，有神、精、筋、骨、气、色、仪、容、言九种征兆。那么，正直与奸邪的征兆就通过神来判断，聪慧与愚蠢的实质就通过情来区别，勇敢与怯懦的态势就通过筋来判断，强壮或纤细的结构就通过骨来察觉，暴躁与平静的关键就靠气来判断，悲伤和喜悦的情绪就靠色来观察，衰怠与端正的体质就靠仪来分辨，举止神情的活动就靠容来体会，和缓与急切的状态就靠言来判断。

【现代解读】

"性之所尽，九质之征也。"《人物志》中的"性"不完全是指本性、天性，也指情性。一般情性是后天养成的。若要能尽性，得把人的情性都摸透，知道他到底属于哪一种角色。"性之所尽"，概括表现为"九质之征"，情性表现的九种气质、征兆，即下文所说的神、精、筋、骨、气、色、仪、容、言。

"然则平陂之质在于神"，"陂"是"平"的反义词，指斜曲、不正。既然有平、有陂，从"神"上就能看出来。"神"包括了神色、神情，用来作为判断正直或是奸猾的征兆。

"明暗之实在于精"，"明"是聪明，"暗"有愚昧、蒙蔽的意思。智慧够不够，主要的区别在于"精"，也就是对事情的把握程度。"勇怯之势在于筋"，观察人的勇敢与胆识，从筋肉的态势大概可以判断出来。"强弱之植在于骨"，人的体质是强壮健旺的，或者是柔弱纤细的，从骨骼的发育程度可以察觉出来。"植"，即用一个木头架子来形容身体的骨骼结构。人的骨架、骨相好比房屋的钢筋，配上肌肉，塑形个人的外貌，最好是骨肉匀称、恰如其分。

"躁静之决在于气"，有的人性子特别急躁，脾气又大，有的人特别沉静，情绪不易起伏，这种脾性的差异，很容易影响别人。如何判断"躁、静"？就看"气"。在《易经》中用两个卦来看"躁、静"的不同，渐卦和归妹卦。归妹卦辞中"征凶。无攸利"，就是"躁"得不得了，总是急急忙忙的，到头来一场空。《象传》点出"归妹"的盲点，就是"说以动，所归妹也"，行动完全凭感觉，完全不经大脑思考。至于渐卦的《象传》分析："渐之进也，女归吉也。"同样处理终身大事，渐卦主张慢慢磨合、吊足胃口。归妹卦就喜欢急于求成，结果半途而废。泡茶要等茶叶慢慢舒展开来，而不是热水才下，就咕噜咕噜喝掉了。这是很明显的气质的差别，结果却是天差地别："征凶，无攸利"和"女归吉，利贞"。

《老子》也认为"躁"人不可能成大事，只有沉静的人能成事。"重为轻根，静为躁君……轻则失本，躁则失君"，"君"是领导，遇到事情一下子就急得跳起来的人，绝对不可能做领导。领导者不但遇事情超冷静，而且行走坐卧都从容，这就是气质的不同。

　　"惨怿之情在于色"，"怿"是喜悦，"惨"是悲凄，正好相反。当情绪显露在表情上，自然就要懂得察言观色。人家今天心情特好，自然谈事情、提要求都特别容易谈拢，要是人家今天一张扑克脸，那就闭嘴，别给对方提供迁怒的借口，这是最基本的进退应对、察言观色。

　　"衰正之形在于仪"，人的仪表、仪态，有的衰颓，有的端正，这多半与体质有关。身体虚弱的人，晒个太阳就要倒下，这就是"衰"。有的人在烈日下练操，依旧面不改色，这就是"仪正"。

　　至于"态度之动在于容"，这在日常生活中的例子不少，就由各人细心体会吧！"缓急之状在于言"，从每个人说话的样子，多少看得出来他是急惊风，还是慢郎中。《易经》中提醒"解者，缓也"，处理事情还是得"事缓则圆"。

　　其为人也，质素平澹，中睿外朗，筋劲植固，声清色怿，仪正容直，则九征皆至，则纯粹之德也。

【译文】

　　一个人，内质纯洁平和淡泊，内心聪慧外表清朗，筋腱坚挺强固，声音清润脸色和悦，仪表端正容貌庄重，这样九征全都具备了，就可以任意发挥，随心所欲。

【现代解读】

　　"其为人也，质素平澹"，再一次提到"平澹"。"中睿外朗"，心中具有睿智，外显出来的气象清朗，给人舒服的感觉。"筋劲植固"，骨相坚挺端正，既有柔韧的弹性，又有坚固的力量，还能保持沉静稳重的感觉，几乎囊括了前文中所有优点。"声清色怿"，声音清润，脸色和悦。"仪正容直"，仪态端庄，容相正直，绝对不嬉皮笑脸。"则九征皆至"，刘劭提到的九种征兆、各种气质都显现出最完美的境界，"则纯粹之德也"。一旦具备了"纯粹之德"，就可以任意发挥，随心所欲。在《易经》乾卦中谈最高领导人，就是"六爻发挥旁通情"，无论什么样的举措，都能面面俱到，所以能"时乘六龙以御天"，能推动良善的政策照顾人民，可以"云行雨施天下平"。有了"刚健、中正、纯粹精"的内在本质，才能有这么好的表现，怎么发挥就怎么通达。如果本质有问题、不纯粹，没到"精"的地步，模仿抄袭是学不来的，"西施捧心"而"东施效颦"，可能适得其反，因为本质不同。

德才兼备的中庸

九征有违，则偏杂之材也。三度不同，其德异称。故偏至之材，以材自名；兼材之人，以德为目。兼德之人，更为美号。是故兼德而至，谓之中庸。中庸也者，圣人之目也。具体而微，谓之德行。德行也者，大雅之称也。一至谓之偏材，偏材，小雅之质也。一征谓之依似，依似，乱德之类也。一至一违谓之间杂，间杂，无恒之人也。无恒依似，皆风人末流。末流之质，不可胜论，是以略而不概也。

【译文】

前面列出的九征中有所违背的，叫作偏杂之才。表现出来的气度可以分为中庸、大雅、小雅，并通过不同的德行和修为来给予称呼。所以，偏至之才在某方面才华突出，以其所具有的才华作为称呼；兼才之人精通多项专业，看待事物的角度更全面，以其所具有的德行作为称呼。兼德之人不仅兼具各类才干，在德行和修为上也有很深的造诣，就值得用更好的称谓。所以，兼具各种品德而达到最高的程度，叫作中庸。中庸，是对圣人整体表现的称呼。各种品德都已具备，但发展程度还不够高，称之为德行。德行就是对大雅之人的称呼。某一方面的才能比较突出的叫作偏才，偏才相当于小雅。只学到皮毛而未掌握精髓的，叫作依似。依似，属于德行紊乱、扰乱人心的一类。某方面有才却在另外的方面表现得不够格的，叫作间杂。间杂，是没有恒常品德的人。德行紊乱和无恒常品德的，是社会教化中的末流之人。末流之人的品质，占社会的绝大多数，不可胜数，所以连概述也不需要去讲。

【现代解读】

最后一段为《九征》全篇做了总结。品鉴人物从轮廓开始，分为好几类、好几级，而各类人等各有其特质，不同特质的人也自有其发挥，不同的发挥得配合适当的机遇、伙伴，来补足自己的盲点，组成坚强完备的团队。这也呼应《易经》中谈到品鉴、造就时提出的三个观点，乾卦的"品物流形"、坤卦的"品物咸亨"和姤卦的"品物咸章"。

"九征有违，则偏杂之材也"，前面所列出来的特质，如果有不到位的、做不到的，就是"偏杂之材"。

"三度不同"，表现在外面的气度，可以分为"三度"来看，这"三度"就是下文所提到的"中庸""大雅"和"小雅"。"中庸"是圣人的境界，也就是中和平淡；"大雅"则是德行已经被全面开发，只是尚未达到圣人那么高明的境界；"小雅"则是具有某几方面的高明特质，只是仍不免陷于"专业的盲点"，仍属于偏才。正因为三者的程度、境界不一样，所以叫"三度不同"。刘劭列了一张人才鉴识表"其德异称"，为不同的修为、德行冠以不同的名称。

"故偏至之材，以材自名"，对自己在某方面的才华有绝对的自信，同时也会受到他人的肯定，只是因此会受限于"专业的盲点"——在专业之外，"隔行如隔山"。

至于"兼材之人，以德为目"，这种人精通多项专业，多才多艺，因此对事物的思考更为周全,看待事物的角度也更全面,所以能不拘一格、面面俱到。"以德为目","目"就是给个名称。因为兼备诸项特长,又都能达到一定的水平,所以必定有更精深的修为,给予"德"的称呼,而偏才"一至",只有单方面的长项,就不能称"德"。

还有更高境界的人,称为"兼德",不仅兼具各类才干,而且都有精深的修为、造诣,具有更宏大的涵括性,"更为美号",值得用更好的称谓。"是故兼德而至,谓之中庸",如果"兼德"达到最高境界,就称之为"中庸"。在这里,我们要彻底澄清一下一般人对"中庸"的浮泛了解。"中庸"是《中庸》的核心精神,《论语·雍也》说:"中庸之为德也,其至矣乎!民鲜久矣。"孔子认为"中庸"是最高境界,太罕见、太难得了,所以一般人很久没有这样的典范可以仰望了。在《中庸》中记录了孔子的话:"天下国家可均也,爵禄可辞也,白刃可蹈也,中庸不可能也!"谦让政权、官禄都还容易,上刀山下火海也做得到,但"中庸不可能也",所以"致广大而尽精微,极高明而道中庸"。从"兼材"到"兼德",这样德才兼备的人已很稀罕,还能"兼德"发展到最高峰,这就叫"中庸"。不仅要有"致广大"的"兼"和"尽精微"的"德",还都得达到"极高明"的程度,才能称为"中庸"。孔子一生没有找到这样的传人,"不得中行而与之",没办法把接力棒交出去。《论语·先进》中提到"孔门十杰",分为德行、言语、政事和文学四科,这些人才最多只到"德"的程度,距离最高的标准显然还有空间。

"中庸也者,圣人之目也","中庸"就是圣人的整体表现,称之谓"目"。"具体而微,谓之德行",指的是虽然没有达到"极高明"的境界,但也具有相当的水平,整体上都齐备,称为"具体而微"。《易经》屯卦就是具体而微的代表,因为屯卦承袭乾卦、坤卦而来,所以该具备的都已经具备,"元亨利贞"四德俱全,只是规模还不大,处在幼苗阶段,"一枝草、一点露"各受其命,还需要发展。"具体而微"一词出自《孟子·公孙丑上》:"子夏、子游、子张皆有圣人之一体;冉牛、闵子、颜渊,则具体而微。""一体"就是只具有部分,但不完备,指的是子夏、子游、子张都只得孔子某一方面的真传，没有全面的掌握。冉牛、闵子和颜渊，则有全面的理解，只是没有到位，还没到精纯的地步，仍需要时间深入发展。由此可知，《人物志》受"四书"的影响很大，刘劭把儒家思想的体系运用在识人学上，其核心仍然是"四书五经"。

"德行也者，大雅之称也"，"大雅、小雅"出自《诗经》的分类，"雅"就是指贵族阶级，在此以"大雅"作为"德行全备、具体而微"的代称。"一至谓之偏材"，在某一方面发展得不错，就是"偏材"，也就给予"小雅之质"的称号。相对于"小雅"，"大雅"应该称得上"多至而兼"。

不成材的人

接下来提到"一征谓之依似"，想学却只学到了形貌，因为没能掌握本质精神，所以明眼人一看就能分辨出真伪。"依"是依托，"依似"就是似是而非、鱼目混珠，有赝品之虞，对社会并没有正面提升的帮助，只是混淆视听、扰乱人心，"乱德之类也"。

等而下之，是"一至一违"，"一至"就是指某一方面做得不错，还算到位。但"一违"，就是说也有不够格的地方，或是说表现不稳定，有时候达不到"一至"的标准。所以"一至一违"就叫"杂"，间杂、夹杂，好坏参差、不全不纯，有的做到了，有的没做到，这类人反倒让人不知如何评价，只能说他"知道该怎么做才对，却无法坚持"，所以说这种人是"无恒之人也"。

"恒"的写法，应作"一日心"，即每天都坚持像第一天发心时那样去做，《易经》恒卦的"立不易方"，是说怎样都不会改变。若是"无恒"，学什么都不踏实、五技而穷，就是"无恒之人"。一来是不肯下长久的功夫，二来也少了定力和耐心。

"无恒依似，皆风人末流"，"风"就是风化、教化，指的是社会教化出了问题，才会产生诸如"无恒依似"此类不入流的家伙。《论语·颜渊》中，孔子说："君子之德风，小人之德草。草上之风，必偃。""风人"的原意是，君子修养到一定境界之后，对周遭的人产生的影响力，是"先知觉后知，先觉觉后觉"的社会责任。所以，教化群众就叫"风人"。舜帝的《南风歌》有言："南风之熏兮，可以解吾民之愠兮。南风之时兮，可以阜吾民之财兮。"其中的"南风熏兮"就是以温柔敦厚解民众心中的愤怨和浇薄，并作为社会的风范。

"末流之质，不可胜论，是以略而不概也"，"胜论"是说这样的情况占绝大多数，不可胜数，但也不需要讨论，"是以略而不概也"。连概述都不讲，只是说有这种人，而且占大多数，由于这样的行述不值得学习，连谈都不谈就略过吧！事实上也是如此，社会本来就是一个金字塔的结构，对于"风人末流"表面上客气、善待，但是心里要清楚，什么才是自己要走的路。先前讲过"不善人者，善人之资"，虽然作为圆通的说理，但是人各有志，当越来越深入钻研时，能够共同讨论的对象就越来越少，正所谓："可与共学，未可与适道；可与适道，未可与立；可与立，未可与权。"连孔子都有这样的感触，能并肩而行到最后还能剩下几人？所以，认清事实后，不必有过高的期望，自然的统计常态分布就是如此，真能找到一个达到高水准的慧能就不错，可以把衣钵传下去！

庄子教的识人法

《庄子·列御寇》中，也有"九征"的说法："故君子远使之而观其忠，近使之而观其敬，烦使之而观其能，卒然问焉而观其知，急与之期而观其信，委之以财而观其仁，告之以危而观其节，醉之以酒而观其侧，杂之以处而观其色。九征至，不肖人得矣。"

"远使之"就是外放，"观其忠"是指要考核其在人前和人后的言行是否一致。远去外地，会不会造反，会不会作乱，会不会乱讲话。人在眼前容易伪装，当"天高皇帝远"时会松懈心防，人的性情是忠或奸，当下速判。"近使之",留用在身边,就"观其敬",看他对人的态度。所谓"自敬人敬""居敬穷理""主敬立人极",也就能看出这个人的品行好坏。《易经》中需卦、讼卦都重视"敬",连对敌人都要有"敬",才能"敬慎不败""敬之,终吉"。如果不敬,就连到手的爵禄保不住,"或锡之鞶带,终朝三褫之",在《小象传》中直接点出"不足敬"。贯穿的精神就是"敬",也就是正确面对的态度,能"上交不谄,下交不渎"。"谄"不是"敬",而是带有利益交换性质的、做买卖的态度。

"烦使之而观其能",所谓"耐烦"用来考验人的思绪理路,特别是行政的事情琐细得不得了,有时候这个问题还没处理完,那个问题又来了。看他在这样的情况下如何面对,有没有能耐。《三国演义》中的凤雏庞统,因为人长得丑,所以一开始刘备并没有重用他,派他到偏远地区去做县长。庞统不服就抗议、罢工,懒政不处理公事,惹得张飞大怒,要去教训他。结果庞统把积压了几个月的公文,两三下就处理得井井有条,他用这种方式告诉刘备,你太小看我了。"烦使之而观其能",首在抓重点,判断事情的轻重缓急,而"观其能"很重要的是"耐烦",耐不住烦,遇事心烦意乱,就不知道该怎么下手,这也是用来判断一个人是否有才能的方法,也就是《易经》教给我们"杂而不厌""杂而著"的道理。

"卒然问焉而观其知","卒然"即"猝然",突然、猛然。有时临时问事,在没有时间准备答案时,可以观测一个人的反应和智慧。做部属真的是要战战兢兢,领导不经意问的一个问题,可能就是某种考验、试练。

"急与之期而观其信",临时与你约定或安排,看你怎么调度、规划。"信"指的是承诺,一旦承诺后,不管怎么样都要排除万难、信守诺言。这就看人在意料之外的情况下,执行、应变的能力,这才是真实的一面。

"委之以财而观其仁","观其仁",谈的是运用的思维。在《周易·系辞传》第一章就讲:"天地之大德曰生,圣人之大宝曰位。何以守位曰仁,何以聚人曰财。理财正辞,禁民为非曰义。"在掌握资源的情况下,还得看看你有没有创造性的应用发挥的能力，这就是"仁"。所谓"财帛动人心"，钱财最能考验人的分寸、操守，还有弹性和应变能力。南宋朱熹作为理学大家，在历史上也曾挪用过公款，把救灾的款项移作盖书院之用，那时候朱熹的考虑是什么呢？是救灾解决眼前的物资问题，还是要兼顾心灵的长久安定？两难。

"告之以危而观其节"，危急的形势考验人的节操。一遇危难就急着自保，这样的人没有担当。如果在太平时期，又怎么看得出来呢？"时穷节乃见"。

"醉之以酒而观其侧"，看看他的酒品，喝醉后会不会放肆无度。"杂之以处"，龙蛇混杂、美女在侧，看看他的反应，"而观其色"。

"九征至，不肖人得矣。"这种种测试后，自然全部现出原形。"九"是个满数，至少就有九种，还可以再设计发挥。

过去儒、道圣哲都在观人、识人方面自有立论，刘劭集其大成而将其系统化，是与儒、道一脉相承的。

体别第二

夫中庸之德，其质无名。故咸而不碱，淡而不䊩，质而不缦，文而不缋。能威能怀，能辨能讷，变化无方，以达为节。

是以抗者过之，而拘者不逮。夫拘抗违中，故善有所章，而理有所失。

是故厉直刚毅，材在矫正，失在激讦。柔顺安恕，每在宽容，失在少决。雄悍杰健，任在胆烈，失在多忌。精良畏慎，善在恭谨，失在多疑。强楷坚劲，用在桢干，失在专固。论辨理绎，能在释结，失在流宕。普博周给，弘在覆裕，失在溷浊。清介廉洁，节在俭固，失在拘扃。休动磊落，业在攀跻，失在疏越。沉静机密，精在玄微，失在迟缓。朴露径尽，质在中诚，失在不微。多智韬情，权在谲略，失在依违。

及其进德之日不止，揆中庸以戒其材之拘抗，而指人之所短以益其失，犹晋楚带剑递相诡反也。

是故强毅之人，狠刚不和。不戒其强之搪突，而以顺为挠，厉其抗。是故可以立法，难与入微。柔顺之人，缓心宽断。不戒其事之不摄，而以抗为刿，安其舒。是故可与循常，难与权疑。雄悍之人，气奋勇决。不戒其勇之毁跌，而以顺为怯，竭其势。是故可与涉难，难与居约。惧慎之人，畏患多忌。不戒其懦于为义，而以勇为狎，增其疑。是故可与保全，难与立节。凌楷之人，秉意劲特。不戒其情之固护，而以辨为伪，强其专。是故可以持正，难与附众。辨博之人，论理赡给。不戒其辞之泛滥，而以楷为系，遂其流。是故可与泛序，难与立约。弘普之人，意爱周洽。不戒其交之溷杂，而以介为狷，广其浊。是故可以抚众，难与厉俗。狷介之人，砭清激浊。不戒其道之隘狭，而以普为秽，益其拘。是故可与守节，难以变通。休动之人，志慕超越。不戒其意之大猥，而以静为滞，果其锐。是故可以进趋，难与持后。沉静之人，道思回复。不戒其静之迟后，而以动为疏，美其懦。是故可与深虑，难与捷速。朴露之人，中疑实硌。不戒其实之野直，而以谲为诞，露其诚。是故可与立信，难与消息。韬谲之人，原度取容。不戒其术之离正，而以尽为愚，贵其虚。是故可与赞善，难与矫违。

夫学，所以成材也。恕，所以推情也。偏材之性不可移转矣。虽教之以学，材成而随之以失。虽训之以恕，推情各从其心。信者逆信，诈者逆诈，故学不入道，恕不周物，此偏材之益失也。

重点是扬长避短

绝大部分的人属于偏才，有专项而难全面，更不用说能做到"中道"了。所以，孔子才说"不得中行而与之"，三千弟子中都没能找到几个，不是"狂"就是"狷"，不是太过头就是太保守。孔子周游列国，没有遇到中道之人，失望而返回鲁国后，就开始进行根本的教育事业，所以才有《论语·公冶长》中说的"吾党之小子狂简，斐然成章，不知所以裁之"。《人物志》的第二篇《体别》，就从"人各有体"来论，既然每个人都不一样，那么本篇重点就讲该怎样"扬长避短"。

《体别》中分析了十二种偏才的长处和短处，理论上每个人都应该知道自己的长短所在，通过接触也能了解对方的强弱。对于自己关心的人，你会劝谏他，指出他的短处，希望他能发挥长处。这种心情是《易经》中同人、大有两卦的精神，所谓"遏恶扬善，顺天休命"，希望能抑制个人气质、禀赋上的缺失，期待能加强、发挥生命本来具备的美好。作为"青云在上，天日可见"的大有卦，太阳意象是隐喻，若能有明察秋毫的明镜，能照亮人心、人性、人情，将善恶、长短都鉴照得通明透亮，那人就应该"遏恶扬善"，不辜负生命的禀赋"顺天休命"。可是，事实往往没有那么简单。《体别》最后一段的结论就点出"难"在"偏材之性不可移转矣"上，尽管知道自己的短处、弱点，却未必能够成功改善先天的习气。人说"少成若天性，习惯如自然"，宿习的力量很大，必须要有特殊的因缘，或是善知识的引领，才有可能跳过这个障碍，更上一层楼。这确实是过来人的经验之谈，改性情从来就不是容易的事。

《九征》最后一段中讲到"中庸""大雅"和"小雅"三类，从"圣人之目"的最高等级，到"具体而微"的德行之人，就算有所缺失，有一德圆满也算"小雅之人"。用《易经》的笔法来对比就是，"圣人之目"如同"元亨利贞"四德俱全，没有但书，"具体而微"虽四德俱全，却有但书，如屯卦、临卦等，不够完备。至于四德中仅具有一德，其他三德不显的话，就勉强叫"小雅""一至"，这正是偏才的特质，无法周全。至于《九征》中讲到的"依似""间杂""无恒"，无论是似是而非、伪行乱德，还是表现不稳定、时至时不至，或是能至却不至、不能保持等，统称为"风人末流"，再怎么教化都改造不了。这个慨叹和《体别》的结论是很接近的，因为人的习气，往往受到多方面因素的影响，改造人必涉及社会教育、家庭教育、学校教育等各方面，投入的心思到底能有多少回报，很难说。所以，改造者往往会觉得有无力感，刘劭也说不用抱持太高的期待，"风人末流，略而不概"，不必详细研究。

用《易经》来看，讲启蒙教育的蒙卦，第三爻有"见金夫，不有躬"，人若没有一个坚强的自我，外界稍有诱惑，很快就会迷失乃至"不有躬"。就如佛教中说"众生皆有佛性"，虽然理论上皆可成佛，但实际上往往不是如此，甚至有的人连这颗佛性的种子都不能冀望，叫作"阐提不可以成佛"，正是因为失去了自我生命的本质"躬"。所以，蒙卦的六三爻，陷在内卦的坎险之极，不像上九还有一丝"击蒙"的机会。因此，再怎样教化"包蒙"都是完全无效的、改造不了的。蒙卦的三爻爻变为蛊卦，就是学什么东西都可能败坏。

难以形容的中庸

夫中庸之德，其质无名。故咸而不碱，淡而不䞲，质而不缦，文而不绩。能威能怀，能辨能讷，变化无方，以达为节。

【译文】

中庸这样的德行，它的实质根本无法用言语来形容，只能从某一方面来描述。因此相处起来，既不会因为过度亲昵而感到狎侮，也不会因为交情平淡而感到冷漠无情，具有朴实的性格却不会单调沉闷，具备文采却不会矫揉造作，具有威仪却又能怀柔天下，能言善辩却又能沉默寡言，变化随心所欲，没有固定的约束，又能达成周洽，各禀其分。

【现代解读】

"夫中庸之德，其质无名"，刘劭借《老子》中"无名，天地之始；有名，万物之母"的概念，来呈现中庸的本质是"至高而无可名之"。先前提到《中庸》说："中庸其至矣乎！民鲜能久矣。"这样的德行比禅让政权还难，能修行到"中庸"的程度，根本无法言说，所以称为"无名"。《论语·泰伯》中形容尧帝的伟大时说："大哉，尧之为君也！巍巍乎！唯天为大，唯尧则之，荡荡乎民无能名焉！"广大高远到不知道如何形容。"其质无名"，点出"中和平淡"一如"白贲，无咎"，没有绚烂、外显的特色可以描述，所以用"无以名之"来称呼。

达到"中庸"者，几乎具备全知全能，哪种方法能达到目的，他就具备哪种方法。既有杀人剑，也有活人刀，有菩萨低眉的慈悲六道，也有金刚怒目的降伏四魔。这种理想人格典型，虽然说"其质无名"，但刘劭在此还是要描述一下这样的境界："咸而不碱，淡而不䞲，质而不缦，文而不绩。""咸"是调味的重点，没有咸味的食物往往缺少滋味，但过多就会有碱味，"碱"就是咸到苦涩的地步。曾经有人说，"艺术就是苦涩的美感"，"碱"差不多就是这样的感觉，口味太重并不是最好的味道。

"咸而不碱"的感觉是彼此相处起来会觉得有味，但不过度。另外一种感觉是"淡而不醋"，与"咸"正好相对。"醋"是完全没有味道，指的是彼此交往，虽然没有热络往来、把酒言欢，但彼此心中可以感觉到对方的人情味。所以，既不会过度亲昵而生狎侮，也不会完全冷漠无情。

"质而不缦，文而不绩"，"质"是质朴，"缦"是没有花纹的丝织品。"绩"的读音同"绘"，含义也与绘画相通。具有朴实的性格，却不会单调沉闷；具备文采，却不会矫揉造作、过度修饰。《周易·系辞传》中说"物相杂，故曰文"，"文"在此可以展现生命情调的丰富性。所以"中庸"让人感觉不会过度，也不会无滋无味，就自己的生命情调而言，具有丰富性却不失质朴，整体表现出来的是平淡中具备色彩"白中含贲"，直率中充满智慧，待人接物恰到好处。《论语·雍也》里，孔子说："文质彬彬，然后君子。"在文与质、刚与柔间，协调互济。

应变无穷的能力

"能威能怀"是什么意思呢？应该是带有一点恩威并施的味道，可说以力服人叫"威"，以德服人叫"怀"。"威"具有阳刚的吓阻，像《易经》的"击蒙"。"怀"就比较像《易经》的"包蒙"，带有温柔包容的意思，就是我们常说的怀柔、怀抱、关怀等意涵。无论是威责或怀柔，都能刚柔皆宜，这就叫"中庸之德"。《易经》中讲打仗的师卦，也有"怀"的概念。师卦的九二爻《小象传》讲"王三锡命，怀万邦也"，就是说打仗不见得一定要动武，武力只是作为后盾，最好的方式是招安，用和平的方式解决，不战而屈人之兵。所以，不断地游说、安抚，就是希望不要走上动武的路，和平解决是上上策，这就有赖于"怀"的温暖，让人感受到诚意和情意，最好是如同《易经》中孚卦里母子间的亲爱和谐，又有何事不成？

"能辨能讷"，"辨"同"辩"，意思也相同，像是《文言传》中的"辩之不早辩也""慎思明辩",都是"辩"与"辨"同义。一个人具有威仪,又能怀柔天下,该说话的时候辩才无碍,稳重时又刚毅木讷、专注聆听。《论语·子路》中孔子说:"刚毅木讷,近仁。"这与仁者的特质是很接近的,不过还不完备,因为仁者还要能爱人及物,具备核心的创造力。"能辨能讷",倾听时能专注地听,分析时能头头是道、雄辩无碍,论辩要看时间、场合、主题,该沉默时要沉默,该表达意见时也要主动说明,动静有时。

"变化无方",是指没有一定的框架和局限,所谓"神无方而易无体",这种人的生命拥有丰富、深刻的内涵。

"以达为节",既然没有固定的条条框框,自然可以有无穷的变化,正所谓"不可为典要,唯变所适",一切顺应局势、环境来调整,都能做到通达无碍的地步。"达"是通达,获得了沟通的效果。沟通,有时候要讲清楚、说明白,有时候"无声胜有声"的静默可能是最好的方式,成就了另一个境界。只要目的"达","通"的人就能随心运用。《论语·卫灵公》里孔子说:"辞达而已矣。"说话、文字表述的目的,不就为了"达"吗?我们讲了人家要是听不懂,也没法"达"。既然"不达",美意没有办法普惠双方,自然就不能"亨","亨者,嘉之会也"。所以,"节"不是固定的,没有标准的做法,完全是结果论,以沟通的效果来判定。《吕氏春秋》中记载了孔子的一段话:"君子达于道之谓达,穷于道之谓穷。"把依循的标准提高至"道"的境界,就算"变化无方"也不会乱群悖伦,更不会拘泥呆板,能够随心所欲、创意无穷。这是一个活"节",而不是死"节",没有"一定要怎样"或是"一定不能怎样"。《易经》节卦序数六十,讲求的就是这种通达圆满。

"以达为节"的精神,也呼应《九征》所谓:"中和之质,必平淡无味,故能调成五材,变化应节。""应节"套用《易经》节卦的概念,就是"甘节吉,往有尚",若要能够达到周洽、各禀其全,就不只"安节",不能"苦节",更不是"不节"。

要把握好分寸

一般而言,"中庸""中和"是作为理想的典范来追寻的,因此,后文中提到的各类偏才,作为自我反省的借鉴或是识人、用人的参考,才是重点。

是以抗者过之,而拘者不逮。夫拘抗违中,故善有所章,而理有所失。

【译文】

所以飞扬激进的人会过了头,而过分保守的人则达不成目标。激进和保守的人都违背了中庸之道,所以他们都有彰显在外的长处,也有情理之中的过失。

【现代解读】

"抗者过之,而拘者不逮","拘"是拘泥、拘执、过分保守,"逮"是在掌握之中,能够达到目标,"力有未逮"就是能力不及欲达到的目标,《易经》旅卦中"终以誉命,上逮也",意思是"能力可及,终至巅峰"。一般人不是"过"就是"不及",非"狂"即"狷"。"拘者"常常是保守内敛、不及中道,而"抗者"则往往飞扬跋扈、阳刚进取,过了头、失了准。"拘者""抗者"虽各有所长,但也各有所失,"拘抗违中",违反了中道。

"故善有所章,而理有所失","章"是凸显,有某一方面的亮点,自然会有相对的弱点。正因为有某方面的长处,所以得以彰显出来,但也因为不合乎中道,所以并不是尽善尽美的最佳状态。"尺有所短,寸有所长",总是不能中节。

是故厉直刚毅,材在矫正,失在激讦。柔顺安恕,每在宽容,失在少决。

【译文】

所以说，严厉正直、刚强坚定的人，他的才干在于引导他人纠正偏错，失误在于当面激烈地挑别人的毛病。个性柔顺、安稳宽恕的人，能够大度地宽恕包容他人，失误在于做决断时犹犹豫豫。

【现代解读】

"厉直刚毅，材在矫正，失在激讦。"刘劭在此举例说明，这种强猛、正直、刚硬、坚毅的性格，长处是能作为榜样，引导他人纠正错误，但缺点是激烈过火，让人受不了。"厉"有严厉、激励的意思，对自己要求很高，显现出苦干的样子。乾卦："君子终日乾乾，夕惕若。厉，无咎。"每天对自己晨昏定省，严格得不得了。"直刚毅"就是正直的性格、刚强坚定的信念和耐力，《论语·泰伯》中曾子所谓："士不可以不弘毅，任重而道远。"知道给自己设定高远的目标，这种向上的动力"直"是这种性格的特质。

"矫正"即"矫枉导正"，只是因为"刚"而往往可能"矫枉过正"，在手段上缺少温柔而"失在激讦"。"激"就是过头、过火，"讦"就是喜欢当面挑人家毛病，会认为自己是正义、正确的化身，这是误以"讦"为"直"的错觉。因为"直"的手段可以婉转，可以"理直气和，义正辞婉"。我们有时候不也是这样吗？永远看不到自己的毛病，挑别人毛病时是能手。说话是刀子嘴，看起来像是为人家好，但未必合适，也就"不达"了。"激讦"的"激"，也与一般讲的偏激的意思相通，而"讦"是揭人疮疤，让人家觉得痛苦的语言暴力。俗话说的"哪壶不开提哪壶""在伤口上撒盐"等，都可以算是"讦"。有意思的是，这些"激讦"的人往往自许个性直率、坦白，话讲得到位、过瘾。这种自以为"直"的误解，《论语·子路》中曾举过一个例子："叶公语孔子曰：'吾党有直躬者，其父攘羊，而子证之。'孔子曰：'吾党之直者异于是：父为子隐，子为父隐，直在其中矣。'"叶公对孔子说："在我们家乡，有个正直的儿子，父亲偷羊，儿子举报父亲。"看似是大义灭亲，秉持正义的"直"，但孔子认为这失了人性，做法过度、偏激了，便婉转地说："我们家乡所谓正直的人并不是如此。一般来说，如果发生这样的事情父亲就会为儿子隐瞒，反之亦是。在这样的过程中，我们也发现了'直'的展现。"真正的"直"是合乎人情人性的，是动态的"变化应节"，在互相隐瞒的过程中，体现了天伦之间的包容和宽恕，这是亲子间的自然保护，不是矫揉造作。若是硬把亲情割裂，用世俗律法来约束彼此的关系，亲子间则无情无爱，又何谓"直"（天性）呢？

这些观察，大都是从"四书"的体系中发挥而来。俗话说："要刮别人的胡子，先把自己的刮干净。"指正别人用尖锐的言辞，不给人留余地，就失了分寸。即便在古代社会，大男子主义的人也会留意这样的细节，即"当面训子，背后训妻"，虽然这并不符合现代社会的观念，但是为人处世千万不要不给人台阶下，这种人际关系的分寸拿捏很重要。

"柔顺安恕"，正好与"厉直刚毅"相反。"安恕"就是能够包容宽恕，具有敦德的部分。"每在宽容"，大量容人，对人不会太严格要求。"失在少决"，这样的人在决断上，受制于个性过于柔顺，这样也好、那样也行，往往犹豫难断。虽然待人不必严苛，但也不能宽容到没有原则，慎思周虑自然是好，难免选择有得有失，加上时间和信息对称性的压力，因此只要能利大于弊，收益大于损失，一般的商业考量有五成以上的胜算就可以投入。

"每在宽容"的"每"，有的版本作"美"，"美在宽容"的意思是"美好的特质在于宽恕包容"，而"每在宽容"也对，因为"每"原本指"草长得很茂盛"，《左传》中有"原田每每"，即田中的草长得很茂盛，欣欣向荣，所以具有正面的意义，作为"优点、长处"来解释。"每"作为中文字的字源，从"草盛"的意思释义，只要有"每"字的偏旁，就含有众多、应有尽有的意思，像"海"就代表深沉、丰富，"毓"，从"育"从"每"，指"养子使作善"，能得"子克家"，当然是越多越好，这些都是褒义。《易经》咸卦称为"咸其脢"，从"月"从"每"，就是感应丰富、迅速的意思。咸卦六个爻可以分别代表踝、膝、胯、腰、椎、颈等反应，而咸卦的君位代表位于脊椎的主心骨，作为身体感应的中枢，必须要能接受丰富的信息，才能准确地反应。虽然有很敏锐的感触，但是不能随便响应，要综合各方面的信息，做出整体的判断，这就有赖于似海的深沉，因此才能"无悔"，不会因仓促的决策而徒生遗憾。

胆大好，还是胆小好

雄悍杰健，任在胆烈，失在多忌。精良畏慎，善在恭谨，失在多疑。

【译文】

英勇彪悍、杰出强健的人，能勇于任事、胆识过人，失误在于多所猜忌。注重细节、小心谨慎的人，长处在于恭敬慎重，失误在于犹豫彷徨，不容易做决定。

【现代解读】

"雄悍杰健"，自然是英雄豪杰，剽悍、刚健，这种人勇于任事、胆识过人，虽然"任在胆烈"，但是"失在多忌"。这里"多忌"有不同的解读，有的人认为"多忌"是多所猜忌，不过，雄悍杰健的人是不是一定多所猜忌，好像也说不通。有的人认为"多忌"是"无忌"的误传，指的是这样性格的人任性豪放，一般人不敢做的，他无所顾忌，也有的人认为"多忌"是"多犯忌讳"，与风俗冲撞。无论是哪种解释，都点出"雄悍杰健"的人的一些弱点，有些地方过火、过头了。

"精良畏慎"，这种人比较小心谨慎、注意细节、追求完美，其性格正是"雄悍杰健"的反面。这样的人"善在恭谨"，长处是慎重恭敬，但"失在多疑"，也就是犹豫彷徨、举棋不定，不容易做出决断。在《论语·公冶长》中有个故事，正好为此标准做个脚注："季文子三思而后行。子闻之，曰：'再，斯可矣。'""三思"指多思，季文子这样小心谨慎的人，往往考虑再三，想来想去也拿不定主意，孔子认为"再思"即可，"三思"就过了。

审慎自然是对的，有必要从不同角度考虑问题，但"多疑"而犹豫彷徨，一想再想还下不了决心，就容易错失良机，成了过分畏慎，甚至胆小怕事，没有担当的怯懦了。《易经》豫卦中谈到对事情的预断，到三爻"盱豫悔，迟有悔"就不好了，瞪大了眼睛盯着看，想找出最佳的出手时机，结果迟疑犹豫，又后悔了。没办法当机立断，踩不上点，不是"过"就是"不及"，这就是顾虑太多的毛病。"多疑"怎么成事呢？与人相处若"多疑"，彼此关系很难长久，这又是另一个后遗症。

《易经》巽卦，巽为风，代表的是低调沉潜。《易经·说卦传》指出，巽卦是"为进退，为不果"，也具有举棋不定的象。巽卦初爻："进退，利武人之贞。"人都已经到门口了，还在想着要不要进去，徘徊犹豫，倒不如学武人的直率，要进就进，要退就退，始终斟酌到底怎么好是没有用的，做最坏的打算，反而能放手一搏。"砍掉脑袋不过碗大块疤，十八年后又是条好汉"，这时候就需要武人的阳刚之气、无所顾忌的德行来往前推一把，先做再说！因此巽卦的《小象传》说："进退，志疑也。"是疑心病，想得太多，"利武人之贞，志治也"，放手一搏可以治"多疑"的毛病。

强楷坚劲，用在桢干，失在专固。论辨理绎，能在释结，失在流宕。

【译文】

刚强正直且具有干劲的人，可以作为大家的依靠和栋梁，失误在于专权专擅且固执己见。能言善辩，长于分析的人，他的能力在于解释疑难疑惑，失误在于思维飘荡散漫。

【现代解读】

"强楷坚劲"，就是指坚强、方正而且有干劲，比较偏向阳刚。"桢干"是过去筑墙用的木柱，分为桢和干，竖在墙的两端，用来挡住土墙，这里用来形容人能竖起支撑、擎天玉柱，可以说是"强楷坚劲，用在桢干"，作为大家的依靠和栋梁。《易经》说："贞者，事之干也。"也有这样的意味，屯卦的"盘桓，利居贞"的"桓"，也是指高大的立柱。正因为承担了大家的依靠，得负起责任，所以在成功的经验下，总认为自己是对的，固执己见，不容易被劝说，最后往往变得专权专擅、独行独断，"失在专固"。

反过来，"论辨理绎"是属阴柔的。"能在释结，失在流宕"，有些人思考问题，演绎得头头是道，长处在于解开心中的疑惑。"结"就是心中想不通，如坠云雾里走不出来，好比《易经》蹇卦的想不通、看不透，所以后面是解卦，心中豁然开朗，解开了迷惘。"释结"就像蹇卦、解卦的关系，遭遇难过的关卡都叫"结"，要解开"心有千千结"、排除疑难杂症，需要耐心去分析，一层层抽丝剥茧，慢慢"释结"，要是没有耐心去层层演绎，是解不开症结的。正因为有推衍分析的能力，所以容易陷入习惯性思维，看到什么就不断地发散思维而难以收敛，天马行空而不受拘束、不知终止，是谓"流宕"。有时候不需要这样细致分析的时候，反而由长处变为短处。

留一半清醒，留一半醉

普博周给，弘在覆裕，失在溷浊。清介廉洁，节在俭固，失在拘扃。

【译文】

周全自己且能帮助他人的人，他的宽宏在于广泛地覆盖、泽被他人，失误在于好坏不分。正直耿介、廉洁自持的人，他的节操在于节俭守持，失误在于拘泥局限。

【现代解读】

一种人是"普博周给",有一点"云行雨施"的意味,可以用"道济天下"来比拟。"普"是各类各色的对象,可以用"品物流形"来说明,好比乾卦中"见龙在田,德施普也",即爱护照顾不分对象,一视同仁。"博"有"广"的意思,"周"有"全"的意思。"给"要分两层来看,一种是"给予",对象是他人,另一种是"自给",对象是自己。不但自己能够自足,而且能够向别人施予帮助,没有分别心。"弘在覆裕","弘"即大,代表胸襟宽阔。"覆裕"即能广泛地覆盖、泽被,不仅自己有资源,还愿意帮助别人。这样的性格不是挺好的吗?有什么缺失呢?

"失在溷浊",意思是帮忙、包容得分对象,不是每个人都值得帮忙或是给予一样的照顾。正因为"品物流形",所以有三教九流、牛鬼蛇神,但为人处世心中得有个标准,不能一味心怀仁厚,结果把自己搞得灰头土脸的,得掌握涉入的深度和分寸,这就是"爱护别人、保护自己"的道理。"溷浊"指的是脏兮兮的,把自己也搞得一身腥,过去有说:"孟尝君子店,千里客来投。"战国时齐国的孟尝君礼贤下士,鸡鸣狗盗之徒,只要有一技之长的人,都被他纳为门下食客。鸡鸣狗盗之徒平常没有什么用,却在孟尝君被困于秦国的紧要关头帮了大忙。这就是"覆裕"之功,能广集天下有才能之士的功效,但也要留意"溷浊"之弊,因此提醒掌握分寸很重要,切勿让自己在行为、思想上受到影响。

另外一种人正好相反,就像伯夷、叔齐"清介廉洁",正直耿介、自我约束。这种人的优点是"节在俭固",既收敛又能持守。"俭"是《老子》中的处世三宝之一:"一曰慈,二曰俭,三曰不敢为天下先。"无论是精神或是物质,都用收敛的态度去面对,但也有缺点,是"失在拘扃",容易画地为牢、拘泥呆板。"拘扃"即受限于自己的意识形态,标榜清介,没有办法跟自己认为"溷浊"的人交往,但这个世界真有那么多清介的同道吗?所谓"水至清则无鱼",自然少了许多可能性,而显得拘泥呆板。所以,《孙子兵法·九变》中利用"廉洁"来打击对手——"廉洁可辱"。对于标榜廉洁的人就栽赃抹黑,搞得这个人气急败坏、心神不宁。当人显露出自己最在意的东西时，就会成为他人攻击的弱点，这就是受制于某类的意识形态而不能跳脱。

《易经》贲卦中谈官场历练的四爻，特别将"白马翰如"和"匪寇婚媾"做对比，既然求"人全"，你就可以坚持"白马翰如"，也不一定要同意"匪寇婚媾"。但不一定要与"匪寇婚媾"势不两立、到处树敌，太阳底下没有容不下的事，过分地强调自己的观点，你的朋友就会越来越少。此外，人际交往无须都是生死之交，一种是用《易经》的说法，可以有"婚"有"媾"，最好的朋友是"既婚且媾"，有时候也可以有"婚而不媾"、点头之交，讲求形式上的关系不需要深入合作，起码不会变成敌人。还有一种是因应时势的需要，称为"不婚而媾"，台面上没有亲善关系，但私底下可能互通有无。所以，交往分为三种，"既婚且媾""不婚而媾"和"婚而不媾"，这样的话，朋友可以多一点，敌人最好都没有。所谓"仁者无敌"，因为仁者充满创意，不会画地自限，所以没有敌人，没有假想敌，做起事来就不容易被人蓄意破坏。

人一旦树立了清高的典范，又好为人师的话，那么不但会困住自己，还会把别人拖下水，不跟着点头还不行。伯夷、叔齐做到了"清介廉洁，节在俭固"，被孟子称为"圣之清者"，到头来却"不食周粟"，饿死在首阳山上。《论语·季氏》中孔子曾说："见善如不及，见不善如探汤。"洁身自好的人看到好的表现，就反省自己是否能做到，看到不好的作为，就像是碰到热水会条件反射，立马收回手。但人世间绝不是如此纯粹，特别是领导人更不能这样。《老子》说："受国之垢，是谓社稷主；受国不祥，是谓天下王。""善者，吾善之；不善者，吾亦善之。德善。信者，吾信之；不信者，吾亦信之。德信。"要是不能"概括承受"，包容个别差异性，又如何能为众人之共主？所以，《易经》用"包"来代表，如包蒙、包荒、包有鱼、包承、包羞等，"歙歙为天下浑其心"，通通承担。《论语·子张》中说："大德不逾闲，小德出入可也。"大原则把持住了，小地方也可以包容，不必太在乎。

"清介廉洁，节在俭固"有其优点，但"失在拘扃"，却把自己限制在圈圈里头，往往成为自己的致命伤。"肩"的本意是门上的插闩，引申为封闭。人说："在山泉水清，出山泉水浊。"没有浊味，有洁癖，处世就难了，这并不是中国文化对人的要求。《易经》中讲求"白马翰如""匪寇婚媾"兼具的弹性，芸芸众生，谁没点毛病呢？屈原在江边时，渔夫唱："沧浪之水清兮，可以濯吾缨；沧浪之水浊兮，可以濯吾足。"要看到，水清可以用来洗帽，水浊可以用来洗脚，生命中没有唯一的答案。太极图中"黑中有白，白中有黑"，我们切勿只看到表面的"白"而看不见"黑"，难道在"温、良、恭、俭、让"之外，没有看到杀气腾腾的横眉竖目吗？

人心最是难测

休动磊落，业在攀跻，失在疏越。沉静机密，精在玄微，失在迟缓。

【译文】

个性洒脱、行事磊落的人，他的事业可以攀登到相当高的程度，失误在于容易疏忽、遗漏细节。沉着周密、冷静客观的人，他能注意到细微的分别，失误在于反应迟疑缓慢。

【现代解读】

一种人是"休动磊落，业在攀跻，失在疏越"。"休"的字形是指人累了靠着树木休息，引申为开朗、洒脱，给人舒服的感觉。"跻"就是登高，"攀"就是依附向上爬。让周遭的人感到开朗、自在，行事光明、个性洒脱，这样的人容易事业成功，往往可以攀登到一个相当高的高度。这样的人，有什么要注意的呢？"失在疏越"。因为他的性格是宽大洒脱，往往随心随性、不受拘泥，再加上事业不断地创造高峰，所以不够细密严谨，很多细节就不容易照顾得周到。可是"魔鬼都藏在细节里头"，一旦疏忽的地方多了，就可能成为攀登到下一个高峰的阻碍，甚至出现了一些致命的失误，不但上不去，可能还要掉下来。成事不易，又要具有前瞻性，又要能有框架，清楚自己要做什么，到执行的层面得有耐心，每一个环节都不松脱。有很多豪爽进取的人士，前些天还在风光，没隔几天就突然垮了，那多半是"失在疏越"。网目太大，就藏了很多弱点，积年累月没有补足，迟早会出问题。企业在不断扩张，向上攀跻时，领导要考虑到业务能力、管理是不是同步跟得上，能不能照顾周全。否则，百年基业也会毁于一旦。

另外一种人很懂得照顾到每一个环节，每个步骤都严密细致，"沉静机密"，除了思考的层次深入周严外，还有性格冷静客观，"精在玄微"，特别善于分别细微和推理演绎，能够注意到别人注意不到的地方。"玄"一般指黑色，其实是指夜空中无光时的颜色。既然能"入微"，缺点就是"失在迟缓"，动作反应不够及时。因为要花精力讲究细节，动作自然就不能"休动磊落"、快速前进。一种是冒险过头，到最后"出来混，总是要还的"，另一种是小心过度，反而原地踏步，没有进展，呈现出两个极端。

朴露径尽，质在中诚，失在不微。多智韬情，权在谲略，失在依违。

【译文】

个性通透、不绕弯子的人，他的优点在于率直、讲诚信，失误在于不善于隐藏自己。足智多谋、隐匿真情的人，灵活在于狡黠有谋略，失误在于左右依违、犹豫不决。

【现代解读】

一种人是"朴露"，就是让人看得清清楚楚，没有任何遮掩，一根肠子通到底。"径尽"是直来直去，不绕弯子。有些人很老实，做事、说话直截了当，这种人讲究诚信，总觉得"事无不可对人言"。"质在中诚"，好处是坦荡、不欺骗,坏处是"失在不微",人生在世谁没有一点自己的隐私呢?你把所有东西都让人家知道了,反而容易受伤。让旁人知道了业务上的机密,可能就让别人抢先一步、捷足先登,个人的隐私多少有一些不适合讲的,何必招致麻烦?"微"就是要藏起来,人情世故需要有这一层考虑,但是"朴露径尽"的人觉得这些不重要,然而"不微"久了是会出事的,因为他是个"透明人",所以优点、缺点全都暴露无遗。

另一种人是"多智韬情",很懂得保护自己,知道江湖险恶,也喜欢动脑筋。"韬"有策略、沉潜的意思,像是《六韬》,韬光养晦。"韬情"就是不会让人看到真情实境,喜怒哀乐绝对不会轻易显露,不动声色,懂得保护自己,不容易受伤。高手把利剑随身藏在剑鞘里,锋芒不显,等到决定行动时,一出手就制胜,然后将利剑又收回到剑鞘里。人心险恶,险于山川,"知人知面不知心"。"多智韬情"提醒我们,在社会上行走,"害人之心不可有,防人之心不可无",不能以为自己光明磊落就"事无不可对人言"。中国社会总是教导后生,不是什么人都可以剖腹掏心地深谈,"逢人只说三分话,未可全抛一片心"。有默契的话尽在不言中,没有共识的话,讲再多也没用,这都是经验和教训。

《易经》卦象中也有这样的呼应,兑卦讲的是少女情怀,开口向上,代表涉世未深,容易让人家一眼看透,也容易上当受骗。巽卦作为长女的代表,可以说是"多智韬情",通通藏在心里头。这也暗示随着生命的成长,人心会越来越复杂。从兑卦,什么话都说,心中有事完全不掩饰,到离卦(代表中女)展开人际网络的时候,也充满光明、温柔大方,再进到巽卦的时候,已经经历了社会人情,所以藏在里面的心思是没有办法掌握的。"权在谲略",因为经历社会历练,所以懂得权变。"谲"就是诡谲,正因为人心太险,所以藏于权术、谋略、机变、狡诈,很多东西不用说清楚。

"失在依违",Yes是"依",No就是"违"。因为顾虑太多、防东怕西,所以遇事就模棱两可、举棋不定,到底是依是违,绝不轻易表态,想严密地保护自己。巽卦和"多智韬情"的性格很相似,"巽以行权",代表

体别第二 | 101

既有谋略，也懂得隐藏自己真实的情感，但有时候，正是因为一直在权衡到底什么才是最佳方案，就又有"进退不果"的象。

批评别人是容易的

刘劭列举了这么多阴阳相反的对照组，都不合乎最佳典范的"变化应节"。接着，刘劭不但指出缺陷所在，而且提出了处理这些缺陷的建议。

及其进德之日不止，揆中庸以戒其材之拘抗，而指人之所短以益其失，犹晋楚带剑递相诡反也。

【译文】

等到他们进德修业的时候，需要反复尝试掌握中庸的标准，来戒除自己才干的极端偏向——保守或激进，而往往是指责别人的短处，更凸显了自己的毛病。就好像晋人和楚人由于佩带宝剑的习惯不同，而互相指责对方把剑佩带反了一样。

【现代解读】

"及其进德之日不止，揆中庸以戒其材之拘抗"，就回到人心向上的动力——"进德修业"。这种动力源于《易经》乾卦的"终日乾乾"和晋卦的"自昭明德"，都代表自强不息的奋斗不止，也是学无止境、既济未济。如观卦的"童观"到"窥观"，再到"观我身""观国之光"，到"观我生"，这个次第向上的提升就是"不止"，不能停下来，中间需要不断地揣摩是否"过"或"不及"。所以，用"揆"，也就是测度、揆度的意思，要去反复尝试掌握中道的标准——"中庸"。正因如此，所以才发觉自己是不是有"拘"的保守和"抗"的过头这些毛病，也只有靠"戒"的约束、调整，才能"遏恶""矫枉"，把自己的毛病改过来。当然了，说得容易，做到很难，所以才说"中庸"是至德。

一般在进德修业的过程中，最常犯的毛病往往是对别人的问题清清楚楚，对自己的毛病就忽略和宽恕，没有反省和检讨的习惯，乐于"指人之所短"，纵容自己的"我执"，"以益其失"。《六祖坛经》中，慧能大师说："常自见己过，不说他人好恶，是自皈依。"自己挑自己的毛病都还来不及，哪有时间一天到晚瞪大眼睛看别人的毛病呢？《易经》复卦最平实的说法就是改过，"有过则改"是改自己的过错，而不是去改人家的过错。复卦中谈到的核心创意、生命主体的建立，都是从"改过"来的。卦序中的中孚、小过到既济，也是同样的意思，从学习、实作，到终于能够成就。如果一天到晚不反省自己，总是指责别人，就更凸显自己"以益其失"的毛病。谁人背后不说人？两个人聚在一起时，常常免不了谈论不在场的第三人，结果有问题的常常是这两个"说人是非"的人。

看别人不顺眼，互相指责对方，往往是角度的问题，未必公正。《易经》中有"两卦相综"的概念，从相反的角度来看待问题，就会有不同的解读。"一方水土养一方人"，不同的民俗文化有不同的风土人情，无所谓好坏，于是刘劭就说："犹晋楚带剑递相诡反也。"位处山西的晋国跟南方的楚国，在春秋时期经常有冲突。晋、楚一北一南，风俗不同，两国人佩剑，一国喜欢佩在左边，另一国喜欢佩在右边，谁才是对的？晋、楚两国都认为对方是错的，其实哪有什么对错呢？在孔夫子所处的时代，还说穿衣服分左衽、右衽，哪有什么对错？这些风俗文化的差别，没有什么好批判的。

虽然刘劭列举了前面不同的性格，但强调的是人本来就有所"拘"、有所"抗"，不要看到别人的毛病就见猎心喜、大肆批评。孔子的学生子贡可说是少数的能人，才华横溢，既会当官，又懂外交，还有经济头脑能赚大钱。子贡才华高超、做事能干，觉得别人反应慢、效率差，所以就有个爱批评别人的毛病，称为"子贡方（谤）人"。《论语·宪问》："子贡方人。子曰：赐也，贤乎哉？夫我则不暇。"孔子就提点子贡："你自己已经做得很好了吗？要是我的话，反省修正自己都来不及，没空去挑别人的毛病。"自省检讨，受惠的是自己，一天到晚批评人，惹人讨厌不说，对自己又有什么好处呢？

过刚过柔都出毛病

是故强毅之人，狠刚不和。不戒其强之搪突，而以顺为挠，厉其抗。是故可以立法，难与入微。

【译文】

因此，严厉正直、刚强坚定的人，以自己的长项为标准，别人的表现不符合标准，就觉得不对。他不以刚强中的鲁莽唐突为戒而寻求改变，反而把别人的礼貌、柔顺当作软弱屈服，越来越变本加厉。所以，这种人可以让他来执法建立法律的权威，但很难让他从事细致入微的工作。

【现代解读】

承接着前文论述，再进一步发展，其中已经提过强毅、雄悍、凌楷、弘普、休动、朴露和韬谲，另外则是前述性格的反面发挥。

"强毅之人，狠刚不和"，"强毅之人"在前文是"厉直刚毅"，其实是指同一类性格。"狠刚不和"就是互看对方不顺眼，都认为自己的长项是标准，别人的表现若不合乎自己的标准，就觉得不对。这种情况可以比拟为"水仙花效应"，因为人太爱自己，爱到把自己的优点作为衡量的标准，用这个标准去看一切的表现，所以对于不符合自定义规范的表现，没有办法欣赏。

"狠刚不和"，在《易经》的大壮卦中用发情冲动的公羊来比喻，既然"狠刚"就难以心平气和，容易制造冲突，"羝羊触藩"与"不戒其强之搪突"呼应，即这种血气冲动是很鲁莽唐突的，但这种人自己不认为那是弱点，所以"不戒"，不引以为戒而改变。"以顺为挠"，性格上唐突冲动，把别人的礼貌当作软弱屈服，对于柔顺多虑的、犹豫不决的也都轻视、瞧不起。"挠"就是软弱屈服，一般柔顺的人比较有弹性，能屈能伸。《周易·系辞传》中说："尺蠖之屈，以求信也；龙蛇之蛰，以存身也。"这是种柔顺的功夫，强毅的人往往认为不应该这样软弱、屈服，也不认为"强"会冒犯别人，反而会变本加厉地去强化自己的立场，"厉其抗"，本来该忍的时候也不忍了。大壮卦就是"用强"，才会"羝羊触藩，羸其角"，所以《小象传》才说"小人用壮，君子用罔"。有壮而不用，就要懂得"忍"，那就过关，如果不忍，就没有办法突破重围。大壮卦第三爻过刚，爻变就是雷泽归妹，没戏了。

有时候，让一步也未必是软弱。什么叫勇气？《老子》说："勇于敢则杀，勇于不敢则活。"要是什么都硬碰硬，总有折损的时候，反而是能忍住，伺机而动，更具灵活弹性。韩信能忍"胯下之辱"，是一种"勇于不敢"。张良能忍气吞声，为圯上老人拾鞋、穿鞋，不仅得到了教导，也得到了兵书，也是一种"勇于不敢"，该忍的时候忍下来，黄石公意在磨去张良年轻气盛的火气。勾践为了复国，连吴王的屎都敢尝，这也是"勇于不敢"。忍下一口气，成了千古的大才，造就了自己，要是一口气忍不下去，可能勾践当时就被杀了。"搪突"有说话不礼貌、行为轻佻的意思，如看到美女就恣意搭讪，唐突佳人。

强毅之人"不戒其强之搪突，而以顺为挠"，不但不容易改变这种性格和态度，而且还"厉其抗"，越来越严重，变本加厉。所以，"可以立法"，因为这样的人强毅激进，碰到不合理的事就绝不肯让步，起身抗争、突破现状，所以适合为公众发声谋福利。"立法"是噬嗑卦的概念，所谓"明罚敕法"，旧法不好，可以修、可以立，需要有强毅的勇气。但这种人"难与入微"，对人生中很多东西体贴入微，体察人性、人情的细节，往往不是强毅的人能搞清楚的，别人可能嘴上不说，心里早就已经容忍到极限了。强毅之人恐怕不容易想到深处，最后连人家暴怒、拂袖而去都不知道是何原因，这是做不到入微的缘故。

柔顺之人，缓心宽断。不戒其事之不摄，而以抗为刿，安其舒。是故可与循常，难与权疑。

【译文】

个性柔顺、安稳宽恕的人，心性平缓，处事宽松。他不以事情没有明确的管理、规范为戒而寻求改变，而认为强毅激进会破坏和谐，引发冲突，安心于因循苟且的旧状中。所以，这种人可以让他遵循常规办事，很难让他在面对疑难时做判断。

【现代解读】

"缓心宽断"，"缓"就是慢慢来，"宽断"代表容忍度很高。"不戒其事之不摄，而以抗为刿"，事情可以慢慢处理，但最要不得的是冲动强抗。"摄"代表收摄，就是说在有管理、治理的情况下，"其事之不摄"，如果做事情没有必须坚持的原则，就没有办法用正面的态度去管理。这反映出"柔顺之人"的毛病，因为太缓、太宽，所以到头来什么都做不到。对照"强毅之人"所代表的立法精神，其目的是希望能够建立起管理制度。立法，在于建立起公众可以遵守的规范。只是"柔顺之人"这样也好，那样也罢，就不会形成明确的规范，这样事情就很难管理，不能收摄。"而以抗为刿"，再加上柔顺之人认为，"抗"得不合适就会破坏和谐，造成自己和周围的人发生冲突，彼此受伤。"刿"就是受伤，所以称为"羝羊触藩，羸其角"，《老子》有"廉而不刿"，"廉"就是个人的锋芒、棱角，不应该使周遭的人因此受伤。因为"廉"是一种德性，是用来要求自己的而不是苛求别人的，切勿因为方正而不圆融，"刿"就是因为不圆融而发生冲突。反过来说，柔顺的人太怕事、怕冲突，所以有些事情承受不住，叫"不摄"。可是柔顺之人"安其舒"，反而在这样的停滞不前中自得其乐。"舒"就是舒缓，因循苟且，社会怎么样、别人怎么样都没有关系，只要我能安安稳稳地待着就好，有一点"独善其身"的意味，缺少进取奋斗的动力。

"是故可与循常，难与权疑。"这样的人适合在太平岁月慢慢过，但缺乏抗争、奋斗的魄力、勇气，没有办法在面对不合理的状况以及变化调整时，表达自己的质疑、抗争。"权疑"，在疑难的时候、不知道怎么做的时候，需要用"权"来衡量进退。"疑"，通常是遭遇非常情况，在无秩序、混乱中，对于存在、生存产生怀疑，进而奋力抗争。在《易经》中就是遭逢大过的非常时期，常道已经不能解决问题，就必须要采取非常手段——"权"。柔顺之人一味地"安其舒"，所以不会去权衡进退，而是"以不变应万变"，这是个性上的弱点。

雄悍之人，气奋勇决。不戒其勇之毁跌，而以顺为恇，竭其势。是故可与涉难，难与居约。

【译文】

英勇彪悍、杰出强健的人，意气风发，敢作敢当。他不以鲁莽勇猛所带来的破坏和挫折为戒而寻求改变，而是把服从、附和看成胆小怯懦，哪怕精疲力竭也决不回头。所以，这种人可以让他冒险犯难，很难让他服从约束，接受限制。

【现代解读】

"雄悍之人，气奋勇决。不戒其勇之毁跌"，这样个性的人很有勇气，遇事容易不计后果地拼命往前冲。但是，注意这个"勇"具有"毁折"之象，是一种"匹夫之勇"，如大壮卦的冲动。大壮卦具有"大兑之象"，而兑为羊，具有"毁折"、易受伤、伤人伤己之意。"不戒其勇之毁跌"，好比野牛闯进瓷器店搞破坏，但它还觉得过瘾、干脆。"雄悍之人"认为服从、附和的"顺"是"恇"，是胆小、怕事的懦夫表现，觉得那样活着太憋屈，所以，他们宁可坚持自己的冲动，有所损伤，也不愿忍气吞声。"竭其势"，直到精疲力尽、强弩之末，也死而无悔、决不回头。大壮卦到第六爻再一次"羝羊触藩"，做垂死挣扎。"竭其势"，即使再猛、再冲，也总有力气用完的时候,可是困境仍没有突破,用光了资源却没能达到目的,不是很惨吗?"知进而不知退,知存而不知亡,知得而不知丧",这就是乾卦《文言传》说的"亢龙有悔"。"悝"虽有害怕、怯懦之意,但相较于"勇"所造成的毁跌、损伤,两者间必须权衡,"戒"。不考虑其中利害,"气奋勇决",就容易被"以柔克刚、诱敌深入",到头来"竭其势",完全被收拾。

当然,和雄悍之人一起冒险犯难,他会身先士卒、一马当先,故"可与涉难"。但要谈到遵循规范、受制约束,就可能往往会"破例无穷多"——"难与居约"了。"冲锋陷阵"是一种性格,"居约守法"又是一种性格,这种"以约为纪",约束自己,不盲目冲动,是雄悍之人的罩门。想要雄悍之人不轻举妄动,恐怕不太容易。如果彼此的利害捆绑在一起,一旦往前冲遭遇失败,双方都会跟着倒霉,这就叫"与"。所以,找合作对象要看是"涉难",还是"居约",前者好搭档,对后者来说,恐怕不是最好的选择。

惧慎之人,畏患多忌。不戒其懦于为义,而以勇为狎,增其疑。是故可与保全,难与立节。

【译文】
性格保守、谨慎小心的人,顾虑重重而多有忌讳,他不以怕东怕西、不敢见义勇为为戒而寻求改变,而将见义勇为的行为看成给自己找麻烦,越发增加疑虑、恐惧的心理。所以,这种人可以让他兢兢业业地完成既有的工作,很难要求他开创局面,树立榜样。

【现代解读】
和"雄悍之人"相对的是"惧慎之人",性格保守、谨慎。因为惧慎之人顾虑多,所以很多事情就能免则免,"畏患多忌"。"不戒其懦于为义,而以勇为狎",正因为顾虑太多,所以到头来连该做的事都不敢见义勇为。他不认为自己的"畏患多忌"有愧于责任的担负，反倒"以勇为狎"，就是嘲笑那些见义勇为的人是给自己找麻烦。"狎"是一种负面的态度，一般在"熟不拘礼"时，却对别人唐突，持不尊重的态度就叫"狎"，正是把"方便当作随便"。俗话说："慈悲生祸害，方便出下流。"态度随便、失了分寸就是"狎"，正所谓"亲昵生狎侮"，这些都是"中道"的问题，得考虑到分寸。在《列子》中有个故事，是说有个少年能与海鸥相亲相惜，他的父亲知道了，就要少年抓几只海鸥回来，从此，海鸥便再不亲近少年了。李白作诗《江上吟》以此典故说"海客无心随海鸥"，纪晓岚则以"海客无心，则白鸥可狎"作注。"狎"在此也是亲近、挑逗的意思。

因为"畏患多忌"的人认为"枪打出头鸟"，所以不认同"见义勇为、当仁不让"的举措，反而"增其疑"，会变本加厉地增强他的顾忌。所以，"可与保全，难与立节"，这样的性格适合在既定的制度、规章下任事，但要他突破框架，甚至牺牲奋斗，恐怕不太容易，更别说建立新的规范、典型了。

凌楷之人，秉意劲特。不戒其情之固护，而以辨为伪，强其专。是故可以持正，难与附众。

【译文】

凌厉刚强、个性正直的人，把自己那一套当作规范、标准。他不以不通情理、固执己见为戒而寻求改变，而是把不同的论述与看法看成是强辩、虚伪，越发强化固执不变的性格。所以这种人可以让他持守公正，很难让他去团结群众。

【现代解读】

"凌楷之人"是偏刚性的，"楷"就是正。"秉意劲特"，对自己所秉持的用心绝对坚持"劲、特"。这种人自认为自己是正派的，把自己那一套当作规范、标准,也因此容易不通情理、自我维护,"不戒其情之固护"。"固"有固执、固守的意思,在《论语·子罕》中有"毋意、毋必、毋固、毋我"。处世太主观、做事太专断,凡事必将自己的主张坚持到底,孔子不认为是优点,反而认为是"四恶"。"而以辨为伪,强其专",对这类人来说,不同的论述和看法都是强辩、虚伪,甚至别人的灵活弹性,在他的眼里也被看成挑战,反而会强化他的自我防卫意识。可怕的是,这样的偏执往往不会因人生的历练而改变,反而只能越来越固化。

《中庸》说:"喜怒哀乐之未发,谓之中;发而皆中节,谓之和。"可是要达到"中和"何其不易,原本的出发点或许差不多,但"差之毫厘,失之千里",每个人都只顾顺着自己的坐标向前发展,就会偏离中道越来越远,因为是从自己的角度出发看问题,所以会觉得别人都是错的。《易经》复卦中谈改过,就是做到"中行",而通常情况下人不是偏右就是偏左,就得要"频复"地矫枉。虽然"厉",但不改的话就会"迷复,凶"。刚开始偏差不严重,如果肯改过就没有问题,但如果坚持不改,就会"强其专",越差越远。凌楷之人的优点是由对公平正义的坚持而引发的,缺点也是由这种坚持而引发的"刚愎自用"。

"是故可以持正,难与附众。"因此,凌楷之人虽可以在执行面上贯彻,但不容易因应情况、与别人凑合。要能吸引群众跟随,必有弹性、手腕,不能一板一眼,否则就失去了人情味。我们常说不怕犯错,怕的是犯了错还一路坚持错到底,没有人知道自己的判断在变化的局势中是否仍然正确,因此僵化的心灵"情之固护",便成为生命最大的盲点。

不要总是说个不停

辨博之人,论理赡给。不戒其辞之泛滥,而以楷为系,遂其流。是故可与泛序,难与立约。

【译文】

能言善辩、知识广博的人，理论充足，讲话头头是道。他不以滔滔不绝的花言巧语为戒，而是把规矩视为束缚，结果越扯越远。所以这种人可以让他泛泛地议论，很难与他约定章程和规矩。

【现代解读】

"辨博之人，论理赡给"，"辨"同"辩"，指思路清晰、辩才无碍，讲话头头是道。"赡"是具足，"给"指口才。但是，辨博之人也有毛病，因为别人讲不过他，所以助长了他长篇大论讲话的气势，所有东西都有自己的一套说法。"不戒其辞之泛滥，而以楷为系"，话已经够多了、过火了，但是他认为不够、不完整。结果，这样不断地发散，越来越不受拘束，就叫"遂其流"。一般来说，"楷"有一定的框架、方正，但辨博之人是这样说也通，那样说也行。不想用一个框架把自己绑住，"系"就是制约、规范。但如果没有限制，就容易泛滥，别人既说不过他，也就劝不了，也挽回不了。

这种人怎么办呢？"是故可与泛序，难与立约"，"泛序"就是随便谈谈，"约"就是约定、规范，可别想要和辨博之人说一些规章、约束，他们是无法收敛的。在《论语·里仁》中有："以约失之者，鲜矣。""约"有谨言慎行、自我约束控制的意思。想要开脑洞、找创意，可以找辨博之人，但要谈到落实，就得从小规模中实操，辨博之人恐怕难以收敛执行。

合群而非媚众

弘普之人，意爱周洽。不戒其交之溷杂，而以介为狷，广其浊。是故可以抚众，难与厉俗。

【译文】

胸怀宽广且能与各种人相处的人，泛爱众生，周全他人。他不以交往的人鱼龙混杂为戒，而是把拘谨视为耿介自持，在交友上，更加没有原则。所以这种人可以让他去安抚众人，但很难让他端正纠察既有的不良风俗。

【现代解读】

"弘普之人，意爱周洽"，所有都想照顾、包容的人，可以比作万应公了。"不戒其交之溷杂，而以介为狷"，不但不分三教九流，什么人都可以交往，而且还沾沾自喜，认为自己交友广泛，认为耿介自持的人太拘泥了。自豪于自己能够有上至王公贵族、下到贩夫走卒的人际关系。只是这样的人生态度，往往容易失去原则，清、浊本来是一种辩证关系，不是对立关系，所以这种人在立场上就容易模棱两可，没有任何原则，这就叫"广其浊"。好处是能够因地制宜、随遇而安，坏处是没有原则、难以建立典范。所以，"弘普之人"特别能跟群众亲近，受到大家的欢迎，对于排难解纷、安抚群众很有方法，"可以抚众"。也因为弹性很大，就无法为群众树立一个既定规范和准则，端正、纠察既有的不良行为模式——"难以厉俗"。这样的个性与《老子》中所谓"挫其锐，解其纷，和其光，同其尘"，在外在表现上看起来虽然差不多，但是其内在自主性的超越是完全不同的。

狷介之人，砭清激浊。不戒其道之隘狭，而以普为秽，益其拘。是故可与守节，难以变通。

【译文】

正直耿介、廉洁自持的人，能针砭抨击世俗的清浊。他不以自己超越性的见解和立场过于狭窄为戒，而是把平庸日常视为污秽，从而更加拘泥和保守。所以这种人可以让他谨守本分、循规蹈矩，很难让他进一步权宜变通。

【现代解读】

"狷介之人"是"弘普之人"的反面，不过这里偏向指硁硁自守、识浅固执的人。"砭清激浊"，即一般所谓"激浊扬清"，针砭世俗。"激浊扬清"是批评具有争议性的行为"浊"，而以自己认同的举措为典型的"清"。"砭清激浊"又更进一步，还要非议一般认同的作为"清"的指标，以显示自己有超越性的见解和立场。这种态度就把自己孤立了，"不戒其道之隘狭"，想找到同道难上加难。《易经》同人卦谈到"同人于野"，不仅要能包容、接纳在同温层的伙伴，还要扩大到同温层以外，与自己不同的族群"野"。要是这也批评，那也不对，自我设限、画地为牢，能够影响的范围是极其有限的。"而以普为秽"，为什么会这样呢？因为狷介之人往往认为，"普"即一般性认同，缺乏个性，没有超凡脱俗的见解，是"秽"，忽略了"普"的平庸日常，其实它往往是生命最好的养分。清、浊之间到底怎么说呢？莲花出淤泥而不染，水至清则无鱼。

坎卦陷于地洞、泥坑中匍匐"习坎"，才能有离卦的"继明"。生命的光辉来自磨难和考验，一味坚持"自己要的才是对的"，反而"益其拘"，把自己的心灵锁在象牙塔中，这种人对世界的认识是有问题的。这个毛病的症结在于"心"，所谓"心净国土净"，就是转娑婆浊世为极乐世界，此岸即彼岸。如果"以普为秽"，总觉得别人的观点、作为不够格，不入你的法眼，很可能就是你自己有问题。"益其拘"，把自己陷在这种"水仙花情结"中，孤芳自赏，越来越拘束，最后连个朋友都没有了。"是故可与守节，难以变通"，这样的人谨守本分、循规蹈矩，但要进一步权宜变通，恐怕就要打结了。

太冲太守都不行

休动之人，志慕超越。不戒其意之大猥，而以静为滞，果其锐。是故可以进趋，难与持后。

【译文】

个性洒脱、行事磊落的人，人生志向就是不断地超越、攀越高峰。他不以自己的思想太过庞杂、混乱为戒，而是把安稳沉静视为迟滞，从而更加锐意地进取，急于求成。所以这种人可以让他做开拓的工作，很难让他守成持重。

【现代解读】

"休动之人"，有点类似前文中的"休动磊落"。"志慕超越"，人生志向就是不断地超越、攀越高峰。"不戒其意之大猥"，"大"就是太，有一点过度，"猥"指庞杂、混乱。"而以静为滞，果其锐"，"锐"就是快速推进，明快果断，因为休动之人觉得"静"是停滞、没有动力，与他期待的超越、前进的目标背道而驰。"猥"，因为贪多务得，这个也好，那个也要，可能到头来一事无成。其实人生就是不断取舍的过程，不能什么都要，总是要一门深入，十年磨一剑。若不能"十年磨十剑"呢？那样的话恐怕每一剑都不行。"鼫鼠五技而穷"，就是样样通、样样松。"志慕超越"的人正是犯了"什么都要"的毛病，本业发了，又来看看是不是可以多元化，可不可以转型投资，到后来乱七八糟的项目都有了，这就叫"猥"。无论做什么，一定得要专精，专精才能一贯，要是做什么都浅尝辄止，就算拼命往前冲，也无济于事。虽然锐气可嘉，但要建立起厚度不容易。"是故可以进趋，难与持后"，"持"有保持、持重的意思。打下来的天下还得好好照应，要是把重心又放在进攻下一个目标上，恐怕已经打下的据点又荒废掉了。所以，"休动之人"可以打先锋，但要让他守成持重，那就明珠暗投了。

沉静之人，道思回复。不戒其静之迟后，而以动为疏，美其懦。是故，可与深虑，难与捷速。

【译文】

沉着周密、冷静客观的人,思考道理时,深入且反复。他不以因为想得太多而错失先机为戒,而是把好动视为粗疏,把怯懦当作美德。所以这种人可以让他深思熟虑而后行,很难让他做到快速敏捷地应对。

【现代解读】

"沉静之人,道思回复",这种静得下来的人,容易把事情想得曲折、复杂,不断地思索,越想越精细。"不戒其静之迟后,而以动为疏",他不觉得想得太多可能会错失先机,却认为那些看到机会就往前冲的人做事太不细密,没有谨慎评估。"美其懦",对于自己的缺点觉得没什么,结果搞了半天还在原地踏步,拟计划、提方案,而那些行动型的人可能早就遥遥领先了。人的性格总有特点,虽然特点可能让人有所斩获,但不是事事都能套用相同的做法,否则特点就成了弱点。可惜的是,人的性格一旦形成惯性,要改也很困难,尤其难以改变其思维模式。"沉静之人,道思回复",深思熟虑、三思而后行,本来是种美德。作为参谋、幕僚,确实是长处,但作为主帅,要随时杀伐决断,这种人就有"难与捷速"的盲点,会陷入"不宁方来,后夫凶"的困境。时间就是一切,人生很多时候出手,是没有百分之百的胜算,能有七成胜算就很不错了,毕竟还有三成风险呢!当要比快、比速度时,不会有绝对的把握,"先下手为强",总要冒点风险,这种时候若找了沉静之人来帮忙,恐怕就不是好帮手。

说多说少宜斟酌

朴露之人,中疑实硌。不戒其实之野直,而以谲为诞,露其诚。是故可与立信,难与消息。

【译文】

个性通透、不绕弯子的人，内心凝固而不知变通。他不以性格的粗莽直率为戒，而是把有心计视为荒诞，更加袒露自己的真诚。所以这种人可以和他讲诚信，但很难让他随着环境、对象等情况的变化而变化。

【现代解读】

"朴露之人"与"韬谲之人"正好相反，一个率直而不解情理，另一个工于心计而不真诚。"中疑实硞"的"硞"读作 kàn，是崖石的意思，但这样讲，整句话就解释不通。因此，有人认为此句应该是"中凝实硞"，意为内心凝固而不变通，实质上像石头一样顽固不化。

"不戒其实之野直，而以谲为诞"，因为朴露之人的性格不是"多智韬情"，自然不会欣赏"多智韬情"的权变弹性，反而对野朴率直的性格多有认同。"而以谲为诞，露其诚"，认为诡谲必定有诈，要不就是荒诞不经。"露其诚"，正因为不喜欢隐瞒，所以从不掩饰自己的好恶，与人交往总是剖腹掏心，认为"诚"可以解决一切问题。殊不知，不是什么事情都"无不可对人言"，否则，恐怕要花更多力气去面对人生的多变和艰险。

因此，对朴露之人"可与立信"，能守诚信、说话算话，但"难与消息"，没有办法随着动荡的情势调整应对的措施。"消息"出自《易经》，指随着局势消长而变化，在《易经》中有"十二消息卦"，指的是依着时节做法不同，不能老是那一套，所以称为"消息盈虚"，必要"与时偕行"，得随着时气、环境、对象，因时、因地、因人制宜，特别是在动荡的社会中，一成不变怎么应对时局的变化呢？以前有个"尾生之信"的故事，尾生这个人特别守信，守到变呆的程度。他和人家相约于桥下，雨来河水暴涨，他抱着桥柱也不肯走，最后被大水淹死了。后来人们常用"尾生之信"来比喻人顽固而不知变通，比如和朋友约好在台湾大学的傅钟下碰面，结果时间还没到，一个朋友就到校园中逛一逛、重温旧梦，时间差不多了，才回到台大傅钟。另一个朋友也提早到了，但不懂得去逛校园，干坐在石阶上，像尾生一样在那边枯等。这当然没错，不过这样生活中就少了些情调和意趣吧！

韬谲之人，原度取容。不戒其术之离正，而以尽为愚，贵其虚。是故可与赞善，难与矫违。

【译文】
足智多谋、隐匿真情的人，推测揣度别人的心思来讨好对方。他不以自己的方法偏离了正道为戒，而是把坦诚信实视为愚昧不化，更加看重弄虚作假。所以，这种人可以让他赞美颂扬良善，很难让他纠正违规和不良的行为。

【现代解读】
"韬谲之人"，足智多谋、善于掩藏，对外包装好几层。"原度取容"，"原"是善于追溯、追本溯源，"度"是去猜想、揣忖。"取容"，因为脑筋灵活，很会揣摩别人的想法，所以善用最佳的应对方式取悦于人，不发生冲突。韬谲之人希望搞清楚你，可不希望你搞清楚他，他希望试探出他所不知道的部分，但是他不会主动告诉你他知道的部分。

韬谲之人有心机，城府很深，在我们的人生中会碰到很多这样的人，有时候有的人找个借口来见面，但是他谈的事连影子都没有。但这个借口成为见面的理由，再借由察言观色，逐渐建立起彼此的信任感，再从对话中掌握一些消息，做出判断。韬谲之人的特性就是，爱打迷糊仗、讲话不踏实、语气不坚定，这样的话听听参考就好了，不用认真。所以，和朴露之人交朋友比较轻松自在，和韬谲之人交往就比较辛苦。韬谲之人懂得揣摩，懂得原度取容，跟所有人都能打成一片，在《易经》中的代表就是巽卦。巽卦的《序卦》说："旅而无所容，故受之以巽。"巽卦本有低调沉潜、无形无象的意思，所以"韬谲"也需要下很深的功夫，懂得揣摩才能融入其中、打成一片。

"不戒其术之离正，而以尽为愚"，喜欢耍权术机巧的人，不认为自己过头了、偏离正道，反而觉得自己有智慧、懂权谋。"而以尽为愚"，把坦诚信实的人当作傻子，他们凡事只说三分话，反而认为"全抛一片心"的人是笨蛋。这样发展下去，到头来会变成不切实际，没有几句踏实话的"贵其虚"之人。

"是故可与赞善，难与矫违"，这种韬情是在关系发生变化的时候，懂得迂回，发展成恰当、融洽的关系，可以避免直来直往造成的伤害。因此运用恰当"可与赞善"，发扬正向的力量，但是"难与矫违"，正因为权变、立场不一致，让人会有飘忽不定、没有标准的感觉，甚至很油滑、很浮夸。所以，这种人要树立典范、标准使人矫正错误或不良作为，恐怕会让人无所适从。

其实刘劭列了以上这么多的优劣性格，无论是对自己还是对别人，主要点出各种性格都有其可取之处，得看用在什么地方。人得摆对了位置才是"人才"，如果用错了地方，恐怕就会一塌糊涂。所以适才适所，才不会格格不入。

偏才本性难移转

夫学，所以成材也。恕，所以推情也。偏材之性不可移转矣。虽教之以学，材成而随之以失。虽训之以恕，推情各从其心。信者逆信，诈者逆诈，故学不入道，恕不周物，此偏材之益失也。

【译文】

通过后天的学习，能使人改善缺点，塑造成材。用自己的心去推理、揣摩别人的心理，从中领悟、了解自己和别人的缺点，能不断改正修进情性，而偏才之人的本性，是僵化而不可转变的。虽然能通过环境、教育来匡正，他也会因为天生的性格盲点而在实践中故态复萌。虽然通过忠恕来进行教育，他也会在对方出现问题时，按自己的标准去要求别人。讲诚信的人，会认为所有的人都是讲诚信的。狡诈的人，会认为所有的人都是诈伪的。所以，如果不能真正地换位思考，无论怎样调整，都不能成为常规。如果不能真正地将心比心，就不会扩大视野和格局，完全没有办法体会到更高的层次，这就是偏才之人的局限所在。

【现代解读】

分析完了这些先天的阴阳、刚柔、拘抗、狂狷的偏才之性，刘劭提出"夫学，所以成材也"，意思是我们靠着后天的学习能够改正缺点，使自己"成材"，或者通过不断地"改"，就能不断地"成"，越来越圆融、饱满。"恕"为"如心"，也就是将心比心的意思，作为"推情"（推测人情）的基本原则。读《人物志》，一方面是为了认识人，另一方面也是认识自己，因为大多数人都在刘劭所列举的范围之内。"恕，所以推情也"，由己而人，推己及人，从中领悟、了解自己和别人的盲点，并且修正改进。"推"指推测、推断。

只可惜，刘劭的经验之谈是："偏材之性不可移转矣。"直接点出观察的结论。如果真是这样，那我们学《人物志》又有什么用？"学"也改不了偏才之性，那该怎么办？这就要从知识上的理解和生命的改造两个方面来看问题。否则，既改不了你自己，又参不透别人，混了几十年之后，人还是一成不变，"不可移转矣"，那教化又有什么用呢？

由于偏才之性亦是"习与性成"，虽然天生个人的刚柔、阴阳比重不同，但可以通过环境、教育来匡正，"教之以学"。可惜的是，从知识上的提醒和理解，没有生命实践深刻的教训，稍一不慎又"随之以失"，过几天又故态复萌，"材成而随之以失"。"既得之，必失之"，这是因为能够附加上去理论概念，所以能够移除扭转，如果缺乏深刻的修行实践，就不会成为生命的一部分。刘劭的悲观，在于他看到的大多数人学来学去，还是犯了相同的错误，因此结论归于很难扭转天生的性格盲点。

"虽训之以恕，推情各从其心"，此外，我们希望人能够将心比心，以恕道待人，就得先要求自己站在对方的立场上来看问题。可是刘劭发觉，大多数的情况是在自己有问题时，会要求别人体谅理解，但在别人有问题时，还是按照自己的标准去要求别人。"律己甚宽，待人甚严"，《易经》晋卦说"君子以自昭明德"，意思是律己要严，用"别人的标准来看自己"，而明夷卦讲待人要宽，"君子以莅众，用晦而明"，对别人的责备，就要从他的处境来设想。遗憾的是，真实的世界往往是"推情各从其心"，看待别人全凭各人好恶，又回到性格本质的老路子上。过去史学家有所谓"诛心"之说，就是从史学数据的立场，用史学家的评判标准来论断，这就成了人人自说自话，事实很可能未必如此，但史学评述和文献取材就会变成另一番说法，这又是"推情各从其心"的例子。

于是，"信者逆信，诈者逆诈"，因为诚信的人在预料、预设对方时，往往会站在诚信的角度上，所以常常会吃亏，而狡诈的人总觉得别人都不怀好意，从而不能敞开心扉、诚心待人。当问题的思考角度是单向的，自然就会有问题。因此"推情各从其心"，也就隐含了另一层意思，就是"站在对方的立场上看问题"——必是"正者自正，邪者亦邪"，也就是说对于诚正之人，也以相同的方式对待，反之亦然。所以，"逆"也有提醒大家"换位思考"的意思，从与自己相反的角度来预设情境，呼应前文中思考的盲点。

"故学不入道"，如果不能"换位思考"，无论怎样调整，都不能成为常规。"恕不周物"，将心比心，若用"自己的标准来看待别人"，不会拓宽视野和格局，永远陷在个人眼界和理解的范围之内，完全没有办法体会到更高的层面。《易经》观卦中有"童观""窥观"，就是视野受限、理解粗浅的意思，若不放下成见、预设立场，也不随顺因缘变化而进行弹性地调整，就无法跳脱既有先天性格盲点的限制，当然也就无法感受到不同眼界和立场的妙趣。借由一次次对生命的修正教诲，成就生命全面的圆融和光辉，才能实现"欲穷千里目，更上一层楼"。

因此，人生的高度决定于看待事物的态度，"学不入道，恕不周物"，没有进入状态，太自以为是，恐怕还没有真正的体悟。虽然知道要"如心推情"，但是把自己当成标准，自然不会得到双赢的结果。正所谓"小人之心"又如何能"度君子之腹"？这是刘劭最诚恳的提醒"此偏材之益失也"，千万别搞了半天还是那一套。"学""恕"何其重要！但要"学"得"不贰过"，而"恕"得"如他人心"，才能变化气质、改造生命。只是偏才之人既有所"偏"，就有所执着，有所执着，自然会有得有失。虽然从"适才适所"的角度来看，长处可能是短处，短处有时候也是种长处，但是只要有所"偏"就没有办法"入道"，没有办法"周物"。从刘劭的观察来看，这是偏才之人所具有特殊长材之所在，也是生命局限性之所在。

　　《体别第二》到此告一段落，接下来是《流业第三》《材理第四》，渐渐进入全书的高潮。若用《易经》的卦象来为此章作注，就是不变的蛊卦。因为蛊卦有积习难改的意思，所以卦中不止一次"干父之蛊"，即对于既成制度的改革。然而"干蛊"太难，无论是改革还是变化气质，都非一朝一夕之事。宿世积劫的习气，经过千万年留下来的东西，该怎么改？这是蛊卦的意思。所以，刘劭写到最后感慨万千，强调以"谦"来调和人世间的矛盾。我们读完《人物志》，再回头看历史发展，心中会有沉重感。这么多年，《人物志》没有发挥大效用，魏晋之后世局越来越乱，读书之人也没有往大道上努力，反而走向清谈、放纵，讲究外在表现，走到"竹林七贤"和《世说新语》那一套中去了。"今日分析，来日方长"，十年、二十年之后，我们到底能改善多少，恐怕还是"如人饮水，冷暖自知"。

流业第三

盖人流之业十有二焉：有清节家，有法家，有术家，有国体，有器能，有臧否，有伎俩，有智意，有文章，有儒学，有口辩，有雄杰。

若夫德行高妙，容止可法，是谓清节之家，延陵、晏婴是也。

建法立制，强国富人，是谓法家，管仲、商鞅是也。

思通道化，策谋奇妙，是谓术家，范蠡、张良是也。

兼有三材，三材皆备，其德足以厉风俗，其法足以正天下，其术足以谋庙胜，是谓国体，伊尹、吕望是也。

兼有三材，三材皆微，其德足以率一国，其法足以正乡邑，其术足以权事宜，是谓器能，子产、西门豹是也。

兼有三材之别，各有一流。

清节之流，不能弘恕，好尚讥诃，分别是非，是谓臧否，子夏之徒是也。

法家之流，不能创思图远，而能受一官之任，错意施巧，是谓伎俩，张敞、赵广汉是也。

术家之流，不能创制垂则，而能遭变用权，权智有余，公正不足，是谓智意，陈平、韩安国是也。

凡此八业，皆以三材为本。故虽波流分别，皆为轻事之材也。

能属文著述，是谓文章，司马迁、班固是也。

能传圣人之业，而不能干事施政，是谓儒学，毛公、贯公是也。

辩不入道，而应对资给，是谓口辩，乐毅、曹丘生是也。

胆力绝众，才略过人，是谓骁雄，白起、韩信是也。

凡此十二材，皆人臣之任也。

主德不预焉？主德者，聪明平淡，总达众材而不以事自任者也。

是故主道立，则十二材各得其任也。

清节之德，师氏之任也。法家之材，司寇之任也。术家之材，三孤之任也。

三材纯备，三公之任也。三材而微，冢宰之任也。

臧否之材，师氏之佐也。

智意之材，冢宰之佐也。

伎俩之材，司空之任也。

儒学之材，安民之任也。

文章之材，国史之任也。

辩给之材，行人之任也。

骁雄之材，将帅之任也。

是谓主道得而臣道序，官不易方，而太平用成。若道不平淡，与一材同好，则一材处权，而众材失任矣。

每个人都积习深重

《人物志》的第一个高潮，当属《材理第四》，紧接在《流业第三》之后。《材理》中谈到沟通，讲人到了一定的年龄，多少都有自己的见解和立场，要开放心胸、静下来听别人说话谈何容易！于是在研讨、议论时，就容易看出彼此间的分歧，双方争论不休。这种情况与春秋战国时期的百家争鸣相比，其实差不多。所以，不少人喜欢读《庄子》，特别认同庄子在《齐物论》中提到的"是亦彼也，彼亦是也。彼亦一是非，此亦一是非"。众家的议论都有其观点和立论，很难说谁对谁错。当时"儒墨相非"，儒家和墨家彼此攻讦，互指对方的不是。但是，又该由谁来决定是与非呢？所以庄子才慨叹：大家都没错，谁也没对与过，只是角度不同而已。只有"得其环中，以应无穷"，"环中"指具有全面的观照，才能应对。

这样的换位思考，在《周易·系辞传》中，孔子针对下经第一卦咸卦第四爻"憧憧往来，朋从尔思"作批注，说："天下何思何虑？天下同归而殊途，一致而百虑。"各人的感受、情绪，其实哪有什么分别？只因所见的角度不同而已，正因如此，形成了宇宙的包罗万象和自然的变化万千。《人物志》从人的角度切入论述，《材理》有其独特之处。

在《材理》之前，《体别第二》则点出人要克服先天的习性很难，尤其是偏才受制于既有长处的盲点，正因为长处所带来的成功经验，往往使得偏才陷入既定的思维模式，主观武断，以致无法扭转。因此，偏才之人凡事必定顺着个性特质去发展，很难退一步、包容别人的意见，或是从相反的角度思考问题。再加上人性中对自己失误的包容和对别人求全的批判，因此刘劭才说："偏材之性不可移转。"这种现象，往往"虽教之以学，材成而随之以失"，怎么教，怎么启发、开导，好像当时已明白，可是再次遇到事情又犯同样的毛病，没能够稳定持恒、"不贰过"。"虽训之以恕，推情各从其心"，虽要他将心比心，但还是受自己的主观判断的控制。所以，儒家才说"恕"要"强恕而行"，要求自己勉力去做，而非依着自然本性，不能总是用自己原来那一套。"信者逆信，诈者逆诈"，若是诚信之人认为天下人都诚信，这就让自身陷于险境，而韬谲之人，若老认为别人"见豕负涂，载鬼一车"，自己的生活就永远不得安宁。"逆"就是逆推的意思，要人从相反的角度思考，换位思考。否则，"学不入道，恕不周物"，既不能体认真理，也不能让心灵自由。"周"有周全、周遍的意思，要人变得宽容。《周易·系辞传》中有："智周乎万物，而道济天下，故不过。"这就是偏才之人的缺点，缺少了"周"的功夫。

《体别第二》用《易经》来总结的卦象为蛊卦，也就是说习气深重难改。刘劭在最后也说，以"谦"来弭平人世间无谓的纷争，只是又有多少人能实际做到呢？听起来都有道理，做起来却充满挫折。就像蛊卦中要"干蛊"一样,"干父之蛊、干母之蛊",得磨掉多少从始以来累世的积习和随身的业力,怎么可能读一遍《人物志》就能改掉呢?但是,读书教化的目的是"变化气质",所以蛊卦给人的期许是"振民育德",就是希望能够改掉偏执,干蛊成功。

另外,"信者逆信,诈者逆诈",刘昞注解:"推己之信,谓人皆信,而诈者得容为伪也;推己之诈,谓人皆诈,则信者或受其疑也。"其中"逆"作为预料,总爱用自己的标准去猜想对方的存心,而不是设身处地从别人的角度来想,很可能跟你预设的结果完全不一样,这就是不容易改的原因所在。"逆"的用法,与《论语·宪问》中讲的"不逆诈,不亿不信。抑亦先觉者,是贤乎"是相同的意思,不要去预设别人诈伪的企图,也不要猜测别人不可靠,就算有类似的迹象,只要积极面对就好。人与人之间的交往,若一开始就猜测别人有坏心眼,恐怕就难以深交了。"不亿不信","亿"同"臆",是预测的意思。在《易经》震卦第二爻"亿丧贝"、五爻"亿无丧",都当作料想、预测来解释,提醒我们对任何事情的发生,要评估它的冲击,要设想未来可能的发展,再提出应对的方法。

《论语·先进》中孔子赞美学生子贡,说他"亿则屡中",意思是子贡预测事情近乎百分之百的准确。这也是子贡在判断政治形势、商业趋向时,差不多都能够掌握的原因,所以他做生意就发大财,搞外交、政治就如鱼得水。后来有人把猜测的"亿"写成"臆",以便和表示数字的"亿"做区别,感觉上味道淡多了。之所以谈到这些,主要是因为《人物志》是受到以儒家为主的传统文化熏陶而来,无论是精神实质,还是遣词造句,都深受"四书"的影响。大家读书的时候,要能"依经解经",在经典中相互贯通,才能感受到其中的精髓和魅力。

源远流长形形色色

"流业",好比长江、黄河都发源于青海,经过广袤的土地后,慢慢淌下来由清纯而混杂，这就叫"流"。因此，我们看到既存的现况"流"，或许会想到它是怎么发展而来的，才会追本溯源，去探究它的源头。一般我们所谓的"三教九流"，基本上已经是"习与性成"，具有既定的样貌，也就是有所谓的先天禀赋气质，再加上后天环境塑造影响——这已经离人之初的"源"很远了。《易经》屯卦描述生命初生，所有生物的"源"都差不多，具备了"元亨利贞"四德之质。可是到了蒙卦，就已经发展出千姿百态了，因为有所蒙蔽，所以"元"德不显，只有"亨、利、贞"了。《三字经》一开头就说："人之初，性本善。性相近，习相远。"正因为"习"的流向不同，所以把原本的"性"慢慢迁离了源头。

由于后天的环境、际遇、偏好等，就产生不同的"流"，有不同的路径、生命轨迹，过程中的成功、失败、试炼、表现，都是"业"。武侠小说中的武当、少林、峨眉、华山等流派，都是经历不同的发展。"业"在此并没有传统佛教"业障"的意思，不过分析到最后，似乎也可以相通。当人生不断向前，受到社会制约越来越深，而越发少了初生的本真，有可能导致我们距离源头越来越远，《庄子·大宗师》称这样的情况为："其嗜欲深者，其天机浅。"由于各有各的方向和偏执，又各自经历不同的考验而发展出不同的特质，有不同的表现。因为《流业》已经不是初生的本真，而是受到周遭环境长期渗透的影响，所以不叫"源业"而叫"流业"。刘劭在《人物志》中依其观察分类，研究不同类型彼此间不同，再发掘彼此间的共通性，看看不同流业的人物特质、长处，彼此间该如何相处，作为《流业》全篇的要旨。

盖人流之业十有二焉：有清节家，有法家，有术家，有国体，有器能，有臧否，有伎俩，有智意，有文章，有儒学，有口辨，有雄杰。

【译文】

根据人才后天的环境、际遇、偏好的不同，可以把他们分成十二种类型：有清节家，有法家，有术家，有国体，有器能，有臧否，有伎俩，有智意，有文章，有儒学，有口辨，有雄杰。

【现代解读】

"盖人流之业十有二焉"，刘劭不但把"人流"分成十二种，而且还各举几个人物的例子。如果大家想深入了解这些人物的行状，就可以参考《史记》中的描述，才会有血有肉，加深印象。《流业第三》和《英雄第八》都谈到不少汉初和汉末的英雄，汉初和汉末是中国历史上人才鼎盛、个性鲜明的两个时期。正因如此，刘劭列举魏晋当时人所熟知的前朝人物，才容易引起共鸣。接下来，刘劭就列出这十二种类型的清单。

有清节家，有法家，有术家，有国体，有器能，有臧否，有伎俩，有智意，有文章，有儒学，有口辨，有雄杰。

列出清单之后，就展开对各类型的解释。"清节家"指的是高风亮节的人物，这样的人多半一介不取，也就是两袖清风，不为钱财所动，所以受到敬重，作为典范。"法家"是中国重要的思想学派之一，以韩非子为代表。在此，特别强调"术家"是指以"做事方法"为强项的实作学派。如果没有落实的方法，"术"的思想理论很难单独流传下来。从"术"的字形来看，与"行"（落实）有密切的关系，要怎么设计、怎么行动，就是讲究做事的方法。不过，因为法家也强调"术"，而韩非子集"法、术、势"之大成，所以我们会有"法、术"一家的错觉。

"有国体"，让人有敬重感，代表这个人是大腕，是大角色，不但有模有样、有规矩，而且具有气势。成语中有"体国经野"，是治理国家的意思，在《春秋繁露·立元神》中有"体国""尊神"，领导人懂得掌握事情的大体，不会只看细枝末节，讲的是"任贤以尊、同心则神"。

"有器能"即所谓"君子不器"，不局限于某一方面的才干、见识。"有臧否"，"否""臧"有好几重意思，一般对人事的评论、赞美、称扬叫"臧"，具有良善、正面的意思；反过来说，批判、指责别人叫"否"，具有不善、负面的意思。成语"臧否人物"就是对人的评价，因此"臧否"必须公正，不能感情用事，所以得依"律"——既定的标准来进行。因此，师卦初爻，打仗必须讲求纪律："师出以律，否臧凶。"师卦《小象传》解释："失律凶也。"就是说不照规矩来、不讲军纪是用兵打仗的大忌。师卦初爻作为基层的小兵，除了军纪，如何唤起群众的人心叫"律"，"律"也指节奏感、音律。所以，作为备战的豫卦就说"作乐崇德"，指的是唤起大家的激情和斗志，谱成人心共同的乐章。对比师卦的实战，两者都有"律"在节奏和节制上的作用。

"有伎俩"，指的是有技术专长。"有智意"，代表有头脑、巧思，具有创新思考。"意"字从"心"，含有起心动念的隐喻，心思一动就带着智慧之光，"意"又可解释为"立日心"，所以有"佛祖西来意""正心诚意""圣人之意"等，都讲究当下即是。"有文章"，指的是饱学之士，胸中有文采、逻辑条理清楚的人。"有儒学"，指的是行有风范。"有口辨"，具有外交长才，能够实时应对、口吐莲花。"有雄杰"，具有英勇胆识，可以开拓局面、统领一方。这十二种类型基本上是从"德、法、术"三个方面来分类，而刘昞作注，为这十二种类型分别给予四字评述：

有清节家：行为物范；
有法家：立宪垂制；
有术家：智虑无方；
有国体：三材纯备；
有器能：三材而微；
有臧否：分别是非；
有伎俩：错意工巧；
有智意：能炼众疑；
有文章：属辞比事；
有儒学：道艺深明；
有口辨：应对给捷；

有雄杰：胆略过人。

"行为物范"指的是清节家的道德可以作为模范，引申为表率、榜样。法家则是"立宪垂制"，能够定制度、成章法，传之后世。术家的评价叫"智虑无方"，指思考问题时不受局限，正是《易经》所谓的"不可为典要，唯变所适"，没有固定的逻辑。"无方"就是指没有固定的套路，不然一下子就被人猜出来了。我们说《孙子兵法》的精髓，不也是"兵无常势，水无常形"吗？要能因应变化，因时、因地制宜，以取胜为先。恒卦也有"立不易方"，指出不会改变立身原则，而益卦则叫"其益无方"，说的是只要能够创造利益，没有固定的做法，正是"凡益之道，与时偕行"。正因为能够"因敌变化而取胜"，所以能"阴阳不测"，不被摸透，都仰仗着"神无方"的不按常理出牌，没有固定的操作模式。

"国体"，则兼备"德、法、术"三家之长，故刘昞注为"三材纯备"，国之大成，不但具有融会贯通的综合能力，而且都已经达到刚健纯粹的地步。"国体"人才自然极少，《人物志》后文会有举例。"器能"就是"国体"的具体而微，只是"德、法、术"三才的基本分数还不够圆满、成熟，感觉上稚嫩了点，没有达到"国体"的标准。所以刘昞称"器能"为"三材而微"。

至于"臧否"，就是"分别是非"，"伎俩"叫"错意工巧"，"智意"讲的是"能炼众疑"。其中"炼"是锻炼，能够把不解的疑惑，经过努力去找到答案，智慧自然就会增长，这个过程就叫"炼"。"炼"绝不是一次就能成功的，要百炼才能成钢。我们的人生往往会遭遇困惑，对未知犹豫不决、担心害怕，"智意"的人，虽然也有困惑，但他会思考如何解决。无论是思考、求教、试验、实践，他都会下"炼"的功夫，找出答案。"众疑"，还不只是单一的疑惑，可能是一连串的、纷杂的问题，由此便能成就人生的大智慧。

"有文章"，刘昞注解为"属辞比事"。其中"属辞比事"一句出自《礼记·经解》，是对深谙《春秋》之人所发散出的气质所表示的推崇。（按：

"其为人也，温柔敦厚，诗教也；疏通知远，书教也；广博易良，乐教也；洁静精微，易教也；恭俭庄敬，礼教也；属辞比事，春秋教也。")正因为《春秋》中孔子把看似不相干的文字贯串，而产生出新的意义，暗喻史家的称扬与批评，将文字的重组贯串作为在封建时代中褒贬时政、抒发志向的工具。因此，后世将"属辞比事"引申为思路豪放、文笔潇洒。

"儒学"的分析叫作"道艺深明"，"艺"自然是指"六艺"，说的是"礼、乐、射、御、书、数"，作为古代全人教育的典范。过去也有把六经称为"六艺"，指的是《诗》《书》《礼》《乐》《易》《春秋》。无论何者，这些都算是儒家教育的内容，能够精通一门，也算是相当不容易的成就。"有口辨"就是口才好，反应快得不得了，称为"应对给捷"。"给"就是充足，人们说的"自给自足"，就是能够供给不虞匮乏，"口给"，自然就可以辩才无碍。《论语》中又有"御人以口给，屡憎于人"（《论语·公冶长》），说的是用充沛无碍的口才去防御、攻讦别人，虽然别人讲不赢，但是心中不服，反而会加深对你的排斥。"有雄杰"，可说是"胆略过人"，指胆识谋略超乎常人。那些英雄将才，自然在思虑及稳定度上比大多数人略胜一筹。

高手中的高手

以上，可以说是刘劭简单分类、经过刘昞作注后的发挥。接下来，就依不同类型举例说明：

若夫德行高妙，容止可法，是谓清节之家，延陵、晏婴是也。
建法立制，强国富人，是谓法家，管仲、商鞅是也。
思通道化，策谋奇妙，是谓术家，范蠡、张良是也。

【译文】

至于道德品行高风亮节，仪容举止都堪为标杆，值得效法，这种人可称之为清节家，吴国延陵季子、齐国晏婴就是这样的人物。建立社会规范、制度，使国家强大，人民富裕，这种人可称为法家，齐国管仲、秦国商鞅就是这样的人物。思想深刻周严，掌握自然变化的规律，所谋划的计策奇诡绝妙，这种人可以称为术家，越国范蠡、汉朝张良就是这样的人物。

【现代解读】

首先讲清节家，"若夫德行高妙，容止可法"，"高妙"指的是节操，高风亮节，仪容举止都堪为标杆，值得效仿。刘劭就"清节之家"举了两个例子："延陵、晏婴是也。"这两个人可以说是中国文人的典范。晏婴是齐国的宰相，个子矮小，出使时还因此遭受羞辱，后来他通过自己的机智和气势，保全了国家和自己的尊严，后世有《晏子春秋》流传。孔子对晏子也抱着称赞、肯定的态度，说："晏平仲善与人交，久而敬之。"（《论语·公冶长》）过去称人以字表示尊敬，"平仲"就是晏婴的字。就孔子的观察，晏子的人际交往能力强，很容易和别人交朋友。一般人交友多半会有"亲近生狎侮"的轻浮，但晏子为人持重高洁，没有这种弊病，别人和他交往越久，对他越生敬重，"久而敬之"才是"善交"。有一个相反的例子，楚汉相争时的张耳与陈余，一开始两人号称"刎颈之交"，但后来因各司其主，翻脸为敌，最终变成你杀我、我杀你，成了"相互刎颈之交"。一般来说，真正能交往三年以上的朋友都很不容易，甚至有的结交十几年，还可能因为小事闹绝交，终生不见面。所以说，能让人"久而敬之"，必定有其不凡之处。当然，晏婴在历史上的故事不止这一桩，只是由小见大。《史记》中有《管晏列传》，为管仲、晏婴这两位在历史上具有举足轻重地位的大国相留下了不少的记录。

延陵指的是吴国公子季札，因为他的封地与终老都在延陵，所以后人用延陵或延陵季子来称呼他。作为吴国世家的四公子，季子精熟《周礼》，出使文化重镇鲁国，还能受到鲁人的敬重，足见他的学养之深厚，《左传》中也有"季札观乐，叹为观止"一说。他本可以继承吴国王位，却谦让政权,成就大局,终生不回吴国,据说现在江苏常州有他晚年隐居的遗址。"季札挂剑"更是历史上"诚信"的典范,季札受命出使鲁国,途经徐国,与徐君相交。季札看得出来徐君十分喜爱自己的佩剑,无奈因出使服仪所需,不便将佩剑相赠,故暗许返国后再访徐君。不料,回来后才知道徐君已经死了。季札凭吊徐墓后,便把随身佩剑解下,挂在徐君墓前的树上。旁人不解地问道:"徐君已死,何必将宝剑相赠呢?"季札回应道:"吾心许之矣。今死而不进,是欺心也。"一个未曾说出口的承诺,却用行动来实现,"心许之"是中华文化中极致的"诚信"。由此可知,自春秋以来一直到汉末的人都肯定季子的清节可风,就连刘劭的当代人仍认同延陵、晏婴是清节家的代表。只是大家都知道他们的故事,却做不到他们那样淡泊名利和权势。

"建法立制,强国富人,是谓法家。"建立社会规范、制度,富国强兵,首先想到的代表人物就是商鞅、管仲。"建"是指无中生有;"干蛊",破坏沉疴旧疾;"立制",必配合低调、深入,所以得下巽卦"德之制"的功夫。要能"干蛊"又能贯彻,就可以富国强兵,在春秋战国时期,法家就是以这样的能耐受到大家的肯定,而管仲、商鞅也在这方面获得空前的成就,管仲强齐而为春秋首霸,商鞅强秦能并吞天下。当然富国强兵不是一蹴而就,商鞅在秦孝公的时候为国家奠定基础,成就了秦始皇在财政充裕、技术水平高超、人民意志旺盛的情势下吞并六国、统一天下的壮举。

至于术家,则是"思通道化,策谋奇妙",因为思想深刻周严,掌握自然变化的规律,所以能出奇招,用最好的方法解决问题。问题的解决方法层出不穷,这是术家的长项。术家的"术",在此是非常正面的肯定,列举出的代表人物是范蠡和张良。张良协助汉室统一天下,而范蠡协助勾践复国,虽然规模不同,但都是能在困境中扭转乾坤的典范。范蠡在越王复国成功后,就带着西施隐居,从此脱离政治圈。最后又改行从商发了大财,被尊为商圣,史称陶朱公,可谓是中国政治史上的传奇人物。相对于范蠡的见好就收,一直陪着越王打天下的文种就不具备范蠡的智慧，最后功高震主，被越王赐死。同样的历史情节，在汉室初建之时，张良在功成之后身退，能得留侯之名，而留在刘邦身边的韩信，就没能善终。这就是"术"的效用，能看清楚局势，该退则退，恰到好处。

张良算是中国读书人的典范，不仅文韬武略兼备，还识时势。只是不知道他有没有想过为自己打天下呢？为什么一心只想着帮刘邦呢？这个问题似乎一直是中国传统读书人的盲点。一旦替别人打下了天下，原来彼此间怀抱的义气、理想，好像通通不见了，到头来杀功臣、除异己，让人再三叹息。假定真有张良、范蠡那么大的才干，却心甘情愿地永远帮别人卖命，那就不可能百分之百获得自主权，命终究是握在人家手里的。张良出身于韩国的贵族，年少时便有胆识去雇职业杀手，在博浪沙用大铁锤谋杀秦始皇，到后来为圯上老人拾鞋而得兵书，磨炼了心志。大家要是对张良生平有兴趣的话，可以参考《史记·留侯世家》。司马迁对此或许也有同样的喟叹，所以用"世家"一词为张良立传，只是这个问题永远不会有答案了。至于范蠡的经历，在《史记》中记载于《货殖列传》，司马迁肯定范蠡在商业上的成就和急流勇退、开创新局的勇气，相较于在商业上的表现，范蠡在政治上的光芒似乎没那么耀眼。术家的"思通道化，策谋奇妙"，无论是在政治还是商业上，只要有"术"，就没有什么难局不能处理。由于张良和圯上老人的一段故事，使得张良和武经七书、《六韬》《三略》等兵书牵扯上关系，同时，又传说圯上老人就是黄石公，传给张良的是《太公兵法》。这些兵书倒是值得研究，至于奇闻轶事，就只当茶余饭后的谈资即可。

什么人可称天下第一

兼有三材，三材皆备，其德足以厉风俗，其法足以正天下，其术足以谋庙胜，是谓国体，伊尹、吕望是也。

【译文】

同时具有德、法、术三种才能，并且在德、法、术三方面都达到极高水平的，他们的品德足以改造社会，激浊扬清，树立好的社会风俗，他们的法令足以匡正天下，他们的谋术足以预先谋划出使朝廷克敌制胜、化险为夷的策略，这种人可称之为国体，殷商的伊尹、西周的吕望就是这样的人物。

【现代解读】

先讲了"德、法、术"三种才德作为各类型的代表，列举六位历史上的人物。接下来居然讲有人可以"兼有三材"，能具一才已经不容易，"兼有三材，三材皆备"更是凤毛麟角，这样的人才真是国之重臣、国体之人。"国体"一词，在《周礼·天官》中有提及："惟王建国，辨方正位，体国经野，设官分职，以为民极。"讲的是王侯建国的思维，是一种同心圆式的扩散。从首都的国、邑开始建造，建立起中央政权的平台，进一步向外扩大到郊、野等边陲地带，照顾四方以外的民众。"体"有体贴、体会、体谅、体悟等含义，建设国、邑、郊之后，再向四方扩大管理范围。"野"就是指同心圆结构之外，无远弗届之处，而落实管理的手段，就是要通过设立制度、配置人才来经纶天下，这就是"体国"。

在《易经·文言传》中，孔夫子引述前人之言，说："君子体仁，足以长人。"在此，以"仁"作为"元"的具体落实，要"以元为体"，具有生生不息的创造力，才能够领袖群伦。因此，"元体"才能为"国体"，是国家前进发展的动力。所以，这种全德、全才型的"国体"人物，才能"其德足以厉风俗"，即改造社会、树立模范。"厉风俗"就是激浊扬清的意思。

曾国藩曾说："风俗之厚薄奚自乎？自乎一二人之心所向而已。"意思是指社会的风俗好坏，往往受到标杆性人物的影响。标杆性人物，就是指具有权势、地位的人物。正所谓"上行下效，风行草偃"，在《孟子·万章下》中曾举例说明："故闻伯夷之风者，顽夫廉，懦夫有立志。"

本来冥顽不化或是胆小失志的人，都会因受到仁德之人的感召而改变，这就是所谓的社会影响力。这也是为何《易经》乾卦强调"君子终日乾乾，夕惕若。厉，无咎"，因为标杆性人物的影响所及，绝非只是上位者自身，更可能成为社会风尚与标准，成为大家相互劝勉、效仿的榜样。风山渐的卦象，取自"山上有木"，其中"木"的意思是成为指标、标杆，让民众老远就能看到山林巨木的指引，所以用"木"作为循序渐进、潜移默化的譬喻。渐卦《大象传》说："君子以居贤德善俗。""居贤德"是君子自砺，"善俗"是勉励民众，所以"厉风俗"有对自己要求，又有对他人劝勉的双重含义。

领导人的养成教育，也间接对社会造成影响，这也是为何过去皇室都有独特的教育系统，即旨在培养领导人的眼界和风范。《易经》家人卦中说："风自火出，家人。君子以言有物而行有恒。"能够产生感化人的力量，让人风行草偃、乐意追随，必须经过严格的试验和磨炼。因此，养成阶段一定要严明，故内明为离，到了成长时才能有领袖的格局、器识。外卦巽风，有春风风人、君子德风之义。这一切都由长期的熏陶而来，速成或是作假都不行，所以才说"君子以言有物而行有恒"。

"国体之人"除了德性高超，还可以比拟延陵、晏婴的移风易俗、感动人心，即"其德足以厉风俗"。出手擘画更不得了，可以比拟管仲、商鞅的富国强兵、百年立业，作为匡正天下的准则，即"其法足以正天下"，在"策谋奇妙"上更可以比拟张良、范蠡的神机妙算，即"其术足以谋庙胜"。"庙胜"是《孙子兵法》中的用语，指的是用兵打仗前一定要在宗庙里禀告祖宗，同时还要用沙盘推演看看有多少胜算。虽然很难全部推演，但是少算不如多算，不算是绝对不行的。一般有七成以上的胜算就可以行动了，剩下三成的风险是可以承担的。"庙算"在《易经》中以萃卦的形态出现，一旦要誓师开战，就得先把兵将都集合起来，开展"除戎器，戒不虞"的工作。这是因为萃卦之前的姤卦发生了"天下有风"，四方风动，要处理重大危机，才导致萃卦的人才会集，而萃卦卦辞中"王假有庙"，不正是"庙算"之意吗？同时也兼具了鼓动、激励

流业第三 | 135

士气的意义。打仗前先庙算，有把握、有胜算才能出兵，就是《孙子兵法》中的"胜兵先胜，而后求战"，不打没有把握的仗，这就是"国体之人"成功的方法。

能在"德、法、术"三方面都到达巅峰的全人，刘劭推崇伊尹、吕望二人。吕望，就是我们常说的姜太公，辅佐周文王兴国、周武王伐纣。伊尹是中国第一名相，辅佐商汤治国。二位都是开朝建国、改朝换代的大功臣。一直到五百多年后的孙武，在《孙子兵法》最末处写道："昔殷之兴也，伊挚在夏；周之兴也，吕牙在殷。故惟明君贤将，能以上智为间者，必成大功。"可以说是为吕望、伊尹的成就作批注，换句话说，这种人就是众望所归的"国体之人"。传说伊尹曾在夏朝做卧底，利用夏桀失宠的王后妹喜心中的矛盾，进行渗透和离间，而吕望则潜伏在商朝的首都朝歌城中，因此被列在《孙子兵法·用间》篇中作为代表。为什么姜太公被称为"吕望"呢？因为文王姬昌尊他为"太公望"，意思是盼望太久才等到这样的人物出现，可谓是系众望于一身，负有兴周灭商的重大责任。伊尹、吕望，无论是功业、德行、法术，无一不全，层次确实比较高。孟子称伊尹"圣之任者也"，能担国之重任，吕望受封于齐地、藩屏周室，辅佐四王。他们鞠躬尽瘁，都足为后世典范。

像伊尹、吕望这种"国体之人"，实在是屈指可数。吕望在辅佐周武王出兵伐商纣时，所占卜的卦象不佳。吕望力排众议，坚持不迷信，说："枯草朽骨，焉足以决大事？"勇于挑战传统的焚龟、折蓍，这种魄力促成起义成功，正所谓"大人虎变，未占有孚"（《易经》革卦）。《孟子》中提到了四位圣人，有"圣之清者"的伯夷、叔齐，"圣之和者"的柳下惠，"圣之任者"的伊尹和"圣之时者"的孔子。柳下惠是与任何人都相处得来，人缘特好，"匪寇婚媾"，连面对暗夜中女子的投怀送抱，他都能坐怀不乱，这的确不容易。至于"圣之任者"的伊尹，以天下兴亡为己任，不管世道如何，都有"沧海横流，方显出英雄本色"的气概，越是乱世越能展现豪杰风范，正是"治亦进，乱亦进"，说明他的责任感、使命感特别强，同时具有超凡的自信心，敢于承担。伊尹、吕望都是出身微贱，伊尹是名厨师，以烹饪技巧超群得以崭露头角，而吕望一直在寻找机会，在渭水与文王相遇的故事也是众所周知。就算再过几千年，这两位还是当之无愧为"国体之人"的典范，《人物志》中所标注的名流人物，属这两位最强。

具体而微的表率

兼有三材，三材皆微，其德足以率一国，其法足以正乡邑，其术足以权事宜，是谓器能，子产、西门豹是也。

【译文】

同时具有德、法、术三种才能，但在德、法、术三方面都稍差一层的，他们的品德足以作为一个诸侯国的表率，他们的法令足以匡正基层社会，他们的谋术足以应变各种事物，因地制宜，这种人可称为器能，郑国的子产、魏国的西门豹就是这样的人物。

【现代解读】

"兼有三材"，都是具体而微的代表，一般人能通"德、法、术"中的任何一样已经不容易了，"兼有三材"是人才中的人才。只是各项表现较姜太公、伊尹略逊，但其实已经有模有样，具备一定的高度。"其德足以率一国"，至少在国邑、诸侯的领地中，他的德行操守能够受到肯定，没有"德"的人，要人真心实意地来为你卖命是不可能的，最多就是利害相关的乌合苟同。"德足以率一国"不一定能够"率天下"，而"其法足以正乡邑"，虽然具有规模，但不够全面，可能有局部的成功——治理得井井有条，但要控制更大的局面，恐怕还需要调整修正。"其术足以权事宜"，"权"就是权变、权衡，考虑怎么做合适，因时、因地制宜。"宜"就是取阳根与女阴结合的象，代表生生不息、恰到好处。做事情不能死板不知变通，变通就是"宜"，视时、地的不同，这就是《易经》中"行权"的概念。子产、西门豹在当时诸侯国中的表现有目共睹，但仍然不是以整个中国为平台，因此称为"器能"，称扬他们具有才干、能力。

子产是郑国的大夫，"四书"中提到子产的章句不少。郑国在春秋初期也算强国，其中子产的贡献很大。西门豹是战国时魏国的县令，他在担任邺县令时，对"河神娶妇"以活人献祭的做法很不以为然，以巧计改变当地人的陋习。子产、西门豹显然属于区域型人物的代表，他们都兼有"德、法、术"，只是规模、比例不同，也就属于"器能之人"。

聊备一格的专家

兼有三材之别，各有一流。

清节之流，不能弘恕，好尚讥诃，分别是非，是谓臧否，子夏之徒是也。

法家之流，不能创思图远，而能受一官之任，错意施巧，是谓伎俩，张敞、赵广汉是也。

术家之流，不能创制垂则，而能遭变用权，权智有余，公正不足，是谓智意，陈平、韩安国是也。

【译文】

具有德、法、术三种才能的某一到两项，但没办法兼备，高度不足以称家，只能称流。在清节之流中，不能宽宏大量，看到一点毛病就对人讥笑责备，分辨谁是谁非，这种人可以称作臧否，子夏之流就是这样的人。在法家之流中，不能拥有很多创意，高瞻远瞩，但能在具体官位上胜任公众事务，能变通地思考，巧妙地解决问题，这种人可称之为伎俩，汉朝张敞、赵广汉就是这样的人物。在术家之流中，才干、计谋不足以为后世留下典范，但能在情况变化的时候及时应变，权变智谋有余，公平端正不足。这种人可称之为智意,汉朝陈平、韩安国就是这样的人物。

【现代解读】

"兼有三材之别,各有一流。"其中"三材"是由"元"去发展出"德、法、术"三流,"别"是分开,不是全面性的。这里是说相对于前面所提到的各家或是全方位的国体、器能,要更低、更窄一点,只能说在某一方面上表现不错,但没有办法三方面全备。其高度也不足以称"家",只能称"清节之流""法家之流""术家之流"。

"清节之流,不能弘恕,好尚讥诃,分别是非,是谓臧否。"显然这种人有"水至清则无鱼"的毛病,自己标榜清廉,一介不取,但不能弘恕,就是对待别人不能包容,容易看不惯那些"非我族类"的人,这是"清节之流"狭隘的地方,不能"含弘光大",只是过度标榜"清"的标准,而少有"法"和"术"。"清"并不是唯一的原则,"清节之流"会看不得人家的浑水摸鱼,正是"眼里揉不得沙子",不能容忍一点点的污浊。

只是世间要符合"清节之流"的标准很难,因为不能包容,所以容易生闲气、挑剔人,说白了就是既不能"弘",也不能"恕"。结果就是"好尚讥诃,分别是非",看到一点毛病就忍不住要嘲讽一下、讥笑一下,抓住一丁点问题就不放手,完全以主观臆断来批评别人。这其实已经是把自己的意识形态僵化了,认为自己认同的才是唯一的标准,其他的通通予以否定,或是批判。社会上很多人批评别人时,往往是根据自以为是的标准来做评判,也就是"好尚讥诃,分别是非"。这样的人,朋友想亲近都难,一见面就指东道西,喜欢把说人家对错当作对朋友的关心,别人不理他,他还不高兴,总端着一个主观的标准来决定是非。

这样的人是谁呢?"子夏之徒是也"。子夏是传经的帝王师,作为孔子晚年重要的入室弟子,他曾将孔子的学问发扬光大。"子夏之徒",可能包括子夏,或是指他的徒子徒孙,当然也有可能指的是孔子的徒弟。从《论语》中看来,孔子的学生(包括子夏)似乎也不是器量宽宏之人,无论从子夏和子张的对话，还是子游批评子夏教学的成效，都可以感受到彼此间在较劲，比如：

子夏之门人问交于子张。

子张曰："子夏云何？"对曰："子夏曰：'可者与之，其不可者拒之。'"

子张曰："异乎吾所闻：君子尊贤而容众，嘉善而矜不能。我之大贤与，于人何所不容？我之不贤与，人将拒我，如之何其拒人也？"（《论语·子张》）

子游曰："子夏之门人小子，当洒扫、应对、进退，则可矣。抑末也，本之则无。如之何？"

子夏闻之曰："噫！言游过矣！君子之道，孰先传焉？孰后倦焉？譬诸草木，区以别矣。君子之道，焉可诬也？有始有卒者，其惟圣人乎！"（《论语·子张》）

从子张跟子夏对于交友认知的不同，到子游对子夏教学成效的批评中，均可见他们难有共识。再加上子夏虽是孔子入室弟子，有孔子的经传，但是理论归理论，在很多方面上他的心胸不够豁达，有些地方还是想不开。其中一个最动人的传说是，他很长寿，他儿子先他而死。为此，子夏哀伤过度、用情过度，把眼睛都哭瞎了，如果真是学得豁达、通晓大道，就肯定不至于如此。因此，说得满口道理，实际却与理论不符，就是"子夏之徒是也"。

至于"法家之流"，有法家"建法立制，强国富人"的特性，只是格局、规模不够宏阔。"流"不是"源"，已经经过一定时期的演化、流变，在高度上不够，"不能创思远图"，想要拥有很多创意，高瞻远瞩地预测到几经变化后的局面，恐怕不容易。这是因为"建法立制，强国富人"不是立竿见影的事，得要考虑几代人的影响。"法家之流"缺乏这样的气度和眼界，这得是大"法家"才办得到的。

不过"法家之流"的小"法家",仍然可以发挥其特质,可以担任个一官半职,管理公众事务,即"能受一官之任"。为了解决问题,他也会想很多办法,再从中拣选、组合,让事情很巧妙地完成,即"错意施巧"。虽然格局、眼界不高,但游刃有余地处理日常事务,这也是一种本领,有自己的手段,即"是谓伎俩"。刘劭举了两个例子,一位是张敞,另一位是赵广汉。这两人流传下来的史料有限,可以确定的是,两人都是西汉时的地方官,他们在治理地方时都不畏权贵,采用严刑峻法,力行法家的原则去对付地方豪强。虽然承受着巨大压力,有"密云不雨"的象,受到上压下挤,但是必须以小博大(按:有赌博意),在夹缝中求生存。但是,只要能够"有孚",心存善意、为公益发声,就能"血去惕出,无咎",符合社会的最大利益"上合志",才能获得社会的广泛支持,同时应对强权压迫和刁民诈伪。

不过,小"法家"在官场中,往往会得罪很多权贵和地方势力,如果上位者的支持度不高,难免会被免职、贬官,日后真相大白,又再次复职重用。虽然这些人在历史上没有管仲、商鞅那样的影响力,但他们的刚正不阿,对于维护社会安定和公平正义,仍有不可磨灭的贡献。这种办事的能力和手段,就叫"伎俩",是正面说法。法家搞改革建树,要想不得罪人是不可能的,连商鞅这样的大"法家",最后都被五马分尸而不得善终,可见有多么不容易。赵广汉也是几起几落,到最后得罪人而死于非命,刘劭在《人物志》中能为之记上一笔,算是为他们的牺牲出一口气。

"术家之流",他们充满点子、创意,做事情讲究方法、谋略,这是术家的特质。不过,"术家之流"自然不能和范蠡、张良相提并论,才干、计谋不足以为后世留下典范,即"不能创制垂则"。但反过来说,要巧妙地设计,留下一些规矩、规则,倒不是不可能。比如流传至今的"三十六计",就是前人所未发而为后人所学习的行事范例。因为这样的创想能够出奇制胜,所以是"能遭变用权,权智有余"。事情不会一成不变,就得懂"权变",常道不行的时候,就得用变道。不过,有"权变",就有缺点,这个缺点就是"公正不足"。若为了事情的圆融方便,就不一定能保证公平公正,总的来说就是"智意",脑筋灵活、善出奇计,能摆平事情。刘劭举了陈平、韩安国二位为代表,韩安国是西汉时的大臣,陈平则是辅佐汉高祖刘邦从打天下到安天下的谋臣。

陈平原本在项羽阵营,后来投靠刘邦,在刘邦死后,面对吕后称制,他伪意奉承,以求万全。待吕后死后,他带头拥立刘恒(汉文帝),诛灭诸吕。陈平一生,自六出奇计,到安定汉室,无一不是诡诈百出。他为人"以达目标为原则,可不择手段",这从他为布衣平民时有"盗嫂、受金"的传闻即可知(按:盗嫂,即指与嫂子暧昧不清;受金,即收受贿赂),在道德上没有底线。当时,刘邦为离间楚营,给了陈平一大笔钱让他去行贿,以陈平的个性大概会从中抽几成手续费。后来他被人举报了,居然理直气壮地说:"臣裸身来,不受金无以为资。诚臣计划有可采者,大王用之;使无可用者,金具在,请封输官,得请骸骨。"(意思是:我不拿钱吃什么?要么汉王采用我的计谋而得大利,要么钱如数还您,我请辞回家。)这种人在乱世的时候可以用,但在太平盛世中就难以见容。

虽然陈平一路安稳地加官晋爵,直到终老,但他晚年时也曾自省:"我多阴谋,是道家之所禁。吾世即废,亦已矣,终不能复起,以吾多阴祸也。"由于陈平所遭遇的难题,多半是绝对劣势的情况,能够转败为胜,必须用非常手段。只是这些手法都显诡诈,是大家名派所不齿的。其实最高的道术是诚信,至诚即妙术,诚实是最好的对策。一天到晚地阴谋算计,虽然建功立业、安定宗庙,但最终仅能保自己一人而不能泽被子孙。

西汉初年,人才辈出,代表"智意"的人物韩安国,也是周旋于皇室纷争而能调处得宜之人。在面对匈奴的问题上,韩安国主张和亲,以求政局安定。不过,他最后失意,也是因为匈奴的问题。史评韩安国虽贪财嗜利,但擅长因应事宜、为国举廉,小德有亏,大节也算有守。

再强也是帮人干活的伙计

凡此八业，皆以三材为本。故虽波流分别，皆为轻事之材也。

能属文著述，是谓文章，司马迁、班固是也。

能传圣人之业，而不能干事施政，是谓儒学，毛公、贯公是也。

辩不入道，而应对资给，是谓口辩，乐毅、曹丘生是也。

胆力绝众，才略过人，是谓骁雄，白起、韩信是也。

凡此十二材，皆人臣之任也。

【译文】

以上八类人才，都是以德、法、术三种才能作为基础来分类的。所以这些人各不相同，但都是能够轻松完成职责内的事情的人才。能撰写文章著书立说的，这种人可称之为文章，汉朝的司马迁、班固就是这样的人物。能传承圣人的事业，而不能参与国事、政事的，这种人可称作儒学，汉朝的毛公、贯公就是这样的人物。擅长诡辩，不合乎正道，却语言丰富、应对自如，这种人可以称为口辩，燕国的乐毅、汉代的曹丘生就是这样的人物。胆识、气力都超过众人，兵法、战略高于他人，这种人可称为骁雄，白起、韩信就是这样的人物。以上十二种人才，都是处在臣子的位置上。

【现代解读】

"凡此八业，皆以三材为本"，前面提过清节（德）、法、术、国体、器能、臧否、智意、伎俩，都是从"德、法、术"三材为"源"来分类的，三材兼备的是国体、器能，至于臧否、智意、伎俩，就属于"流"，讨论的是规模大小、全不全的问题。"故虽波流分别，皆轻事之材"，人世间就是形形色色、各有特点，"波流分别"。这样的人在处理事情上，举重若轻，"皆为轻事之材也"。别人碰到状况，焦急得像热锅上的蚂蚁，想破脑袋也不知道该怎么做，但这些人就能易如反掌地解决。俗话就是"用一根手指就搞定""用膝盖想想就知道了",恐怕他们的手指和膝盖真的与常人不太一样。

"轻事之材"指做事轻轻松松,有的传本把"轻事之材"改为"经事之材",虽然都有很会处理事情的意思,但是"举重若轻"的味道就没有了。一般人是"怕事之材",什么事情都觉得是"大过",但对这些"轻事之材"来讲是小菜一碟,这是功力高下的不同。

接下来谈另外四种:"能属文著述,是谓文章。"能把文句连缀在一起,形成感人的文章,这是前面提到的"属辞比事",讲的是笔下功夫不凡。这里提到两位大历史学家:"司马迁、班固是也。"两位分别属于西汉、东汉的史学家,前者是《史记》的作者,后者是《汉书》的作者。这里说他们都是文章之士,虽能属文著述,但没说他们会做事,或是未曾有表现的机会。

"能传圣人之业,而不能干事施政,是谓儒学。"这里的"儒学"是指教授级人物,多理论而少实作。换句话说,可以参考他的意见,请他做顾问。刘劭举了"毛公、贯公是也",毛公、贯公都跟《诗经》的传承有关,毛公分为"大毛公"毛亨、"小毛公"毛苌。毛亨是毛苌的老师,相传毛亨习《诗经》于荀子,承子夏一派,后传其侄毛苌,而毛苌又传给弟子贯长卿等人,史称贯长卿为贯公。其所传之《诗经》被称为《毛诗》,《毛诗》主要贡献是将《诗经》中零散的微言大义系统化,发扬《诗》言志"的广阔意义,做到"上以风化下,下以风刺上"的教化功能。《毛诗》后经大儒郑玄作注、孔颖达注疏后才大行天下,只是身为学者,虽然传经有功,但如何发扬,恐怕理论和落实还有一段距离。

"辩不入道,而应对资给,是谓口辩","给"是充足的意思,"应"指有响应。"辩不入道",只是狡辩、诡辩,所说的话不一定有道理。意思是说,表面上说不过他,只是因为他反应快、口才好才没落下风,他怎么说都有一套歪理,谁都辩不过他,这叫"口辩"。只是刘劭举的两个例子,倒出乎我们的意料:"乐毅、曹丘生是也。"

曹丘生是西汉辩士,留下的事迹并不多,只在《史记》中有过一小段记载，而另一位乐毅，则是战国时期大名鼎鼎的军事家。乐毅是战国时期魏国大将乐羊的后代，曾助燕国等五国联军大破齐国七十余城，导致齐国仅剩莒、即墨两座城池。乐毅后来由燕到赵，做两国客卿，想必也有一定的外交手腕，只是我们首先联想到的多是乐毅在军事上的成就，或许忽略了他在外交、口辩上的长才。汉末三国时期，诸葛亮在南阳躬耕隐居，就曾"自比管、乐"。"管"是管仲，"乐"就是乐毅，意思是指自己有管仲的治理长才和乐毅的军事才能，若再加上刘劭的评价，可能还有乐毅的外交手腕和辩才，让人折服。所以，或许在当时一般人的心目中，管仲、乐毅都是建功立业的大人物，千万别错以为诸葛亮是在说自己有音乐素养，会管乐器，那就贻笑大方了。

历史小说《大秦帝国》中对乐毅的描写也挺有意思，不但把乐毅描述得相貌堂堂，而且还与秦国皇室人质有点暧昧。不过，先不论真假，在刘劭的心目中，乐毅还算不上军事人物的代表，只能说口才还不错，即"口辩"，军事表现上，论资排辈的话，白起、韩信还在其前面。

"胆力绝众，才略过人，是谓骁雄，白起、韩信是也。"胆识、才力超群，算是《人物志》中列举的最后一类英雄人物，也就是俗称的将才。除了有勇，还得有"略"，也就是指懂兵法、战略。这类骁雄型的人才，以白起、韩信为代表。白起和韩信在历史上扮演着举足轻重的角色。白起是战国时期秦国的战神，打仗没有输过，他最著名的事迹是在长平之战中坑杀赵军四十几万人。因为杀孽过重，所以造成战败国的亟思对抗，也造成秦国的内部产生矛盾和心结。最后白起被免去官职，并被秦昭襄王赐死，最终还是得还这笔账。白起从基层行伍中靠军功逐级往上升，显现出他的军事才华，韩信更是汉初的风云人物，故事多到讲不完。

"凡此十二材，皆人臣之任也。"连伊尹、吕望这种特高级的国体之人，到最后没能出来当领导人，只能是良相。换句话说，"明君"不是显得更高明吗？明君懂得用人之长，虽然看起来没有做实事，但是为什么有那么多人才都甘愿为他所用呢？像张良这种人能不能自己做老板？或许值得我们好好思考。现代社会已非过去，讲究"正统"，很多人觉得自己可以干，于是就创业做老板了。所以《史记》以"王侯将相宁有种乎"评述陈胜、吴广，认同他们能揭竿起义，认同他们能担天下大任的气概，置于"世家"之列。刘邦看到秦始皇出巡的威仪，发出"大丈夫当如是也"的感叹，为什么不能取而代之？他做得不好，我为什么不能拉他下来，换我来做做看？正所谓"将相本无种，男儿当自强"。中国古代读书人的理想，最多是"学成文武艺，货与帝王家"，这是我们从现代的角度去回顾历史而引发的省思，想到中国知识分子"凡此十二材，皆人臣之任也"的弱点才恍然大悟，原来这么多偶像级人物大都是帮人干活的伙计。真正伟大的领袖，所思所为和一般人，甚至与这十二种人才都不一样。

最高领导一窝收

主德不预焉？主德者，聪明平淡，总达众材而不以事自任者也。

【译文】

领导人的德行才能不包括在里面！作为领导人，就是要聪明平淡，具有识人之明，学会统领和提拔众多人才，而不是戮力亲为，亲自处理日常事务。

【现代解读】

"主德"是做领导人、CEO应该具备的条件，即"聪明平淡，总达众材而不以事自任者也"。这和《九征第一》《体别第二》的"中和平淡"相呼应，他们没有"十二材"的才华横溢，反而退居幕后，放手让出舞台让人才尽情发挥。所以领袖人物不是戮力亲为，他需要的是识人之明，找到好的总管、人才，让他们去干，自己是"垂衣裳而天下治"，正是《易经》坤卦君位的"黄裳元吉"。总是把自己搞得很忙，老板当伙计干，就搞不清楚重点。在董仲舒的《春秋繁露》中，《立元神》和《保位权》都在谈"南面之术"，绝对不是自己拼命表现，而是能欣赏人家的表现。若要用人用得好，必要自己心里清楚、脑筋聪明，假定只有平淡却不聪明，也不能做领袖，而只聪明却不平淡，就只能"任人臣"。"总达众材而不以事自任者也"，能把这些人才一窝收了，替自己做事，才是最高的领导手段。

《易经》临卦："知临。大君之宜。吉。"讲的是最有智慧的领导"行中之谓也"，不是"飞龙在天"的表现，而是"黄裳元吉"的授权，有识人之明的督责。我们看《易经》的君位，像是谈政权运作的鼎卦，要能调和鼎鼐，五爻就得懂得忍住"黄耳金铉，利贞"。火天大有的《杂卦传》讲的是"大有，众也"，下面得有众多能人志士在拼命，反而是领导人退居第二线，做"讲信修睦"的工作。大有卦的六五君位，叫"厥孚交如。威如，吉"，让人感受到"孚"的情感，愿意投入真心，这种"软功夫"才是领导真正的"硬道理"，他的"聪明"正表现在"平淡"之中。

是故主道立，则十二材各得其任也。

清节之德，师氏之任也。法家之材，司寇之任也。术家之材，三孤之任也。

三材纯备，三公之任也。三材而微，冢宰之任也。

【译文】

所以领导人的统御地位一旦确立，那么以上十二种人才就能各自按照才能在恰当的位置上得到任用。道德标准要求高的清节之人，是担任教化工作的最佳人选。负责管理治安风俗的法家之人，是主管刑狱的司寇的最佳人选。灵活权变的术家之人，是担任三公的左右手的最佳人选。德、法、术三才具备的人，是担任三公的最佳人选。德、法、术三才具备但比前者稍差的，是担任冢宰的最佳人选。

【现代解读】

"不以事自任"的领导统御地位一旦确立，让"十二材各得其任"，能够在恰当的位置上为领导奋斗，一切自然就可以顺利步入轨道。这就是当老板的学问，即"主道"。在《韩非子》中也有《主道》，讲的也是相同的概念："人主之道，静退以为宝。不自操事而知拙与巧，不自计虑而知福与咎。"只要做好管理和响应处断，领导人不用亲自操持、计虑，就可以掌握大局。

接下来，刘劭就举例说明人才的配置问题，这方面多少受到《周官》的分类影响。"清节之德，师氏之任也"，道德标准要求高的人，可以让他担任教化工作，作为榜样。因为中国要求人要能"说得到，做得到"，为人师表，所以在道德方面上不能有瑕疵。至于"法家之材，司寇之任也"，意思是司法人员负责管理治安风俗，涉及军、警、刑、法各方面的相关事务，这些是法家的强项。"术家之材，三孤之任也"，"三孤"是文后"三公"的辅佐之臣，"三公"就是国体之人，这里是说三公身边要有脑筋灵活的人才做左右手。至于为何是"术家之材"，因为"术家之材"灵活权变，做事有方法，所以只要三公指示的大方向正确，他们就能想办法达到目的而不会产生因性格导致的偏颇。就好比说，若伊尹、吕望手下能得到张良、范蠡的参谋，几乎是政治上的梦幻之队。"三材纯备，三公之任也"，即国体之人，足堪大任，处理的是全天下的事，而"三材而微，冢宰之任也"，就进行较小规模的管理。冢宰的职责基本上是国君代理人，这个"冢"字看起来跟坟墓有关。过去旧（诸侯）国君死了，新国君必须守丧二十五个月后才能正式处理政务，在这一段时间内，就由冢宰来负责管理、执行原本国君所要处理的日常政务。

臧否之材，师氏之佐也。

智意之材，冢宰之佐也。

伎俩之材，司空之任也。

儒学之材，安民之任也。

文章之材，国史之任也。
辩给之材，行人之任也。
骁雄之材，将帅之任也。

【译文】

褒贬人物、评论是非的人，其地位比师氏要低一等。善权变智谋的人，其地位比冢宰要低一等。能在具体官位上胜任的人，被放在司空的位置上。儒艺深明的儒学之才，应当担任保氏的职务。作文记述的文章家，是担任国史的好人选。对答如流的口辩之才，应当担任行人之职。胆略过人的雄杰之才，是担任将帅的人选。

【现代解读】

接下来刘劭就以各类职务，依不同性格特长来分派设计。三孤协助三公完成计划，因为双方在思想上有共识，在做法上有默契，所以"术家"要摆在"国体"旁边。至于具体而微的器能之人，就担任冢宰，统御百官，类似阁揆的角色。三公可以坐而议政，不用负责实际的行政工作。冢宰要负责实际的行政工作，因为他的"德、法、术"均全，所以有一定的代表性，只是地位、威望没有三公那么高，类似过去太保与少保、太师与少师的差别。接下来，"臧否之材"，这类人可以担任"师氏之佐也"，也就是任副手、二把手，在旁边帮忙、辅佐，分辨是非倒很合适。"智意之材"，则可以作为"冢宰之佐也"，配合实际执行的行政主管来工作。"伎俩之材"，则配置为"司空之任也"，可见刘劭设计的巧思。

是谓主道得而臣道序，官不易方，而太平用成。若道不平淡，与一材同好，则一材处权，而众材失任矣。

【译文】

这样一来，可以说君主得到了知人、官人之道，臣下也得以量才任职而变得井然有序。官员得到合适的职务，各守其业，不要变更常规，那么，天下就会因此变成太平盛世。如果君主的德行不平淡，他所爱好的只是一种材质，他所重用的也只是一种人才。那么这类人才出于当权的地位，则其他人才就失去了应得的职位。

【现代解读】

"三材纯备"即国体，"三材而微"即器能。"行人之任"是指做外交，口才极为重要，辨给之人足以堪任。本段再三强调主道、主德与人臣之任的不同，这也是历代政书千言万语所阐明的要点，君臣异道，不可君代臣职，的确是颠扑不破的真理。有心事功的人，必须虚怀体会，牢记在心。

"聪明平淡，总达众材，而不以事自任"，这就是领导成功的关键。前面说："观人察质，必先察其平淡，而后求其聪明。"可见领导者的风范是兼备聪明、平淡的，绝不会以自己的聪明去与臣下针锋相对。《老子》称："夫代大匠斫者，希有不伤其手矣！"故此篇结论："若道不平淡，与一材同好，则一材处权，而众材失任矣！"

话虽如此，世间一般能力强悍的领导者，大多做不到平淡这一点，往往不去想如何运用别人的长处，总想大包大揽，一切独裁自行才放心。其实，这是最笨的做法。一个人能力再强，能做好的事也有限，所谓"全身都是铁，也打不了几个钉"。史书上记载秦始皇："刚戾自用……以为自古莫及己……天下之事无小大皆决于上。"结果御案上须处理的公文堆积如山，入夜不得休息。诸葛亮"夙兴夜寐，罚二十以上，皆亲览焉"，食少事烦，乏人分忧，累死是必然的事。

下面再举一些古书中关于这点的论述，以加深大家的印象。

《尚书·益稷》："元首丛脞哉，股肱惰哉，万事堕哉。"丛脞就是专管烦琐细务之意。《墨子·所染》："善为君者，劳于论人，而佚于治官。"《庄子·天道》："帝王之德……无为也，则用天下而有余；有为也，则为天下用而不足……故古之王天下者，知虽落天地，不自虑也；辩虽雕万物,不自说也;能虽穷海内,不自为也。"《韩非子·扬权》:"上有所长,事乃不方;矜而好能,下之所欺;辩惠好生,下因其材;上下易用,国故不治。"《八经》:"下君尽己之能,中君尽人之力,上君尽人之智。"《吕氏春秋·君守》:"大圣无事,而千官尽能。"《勿躬》:"夫君人而知无恃其能、勇、力、诚、信,则近之矣。凡君也者,处平静,任德化,以听其要。"《淮南子·主术训》:"君臣异道则治,同道则乱。"《贞观政要·论谦让》:"若其位居尊极,炫耀聪明,以才陵人,饰非拒谏,则上下情隔,君臣道乖,自古灭亡,莫不由此也。"

材理第四

夫建事立义,莫不须理而定。及其论难,鲜能定之。夫何故哉?盖理多品而人异也。夫理多品,则难通,人材异,则情诡。情诡难通,则理失而事违也。

夫理有四部,明有四家,情有九偏,流有七似,说有三失,难有六构,通有八能。

若夫天地气化,盈虚损益,道之理也。法制正事,事之理也。礼教宜适,义之理也。人情枢机,情之理也。

四理不同,其于才也,须明而章,明待质而行。是故质于理合,合而有明,明足见理,理足成家。是故质性平淡,思心玄微,能通自然,道理之家也。质性警彻,权略机捷,能理烦速,事理之家也。质性和平,能论礼教,辩其得失,义理之家也。质性机解,推情原意,能适其变,情理之家也。

四家之明既异,而有九偏之情。以性犯明,各有得失。刚略之人,不能理微,故其论大体,则弘博而高远;历纤理,则宕往而疏越。抗厉之人,不能回挠,论法直,则括处而公正;说变通,则否戾而不入。坚劲之人,好攻其事实,指机理,则颖灼而彻尽;涉大道,则径露而单持。辩给之人,辞烦而意锐,推人事,则精识而穷理;即大义,则恢愕而不周。浮沉之人,不能沉思,序疏数,则豁达而傲博;立事要,则炽炎而不定。

浅解之人,不能深难,听辩说,则拟锷而愉悦;审精理,则掉转而无根。宽恕之人,不能速捷,论仁义,则弘详而长雅;趋时务,则迟缓而不及。温柔之人，力不休强，味道理，则顺适而和畅；拟疑难，则濡懦而不尽。好奇之人，横逸而求异，造权谲，则倜傥而瑰壮；案清道，则诡常而恢迂。

所谓性有九偏，各从其心之所可以为理。若乃性不精畅，则流有七似。有漫谈陈说，似有流行者。有理少多端，似若博意者。有回说合意，似若赞解者。有处后持长，从众所安，似能听断者。有避难不应，似若有余，而实不知者。有慕通口解，似悦而不怿者。有因胜情失，穷而称妙，跌则揩踬，实求两解，似理不可屈者。凡此七似，众人之所惑也。

夫辩有理胜，有辞胜。理胜者，正白黑以广论，释微妙而通之。辞胜者，破正理以求异，求异则正失矣。夫九偏之材，有同、有反、有杂。同则相解，反则相非，杂则相恢。故善接论者，度所长而论之。历之不动，则不说也。傍无听达，则不难也。不善接论者，说之以杂、反。说之以杂、反，则不入矣。善喻者，以一言明数事；不善喻者，百言不明一意。百言不明一意，则不听也。是说之三失也。

善难者，务释事本；不善难者，舍本而理末。舍本而理末，则辞构矣。善攻强者，下其盛锐，扶其本指，以渐攻之；不善攻强者，引其误辞，以挫其锐意。挫其锐意，则气构矣。善踬失者，指其所跌；不善踬失者，因屈而抵其性。因屈而抵其性，则怨构矣。或常所思求，久乃得之。仓卒谕人，人不速知，则以为难谕。以为难谕，则忿构矣。夫盛难之时，其误难迫。故善难者，征之使还；不善难者，凌而激之，虽欲顾藉，其势无由。其势无由，则妄构矣。凡人心有所思，则耳且不能听，是故并思俱说，竞相制止，欲人之听己。人亦以其方思之故，不了己意，则以为不解。人情莫不讳不解，讳不解，则怒构矣。凡此六构，变之所由兴也。然虽有变构，犹有所得。若说而不难，各陈所见，则莫知所由矣。

由此论之，谈而定理者，眇矣。必也聪能听序，思能造端，明能见机，辞能辩意，捷能摄失，守能待攻，攻能夺守，夺能易予。兼此八者，然后乃能通于天下之理，通于天下之理，则能通人矣。不能兼有八美，适有一能，则所达者偏，而所有异目矣。

是故聪能听序，谓之名物之材。思能造端，谓之构架之材。明能见机,谓之达识之材。辞能辩意,谓之赡给之材。捷能摄失,谓之权捷之材。守能待攻,谓之持论之材。攻能夺守,谓之推彻之材。夺能易予,谓之贸说之材。

通材之人,既兼此八材,行之以道。与通人言,则同解而心喻;与众人言,则察色而顺性。虽明包众理,不以尚人;聪睿资给,不以先人。善言出己,理足则止;鄙误在人,过而不迫。写人之所怀,扶人之所能。不以事类犯人之所婟,不以言例及己之所长。说直说变,无所畏恶。采虫声之善音,赞愚人之偶得。夺与有宜,去就不留。方其盛气,折谢不吝;方其胜难,胜而不矜;心平志谕,无适无莫,期于得道而已矣,是可与论经世而理物也。

《体别第二》和《流业第三》的篇幅都不长,到了《材理第四》才算是《人物志》一书的高潮,我们在成长修学的历程中所积累的论辩的经验,大都会在《材理第四》的描述中得到印证。刘昞注:"材既殊涂,理亦异趣,故讲群材,至理乃定。"概括得相当好。这篇需大家细细品味。

论辩很难沟通

夫建事立义,莫不须理而定。及其论难,鲜能定之。夫何故哉?盖理多品而人才异也。夫理多品,则难通,人材异,则情诡。情诡难通,则理失而事违也。

【译文】

办成一件事情、确立一种观点,全都需要道理的支持。然而在讨论、辨明道理的时候,很少能有定论。这是什么原因呢?因为道理的种类很多,而且人才也各有不同。道理的种类很多,就很难讲通。人才各有不同,则性情就有差别。性情有差别,道理难讲通,就会发生道理有失、事与愿违的现象。

【现代解读】

做任何事一定得讲道理,论定后依理而行。但大家一讨论起来,往往各说各话,很难形成共识,造成行事上的困扰,甚至引起情绪纷争,意气用事,最后不欢而散。这应如何解决?刘劭说,理分多种,而各人材性不同,人情也复杂得很。刘昞注:"事有万端,人情舛驳,谁能定之?""情诡难通"四字更让人感慨万千,说得真到位啊!

夫理有四部,明有四家,情有九偏,流有七似,说有三失,难有六构,通有八能。

【译文】

道理有四部:道理部、义理部、事理部、情理部。因而产生的外在表现有四种:明道、通义、明事、通情。人的性情偏颇有九种,似是而非的现象有七种,在论说中造成的失误有三种,在非难中所构成的情绪有六种,兼通天下之理需要有八种能力。

【现代解读】

此处先点明以下全篇将细论的纲目,共分为七大部分,层次清楚,条理井然。

道理各个不同

若夫天地气化,盈虚损益,道之理也。法制正事,事之理也。礼教宜适,义之理也。人情枢机,情之理也。

材理第四 | 155

【译文】

至于天地阴阳之气所化成的万物，有消长盈亏的变化，这是世间万物发展变化规律的道理。以法律制度治理政事，这是关于人事的道理。用万物发展变化的道理教育人们，使他们的行动适合时宜，这是关于"义"的道理。通过观察人的语言了解性情，这是关于性情的道理。

【现代解读】

本段先说"理有四部"：道理、事理、义理、情理。大致来说，道理是指自然之理，属形而上的，事理是指社会政治方面的，义属于礼乐教化，情理属于人情世故。这四者的确有分别，与人讨论的时候，若能搞清楚，即可减少许多无谓的争执与困扰。

符合道理的，未必适合事理。社会政治的问题错综复杂，自有其不足为外人道的规则，绝不是秉持着一套圆融无碍的思想体系就可以驾驭自如。自古"哲王"的理想多半行不通，不是没有道理的。

适合义理的，未必适合情理。人情复杂幽微之至，设计再周到的教化规范，也不易涵盖尽。人永远有非理性，冲决一切网罗的可能。

"枢机"二字出自《周易·系辞传》："言行，君子之枢机，枢机之发，荣辱之主也。""天地气化，盈虚损益"，它是《易经·象传》常称的观念。损卦《象传》称："损益盈虚，与时偕行。"丰卦《象传》称："天地盈虚，与时消息。"

四家资质各异

四理不同，其于才也，须明而章，明待质而行。是故质于理合，合而有明，明足见理，理足成家。是故质性平淡，思心玄微，能通自然，道理之家也。质性警彻，权略机捷，能理烦速，事理之家也。质性和平，能论礼教，辩其得失，义理之家也。质性机解，推情原意，能适其变，情理之家也。

【译文】

四种道理各不相同,对人才来说,四理必须依靠其外部表现才能彰显,而外部表现是依赖于内部资质的。所以人才的资质与道理相吻合,吻合了就会有其外部表现,外部表现充分了,道理也就体现出来了,道理充分了就形成了一家之理。所以资质平和恬淡,思考玄远微妙的事物,与自然相通,就是道理之家的表现。资质敏锐、观察透彻,灵活有谋、机智敏捷,能处理繁杂急迫的事务,就是事理之家的表现。资质性情温和平缓,能论说道理教化,论说其中的得失,就是义理之家的表现。资质性情机敏聪颖、有悟性,推想性情追溯本意,适应情意的变化,这就是情理之家的表现。

【现代解读】

本段续论"明有四家",系直承"理有四部"而来。人要感悟客观的理,须用心智之明,而心智之明必须通过人的材质方能具体呈现出来。因此,心智之明也就受限于材质之偏,而有种种不同的表现。

道理之家质性平淡,与世无争;义理之家质性温和,儒雅温厚。二者都是传统所讲内圣功夫的典范。事理之家质性灵活,能速理烦琐;情理之家质性机敏,揣摩人情圆熟通达,二者正是建立外王事功不可或缺的人才。

战国奇书《鬼谷子》有《揣》《摩》二篇,竭力强调察言观色的重要性,搞清楚对方的微妙心理,这正是情理之家的长处。刘昞注:"以情为理,故能极物之变。"完全明白复杂情势的变化,且反应极快,能立刻调整应对。《周易·系辞传》称伏羲画八卦的目的是:"通神明之德,类万物之情。"又称:"爻象以情言……吉凶以情迁,是故爱恶相攻而吉凶生……情伪相感而利害生。凡易之情,近而不相得,则凶,或害之,悔且吝。"《文言传》称:"利贞者,性情也……六爻发挥,旁通情也。"《象传》咸卦称："观其所感，而天地万物之情可见矣！"恒卦称："观其所恒，而天地万物之情可见矣！"萃卦称："观其所聚，而天地万物之情可见矣！"大壮卦称："正大而天地之情可见矣！"不知情不能读《易经》，学《易经》的重点就在于通达人情。

九种偏执之情

四家之明既异，而有九偏之情。以性犯明，各有得失。刚略之人，不能理微，故其论大体，则弘博而高远；历纤理，则宕往而疏越。抗厉之人，不能回挠，论法直，则括处而公正；说变通，则否戾而不入。坚劲之人，好攻其事实，指机理，则颖灼而彻尽；涉大道，则径露而单持。辩给之人，辞烦而意锐，推人事，则精识而穷理；即大义，则恢愕而不周。浮沉之人，不能沉思，序疏数，则豁达而傲博；立事要，则炎炎而不定。

浅解之人，不能深难，听辩说，则拟锷而愉悦；审精理，则掉转而无根。宽恕之人，不能速捷，论仁义，则弘详而长雅；趋时务，则迟缓而不及。温柔之人，力不休强，味道理，则顺适而和畅，拟疑难，则濡懦而不尽。好奇之人，横逸而求异，造权谲，则倜傥而瑰壮；案清道，则诡常而恢迂。

【译文】

四家的外在表现已经不相同，由此又产生了九种性情的偏颇。以性情规范明智，就使四家各有失有得。性情刚烈粗犷的人，不能处理细微的事，所以他在论说事物概貌时，会显得博大而高远；而在审察细微的道理时，则会豪纵不羁、疏忽遗漏。性情高尚严正的人，不能屈服折节，论说法律所适用的地方时，会执法审察刑狱，公正不偏；而在谈论灵活变通方面，则会出现悖谬，不合情理。性情坚定强劲的人，喜好钻研具体事务的真实情况，在谈论具体事物变化的道理时，敏锐鲜明而明白透彻；而在谈论宏观道理时，则直截了当，所持义理单薄。能言善辩之人，语词丰富而情意急切，推断人事时，会见识精深、道理深透；而在碰到大的道理时，则恢廓直率而不周到。性情浮躁不沉稳的人，不能深入思考，排列疏密远近亲疏顺序时，会豁达而范围广大；而确立事物的关键时，则会像火焰一样飘忽不定。

理解问题肤浅的人，不能深刻地问难，听到别人的辩说时，就会认为听到像剑刃一样犀利的语言而心怀喜悦；而在审察精深的道理时，就会颠三倒四没有根据。性情宽厚能体察别人心理的人，不能迅速敏捷地反应，谈论仁义时，宽宏和顺、高尚文雅；追赶时务潮流，则迟缓而落后。性情温柔的人，力量不强壮，体味道理时，顺心适意、平和顺畅；决断处理疑难问题，则软弱迟疑、犹豫不决。喜好标新立异的人，纵横奔放、追求新奇，制造权谋实行诡诈时，不同寻常、瑰丽雄壮；按照清静无为之道做事时，则会违反常规、不切实际。

【现代解读】

本段再说"九偏之情"。刚略、抗厉、坚劲、辩给、浮沉、浅解、宽恕、温柔、好奇，由于这些情性之偏，使四家之明受到蒙蔽。世间的一曲之士，这类人完全按照自己的天性去发展，去判断事情，无法突破既有的格局。

刚略之人可以高谈阔论，却不能注意、处理细微之事，疏于细节的落实。抗厉之人公正守法，却不愿转弯变通，致使许多事情室碍难行。坚劲之人以讦为直，好攻人之短，分析别人的毛病特别清楚，有损大道。《论语·宪问》："子贡方人。子曰：'赐也，贤乎哉？夫我则不暇。'"辩给之人对人事说得头头是道，行大义时却糊涂而不周全。浮沉之人对事不能深思，自以为了不得，喜欢说一些不着边际的话，处理正经事情时却抓不住要点，像火苗被风吹般摇晃不定，半天进入不了状态。

"浅解之人，不能深难。"这种人对于问题仅能就表面意义做基本的理解，看问题相对肤浅，没有能力深入地讨论，做进一步的辩难、问难，提出质疑。"听辩说，则拟锷而愉悦"，听到人家辩论陈述，觉得很精彩而感到兴奋。"拟"就是模拟，但还不是真的，"锷"本指刀锋、剑锋，在此比喻言语如刀，双方交锋辩论时表现出的才气、词锋。"拟锷"有模仿别人辩说的词锋、论述，一试锋芒的意思。由于浅解之人不能深入，不知道听人辩说有没有听出一些名堂来，不过他还是以自己的理解去掌握，有"依样画葫芦"的意味。由于人家词语锋锐，他模仿得还可以，就感觉很开心、兴奋，好像获得了真知的样子。其实浅解之人的理解程度很浅，看问题很表面，他所感到的"愉悦"并不是真的法喜。因为没有深刻地理解内涵，所以得不到"朋友讲习"的喜悦。"审精理"，对精深的义理，没有"博学审问"的功夫，"则挹转而无根"，正因为没有根基，所以没法深入扎根。宽恕之人忠厚有余，谈仁说义宏大而详细，应事则迟缓不及。《三国书·蜀书·诸葛亮传》："儒生俗士，岂识时务？识时务者，在乎俊杰。"温柔之人不够强势，适合玩味、剖析道理，但遇事不能解决疑难。好奇之人任事喜标新立异，诡谲权变很有一套，毕竟偏离常道。这就是九种性情偏执的毛病，各从其心之所以为理，是因为一起讨论时情诡难通，理失事违。

七种似是而非的表现

所谓性有九偏，各从其心之所可以为理。若乃性不精畅，则流有七似。有漫谈陈说，似有流行者。有理少多端，似若博意者。有回说合意，似若赞解者。

【译文】

这就是人们所说的性情的九种偏颇，他们分别把自己心中认为是对的东西作为普遍适用的道理。至于那些性情不纯正畅达的人，则有七种似是而非的表现。有的人大谈陈旧的学说，好像他的学说在时下正在盛行。有的人道理并不充分却涉及广泛,好像其学说含义宏大广博。有的人附和别人的意思进行答复,表面上称赞别人说得好,其实心里对别人所说并不理解。

【现代解读】

本段谈"流有七似",作者经验丰富、目光如炬,看穿那些似是而非、装模作样的人的底细,细腻且精彩至极。有人东拉西扯,口若悬河,好像很有学问。有人辞繁喻博,似乎懂得很多。有人明明听不懂,却绕弯子迎合说者的意向,装出很欣赏的样子。

装懂并没真懂

有处后持长,从众所安,似能听断者。有避难不应,似若有余,而实不知者。有慕通口解,似悦而不怿者。

【译文】

有的人在别人讨论后才持赞许的态度,顺从大家所认可的意见,好像是能判断谁是谁非。有的人避开难题不回应、不表态,好像胸有成竹一般,很有深度,实际上并不明白别人所说的是什么。有的人表现出一副仰慕的样子,嘴巴上也表示认同,好像是有所领悟而感到喜悦,实际上是迷迷糊糊,根本没听懂。

【现代解读】

"从众所安""避难不应",这些情况我们在议论会场中常常看到,有些人为了保护自己,面对问题时选择不回应、不表态。这样一来,别人搞不清楚他的虚实,到底是真懂假懂。有时候他是"含笑而不言",看似很有深度,其实并不是真懂。所以,"从众所安""避难不应",到底是真拙，还是藏拙？是心虚，还是谦让？这都不是那么容易能辨认出来的。"有慕通口解，似悦而不怿者"，是说有的人表现出一副仰慕的样子，看似他已经完全了解，嘴巴上也表示认同，一直点头称是、心意相通，可是有没有"心解"，这就很难说了。说起来好像有所领悟，虽表现出喜悦兴奋的样子，但"不怿"，即并没有真正地感受到道理的通达所带来的精神愉悦。"怿"是喜悦、高兴，在此可以视为知识为生命带来的喜悦。为什么会有"悦"的感觉呢？可以从《论语·学而》篇中，孔子所说的"学而时习之，不亦说乎"来体会。因为有所体悟、应用，产生喜"悦"的充实感。在《易经》兑卦中把"君子以朋友讲习"，彼此的相互成长、皆大欢喜，作为"悦"正向提升的期许。孟子引申发挥为："故理义之悦我心，犹刍豢之悦我口。"（《孟子·告子》）把精神飨宴当成生命的快感，而"似悦而不怿者"，就是因为没有真正理解、体会，所以感受不到这种喜悦所带来的充实感。

《六祖坛经》中有："说通及心通，如日处虚空。唯传见性法，出世破邪宗。"通达是由心灵领会而产生共鸣，也因此能够陈述亲身的体验，完全祛除了意识形态的遮蔽和障碍。若不如此，就无法以生命经验替代理论框架。在佛经中，法会结束时都说皆大欢喜、信受奉行，但到底有多少人能听懂？又有多少人听懂后有因实践的感悟而产生喜悦呢？恐怕经过一次次的拣选，只剩下极少数人能真正开悟，这种法喜充身会有那么容易感受到吗？

所以，刘劭质疑"有慕通口解，似悦而不怿者"，真的能够做到高效率的交流吗？换句话说，不管在台上或台下演讲，或者在议事会场中，都充满假象，像那些不懂却不愿意承认自己不懂的人，担心因此而示弱。刘昞注此，以"闻言即说，有似于解者，心中漫漫不能悟"。听人家讲后，紧跟着发表意见、表达共鸣，看似理解了，但心里还是迷迷糊糊的，根本没搞懂。

就是不肯认输

有因胜情失，穷而称妙，跌则掎蹠，实求两解，似理不可屈者。凡此七似，众人之所惑也。

【译文】

有的人为了争强好胜而情绪失控，已经理屈词穷了，还自以为妙，以为是别人无法理解。已经理亏到说辞前后矛盾了，还硬要把自相矛盾的东西硬拗、强辩，哪怕前言不搭后语。看起来好像说得很有道理，实际是在掩饰自己的理屈词穷，绝不承认被说服。以上七种似是而非的表现，往往让众人迷惑，分辨不清真假。

【现代解读】

有一种人在性情上往往不肯认输，有时候道理讲不通，却偏爱强词夺理，就算他说的话被人家质疑，但不肯接受人家指出的盲点，极力地维护自己的立场和观点，这就是"因胜情失"。本来人性中有争强好胜的成分，总希望超越人家，希望自己能够出类拔萃，不喜欢输的感觉。所以，在遭逢他人的质疑、挑战时，觉得尊严受损，被逼到墙角后容易情绪失控而强辩、争论，最终导致"因胜情失"。处在词穷而讲不出所以然的情境时，就会开始胡说八道、自我催眠，认为"一定是别人不懂、不理解"，从而有自我防卫、自我感觉良好的反应，这就是"穷而称妙"，觉得自己讲得太神妙，所以别人没能理解。

从第三者的角度来看，他已经被打趴下了，摔跤站不住了——失去了论据。"掎蹠"读作 jǐ zhí，意思是找依靠、找支撑，东拉一点、西扯一点，把自己撑起来，勉强应付。因此才说"跌则掎蹠"，不肯认输。甚至他讲的话已经前言不搭后语，即"实求两解"。"似理不可屈者"，听起来他的话好像没错，其实是在掩饰他的理屈词穷、自相矛盾。旁观者不想再纠缠下去，而他还要继续坚持，绝不承认自己说话有问题。

"凡此七似,众人之所惑也。"这七种似是而非的表现,都会让人产生迷惑,搞不清楚他到底讲的是真的,还是假的。听话的人,到底是真懂,还是假懂。无法分辨强弱、虚实。这些都是讨论问题时经常能见到的状态,此情形严重妨碍真理的沟通,需洞悉其伪,大力扫除。这些状态之所以产生,皆是因为"性不精畅",本身缺乏自信所致。

强词夺理走偏锋

夫辩有理胜,有辞胜。理胜者,正白黑以广论,释微妙而通之。辞胜者,破正理以求异,求异则正失矣。

【译文】

在论辩中,有以道理取胜、以理服人的,有以言辞取胜、让人辞穷的。以道理取胜的,先辩正白黑等大方向的原理、原则,再开始演绎发挥,大方向不出错,即使细微深奥的道理也能融会贯通。以言辞取胜的,不强调基本原理、原则,反而去找特例来吸引别人的关注,这就失去常道,走向偏锋。

【现代解读】

谈及论辩、辩难,在"情有九偏,流有七似"之后,接着讲到"说有三失",指出论辩中的三种过失——"同、反、杂"。首先,刘劭为"说"下定义:"夫辩有理胜,有辞胜。"一种是在论辩中以道理取胜,以理服人,放诸四海而皆准——这是用道理、事实来说话,即"理胜"。另一种是靠着说话的技巧,让人接不上话,即"辞胜"。这种情况下,立论的依据可能有值得商榷的地方,逻辑性不够强、不严谨,道理上可能站不住脚,完全以辞胜人,未必能够让人心服。

"理胜者,正白黑以广论,释微妙而通之。"因为正理不可移,所以先正白黑、分别是非，再依据白黑立论演绎发挥"广论"。"释微妙而通之"，因为大的原理、原则不出错，很多事情都能够融会贯通、精深微妙，所以"一理通，百理彻"，就能圆融通达，这是"理胜"。经典之所以为经典，是因为"理胜"而能"发微"，先有了是非分明，方向对了才不会"失之毫厘，差之千里"，进而阐幽发微，梳理分析一般人搞不通的道理，这是"以理服人"。

"辞胜"就是在道理上找出"灰色地带"，不强调基本的原理、原则，而是去找例外、说特例，以便能引人注意或是显示自己的与众不同，标新立异，即"破正理以求异"。只是这样一来，"求异则正失矣"，结果是失常道、走偏锋。我们在日常生活中，有时候碰到这样的人，无论跟他谈什么，都会被打断、被质疑，这类人是"天生的反对派""为反对而反对"，话讲得破绽百出，正经事又做不来。所以，当我们听到别人批判既有的现状，就觉得很辛辣、很有道理，其实批评永远比建设、执行容易，他自己不见得能够做得好。常常见到"说得一嘴好菜"的人，却不见他下过厨房。画画不怎么样，书法写得乱七八糟，倒是会欣赏、会批评，话讲得头头是道。因此，当大家遇到自己不懂、不熟悉或不擅长的领域，如果不愿意说称赞的话，又怕因批评显得自高，那么最好就闭上嘴巴，不发表意见。

大家做事情要从正面去推动，碰到困难要想办法去沟通、调解。沟通不成，再看看有没有别的方式可以解决，不能纯粹是破坏性地标新立异。"辞胜者，破正理以求异"的问题就在于，以为只要反对错的，就代表自己是对的。千万记得，并不是"负负"就能得正的。人类文明经过长期的发展，必然有其恒常的规律，有些规律看似平常，实则意味隽永。因为生命中没有那么多"大过"的状况，所以"因求异而正失"是"辞胜者"最可惜的地方。

说不通就算了

夫九偏之材，有同、有反、有杂。同则相解，反则相非，杂则相恢。故善接论者，度所长而论之。历之不动，则不说也。傍无听达，则不难也。不善接论者，说之以杂、反。说之以杂、反，则不入矣。

【译文】

九种性情偏执的人才，其性情有同、反、杂三种。性情相同的人彼此吹捧，互相造势；性情相反的人会彼此看不顺眼，互相攻讦；性情相杂的人相互包容，相安无事。所以善于和别人搭话的人，会分析对方的长处、短处，再顺着他的观点让其有所发挥。表达了自己的观念却不能使对方动容，就暂时不说了。旁边没有听得懂的人，就不提问为难他了。不善于和别人搭话的，讲的是别人不感兴趣甚至讨厌的话题，用别人不感兴趣甚至讨厌的话题与别人讨论，对方当然听不进去。

【现代解读】

谈完"九偏""七似"，接下来谈九偏之材的"三失"。因为"偏"，所以"情执"在观念上的好恶，由此产生了三种情况——同、反、杂。第一种"同则相解"是指气味相投、一丘之貉，自然相互取暖。因为所偏执的方向一样，心意相通，所以彼此吹捧、互相造势，这就叫"同"。后来引申为同道、同好等。

第二种"反则相非"是指彼此相冲相克，看对方不顺眼，所以彼此攻讦、水火不容。在《易经》中用睽卦反目作为"反"的代表，而家人卦就是"同"的包容、理解。在学术上，不同的派系都抱持着不同的观点，都认为自己是站在真理的一方，"同则相解"，相视而笑、莫逆于心。反过来说，要是立场对立，就视之如寇仇、异端，非打倒不能伸张义理，即"反则相非"。更妙的是"杂"，即"既不同，也不反"。

第三种"杂则相恢"，虽然代表彼此不一样，但不是势不两立、你死我活。正因为彼此的差异性，所以呈现出多元的面貌，"杂则相恢"的前提必须是双方不对立，没有利益上的冲突，可以相互包容。虽非同道，但也不是攻击的目标，彼此没有交集，行礼如仪，客客气气。

"同则相解"，蜜里调油、引为同好，"反则相非"，视如寇仇、当作死敌，至于"杂则相恢"，既不竞争也不合作，就用来凸显自己的格调和器量，作为陪衬。"恢"有豁达、大方的意思，只是这个气度得建立在没有利益冲突的基础上。随着时间、形势的改变，有朝一日发生利益冲突了，那就走到光谱的另一端成为"反则相非"。要是因利结合、方向一致，就可能成为"同则相解"。是对立，还是抱团，要视"杂"的光标前进的方向而定，如果目前暂且相安无事，就"相恢"一下。

所以，刘劭先分析人格上的盲点"九偏"，同时指出可能的流弊"七似"，再论理的"三失"，之后是"人"与"理"的结合展开："故善接论者，度所长而论之。历之不动，则不说也，傍无听达，则不难也。"对于别人抛出的议题，善于接招的高手会先分析对方的强项、弱项，模拟出对手可能有的说法，再认同与排斥相应的议题，称为"度所长而论之"。换句话说，"善接论者"是看对象说话，若想继续深入展开讨论，就投其所好、引发共鸣，讲他听得懂、有兴趣的话题，这样才能够摩擦出火花，让对手去发挥所长，要给对方一种"被欣赏"的感觉。"度"就是冷静观察，推忖对方所好与所恶，让对方能够讲得兴趣盎然、滔滔不绝，而不是讲自己喜欢、有兴趣的话题，结果让对方无话可说。所以，刘昞注此句为"因其所能，则其言易晓"。这样的话，自然你讲的话，他就会竖起耳朵听，乐于接受。

"历之不动，则不说也。"要是不管谁来，都是讲同一套东西，或是"度所长"，揣度错了方向，那就不能达到沟通的目的，更做不到感动人、号召人。这种人往往有"教主情节"，无论跟谁都鼓吹宣道。真正的好"教主"是"因材施教"，会依照不同的对象讲不同的话。《易经》观卦中谈"省方、观民、设教"，对于"童观"就得以"童观"应对，对于"窥观"就讲"窥观"的话，千万不要"对牛弹琴"。"历之不动"就是鸡同鸭讲。

"历"就是经历、尝试,讲完后对方却无动于衷,完全没反应。我们讲话的目的是打动人心,如果对方所思所想,与你不是同一调性,你就没有办法打动他,也就不用白花力气了。也许未来时机到了可以再讨论,不过,现在讲绝对无效。《易经》兑卦有"悦、说、锐"等义,讲的就是说话要说到人家心坎上,才能"说以先民,民忘其劳;说以犯难,民忘其死;说之大,民劝矣哉"。

"傍无听达,则不难也","听达"是指身旁有能听懂、理解我们所表达的意思的人。若是话都听不懂,就别为难别人,也放过自己。"则不难"就是算了、别说了,不做无效的沟通。

以上是说善接论者在讲话时,懂得察言观色,懂得选择合适的主题、时间,能找准突破口切入,还能根据受众的反应来决定接下来的内容。因此,无论是不是误判,一旦受众的反应不好,立马转移主题,或者不再继续,以免场面尴尬,做无效的投入。

但是"不善接论者,说之以杂、反",这样就往往会遭遇很多挫折。说到底也是自己的白目(指说话不留心眼),讲的是人家没兴趣的主题,自然不能深入人心。"杂"就是不在意、不关心,而"反"就是排斥、讨厌的话题。刘昞作注"彼意在狗而说以马,彼意大同而说以小异",信息完全不对称,"说之以杂、反,则不入矣",讲人家不爱听的话,人家自然没兴趣,也接收不到真正的信息,完全没有办法打动人,这是因为彼此不契合、不投缘。《易经》中孚卦中讲"鸣鹤在阴,其子和之",因为彼此投契,所以能"和之",相互响应。既然讲话要深入人心,就必须要掌握对方的所好与所恶,才知道说什么可以打动他。《易经》中巽卦后接兑卦,前者是深入、低调,后者是说话、表达,能产生喜悦、共鸣,正是呼应此段中先"度所长"的掌握功夫,才能让交谈的宾主尽欢。

善用比喻讲道理

善喻者，以一言明数事；不善喻者，百言不明一意。百言不明一意，则不听也。是说之三失也。

【译文】

善于借由比喻来讲深刻道理的人，能用简单的几句话说明很多件事情。不善于借由比喻的人，说了一箩筐话也说不明白真正的意思。说很多话也说不明白一个意思，别人就不会再听了。这是论说上的三个失误，即错误的道理、错误的内容和错误的表达。

【现代解读】

兑卦之后接涣卦，谈的是扩散效应，在传播上有弘扬四方的效果。只是"不善接论者，说之以杂、反。说之以杂、反，则不入矣"，自然无效。为何一般我们在讲道理时，会举一些具体的、日常的例子，以引发共鸣，产生切身的感受？为了避免因为太抽象、枯燥，让人有距离感和不耐烦。在佛教中有《百喻经》，用寓言小故事来说法，深入浅出，即"以喻说法"。《易经》用"象"，立象以尽意，《春秋》设"况"，以模拟情境来叙事述志，《诗经》用自然现象、动植物来抒怀，情景交融，引发人的共鸣。这些都不是平铺直叙，而要绕个弯儿，正是"善喻"。因此，刘劭说："善喻者，以一言明数事。"借由比喻来讲深刻的道理，甚至用简单的几句话，就可以同时把好几件事情通通说明白。"不善喻者，百言不明一意。百言不明一意，则不听也"，反过来说，讲了一箩筐的话，人家也不知道他真正的意思是什么。前面说"说之三失"，虽然文中没有直点出来，但总的来看，应该不脱离"破正理以求异，求异则正失矣""说之以杂、反，则不入矣""百言不明一意，则不听也"。

这三种说话的过失，包括错误的道理、错误的内容和错误的表达，都是沟通上的毛病。还是回到说理的原则，察言观色的响应和因时因地制宜的调整，总不能何时何地只讲某一套，正所谓："时，然后言，人不厌其言。"（《论语·宪问》）而且"要言不烦"，不拖泥带水，才是说话的艺术。

辩论不是吵架

善难者，务释事本；不善难者，舍本而理末。舍本而理末，则辞构矣。

善攻强者，下其盛锐，扶其本指，以渐攻之；不善攻强者，引其误辞，以挫其锐意。挫其锐意，则气构矣。

善蹑失者，指其所跌；不善蹑失者，因屈而抵其性。因屈而抵其性，则怨构矣。

【译文】

善于质疑问难的人，能抓住重点，就事论事，注重事情的主体。不善于质疑问难的人，往往偏离事物的主体，而注重细枝末节。抓不住根本而去注意细枝末节，就构成了言词烦冗、废话连篇的情形。

善于辩驳强大对手的人，在对手气势旺盛时能先放低姿态，避其锋芒，梳理讨论的主旨然后循序渐进地就事说理。不善于辩驳强大对手的人，往往抓住对手细枝末节的小失误，就仓促回击，只想挫败他的锐气。用这样的方法来挫败对手的锐气，反而会拉高双方的情绪，变得意气用事。

善于抓住对手过失的人，会用温和、含蓄的方式提醒对手出现失误，甚至是帮他解围。不善于利用对手过失的人，一抓住对方的过失，就当面指责，逼迫对方屈服、认错。趁对方理屈的时候存心找碴，就会让对方在心里产生怨恨的情绪。

【现代解读】

接下来谈到表达的方式，称为"六构"，分别是：辞构、气构、怨构、忿构、妄构、怒构。"善难者，务释事本"，指的是特别善于质疑问难的人，能抓住重点，就事论事，不会偏离事情的主轴而旁生枝节，所有评问都为了阐明根本。至于"不善难者，舍本而理末"，就是辩难的技巧拙劣，往往歧路亡羊，被牵引到细枝末节上，偏离事情的主轴。在讨论时，得不断地将讨论内容拉回议题上，否则就天马行空、不知所终。"舍本而理末，则辞构矣"，"构"是架构、结构，会莫名其妙地冒出一堆事情来，包括很多情绪都起来了。

"善攻强者，下其盛锐，扶其本指，以渐攻之"，这是从《孙子兵法》的角度来分析人际沟通的技巧。当论述的对手很强时，不妨在他气势旺盛、锋锐尽显的时候，先暂时礼让，放低姿态，即"下其盛锐"。硬碰硬不会有任何好处，有时候反而导致意气用事，不如虚受其锐，避开盛气。因为这不是对战的时候，所以不能采取进攻的方式，而是要像打太极拳一样，先侧身把蛮劲卸掉，让论敌的力气锋芒像打到棉花一样，然后慢慢地梳理清楚讨论的主旨，即"扶其本指"。人在气盛时立论往往会有所偏颇，方向容易走偏，此时正是重新调整论述、回归主旨的时候。"以渐攻之"，放慢步调，循序渐进、稳扎稳打、就事说理。一个人气盛时先避让，顺着他的气势疏通一下，等到气势缓和，最后再理清思路开始反攻，这正是"一鼓作气，再而衰，三而竭，彼竭我盈"的道理。《孙子兵法》中有："是故，朝气锐，昼气惰，暮气归。故善用兵者，避其锐气，击其惰归，此治气者也。"若是两方在气盛时互相攻讦，那必定两败俱伤，绝非上策。反而要能以柔克刚，削弱对方的气势，等到气势稍微萎靡，就是反击的最佳时机，后发制人。

这正合《孙子兵法》的要义，学会避开盛气凌人、锋芒毕露的人，学习坤卦中"含章，以时发也"的精神，只要自己掌握住主题，没有落到枝节上，就可以待对方气馁时"以渐攻之"。反过来看，"不善攻强者，引其误辞，以挫其锐意"，指的是在对方气盛、咄咄逼人的时候，抓住对方的小失误就急忙回击，把焦点放在争辩细枝末节上。这个做法导致的问题：一来对方不会服气，在论述上一定不肯让步；二来自己把讨论的主题落到细枝末节上，没有办法进行有意义的交流。"误辞"就是说话不注意，讲错了，无论是口不择言、用词不当，还是引据错误、张冠李戴，总之是道理不通、话不合适。这不是大问题，只是人在气盛急攻下常有的表现。高明的辩士，就算误辞也不会纠结，而是始终把持大方向，在主要战场、重要论述中取得全面的胜利。要是抓住人家的小辫子就沾沾自喜，专门在"误辞"上打转，想要用这种方式来打击对手，那么讨论的格局肯定不会宏阔，陷溺在意气用事的漩涡里，这肯定不是高明的讨论方式。说错有什么关系呢？讲快了，自然会有疏漏。有时候还可以用来自嘲，调节一下现场气氛，甚至故意讲错，重新调整作战方式，这是另一层的辩论技巧。

"引其误辞"的辩论手段，基本上是存心跟人家吵架的，不但达不到"挫其锐意"的目的，而且会激怒双方即"则气构矣"，甚至彼此翻脸。"构"是架构、成形。只想着打压对方的气势，揪着对方偶尔讲错的一些话不放，不讲道理、专挑毛病，于是双方都变得气不打一处来，从论辩说理变成了吵架，这有什么好处呢？

两刚相搏，必定"龙战于野"，敌强我弱，须尽卸其劲后，再还手反击。自己站在理上，"扶其本指"，展现出自己的修养，冷静地交谈或者较量。"以渐攻之"，就算双方互有输赢，也能获得对方的尊重。《老子》说"静胜躁"，态度的冷静和冲动，会产生完全不同的结果。渐卦上爻讲"其羽可用为仪，吉"，循序渐进而取得最后的胜利，可作为典范，而归妹卦急功近利，到最后鱼死网破一场空，没有得到任何好处，即"女承筐无实，士刲羊无血。无攸利"，自然立判高下。

"善蹑失者，指其所跌。""蹑"，"足"字旁，就是用脚踩住，"蹑失"则是指抓到人家的错处。每个人都会犯错，看到人家犯错，正好一脚踩上去，如果踩得好，人家就会满心感激、虚心受教。如果踩得不好，人家就会心生怨怼、充满敌意，这就要看表达的方式和态度。善蹑失者指点人家的错误，就事论事，不会带有情绪，不会有想要把别人踩在脚下的想法，会用温和、含蓄的方式去提醒，甚至主动解围。但不善蹑失者，巴不得看到别人出糗，一旦抓住别人的"小辫子"，就忙着当众指责，想要用这种方式折服对方，凸显自我。只是纵然对方有出错的地方，也不愿意搞得众人皆知，一旦被大声地喊出来，心理上就不能接受，容易产生敌对、排斥的情绪，即"抵其性"。双方的情绪相互冲撞，一方发出的攻击让对方受不了，觉得你是存心找碴儿，就容易结下梁子，"则怨构矣"。虽然只是会场中的冲突，但搞不好会纠结一辈子，深化彼此的憎恶感，由"气构"变成"怨构"。一旦到了"怨构"，就没有办法再谈道理，不但彼此偏离正题扯不清，而且会变成人身攻击。

简而言之，以上两种是要人存忠厚之心，少刻薄计算，对人刻薄，人家也会以刻薄相待。反之，以包容、扶助的心态，有时候帮对方掩饰、提醒，可能就会赢得对方的认可。毕竟，大家的目的只是讨论，不是结仇，没有谁一定对，谁一定错。要是不如此，最好别讨论，否则还易树敌，小则意气冲突，即"气构"，大则结怨一世，即"怨构"，谁也没得到好处。

真正沟通好困难

或常所思，求久乃得之。仓卒谕人，人不速知，则以为难谕。以为难谕，则忿构矣。

【译文】

有的人自己常常去思考、探索某一问题，想了很久才有所领悟，得到结论，然而他仓促地当面告诉别人，让别人马上接纳这个道理。别人不能马上理解，就以为别人难以理喻，不够聪明。认为对方是难以理喻的人，反而把自己弄得很生气。

【现代解读】

"或常所思"，无论是大道理，还是小心得，都是人经过思考、验证得出来的结论。"仓促谕人，人不速知"，在短时间内陈述给别人听，人家不能立即领悟很正常。若是因此便"以为难喻"，认为是人家的问题，不懂得"推己及人之谓恕"的道理，不能保持同理心，那么自己生气，别人也不高兴，关系也会因此疏远。

有一些事理，你可能已经思考了很久，心里有所领悟而得出了结论，就忙着在会场中告诉别人自己的心得。你想那么久才得到的结论，在那么短的时间内，就想让人家听懂并接受你的观点，当然不容易。结果就认为别人不够聪明，抱怨别人怎么那么愚钝，即"人不速知，则以为难谕"，这是少了"恕道"。你自己不也想了很久才想通吗？一辈子的心血结晶，希望人家三秒钟就听懂、接纳，不是很荒唐吗？结果，"则忿构矣"。这种情况带有一点"好为人师"的味道，出发点是好的，和别人分享自己研究成果、获得的心得，只是别人理解需要时间、思索和体验，不可能一蹴而就。急急忙忙、毫无准备地告诉大家，大家听了没反应，如果只是自己生气就算了，要是弄得大家都不愉快，就更没道理。两三下能听懂，要不就是深交知己，再不然就是人人都懂得这个结论，没什么了不起，否则自己不花一点时间耐心地一步步引导，就批评别人都不懂，那就是自己给自己找气受，"则忿构矣"。

《论语》首章谈道："学而时习之，不亦说乎？有朋自远方来，不亦乐乎？人不知而不愠，不亦君子乎？"学习结合着生命经验，让生命变得充实，自然是一件乐事。也因此，就会有人前来讨论、求教，即"有朋自远方来"。至于"人不知而不愠，不亦君子乎"，你好不容易获得的心得、建立的知识体系，从对朋友讲习到传播天下，为人解决人生的疑惑。若是人家一时半刻不理解、听不懂，就要耐心地引导，因材施教。要是"愠"起来，直到"忿构"，那就太荒唐了。孔子自许"学而不厌，诲人不倦"，教育就是要因不同的对象用不同的教法，所以《易经》谈"包蒙、击蒙"，基本态度就是宽容，要有学习、品味和印证的过程。没有这种同理心，动辄就憋在心里不愉快，怎么有资格当老师呢？这一句总结孔子一生的行述，所以列在《论语》的首篇、首章，以发扬孔子"学而不厌，诲人不倦"的精神，并不是"人家不知道我有才华，我也不生气"，这样前后文不连贯，也有孤芳自赏的味道，是断章取义的解释。

所以，《学而》首章从学习出发，期许"先知觉后知，先觉觉后觉"的循循善诱。教学必须先接受学生的不同素质，如同《人物志》所强调的因材适所，几乎没有一下子听了就懂的人。中国历史上只有一个人是听了就懂的，他就是六祖慧能，五祖一辈子就只碰到这一个人，连神秀也不是一下就听懂的。要没有"人不知而不愠"的态度，那五祖在遇到六祖前，一直传不出衣钵，岂不气死了？所以，"教"同"学"一样，都要有持恒的功夫。《周易·系辞传》说"恒，杂而不厌"，面对纷杂能够一秉初心，不生二想，专心持续地做下去，事情自然会有转化，实力自然就会增强。

夫盛难之时，其误难迫。故善难者，征之使还；不善难者，凌而激之，虽欲顾藉，其势无由。其势无由，则妄构矣。

【译文】

当双方争辩致矛盾升级时，不要硬追着打，胶着在歧异点上，要懂得避让。所以善于质疑问难的人，会心平气和地找证据验证，然后确认、化解症结，回归到原本讨论的本题上。不善于质疑问难的人，会采用激进的方式来挑拨他，虽然后来想拉回到本题，但讨论的内容已经走偏，无法挽回了。既然无法挽回，就会胡说八道，偏离现实。

【现代解读】

"夫盛难之时"，指双方冲突升级，纠结在彼此的矛盾上，受到气势所致，面子上下不来。要是这时再追着打，硬碰硬，一定搞不出名堂，最好的办法是避开，不要胶着在歧异点上。《孙子兵法》上讲"穷寇莫追"，就是怕对方的办法是不顾一切地跟你拼命。"故善难者，征之使还"，善于讦问的人，心平气和地找证据验证，然后确认、化解症结就跳过了，

材理第四 | 175

再到讨论的本题上。"征之使还"有"剥极而复"的味道，需要很高明的技巧。至于"不善难者"，采用的是激化对立的方式，虽然到后来想拉回本题，但讨论的内容已经走偏，整个结果自然荒腔走板，胡说八道，各说各话。"凌"有高人一等的意味，等于说是跳起来专门打你的痛处，这种做法最让人反感。如果讨论过程中有这样的情况，就使得双方杠上了，恐怕谁也劝不了。"虽欲顾藉"，"藉"是铺垫，用来缓和地面上崎岖不平的冲击，取自《易经》大过卦初爻"藉用白茅"。"顾"是回顾、回头，在此指拉回本题，回到最初的理性讨论上。只是再也找不到一个缓冲的话题，彼此的对立不可避免。"其势无由"，因为双方已经闹翻脸，你挑毛病，我也奉陪，大家都在气头上，所以谁也不肯让谁。人情就是这样，莫过于当面让人难堪。"妄"，指轻举妄动、痴心妄想，意即偏离现实。

凡人心有所思，则耳且不能听，是故并思俱说，竞相制止，欲人之听己。人亦以其方思之故，不了己意，则以为不解。人情莫不讳不解，讳不解，则怒构矣。

【译文】
当人在专心思考问题的时候，往往不能同时听到别人在说什么。所以每个人在接收他人的信息时，都在想着怎么辩驳别人的论述，发表自己的看法，让对方听从自己的话。可是，别人在听的时候是在思考接收到的信息是否正确，不会完全了解你所说的意思，结果被认为是不清楚或不了解。人之常情中，最忌讳说自己没听懂，因为担心别人知道自己不了解，所以强行辩护，就产生了愤怒的情绪。

【现代解读】
再来谈一谈人生的共同经验："凡人心有所思，则耳且不能听。"当你在专注地思考一个问题时，基本上不会注意别人在说什么，很难分神留意外在的变化。"是故并思俱说，竞相制止，欲人之听己"，在讨论中，每个人接收他人的信息,进行思考、分析时,一旦发现破绽,就只想辩驳别人的论述,发表自己的看法。可是,自己在说话时又希望别人能听懂自己的话,只是人家在听你的话时,脑筋在想着接收到的信息是否合理,即"人亦以其方思之故",所以可能不会完全掌握你说的内容,或是误解了你的话,即"不了己意"。结果可能会被认为是没听懂、不了解,这犯了人情上的忌讳,人最怕被人家看出来自己听不懂,"人情莫不讳不解"。一旦被人看破的话,必然要想办法强辩,为的是给自己留点面子,再不然就翻脸,也就因此产生"怒构"。

大家在会议中讨论问题时,常常抢着说话,每个人都很难做到认真努力地听懂别人在讲什么,却拼命地把自己的想法说出来,就容易呈现一个很混乱的场面。每个人都在鸡同鸭讲,不愿意停下来听别人说,同时又怕别人觉得自己听不懂,被识破后又会意气用事。因此,在行为科学中常讨论的是,什么样的会议形态才会产生最高的议事效率。一般的大会形式议事效率低,不管是谁发言,参会者可能有七八成都在想自己的事,甚至看手机,那怎么会听到人家在讲什么呢?会议如此,上课也是一样。缩小到三五好友的闲聊,若是大家共同谈一个主题,焦点还可以集中,要是有两三个话题交错进行,甚至捉对厮杀,到最后根本搞不清楚谁讲了什么,这不是常有的事吗?但脑力激荡的集体决策会议又不能没有,该怎么办呢?这就有赖于会场的主持人来掌控全局,创造"大家都听得到发言"的情境,主持人必须心无旁骛,专心听讲,在换人发言前,就前述内容再做一次摘要,避免参会者因漏听产生误解。在不断整合的过程中,请不同意见方进行补充,或进一步重述,务必要在一定程度上达到相互理解。要是主持人不称职,这样的讨论就容易发生状况,"则怒构矣",所以一般会场中出现问题,可能来自多方面的安排不当。

凡此六构,变之所由兴矣。然虽有变构,犹有所得。若说而不难,各陈所见,则莫知所由矣。

【译文】

以上所说的六种情绪，是沟通时产生纠纷的根源所在。虽然沟通时会有各种情绪的问题，但真理越辩越明，还是会有所得、有所收获。如果只是各自表述己见而不深入辩论、质询，就不知道结论是怎么来的，以及为什么要认可它。

【现代解读】

从这六种"构"来看，人堆砌的情绪不能让会议顺利平和地进行，不是吵架，就是产生摩擦，使人际关系发生化学反应，"变之所由兴也"。这是刘劭提醒大家要合理地运用应变的技巧，有智慧地避免矛盾的产生，并且自觉地调和异常的氛围，塑造一个良好的沟通环境，这有赖于议事规则的制定和遵守。不过，还是有可能出现状况外的不守规则的家伙，但至少控制在可接受、不影响讨论的范围之内。

"然虽有变构，犹有所得"，虽然说讨论会有"六构"的问题，但刘劭还是肯定沟通的成效。我们不能因为担心人情问题就避开讨论，毕竟真理越辩越明，不沟通、不交流、不传播，最终不能解决问题。只要我们肯用心、多留意，至少可以减少各种沟通的阻碍，最重要的是通过沟通、交流，还会有所得、有所收获。"若说而不难，各陈所见，则莫知所由矣"，如果只是为了表面上的平和而各自表述，却不深入地进行辩论，又如何能集思广益、凝聚共识，达成会议的圆满呢？《易经》夬卦的卦辞说："扬于王庭，孚号有厉，告自邑，不利即戎，利有攸往。"在做重大决定时，不仅要集思广益，还要交叉讯问、讨论质疑，绝不能搞一言堂。哪怕一开始有对立冲突，甚至有人拂袖而去，我们也得就此观察人情、人性的弱点，慢慢改进沟通的技巧，这才是人生的正路。若因此不愿沟通、回避冲突，只是大家露露脸、说说话，那就失去集会讨论的意义了。

议场如战场

由此论之，谈而定理者，眇矣。必也聪能听序，思能造端，明能见机，辞能辩意，捷能摄失，守能待攻，攻能夺守，夺能易予。

【译文】

正因为有这么多的麻烦，所以沟通时很难达到高效率，也很少能够真正谈出名堂来。一定得这样做：能理解事情的逻辑、道理，能融会贯通、创造新意，能掌握恰当的时机，能把意思讲得明白、清楚，能处事敏捷，不偏离主题，能在等待时机时，做到滴水不漏，能在攻讦对手时切入关键点，一刀致命，能利用对方的破绽来制服对手。

【现代解读】

"由此论之，谈而定理者，眇矣。"正因为有这么多的麻烦，所以很难得到高效的结论，也很少能够真正谈出个名堂来，大多数会议都是会而不议、议而不决、决而不行。那该怎么办呢？接下来谈到会议中的规范，以便避开或减少沟通的阻碍，照这样做，大家在讨论问题的时候才能就事论事，不东拉西扯，也不会翻老账。否则，"一人一把号，各吹各的调儿"，能搞定的事就"眇"了。"眇"指稀罕、渺茫。刘劭接下来提出的建议，称为"八能"，"能"有"通志"的本事，得下精深的功夫。《易经》同人卦中有"唯君子为能通天下之志"，也就能"极深研几，通志成物"，深入未言之处去发掘共识，才能抛开表面上的分歧，超越而为"同人"。集各家所长，以补己所短，形成组织中有效的结论。

"八能"是哪八种本领呢？"必也"，指一定得要这样："聪能听序，思能造端，明能见机，辞能辩意，捷能摄失，守能待攻，攻能夺守，夺能易予。"

"聪能听序"，理解事情的逻辑性，认识到彼此间的上下文和因果关系。搞清楚来龙去脉，由源到流、由本到末，才能掌握发展的轴线。这就需要思路清晰，是一门重要的功夫。

"思"有"心田"之意，得挖掘出人家没开发出来的宝藏，提出好的方案。很多思想家、哲学家和宗教家，他们的"思"能够解答很多当代难解的问题，开拓新的视野，影响千千万万的人，这就叫"思能造端"。"端"有端序的意思，是自此而始，源头是他创造出来的。所以，过去人的著作，如果立论严谨，对自己的创见有自信，就会肯定自己的论述是"发前人所未发"，建立了新的体系，就不是写"著""作"，或是整合前人论述用"学"，而是写"造"——代表具有创造性，前无古人的意思。例如国学大师熊十力的《新唯识论》，他用"黄冈熊十力造"，代表有突破性的创见，与别人都不一样。在《易经》乾卦中五爻"飞龙在天，大人造也"，也是用"造"字。"造"不是无中生有，而是综合前人的心得来创造出自己独特的、革命性的理论与想法。像苹果公司的创始人乔布斯研发的个人电脑改变了人们的工作、生活方式，这就是"思能造端"。

"思能造端"先要有"聪能听序"的功夫，既要听人家的意见，吸收人家的心得，也不要误解、曲解，或是预设立场、心存成见，再进一步自己发挥。这也是为何真正能够"思能造端"的人很少，不管是理论人才或者是事功人才，都是如此。这只是八能之一二，从"聪能听序"中听出道理、逻辑，然后"思能造端"，融会贯通，创造新意。再"明能见机"，掌握时机、机会，看准市场，破口切入，就是常说的"知机应变""见机而作"，都得靠"明"的智慧。"明"就是日月双照，左右并列。上下组合"日""月"就是《易经》的"易"，代表光明、黑暗、顺境、逆境等。兼备正、反思维，才是真"明"。

"辞能辩意"，指有发明后，也得口才好，能把意思讲清楚、说明白。"捷能摄失"，行动敏捷快速，听话时感应十分敏锐。在讨论时，不管是语病，还是盲点，都能够发现错误，不让讨论偏离主题，这叫"捷能摄失"。人在思考、行事时，如果身旁有一个"捷能摄失"的人提醒你，就可以避免"当局者迷"的状况。历史上张良对刘邦就有这种辅佐的作用，比如刘邦身陷危难，韩信却趁机端起架子要求当"假王"，就在刘邦气不打一处来，想要破口大骂之际，张良暗中提醒，刘邦会意后立马由怒转喜地封韩信为"真（楚）王"。这种君臣默契、忍气求全的功夫，使得刘邦能做开国高祖，张良能保全终老。事后韩信被撤兵权、被杀头，也在意料之中。清朝慈禧太后曾讲过："谁让我一时不痛快，我让谁一辈子不痛快。"这个"一时不痛快"就是领导人当时忍气低头、圆融处理。如果没有"捷能摄失"之人的提醒，刘邦说错一句话收不回来，恐怕就要吃眼前亏了，更不要说得天下了。

"守能待攻，攻能夺守，夺能易予"，这一句可以说是把《孙子兵法》用上了。"守"是等待时机，必须"守"得滴水不漏，让人无法攻破我的说辞、理论。至于我采取的讦问，必须切入对方的关键处，能够一刀毙命。这不是只靠三寸不烂之舌的口辩，更要有充足的准备，了解对方的虚实，也是有攻、有守的兵法理论的应用。承续前述"听""思""明""辞"等攻击利器，才能出神入化，应用无碍。举个例子来说，先秦时邯郸大贾吕不韦，视秦国公子为"奇货可居"，先送美人再赠财宝，无中生有地找机会，助秦国公子登位秦王，而后他立居丞相。把原本的冷灶烧得红火，使自己由商从政，成为秦国第一人，这就不得不佩服他的眼光、心思。"夺能易予"，利用对方的破绽、矛盾切入后，加以转化认同。刘昞注解为："以子之矛掩子之盾，则物主辞穷。"将对方的论述破绽转为攻击的突破口，一旦动摇立论的基础，对方自然就没话讲，理据已失。

八种专才

兼此八者，然后乃能通于天下之理，通于天下之理，则能通人矣。不能兼有八美，适有一能，则所达者偏，而所有异目矣。

【译文】

具备了这八种能力，可以说是能通晓天下的事理，通晓了天下的事理，就能够通晓人情世故了。不能够具备八种能力，而只具备其中一种能力，所通达、造诣的境界是偏颇的，也因此会让人感受到耀眼的特质。

【现代解读】
"兼此八者，然后乃能通于天下之理，通于天下之理，则能通人矣。"要是具备了这八种能力，可以说"一理通，百理彻"，所有人情世故，都能处理得妥当。"不能兼有八美，适有一能，则所达者偏，而所有异目矣"，"八能"齐备的人，实在少之又少（按：近乎"中和平淡"）。但是，只精通其中一种能力，虽然所通达、造诣的境界不算是全面的成功，但是达到片面的成就，也会让人感受到耀眼的特质。

是故聪能听序，谓之名物之材。思能造端，谓之构架之材。明能见机，谓之达识之材。辞能辩意，谓之赡给之材。捷能摄失，谓之权捷之材。守能待攻，谓之持论之材。攻能夺守，谓之推彻之材。夺能易予，谓之贸说之材。

【译文】
所以，能够辨别出事物概念、言语字词间的逻辑关系的，称为名物之材。能够构思、创造并建立架构、体系的，称为构架之材。特别有见识，看待事情能推测事件的发展走向的，称为达识之材。能够把意思表达清楚，口给无碍的，称为赡给之材。看待事物能够快速地做出相应反应的，称为权捷之材。立场坚定，能够挡住论敌进攻的，称为持论之材。进攻凌厉，能够战胜严密防守的，称为推彻之材。能够发现论敌自相矛盾的地方，让其前言对不上后语，自露破绽的，称为贸说之材。

【现代解读】
接下来逐句分析。"聪能听序，谓之名物之材"，逻辑清楚、脑筋灵活的人，因为能够辨别事物的概念，言语字词间的逻辑关系，所以可以在定义、名称上精准地掌握，称之为"名物之材"。"思能造端，谓之构架之材"，能够构思、创造，建立架构、体系，这是"思能造端"的长项，称为"构架之材"。至于"明能见机，谓之达识之材"，因为特别有见识、通达，看待事情能推测事件的发展走向，正所谓有"履霜，坚冰至"的本事。"辞能辩意，谓之赡给之材"，讲话能够把意思表达清楚，口给无碍。"捷能摄失，谓之权捷之材"，"权"有权变的意思，看待事物能够快速地做出相应的反应。"守能待攻，谓之持论之材"，立论严谨、理据充足，不管人家怎么攻击，都没有办法把你驳倒。"攻能夺守，谓之推彻之材"，具有攻击力，一旦发动时，谁也守不住，必让对方在气势、说法上屈居下风。"推"指推倒、推翻。"夺能易予，谓之贸说之材"，"贸"有交易、替换的意思。这种人能够发现论敌自相矛盾的地方，然后"以彼之道，还诸彼身"，让对方前言搭不上后语，自露破绽，乱了阵脚。

通才的大成境界

通材之人，既兼此八材，行之以道。与通人言，则同解而心喻；与众人言，则察色而顺性。虽明包众理，不以尚人；聪睿资给，不以先人。善言出己，理足则止；鄙误在人，过而不迫。写人之所怀，扶人之所能。不以事类犯人之所婟，不以言例及己之所长。说直说变，无所畏恶。采虫声之善音，赞愚人之偶得。夺与有宜，去就不留。方其盛气，折谢不吝；方其胜难，胜而不矜；心平志谕，无适无莫，期于得道而已矣，是可与论经世而理物也。

【译文】

那些通才的人，兼备上述八种才能，他们能够遵循正道发挥这些才能。他们和通才的人交谈，话没说完，彼此就懂了。和能力一般的人交谈，则察言观色并顺从他们的性情来说。虽然他们明白并掌握众多道理，但不因此而居人之上。他们虽聪明且口齿伶俐，但不因此而居人之先。说话尽量从正面切入，把道理讲清楚就适可而止。别人犯了明显的错误，和缓地指出错误而不穷追猛打。帮助别人把心里想了很久的东西倾吐出来，扶持别人发展长处，给予肯定。不直接去讲别人特别忌讳的东西，对于自己的长项也不以比喻、指类或举例的方式大吹大擂。讲话时理直气壮，不会因为位高权重，欺善怕恶，而扭扭捏捏，绕来绕去，无所畏惧。能够采纳虫声中的美妙声音，也能赞美愚人偶然得到的嘉言。论辩时的进攻或是防守，都恰到好处，不会在人心里留下疙瘩。当对手盛气凌人而且不断拔高气势时，就低调应对，有错误就道歉。当他战胜论敌的时候，也不会骄矜自喜。心气平和，志向明确，在一定的目标下随机应变，只期望能够求得真理而已。这种人，就有资格和他探讨治理国事的原则和万物变化的规律了。

【现代解读】

这一段谈到兼备"八材"的人，达到了一种天人境界，他可以减少世间纷扰，可以让人心悦诚服、皆大欢喜、信受奉行。只是我们对这个天人境界望尘莫及。刘劭本人办到了吗？我们没有办法知道，他只是提出来作为愿景。

"通材之人，既兼此八材"，兼通之后还能维持一种谦和的态度，不因为自己兼备八能就盛气凌人、恃才傲物。因为有点才气的人通常都有傲慢之心，所以这一整段就谈修为，与《人物志》的总结《释争》相应，只有放下争强好胜的心，简单来讲就是《易经》谦卦的精神，才能"圆善有终"。

"行之以道"，兼备八能的通才，要依正道而行，用对天、地、人、鬼、神的崇敬和谦卑来任事与面对挑战，也是《谦卦》中所指的"劳谦君子"。这样的通才面对人群有两种反应，一种是："与通人言，则同解而心喻；与众人言，则察色而顺性。""通人"指的是能心领神会、旗鼓相当的人，交谈起来特别默契，很多时候话还没说完，彼此就懂了。这种例子在禅宗公案里特别多，从摩诃迦叶听法的"拈花微笑"，到五祖传法六祖的故事，相处过程中有时根本没说话，有时也就几句话。五祖夜半传法《金刚经》，未讲完六祖就大悟了，这就叫"同解而心喻"，不用说什么彼此就能理解，有默契。另一种是："与众人言，则察色而顺性。"对于一般人，即才智普通、理解力一般的人，就要"省方、观民、设教"，得察言观色，看对方的理解状况，再深入浅出，甚至就此打住。"顺性"，因为一般人没有办法在当下立即深入地理解，所以必须根据现状做调整，或是换个说法，主要是传播信息，收到顺畅沟通的效果。

"虽明包众理，不以尚人；聪睿资给，不以先人"，"明"指的是通才的智慧，包罗万象，任何道理都懂。不过，这也没什么好骄傲的，不能自以为高明就骑在人家头上。"聪睿资给，不以先人"，"睿"指睿智、极高的智慧。《周易·系辞传》中说"古之聪明睿知神武而不杀者夫"，讲的是圣人通达的智慧。《尚书》中特别提到"思曰睿""睿作圣"，聪明到了"声入心通"的境界。孔老夫子到六十岁的时候，有"六十而耳顺"，就是说他听到一件事，感应迅速，当下就彻底领悟了，这就叫"睿"。《周易·系辞传》中也有"寂然不动，感而遂通天下之故"，因为守静、无私无为，没有主观的执着和成见，所以自然能看透事情的真相。要是心中有私，欲求"憧憧往来"，则嗜欲深者天机浅，业障深得不得了，就算听到真理也听不懂。孔子用"聪明睿知"称赞舜，有"舜其大知也与"（《中庸》），说舜那么聪明、能干，为人却谦和、低调，惩恶扬善，与人为善。"聪睿资给"，"资"指资源、数据，要多少有多少，"给"指充足，说话利落。但就算如此，也不要"先人"，"先人"就是争先，抢在人家前面。就算实际上你是领先的，也不要表现出那种高高在上的态度。虽有"明包众理""聪睿资给"等好的条件，但是要谦退，"不以尚人""不以先人"。

"善言出己，理足则止；鄙误在人，过而不迫。""善言出己"，说话尽可能从正面切入，当然有时候有精彩的发言，可能不是预先准备好的，而是靠临场发挥获得大家的肯定。不过，无论说什么，"理足则止"，把道理讲清楚，论据充分就适可而止，不要一直高谈阔论，自我感觉良好。"鄙误在人"，若对方在说、听、辩的过程中犯了明显的错误，也不用抓着人家的小辫子穷追猛打，缓和地指出错误即可，即"过而不迫"。"鄙"就是低俗，文化程度不高。"迫"是逼迫，"过而不迫"有"穷寇莫追"的味道。

"写人之所怀，扶人之所能。""写"同"泻"，抒发每个人心中想表达的东西，不吐不快。有时候为了一吐为快，难免犯一些错误，说话不是那么严谨精细。这时就要体谅人家的认知水平及当时的情况，不用太较真儿，尽量帮助别人把心里想了很久的东西倾吐出来。不要让人觉得讲出来会招致嘲笑，从而不能畅所欲言。"扶人之所能"，指扶持别人发展长处，给予肯定。每个人都有长处、短处，要鼓励、扶持，使人能发挥其长处，找到自信心，获得成就感。

"不以事类犯人之所姻"，"姻"指的是心病，或是个人的隐私。每个人都有一些无法对人言说的话，或者是对某些东西特别敏感，这就是"姻"。一般来说，"姻"会藏得很深，免得轻易被碰触到而受伤。特别是每个人的禁忌还不一样，因此，就不要去揭别人的疮疤，使人家难过。俗话说："和尚前面不骂贼秃，矬子面前别说短话。""不以事类"，不仅不要直接揭别人的疮疤、心病，而且连间接的比喻、相关的联想都要尽量避免。这是强调做人要厚道，能体谅别人的心事，多替别人着想。

"不以言例及己之所长"，对于自己的长项，不要大吹大擂，唯恐人家不知道。有时候连比喻、指类或举例，都尽量避免有相关的联想。如果利用间接的方式来赞扬自己的表现，人家一听就知道你在自抬身价。"己之所长"，大家都有自知之明，可以避免夸耀，但"人之所姻"，又怎么能知道呢？这就要靠观察，不然的话，可能无意间得罪了别人，自己一辈子都不知道。人常常不是故意要得罪人，只是"言者无意，听者有心"，你不知道别人心里的"黑洞"在哪里，但你随口一讲，别人以为你是在影射他。因此，刘劭在前文提到"善言"，就是尽量做正面表述，"理足则止"，则是别做太多的引申发挥，以免走偏，扩大联想，或许可以因此减少无心的伤害。

"说直说变,无所畏恶","说直说变"是在说表达的方式,有时候可以直接讲,有时候得绕个弯儿,换个说法。"无所畏恶",就是话讲得理直气壮,不会因为听你讲话的人位高权重而顺承逢迎,该讲的话还是得讲。只要不犯"以事类犯人之所婣,以言例及己之所长"的毛病,怎么说都行,不必担心这个、担心那个。因为已经具备了宽厚、谦和的心态,所以不至于讲得太过。

"采虫声之善音,赞愚人之偶得。"小虫、巨兽都会发声,虽然声音各有不同,但也要包容、接纳,若是有可取之处,应不吝给予赞美。《易经》中孚卦二爻讲"鸣鹤在阴,其子和之",因为有好的建议,所以马上能引起大家的共鸣,单爻爻变为益卦,就是利益众生。所以,不要因人废言,有时候小人物的建言也很有见地。民主时代为什么要聆听老百姓的心声呢?虽然老百姓讲得未必全面,但代表不同阶层的感受。以前没有民意调查,于是上位者就派人去听听市井小民讨论的话题,现代人要了解社会现况,跟开出租车的司机聊聊也能掌握个大概,这就叫"采虫声之善音"。人虽不可能讲得全都有道理,但谁都有个人心得,这就叫"一得之愚",而"智者千虑,必有一失"不是一样的道理吗?因此,"赞愚人之偶得",给予鼓励、赞美,能让普通人树立信心,听到多元声音。从社会教育的角度上来看,就是"包蒙、包荒、包有鱼,以杞包瓜"(按:包容接纳各阶层,无论智愚、地域,无论远近,自然能有所获得,甚至布下完整的防护,保护社会安定的成果),兼容并包,自有可取之处。

"夺与有宜,去就不留。方其盛气,折谢不吝。""夺"是抢夺,"与"是给予。这里呼应前面所讲,论辩时的进攻或防守都要恰到好处。"宜"取象男根跟女阴的结合,因为取其能恰到好处,所以有生生不息之意。"去"指离去,"就"是亲近。"去就不留",讨论后就不要放在心上,也不要在心里留一个疙瘩。这里提醒大家,在与人说话时要有分寸,多留余地,少造口业。"方其盛气,折谢不吝",当对手盛气凌人而且不断拔高气势时,就低调应对,不要反驳,这是辩论中的技巧。若是自己犯了错误，立马认错以化解可能发生的冲突，或是给对方加温的机会。"折谢"是谢罪，"折"取象人弯腰的样子，如：折腰。又有所谓"为长者折之"，向前辈、长者鞠躬。有错误就道歉，不会碍于面子而不认错，就叫"折谢不吝"。有些人天性高傲，从不认错，就叫"吝"。"折谢不吝"是辩论的策略之一，关键时刻示弱就可以泄了对方的火气，不会纠结小局部而忽略了大战场。

"方其胜难，胜而不矜"，一旦自己占了上风，对于别人的问难都能说得明白，这时千万不要骄矜自喜，不然容易露出破绽或结下仇怨。古人说："满招损，谦受益。"这是出自《尚书·大禹谟》的名言，是给执政者的最深刻的告诫。《论语》中孔子也讲，就算是有周公之才干、品德，如果骄傲且心胸狭窄，不能容人，就没什么了不起。（按：子曰："如有周公之才之美，使骄且吝，其余不足观也已。"《论语·泰伯》）我们离"周公之才之美"还差得很远，更没有资格骄傲。

"心平志谕，无适无莫，期于得道而已矣。"能做到"胜不骄，败不馁"，自然心平气和，情绪稳定。"谦"指的是身心非常平衡的状态，谦卦的卦辞所说的"裒多益寡，称物平施"，就是指以平常心看待一切。况且，辩论的目的不就是要追求真理吗？"得道"才是目标，"夺与""胜败"只是过程，所以情绪要不受影响，想清楚才是重点。"谕"是晓谕，指了解、明白。只有"心平"才容易"志谕"，心里存着争强好胜的想法，不见得真能听懂人家讲什么，非常容易搞错重点。"无适无莫"出自《论语》，意思是说："没有一定要怎么样，也没有说一定不要怎么样。"（按：子曰："君子之于天下也，无适也，无莫也，义之与比。"《论语·里仁》）讨论还没结果，大家尚未达成共识，怎么会先有"该怎样，不该怎样"的"未审先判"呢？所以，只有放下成见，打破条框，才能接纳新的观点、概念，这才是论辩的真正目的。"莫"是"不要怎么样"，"适"是"一定要怎么样"。"期于得道而已矣"，兼备八能的通才，还能够保持这么好的态度，避开前面所讲的毛病，搞清楚自己的目的是"得道"。这样的人才可以和他认真"与论"，而不是胡扯、空谈。与其讨论的内容，就在经世致用、天下格局的层次上,即"经世而理物也"。"经"有处理、治理的意思,"物"包括人、事、物。"人有万端、事有百种",如果要放大到"经世"的格局,就不能自私自利,要从整体角度去看。《易经》中同人卦和大有卦,讲的就是以世界为格局,所以"同人于野",无论多远都是一家人,四海之内皆兄弟。

《材理第四》中还有一些衍生的发挥,前文提及"采虫声之善音,赞愚人之偶得"。小人物可能有"一得之愚",大人物也会犯致命的错误,而传承遗落的文化,有时候还得"礼失求诸野"。因此,广泛而深入地了解社会各阶层,就是建立共识的前提。因此,大有卦中"遏恶扬善,顺天休命",才有资格进行切磋琢磨,做"经世而理物"的讨论。

此外,"无适无莫"与《易经》随卦初爻的不拘泥意识框架的态度呼应,卦辞是"官有渝,贞吉。出门交,有功",随卦初爻爻变为萃卦,指的是精英荟萃。这个前提就是,必须随机应变,看情形再决定,没有一定要怎么样或不怎么样。把心放开来,听听别人的道理再下决定,也不要给自己设限,保留最大的弹性。

《韩非子》中有一篇《说难》,内容是说服人家是一件困难的事情。特别是在当时各国纷乱的情势下,那些合纵连横的说客,在面对有威权势力的当权者时,一犯错就完蛋了,不要说没机会发挥,恐怕连小命都不保了。《说难》中提到,不能只研究你要说服的主题,还得研究不要"以事类犯人之所姻"。要是不小心踩到老虎尾巴、触了龙的逆鳞,马上就被反扑、吞噬。君心难测,所以事先要下足揣摩的功夫。读完《材理第四》后,我们会发现,连同辈之间获得一致的共识都不容易,更不用说"通天下之志"了。其实实话实说、集思广益,有很多障碍,如果面对领导、主管,一个不留意顶撞了他们,之后会不会被整肃都不知道,又怎么敢说真话?另外,除了说理、根据,还有态度的问题,就是"色难"。《论语》中谈到侍奉父母最难的地方就是"色难",明明很爱他们,可是与他们讲话时没好声好气。越是亲近,越不客气,就理所当然地认为他们要理解、明白自己的脾气与个性,反而碰到陌生人,会为了形象装得谦恭有礼。所以，知识分子学了那么多文韬武略该怎么用呢？就要从最基本的为人处世做起，而最亲、最近的修行，就是"色难"。

《材理第四》，若用《易经》的卦象来表示的话，它和《九征第一》都是萃卦，也就是说各类人才、精英荟萃，彼此间有讨论的机会。在卦序中姤卦、萃卦到升卦，借由彼此的相遇，希望在讨论中汇集各方见解，形成精辟的结论，能够起到彼此激荡、相互提升的作用。不过，萃卦需要有个磨合的过程，因为形形色色的人才聚在一起，容易"文人相轻"，谁也不服谁，所以《材理第四》就是针对"大家争相表述，却不爱去听人家的说法"这种人性的弱点而做的梳理，并提出应对的措施。《九征第一》视萃卦为总结，指出人的九种质性，由内而外，各有表述。至于前一篇《流业第三》，则列举十二种人物性格，以讼卦点到二、四、五、六爻为代表，因为性格不同，所以这十二种人物就会有争、有"讼"。当爻变为坤卦，也就是芸芸众生相，唯有"厚德载物""含弘光大"才可以包容、利用。只是要能"讼，元吉"很不容易，得看当家作主的人怎样处理，不同流、不同业的人本来就难以相处，容易争来争去，所以没有"以中正"的大人，根本就很难成为一个有效率的团队。

材能第五

或曰:"人材有能大而不能小,犹函牛之鼎不可以烹鸡。"愚以为此非名也。夫能之为言,已定之称,岂有能大而不能小乎?凡所谓能大而不能小,其语出于性有宽急。性有宽急,故宜有大小。宽弘之人,宜为郡国,使下得施其功,而总成其事;急小之人,宜理百里,使事办于己。然则郡之与县,异体之大小者也。以实理宽急论辩之,则当言大小异宜,不当言能大不能小也。若夫鸡之与牛,亦异体之小大也,故鼎亦宜有大小。若以烹犊,则岂不能烹鸡乎?故能治大郡,则亦能治小郡矣。推此论之,人材各有所宜,非独大小之谓也。

夫人材不同,能各有异。有自任之能,有立法使人从之之能,有消息辨护之能,有德教师人之能,有行事使人谴让之能,有司察纠摘之能,有权奇之能,有威猛之能。

夫能出于材,材不同量。材能既殊,任政亦异。是故自任之能,清节之材也,故在朝也,则冢宰之任;为国,则矫直之政。立法之能,治家之材也,故在朝也,则司寇之任;为国,则公正之政。计策之能,术家之材也,故在朝也,则三孤之任;为国,则变化之政。人事之能,智意之材也,故在朝也,则冢宰之佐;为国,则谐合之政。行事之能,谴让之材也,故在朝也,则司寇之佐;为国,则督责之政。权奇之能,伎俩之材也,故在朝也,则司空之任;为国,则艺事之政。司察之能,臧否之材也,故在朝也,则师氏之佐;为国,则刻削之政。威猛之能,豪杰之材也,故在朝也,则将帅之任;为国,则严厉之政。

凡偏材之人，皆一味之美。故长于办一官，而短于为一国。何者？夫一官之任，以一味协五味；一国之政，以无味和五味。又国有俗化，民有剧易；而人材不同，故政有得失。是以王化之政，宜于统大，以之治小则迂。辨护之政，宜于治烦，以之治易则无易。策术之政，宜于治难，以之治平则无奇。矫抗之政，宜于治侈，以之治弊则残。谐和之政，宜于治新，以之治旧则虚。公刻之政，宜于纠奸，以之治边则失众。威猛之政，宜于讨乱，以之治善则暴。伎俩之政，宜于治富，以之治贫则劳而下困。故量能授官，不可不审也。

凡此之能，皆偏材之人也。故或能言而不能行，或能行而不能言。至于国体之人，能言能行，故为众材之隽也。人君之能异于此。故臣以自任为能，君以用人为能；臣以能言为能，君以能听为能；臣以能行为能，君以能赏罚为能。所能不同，故能君众材也。

相比《材理第四》，《材能第五》反倒有些简单，内容上没有那么大的信息密度。首段中主要是对汉末、魏晋时期流行的社会观点进行批判，大家不必深究，参考就好。

量才适用

或曰："人材有能大而不能小，犹函牛之鼎不可以烹鸡。"愚以为此非名也。夫能之为言，已定之称，岂有能大而不能小乎？凡所谓能大而不能小，其语出于性有宽急。性有宽急，故宜有大小。宽弘之人，宜为郡国，使下得施其功，而总成其事；急小之人，宜理百里，使事办于己。然则郡之与县，异体之大小者也。以实理宽急论辩之，则当言大小异宜，不当言能大不能小也。若夫鸡之与牛，亦异体之小大也，故鼎亦宜有大小。若以烹犊，则岂不能烹鸡乎？故能治大郡，则亦能治小郡矣。推此论之，人材各有所宜，非独大小之谓也。

【译文】

有这么一个说法："人才，依照能力大小来区分，大才之人能干大事，未必能干好小事，就好比用烹煮牛的锅来煮鸡，反而难以控制火候。"我认为这个逻辑是不对的。当我们说能的时候，是根据具体的人所具备的能力而言的，怎么能说只能做大事却不能做小事呢？大概能做大事而不能做小事的说法，是与性情的宽缓、急切有关。因为人的个性有宽缓、急切的分别，所以需要依着各人性情来配置合适的任务。格局宽广、含弘光大的人，适合做长远的规划，同时建立完整的团队，作为计划的主持人来统掌大局。性情急躁、气度狭小的人，只能管理较小的范围，什么事情都自己干了。至于郡和县，只是因为处理事情所涉及的范围大小不同罢了。就事情的性质跟职务范围来分析，范围小就可以事必躬亲，范围大就必须依赖团队、分层授权，不应当说能够做大事就不能做小事。至于鸡和牛的关系，只是形体上的大小差别，所以适宜的鼎的大小也不一样。如果鼎能够用来煮牛，难道就不能用来煮鸡吗？所以能够治理大郡的人，也能够治理小郡。由此推论，人的材质各自有适宜的职位，不能只用大小、高低去概括。

【现代解读】

谈完了细致的《材理》之后，《材能》相对谈得广泛，人人皆有其才，正所谓"天生我材必有用"。刘劭针对社会上的论点，提出自己的批评："或曰：人材有能大而不能小，犹函牛之鼎不可以烹鸡。"这个"或曰"就是刘劭批判的论点，只是刘劭没有注明是谁讲的，只说"有这么一个说法"。这样的笔法在《论语》中有很多类似的例子，因为可能是不方便明说，也可能是不重要，或是不愿意让这个人留在自己的书里，所以故意不讲。中国的文人大都很挑剔，对于自己的作品，不愿意或不想引述不重要的人，只用某甲、某乙或某生，不提那个人的名字。近代大儒熊十力先生的《十力语要》是一问一答的体例，有的就直接写出提问的人名，有的就不讲，用"某生问"带过，这就叫"或曰、或问"，可能代表某个人，也可能代表某种流行的论调。

"人材有能大而不能小，犹函牛之鼎不可以烹鸡。"这种流行的论调，是这么说的："人才，依照能力大小来区分；大才之人能干大事，未必能干好小事；就好比能烹煮全牛的锅子，一定得大；用这样的锅子煮鸡，反而煮不好，难以控制火候。"这种说法，是把能干大事的人比作"函牛之鼎"，"函"就是容纳，能把整只牛放进去，得是多大的鼎啊！"不可以烹鸡"，那么大的鼎，煮鸡反而不好用，不利索。"愚以为此非名也"，在此刘劭自称"愚"，过去人谦称自己为"愚"，如学生对老师说"愚生"，老师对学生讲"愚师"，兄弟、朋友之间称"愚兄、愚弟"，称呼对方为"贤"，如贤弟等，这是一种客套话。这句话表明刘劭不赞同这种论调，他觉得这样的说法违反逻辑，即"以为此非名也"。"名"就是刘劭借用先秦名家主张逻辑、义理的规律，此为"逻辑"的代名词。

刘劭把这个说法当作一个命题，来分析、辩驳："夫能之为言，已定之称，岂有能大而不能小乎？"既然讲"材能"，刘劭就从"能"的定义谈起"已定之称"。"能"是说有能力完成，达到一定的水平，"岂有能大而不能小乎"，哪有说"能"分大、小，只能做大事却不能做小事呢？因为大事是包括小事的。刘劭接着就为"大、小"进行分析："凡所谓能大而不能小，其语出于性有宽急。性有宽急，故宜有大小。"为什么会说"这个人特别能干大事，反而小事做不好呢"？刘劭认为这样的说法，是出于个性的不同，"其语出于性有宽急"，这个推测是刘劭就所看到的各类人等归纳出来的评论。他认为做大事或做小事，和才能大小无关，主要是和人的性情有关。有些人的性子急得不得了，有些人的性子就很宽缓。"故宜有大小"，所以说一般的论断是依着各人性情来配置合适的任务，后面就提及"宽宏之人""急小之人"的差别。

不过，进一步来看"宽、急"，有能力应用方面的考虑：学习精奥的内容，必须有时间消化、吸收，不是学了，马上就派得上用场；而技术性的知识，可能学了之后，立刻可以应用，两者的属性不同。《易经》乾卦的《文言传》中谈道："君子学以聚之，问以辩之，宽以居之，仁以行之。《易》曰：'见龙在田，利见大人。'君德也。"除了广泛地吸收和思辨，还要有生命的体悟，才能落实到生活的实践中，正是"博学之，审问之，慎思之，明辨之，笃行之"的过程，因为不会那么快就能运用得得心应手，所以"宽"也可能是形成某种修养的必要过程。

"宽弘之人，宜为郡国，使下得施其功，而总成其事。"格局宽广、含弘光大的人，适合做长远的规划，同时能建立完整的团队，作为计划的主持人统掌大局。"郡国"相对邑、县的范围是比较大的，因此不能事必躬亲，要靠行政团队来执行，也就必然要能懂得授权，从旁指导，在关键的时候督责，"使下得施其功"。"而总成其事"，就是看全局不究细则，正所谓"黄裳元吉"。

"急小之人，宜理百里，使事办于己。然则郡之与县，异体之大小者也。"性子急的人叫"急小之人"，看别人做半天还不上手，干脆卷起袖子自己干。这样的人"宜理百里"，就只能管理较小的范围，虽有专业能力、执行力，但缺少组织能力，所以能做的事有限。"使事办于己"，什么事情都自己干了，也是因为性子急，想要立即有成效、进度，囿于精力和时间有限，能处理的事情就不多。所以，刘劭用"郡"和"县"做对比，"然则郡之与县，异体之大小者也"，说明两者的才能相似，只是处理事情所涉及范围的大小不同罢了。

"以实理宽急论辩之，则当言大小异宜，不当言能大不能小也。"因为管理的规模不同，所以做法不同。范围小就可以事必躬亲，效率高，范围大就必须依赖团队，分层授权，有一定的延迟。所以从实际上来看，宽、急的差异只是合适的问题，而不是能力的问题。

接下来，刘劭就事情的性质跟职务范围来分析"宽""急"："若夫鸡之与牛，亦异体之小大也，故鼎亦宜有大小。若以烹犊，则岂不能烹鸡乎？故能治大郡，则亦能治小郡矣。"鸡与牛，只是形体上的小大差别，处理方式也因此不同。如果用大鼎去烹牛，小鼎去烹鸡，自然是比较合适的。但是真要用炖牛的鼎去炖鸡，也不是不可以。同样的道理，一个人能治大国，亦能治小郡，只是手法宽、急不同罢了。举例来说，很多公务员是从基层做起的，在不同的职位上历练过，自然在处理事情的手法上考虑得更全面，也因此不会草率行事。企业的总经理，可能也是从业务员做起，经过十几年才升上去的。又怎么能说，他做了总经理之后，能力就不足以担任一个部门经理？

"推此论之，人材各有所宜，非独大小之谓也。"因为治大与治小，所实行领导统御的管理方法不太一样，所以有的要宽，有的要急，有的得亲力亲为，有的就可以授权处理，"黄裳元吉"。这不是能力问题，是处理状况、规模的不同。

这里再讲个故事，三国时期的"凤雏"庞统，才能与诸葛亮齐名。当时刘备看到庞统其貌不扬，就派他去当了个县官，庞统觉得委屈就怠工，结果张飞去巡查，庞统在半天内把积压经月的事情搞定了，让人刮目相看。不过，有些大才对于生活细节不太在意，就是人常说的"思想的巨人，生活的白痴"。只能说是用心处不同，有的人对于琐事没有耐心去琢磨和研究。

自己干不如让人干

夫人材不同，能各有异。有自任之能，有立法使人从之之能，有消息辨护之能，以德教师人之能，有行事使人谴让之能，有司察纠摘之能，有权奇之能，有威猛之能。

【译文】

人的材质各有不同，才能也各异。有的人有自力更生的才能，有的人有建立法制、使人服从的才能，有的人有消息灵通、辩才无碍的才能，有的人有以身作则、为人师表的才能，有的人有委派任命、行赏责罚的才能，有的人有伺时督察、检举揭发的才能，有的人有出奇制胜、懂得权变的才能，有的人有勇猛刚毅、震慑敌国的才能。

【现代解读】

接下来，刘劭进行正面的论述："夫人材不同，能各有异。"人各有所长，所发挥处不一样，依刘劭分类，有以下八类。"自任之能"，所有事情都自己干，这是因为对别人不放心，干脆自己来。"立法使人从之之能"，善于建立规范、制度，让大家都按照这个方式来执行。因为这样的才能表现在思考周密上，所以才能够立法建制。"有消息辨护之能"，指对信息、变化特别敏锐，能收集信息又能辩才无碍的人。"有德教师人之能"，操守品德，能以身作则，为人师表。"有行事使人谴让之能"，是指善于派任、指使人，让别人做，自己不亲自动手，着重于督责，一般是指各级的领导、上级。"谴让"有行赏责备的意思，办事的人做得不理想，进度落后时，领导就得督责，因为他得承担最后的责任。"有司察纠摘之能"，如同监察员、纪检委员等，对于可能违规犯错的掌权、办事的人进行监督。"有权奇之能"，智谋足以出奇制胜、权变无方。对于特别难办的事，他的妙计能够出奇制胜，懂得权变。他和做事一板一眼、循规蹈矩的人的性格不同，是充满想象力的。"有威猛之能"，多半是武士、将军一类的人，适合带兵、率众。不过，经典上提醒"使人谴让"必须信任，不要掣肘。譬如《易经》师卦五爻"长子帅师，弟子舆尸。贞凶"，意思是已经派任主帅，又另指派他人做第二领导安排，这样安排会出问题的。"舆尸"就是"不亲自执行，在幕后下指导棋"，因此师卦的《小象传》说"弟子舆尸，使不当也"，这样的用人方式不恰当。

能者在职各有分派

夫能出于材，材不同量。材能既殊，任政亦异。是故自任之能，清节之材也，故在朝也，则冢宰之任；为国，则矫直之政。立法之能，治家之材也，故在朝也，则司寇之任；为国，则公正之政。计策之能，术家之材也，故在朝也，则三孤之任；为国，则变化之政。人事之能，智意之材也，故在朝也，则冢宰之佐；为国，则谐合之政。行事之能，谴让之材也，故在朝也，则司寇之佐；为国，则督责之政。权奇之能，伎俩之材也，故在朝也，则司空之任；为国，则艺事之政。司察之能，臧否之材也，故在朝也，则师氏之佐；为国，则刻削之政。威猛之能，豪杰之材也，故在朝也，则将帅之任；为国，则严厉之政。

【译文】

人的能力是在办事上体现的，构成材质的因素各有不同。既然人的才能有大小的不同，他们承担的职位应当有所差异。所以能够独当一面的人，是清节家之材，他在朝廷中可以担任冢宰的职位，在地方就负责矫正风气，避免有苟且因循的事。能建立法制并使人遵守的人，是法家之材，所以他在朝廷中可以担任司寇的职位，到了地方，就善于运用法律，营造公正无私的局面。谋略多方的人，是术家之材，所以他在朝廷中可以担任三孤的职位，在地方就会根据情况的变化、人事的更迭，营造多变的局面。有识人、用人智慧的人，是智意之材，所以他在朝廷中可以担任冢宰的副手，到地方上，能处理好地方事务，推动计划的实施。能处理各项事务的人，是谴让之材，所以他在朝廷中可以担任司寇的副手，到了地方，则容易做到惩治奸恶、赏罚分明。具有奇思妙想的人，是伎俩之材，所以他在朝廷中可以担任司空的职位，到了地方，容易发展工艺技巧方面的事业。具有监察检举能力的人，是臧否之材，所以他在朝廷中可以担任师氏的副手，在地方上管理时是非分明，就容易形成刻薄苛严的局面。具备威武勇猛能力的人，是豪杰之材，所以他在朝廷中可以担任将帅的职位，在地方上，就作为训练官，进行基础的培训工作。

【现代解读】

接下来谈的内容，就是把《流业第三》中所提到的"德、法、术"三家不同特质的人才模拟出合适的职位。"能出于材"，"能"体现在办事上，我们说的"能耐"是能忍耐、能耐烦、能耐磨，包括有能干等种种方面，整合起来就是把事情办好。"材不同量"，因为天赋能力没有办法比较，有的这方面强，另一方面就弱，而强项中有优异、普通，所以"量"不能同。也正因如此，"材能既殊，任政亦异"。不同人才有不同的安排，这就是《人物志》所要阐明的"知人善任"的道理。人才各式各样、有所不同，组织需要多样的人才来担任不同的职位。若是将适合干大事的人派去处理细微的小事，一来是埋没人才，二来他可能没有那么大的兴致，做不久。反过来说，在生活细节上讲究的人，可能没有办法处理关乎生死存亡的大事。所以量才适性，"任政亦异"，得依"材"派任适合的职务。

"是故自任之能，清节之材也，故在朝也，则冢宰之任；为国，则矫直之政。"一个人能独当一面，加上性格上是"清节之材"，足以为人示范，可以影响社会风气。像季札、晏婴，他们根本不需要组织任何团队，自己一个人就可以做时代风气的表率，本身就是一个典范。"在朝"指的是在中央政府，"为国"指的是诸侯国。因为汉代实行郡国并行制，有郡县和封国两种，所以后来才有"七国之乱"的诸侯反叛事件。这种制度源自周天子，虽为天下共主，但分封周室宗亲或功臣到各地，就是以诸侯为首的"国"，后来形成地方派系、势力。汉初也实行封国，扩大到异姓，作为酬庸之意，只是后来逐渐削弱了诸侯势力，最终彻底废除。因此"在朝""为国"，简单来讲就是中央与地方，也是《易经·大象传》中讲的先王、大君和后的差别。

"清节之材，故在朝也，则冢宰之任。"选贤举能，要由足堪表率的人来负总责，以身示范。至于"为国，则矫直之政"，在地方就负责矫正风气，避免有苟且因循之事。因为"清节之家"自己就是最好的示范，摆对位置就是一个象征，威望和德望都足以为中央或地方树立好的风范。

"立法之能，治家之材也，故在朝也，则司寇之任；为国，则公正之政。"这与"立法使人从之之能"相呼应，其中"治家"应该指的是"法家"，在《流业第三》中以管仲、商鞅为代表。若有这方面的特长，属

"法家之材也"。"司寇",与治安、法律有关,孔子曾做过鲁国的大司寇。如果到了地方,就可以行"公正之政",也就是用心如秤,没有特权,因为法律的基本精神就是"尚公"。

"计策之能,术家之材也。"谋略多方的术家,在中央能担任二把手的位置,在地方上,则能因地制宜。"省方、观民、设教",与前文中"消息辨护之能",像其代表人物陈平一样脑筋特别灵光的人相呼应。"三孤"是指"少保、少傅、少师",其位仅次于"三公"。在《韩非子》中提到"法"与"术"的不同,而韩非能将"法、术、势"有机地整合,使三者合一且都达到巅峰。其中法是"尚公",得上下共同遵守,术就是种种谋略、计策,基础为赏、罚的原则。

"人事之能,智意之材也,故在朝也,则冢宰之佐;为国,则谐合之政。"因为有识人、用人的智慧,所以在中央可以作为副手,选贤举能。到地方上,能处理好地方事务,推动实施计划。作为副手,这样的才能有助于政务的推动与配合。

"行事之能,谴让之材也,故在朝也,则司寇之佐;为国,则督责之政。"懂得督责,就可以保证规范的遵守,避免产生流弊。

"权奇之能,伎俩之材也,故在朝也,则司空之任;为国,则艺事之政。""司"就是主管、负责的意思,过去的官职有司空、司马、司徒、司寇等,其中"司空"负责国内的建设工作,因此需要具备技能、创意,同时在资源有限的情况下完成任务,故称"伎俩之材"。至于在地方,就是设计各类事务。"艺"不指艺术,而是指"六艺",所谓"游于艺",包括礼、乐、射、御、书、数等技能。孔子曾说:"吾不试,故艺。"(《论语·子罕》)因为不受重用,所以得以多方充实,才会具备各项技能。孔子门生中,冉求具有这方面的才干,故:"求也艺,于从政乎何有?"(《论语·雍也》)

"司察之能,臧否之材也,故在朝也,则师氏之佐;为国,则刻削之政。""司察"就是能够调查纠正。"臧否"就是判断谁好、谁坏,评鉴表现。所以,"在朝"就担任法官、执法人员的副手,"为国"就是检核、监察。"师氏"是指法官、执法人员,"刻削"是指挑毛病,找出流程、表现上的缺失,提出检讨、修正的建议。

至于"威猛之能,豪杰之材也,故在朝也,则将帅之任;为国,则严厉之政",在中央,就是任军职,做带兵的将领。在地方上,就作为训练官,进行基础的培训工作。

领袖得面面俱到

凡偏材之人,皆一味之美。故长于办一官,而短于为一国。何者?夫一官之任,以一味协五味;一国之政,以无味和五味。又国有俗化,民有剧易;而人材不同,故政有得失。

【译文】

凡是偏才,仅仅只有某一方面比较突出。所以偏才能在某个具体职位上干得有声有色,而在料理郡国的各项事务时会显现出其短处。为什么这样说呢?偏才担任一个具体职位时,会和其他人配合着来治理郡国。担任治理郡国的重任时,必须面面俱到,各方面都得考虑,以"无"的策略包容、接纳各方面的建议和思考。况且,各个地方的风俗有的粗鄙,有的受过教化;老百姓有的平和、驯顺,有的叛逆、桀骜;人的材质不同,治理政事当然有得有失。

【现代解读】

"凡偏材之人,皆一味之美","一味之美"指在酸、甜、苦、辣、咸诸味中独占一味,也就是说在某方面特别好,其他方面不怎么出色,这就叫"一味之美"。"故长于办一官,而短于为一国",有的版本把"办"写作"辩",意思是说赋予他合适的职位或官位,能发挥长处,自然就能干得有声有色。"而短于为一国",如果处理一"国"的综合性事务,仅有某方面的专才、特长，可能就没有办法扮演好主管、领导的角色。因为"国"再怎么小，在地方上都需要独当一面的，要关照各项事务，因此"一味之美"的人没有办法治理好。

"何者？夫一官之任，以一味协五味；一国之政，以无味和五味。"这句话有《老子》中"有""无"的思维，当"有"某方面的长才，必然也有所限制，而"无"中能生"有"，故以"无"包含所有的"有"。因此，刘劭以"五味"为例，不管酸、甜、苦、辣、咸，"一官之任"，都可以有其特质，只要把交代的事情做好，就没有问题。所以，有的官员们以清廉闻名，有的以严厉著称，有的注重细节，有的掌握方向，各有其风格。而其所带的部属，虽然各有偏好，但多半能配合主管或领导的风格，正所谓"协"。至于"一国之政"，因为是综合性事务，必须面面俱到，所以要能调和鼎鼐，在各方面考虑得平衡，而不是只以某方面的成绩来评断。因此，最好不要凸显在某方面的偏好或长项，而要以"无"的策略包容、接纳各方面的建议和思考。因此"和"很重要，能调和各种建议，即"五味"。虽然分别讨论时有其优劣，但整体考虑时必须放下成见，建立共识，这就要"和"，否则是非、斗争都引来了。所以说治理政务要"调和鼎鼐"，如同在鼎里烹煮，如果不能调和五味，煮出来的菜肴就不美味。另外，正因为要能"调五味"，所以自身根本就得"无味"，像《易经》贲卦中"白贲，无咎"，五色终收敛为无色，不凸显自己的任何一方面。

"又国有俗化，民有剧易；而人材不同，故政有得失。""俗"与"化"，"剧"与"易"，词义之所以相反，是因为地方的风俗有的粗鄙，有的受过教化。老百姓有的平和、驯顺，有的天生有反骨，正所谓"一方水土养一方人"，什么情况都可能碰到。所以，不同的人才，不同的人民，就要采取不同的组合，再配上不同的施政措施，以便创造出最大的效益。

因为古代中国幅员辽阔，加上交通不便，所以不同地方的人交流少，一个地区的人有其共性。《易经》中谈"省方、观民、设教"的因地制宜，而且"同人于野"，将怀抱扩大到无远弗届，自然就会碰到形形色色的族群，所以就得"类族辨物"。虽然现代交通便利，已经突破地域的限制，族群间交流频繁，但是否依然有各自独特的基因传承？这其实是很值得研究的。《易经》观卦中谈"化民成俗"，因为上卦为巽、为风，所以"风行地上"，下卦就是坤卦的广土众民。因应不同的地域、不同的群众，巽的教化方式不一样。

尺有所短，寸有所长

是以王化之政，宜于统大，以之治小则迂。辨护之政，宜于治烦，以之治易则无易。策术之政，宜于治难，以之治平则无奇。矫抗之政，宜于治侈，以之治弊则残。谐和之政，宜于治新，以之治旧则虚。公刻之政，宜于纠奸，以之治边则失众。威猛之政，宜于讨乱，以之治善则暴。

伎俩之政，宜于治富，以之治贫则劳而下困。故量能授官，不可不审也。

【译文】

因此，王化之政，适合用在大方向的战略高度上，用在某一个方面或特殊事件上则不合时宜。辨护之政，适合用在繁杂特殊的事件上，用在简单的事情上反而会适得其反。策术之政，适合用来解决错综复杂的难题，用在太平时期，就苛刻过头了。矫抗之政，适合用在整治奢侈浮华的作为上，在社会已经百孔千疮时，会使人民受到更大的伤害。谐和之政，适合用在行情景气不佳、局势不利的情况下，用来解决旧社会的陋习，就显得空虚而缺乏对策。公刻之政，适合用来对付贪官污吏，用来对付边陲地区的民众，就失之严厉，会让人受不了。威猛之政，适合用来对付乱党叛军或盗匪流寇，用来对付善良的百姓，就会使人遭受残害。伎俩之政，适合用来治理富饶的地区，用在穷苦的地方，就会劳民伤财。所以应当根据才能授官，不得不谨慎行事。

【现代解读】

"是以王化之政，宜于统大，以之治小则迂。"王道教化适合用在大方向的战略高度上，用在某一个方面或特殊事件上则不合时宜。从时代的角度来看，就像孔、孟说仁讲义，必须建立在国泰民安的基础上。在春秋战国时期的大乱之世，领导人面对来自各方的挑战，莫不以"富国强兵"为优先，所以法家大盛。但天下统一之后，即在权力不容挑战的情况下，历代盛世都以儒家仁义为安定天下的大本。"迂"就有迂回、绕弯的意思，没办法解决实际问题。

"辨护之政，宜于治烦，以之治易则无易。""辨护"是说需要花时间分析、维护处理的事务，一般来说处理起来比较棘手，需要耐得住性子。若是连一般性的事务或是简单的案件都这样处理，只会把简单的事情复杂化。所以，"辨护之政"是宜于治繁，如果拿这一套复杂的程序去处理本来没大问题的事情，就是庸人自扰，把"易"变成"不易"了。《易经》中讲："易简，而天下之理得矣；天下之理得，而成位乎其中矣。"可见化繁为简才是真道理。

"策术之政，宜于治难，以之治平则无奇。"出奇制胜的计策，是在非常时期蹦出来的，刚好用来解决当时遭遇的错综复杂的难题。就像是大过卦所遭遇的情况，常态不能因应，必须行策用术。不过，用这样的思维和做法处理平常的事情，就使不上力，或者说看不出有特别的地方。换句话说，任何一种手段、方法或是谋略、策略，都得看对象、看环境，用得对才能显出它的精彩。但是，若事事都这样处理，反而自寻烦恼，也不一定能用得上。所以说，该用猛药的时候下猛药，该温补调养的时候就温补调养。正所谓"治乱世用重典"，若是把重典用在太平时期，就苛刻过头了。

"矫抗之政，宜于治侈，以之治弊则残。""矫抗"指的是矫正高调的措施，这样的做法多半攻治奢侈浮华或是过度的作为，就像"干蛊"一样，革除弊习。例如反腐肃贪，就要高调行事，以收杀鸡儆猴之效。这样的做法，多半是"抓大放小"，"抓大"是上级的决定，"放小"是不要把鸡毛蒜皮的小事也搞得像斗争一样，主要是让人民感受到革新除弊的气象。"以之治弊则残"，当社会已经是千疮百孔的时候，是经不起这样的雷厉风行的，很有可能让社会元气大伤。反过来说，在"侈"的状况下，资源雄厚，有本钱去推动，可以大刀阔斧地去"矫抗"。

"谐和之政，宜于治新，以之治旧则虚。""谐和之政"，以休养生息、恢复元气为主，就像自革卦的天翻地覆后，进入调和鼎鼐的鼎卦，主要目的是让社会步入正轨。所以革卦上爻"征凶，居贞吉"，得少安毋躁，平缓过渡，才会有鼎卦初爻："鼎颠趾，利出否。得妾以其子。"把锅里的残羹剩菜通通倒掉，才能有利于下一代成长。所以，才打下的江山要平缓过渡，即便明明知道还有要处理的问题，也先别急着动手，这叫"谐和"。先凑合凑合，等到鼎卦初爻的阶段，再回头整理收拾。反过来说，面对旧社会的陋习，若是讲"谐和"，就成了乡愿。这时就要采用霹雳手段，推动改革创新，若不如此，还是"治旧则虚"，做表面文章，社会习气就越来越虚浮，因为不敢碰到问题的根源，病灶未除。

"公刻之政，宜于纠奸，以之治边则失众。""公刻之政"，指的是严厉苛刻的措施，一板一眼，没有弹性。"宜于纠奸"，适合对付贪官污吏，但"以之治边则失众"，用来对付边陲地区的民众，就失之严厉，会让民众受不了。因为边陲地区民众的资源本就不如中央，所以得对他们用怀柔安抚的措施，否则他们就容易投向邻国的怀抱，此举关乎民心的向背。以前的边境人烟稀少，中央政府为了鼓励移民开垦，会给予优待条件，以充实国防。如果采用苛政，那等于把人口向外推，在国界未定的深山大林间，说不定被邻国招安后，他们就偷偷摸摸把国界向内推进了几十、几百公里。移民实边，必须给予优待鼓励，以收纳人心。这就是为何严厉的"公刻之政"能惩奸除恶，但不可以治边安抚。边境易接触多国势力，涉及种族、宗教的问题，他国必会利用你内部的矛盾，来取得最大的利益，这就叫"睽之时用大矣哉"。

"威猛之政，宜于讨乱，以之治善则暴。"武装阵地、军事镇压等手段适合对付具有武力的乱党叛军或是盗匪流寇，如果用来对付一般老百姓，就过于残暴。大多数国内的警察、公安，甚至军人，都是以保护人民为出发点，枪口得对外，不能对内。

"伎俩之政，宜于治富，以之治贫则劳而下困。""伎俩之政"，指富有创意、技能，能够开发新蓝图，让社会充满活力，繁荣经济。这都是利用人想发财的欲望，制定政策，鼓励创新，扶植产业。但把这一套用在基础建设不完备、贫困落后的地方上，则是怎么折腾也不会见成效的，即"则劳而下困"。因为不同地域的侧重点不同，在贫困落后的地方，以基础建设、安顿民生为第一要务，所以得在基础上改善其他条件，创造机会。

换句话说，因为任何一种施政的人才都有所偏，所以得看他们的长项所在，用在什么地方、什么时机，得因时、因地制宜，没有固定的，即"故量能授官，不可不审也"。这些都是刘劭的抛砖引玉之言，供人参考。

君臣异道

凡此之能，皆偏材之人也。故或能言而不能行，或能行而不能言。至于国体之人，能言能行，故为众材之隽也。人君之能异于此。故臣以自任为能，君以用人为能；臣以能言为能，君以能听为能；臣以能行为能，君以能赏罚为能。所能不同，故能君众材也。

【译文】

凡是具有以上才能的人，都是偏才。有的人能说但没有实际的行动力，有的人能做但讲不出理论依据。至于兼备多种才能的国体之人，能言能行，所以是众多人才中最卓越的。君主能力的要求与任事者的要求不同。所以臣子以靠自己的能力去建功立业为能力，君主以任用贤才为能力；臣子以能进善言妙计为能力，君主以能多方面听取臣下之言为能力；臣子以能实践自己的诺言为能力，君主以公正地赏罚人才为能力。臣子与君主的能力要求不同，所以君主能统辖并驾驭众多的人才。

【现代解读】

最后一段做了结论："凡此之能，皆偏材之人也。"偏才具有各类长项，但对一个领导人来说，首先要寻找的是通才，懂得调和众材的人，即"国体之人，能言能行，故为众材之隽也"。因为大多数的学者，有"能言而不能行"的毛病，没有实操的经验和行动力，而善于实操者往往"能行而不能言"，从摸索经验中建立系统，却讲不出理论依据，也不能推衍深化。为了让"言"与"行"，理论与实际尽可能有交集，产生碰撞，互相结合，于是也就有企业专班、EMBA班的应运而生。

至于"国体之人"，是兼备"德、法、术"三者的全才，代表人物是伊尹、吕望，"其德足以厉风俗，其法足以正天下，其术足以谋庙胜"，这种大材是改朝换代的关键人物，所以叫国体。"故为众材之隽也"，"隽材"是精英中的精英，但仍然不是最高领导人。那么，刘劭所认为的最高领导人究竟是什么样的呢？"人君之能异于此"，对最高领导人的要求和对任事者的要求不同，人臣以"自任、能言、能行"为能，而人君则是以"用人、能听、赏罚"为能，两者是相辅相成的。作为干部，必须有所专精或兼通，以便能发挥作用，要能自我负责、企划参谋到执行落实，而领导人则是要能选才任用，聆听判断，仲裁指示，奖功罚过。

《易经》鼎卦中谈领导人的智慧，上卦为巽为风，善听而"耳目聪明"。下卦为离为火，就是南面为王、取光明之意，信息充足才能做裁决。所以，一个要会讲、会做，有自我要求，一个要能听取意见，能仲裁指示，能给予资源，这是臣能与君能的不同之处。然后以"赏、罚"作为激励手段，也就是《韩非子》中所讲的"二柄"，作为君王主政的两个权柄：胡萝卜与鞭子。师卦中谈到赏罚权，必须掌握在"大君"手中，不能下放给各级主管，以免造成流弊。"所能不同，故能君众材也"，正因为能够领导形形色色的人才,也才是真正的君临天下。《易经》中坎卦与离卦正好是臣道和君道的象征,一个坐南朝北,北面称臣;一个坐北朝南,南面称王,正好契合。如果君行臣道,就把自己累死了,而臣行君道,就僭越本分,这是官场或职场的基本伦理。

利害第六

盖人业之流，各有利害。夫节清之业，著于仪容，发于德行，未用而章，其道顺而有化。故其未达也，为众人之所进；既达也，为上下之所敬。其功足以激浊扬清，师范僚友。其为业也，无弊而常显，故为世之所贵。

法家之业，本于制度，待乎成功而效。其道前苦而后治，严而为众。故其未达也，为众人之所忌；已试也，为上下之所惮。其功足以立法成治。其弊也，为群枉之所仇。其为业也，有敝而不常用，故功大而不终。

术家之业，出于聪思，待于谋得而章。其道先微而后著，精而且玄。其未达也，为众人之所不识。其用也，为明主之所珍。其功足以运筹通变。其退也，藏于隐微。其为业也，奇而希用，故或沉微而不章。

智意之业，本于原度，其道顺而不忤。故其未达也，为众人之所容矣。已达也，为宠爱之所嘉。其功足以赞明计虑。其敝也，知进而不退，或离正以自全。其为业也，谞而难持，故或先利而后害。

臧否之业，本乎是非，其道廉而且砭。故其未达也，为众人之所识。已达也，为众人之所称。其功足以变察是非。其敝也，为诋诃之所怨。其为业也，峭而不裕，故或先得而后离众。

伎俩之业，本于事能，其道辨而且速。其未达也，为众人之所异。已达也，为官司之所任。其功足以理烦纠邪。其敝也，民劳而下困。其为业也，细而不泰，故为治之末也。

《利害第六》把前面"德、法、术"的分类，做了更细致的讨论，谈得更深刻。其后是《接识第七》，提示很多洞察的眉目，以便辨识形形色色的人。《利害第六》中的分类比较简单，分为节清、法、术、智意、臧否、伎俩六类。"盖人业之流，各有利害"，"利害"包括利和害两方面。"人业"，从源到流，形形色色，就是《易经》中说的"品物流形""品物咸亨""品物咸章"的意思，这些分别没有办法强求一致。当各自发展到一个阶段，个性、长项和短项也都定型，于是就有利、害的显现。

高风亮节真有用吗

盖人业之流，各有利害。夫节清之业，著于仪容，发于德行。未用而章，其道顺而有化。故其未达也，为众人之所进；既达也，为上下之所敬。其功足以激浊扬清，师范僚友。其为业也，无弊而常显，故为世之所贵。

【译文】

各种人才由于习染流变而形成不同的流派，都表现出各自的长处和短处。清节家作为德行的表率，他们的功业很明显地表现在行为举止上，即使他们还未入世，但他们的为人处世和顺通达，能够感化、影响周遭的人。因此，当他们未被重用的时候，就被众人所举荐；被重用后，无论是他们的主管、部属，都很敬重他们。他们可以通过努力扬善抑恶、去浊存清，成为同僚友人学习的典范。他们所从事的事业没有弊病且功德显赫，所以被世人所敬重、推崇。

【现代解读】

首先谈的是"节清之业"，作为德行的表率，代表人物有延陵、晏婴。"著于仪容，发于德行"，行为举止都很得体。"著"，指明显地表现出来。"未用而章",即便还没有"用世",他们的表现也已"诚于中,形于外",让人肃然起敬,即"章"。"章"同"彰",有彰显、表彰之意,是一种人格的自然流露。"其道顺而有化",他们的为人处世和顺通达,能够感化、影响周遭的人。刘劭就此做小结:"故其未达也,为众人之所进。"一个人没有发达用世的时候,大家都知道他了不起,知道社会需要他,自然就会向那些当权者推荐,认为其足堪大任,希望他能成为领导者。"达"就是受到重用而能一展才华,诸葛亮的《出师表》中有:"苟全性命于乱世,不求闻达于诸侯。"说的是自己本来没想过在乱局中用世,只求能安隐一生。"既达也,为上下之所敬",用世之后,无论是他的上司还是部属,所有人都敬重他。"其功足以激浊扬清,师范僚友","激浊扬清"是常用的词语,指社会总是有清有浊,但是经过他的努力,就能去浊存清,把脏的、不好的风俗冲洗、纠正。"扬"就有遏恶扬善、发扬光大的意思。"扬清",让好人出头了,树立了典范,具有榜样效应。一旦领导人重用这样的人,就代表了他制定政策的方向和施政的决心。"师范僚友",作为同僚、朋友的表率与学习的典范。

"其为业也,无弊而常显,故为世之所贵。"清节之人的功业,完全是正面的,没有任何弊端。"故为世之所贵",为社会所共推、认可。读到此处,作为读者难免心生疑问,不是"各有利害"吗?怎么清节家是有利无害呢?再说,越清高的人,在还没有被举用的时候,大家会推荐他吗?人家为什么不推荐自己的亲朋好友呢?这不是不符合人情、人性吗?这一段文字,应该是刘劭的理想,作为与社会现实的对比,也是作为对清节之人志节的鼓励和所处现实的惋惜。

不过,回到现实层面来看,这样的情况并不符合社会实情,不然孔子、孟子也不会忙了半辈子不见用于世。特别是有清名在外的人,人家不嫉妒、不陷害你,就谢天谢地了。《孙子兵法》上讲:"廉洁可辱。"越是重名节的人,越容易有致命的死穴。尤其是乱世,善良的人必被认定有猫腻,不真实。对别人来讲,身边总有这么一个优秀的人物做比较,实在不妙,必会想方设法打击你。因此,刘劭的期待,也只能作为理想。只是放大时间的格度，孔子在世时虽不见用，受到各种打压、冷眼，所谓"诸侯害之、大夫壅之"，当时的社会名流大都不认同孔子，反倒觉得孔子的门生子贡在外交、经营、政事上人脉和手段更高明，在《论语》中就有这样一段小故事：

叔孙武叔语大夫于朝曰："子贡贤于仲尼。"子服景伯以告子贡。

子贡曰："譬之宫墙：赐之墙也及肩，窥见室家之好。夫子之墙数仞，不得其门而入，不见宗庙之美，百官之富。得其门者或寡矣！夫子之云，不亦宜乎？"（《论语·子张》）

叔孙武叔在朝廷中称许子贡比孔子更贤能，这话通过子服景伯传到子贡的耳朵里。子贡就说，自己就像及肩的围墙，所以人家能够看见的只是"室家之好"。而孔子就如数仞高墙，非亲炙者不能知道其中的富丽堂皇，是"宗庙之美，百官之富"，怎么想都想不到。这是弟子表达对老师的推崇之情。虽然孔子在世并没有受到应有的肯定，死后也没有体面的墓地宗祠，但是其思想却影响了中国两千五百多年，至今越发受到重视。当时刘劭或许有感于此，从"通古今之变"的高度上看到的，可能正是孔子在当代的富贵，或是历史的认同。

前文中提到清节家不但可以感化社会、遏恶扬善，成为众人的表率与典范，而且完全没有任何弊端，是世人所尊崇的对象。正因如此，在他发迹以前，大家都争相推荐，待他发迹以后，又能赢得所有人的尊敬。不过，就现实来看，这只能说是刘劭的期待和理想，实际上往往事与愿违。正因为中国文人怀有对典范的期待，希望能够激浊扬清，代表人性向上向善的理想，所以像清节家的代表人物："圣之清者"的伯夷、叔齐，都受到极高的推崇。另外，延陵季札也是极为难得的清节之人，具有相当高的文化素养，只是他对于吴国乱政夺权，吴王阖闾弑君自立的现象，也不能发挥积极的作用，最终只能选择消极回避，终身不回吴国，不再进入姑苏城。

季札后来隐居在延陵，也就是今江苏常州淹城。据说就是因为季札不认同吴王阖闾的作为，而在延陵建城筑河自淹至死，所以名为"淹城"。不过，虽然吴王阖闾利用"鱼腹藏剑"的方式，派专诸刺杀吴王僚成功夺位，但最后也不得善终，终其一生的霸业在其子夫差即位后，先盛后衰，被越国所灭。所以，一世的兴衰、成败，不过是历史的一瞬，而季札让国隐退，尽管在当时没有挽回吴国灭亡的命运，却树立起一个千古人文的典范。

所以，在历史的洪流中来看"激浊扬清"，浮滓终究会沉淀，时间会冲掉浑浊而终于清澈。但是，从《易经》太极图的概念来看"激浊扬清"，将"清""浊"对立太过极端，少了圆融。于是太极图中"清中有浊、浊中有清"，甚至"清极转浊，浊极转清"，因为人世的分别，往往受制于意识形态，所以过度宣扬"清节"，摒斥浑浊，恐怕也不合乎现实，反而会误导后人。因此，早在刘劭之前，虽然孟子赞许伯夷、叔齐为"圣之清者"，作为一种人格典型，但是未必值得大家追随，其现世的效用并不显著。因此，《孟子》在提到"圣之清者"后，也提出另一种人格典型，叫作"圣之和者"，跟任何人都能处得来，以柳下惠为代表。柳下惠除了"坐怀不乱"外，他偏向采取"和而不同，和而不流"的态度，即使不认同也不会跟人家起冲突，这与《老子》的"塞其兑，闭其门，挫其锐，解其纷，和其光，同其尘"的思想相近，简而言之即"和光同尘"，下的是"括囊""含章"的功夫。虽处乱世，却能保持清醒，不随波逐流，又不影响他与大众的和谐相处，能在其中自得其乐，就算别人不了解他也无所谓。孟子以柳下惠的"和"，凸显伯夷的"清"。另外，在尸佼所著的《尸子·君治》书中，也有：

喻之水焉：水有四德：沐浴群生，流通万物，仁也；扬清激浊，荡去滓秽，义也；柔而难犯，弱而能胜，勇也；导江疏河，恶盈流谦，智也。

他用水来比喻"仁、义、勇、智"四德，其中以"激浊扬清，荡去滓秽"喻义，因此"激浊扬清"可以代表一种向往，一种德行。虽然刘劭说"人业之流，各有利害"，但对于这种向往，他以"其为业也，无弊而常显，故为世之所贵"作注，看似有冲突，实则是文化人心中的千古典范。当然，从实用的角度来看，也许不如"圣之任者"的伊尹高明，能成就商朝大业，或者也没有吕望那样的大气，能辅佐周朝稳固。伊尹、吕望的时代使命感与自信心，"治亦进，乱亦进"，其能力也得到《孙子兵法》的肯定："昔殷之兴也，伊挚在夏；周之兴也，吕牙在殷。"一个人抵得过百万大军，这种"上智"之才，可以有更伟大的作为。所以，不同的典范对不仅在社会改造上的贡献（圣之任者），还是在精神理想上的追求（圣之清者），或是生命的自得其乐（圣之和者），都能帮助选择人生的方向。只是选择必然有所取舍，一个人的优点，往往可能是其局限所在，这就是《人物志》中时时提醒我们的两难。

严刑峻法有利有弊

法家之业，本于制度，待乎成功而效。其道前苦而后治，严而为众。故其未达也，为众人之所忌；已试也，为上下之所惮。其功足以立法成治。其弊也，为群枉之所仇。其为业也，有敝而不常用，故功大而不终。

【译文】

法家的功业在于建立国家的法律制度，要待即将成功时才能见到它的功效。刚开始推动时很辛苦，法度建立起来后才能收到治理的效果，为了大众利益，必须要立威于前。所以在他还没有推行政策前，大家都会讨厌他；在他试行落实政策时，又会被上下之人所忌惮。等到制度完全落实而见成效时，则能带动社会新气象。他的短处会被小人所仇视，招致反抗、陷害。他所进行的事业，因为有后遗症而不被作为常用的手段，所以他的功劳很大却往往不能善终。

【现代解读】

"法家之业，本于制度，待乎成功而效。"法家在"制度"方面特别坚持，这是法家的根本。刚开始，大家一定不习惯，想要有特权，要自由。一旦"法"的威信被建立之后，立即就能看到它的效果，即"待乎成功而效"。商鞅初至秦国时，运用"城门立木"的手段，为政府立威信，推动新法实行。虽然后来商鞅没能善终，被斗倒、被清算，但是他所立的法、执行的制度，深入人心，使得秦国走上富国强兵之途，影响深远。

法家的制度看似严厉，没有弹性，若是能彻底发挥效能，成效是立竿见影的，社会民众一旦达成共识后，谁也不敢枉法。所以，"其道前苦而后治"，刚开始推动时很不容易、很辛苦，尤其是在散漫、自由的环境中，若要建构制度，必须"矫枉过正"，目的在于强化守法的意识，即"严而为众"。民众已经习惯这样的行为模式，自然都自觉遵守。立威于前，而严行于后，目的在于维护社会民众的利益，而不是少数人的方便。

国家通过确立制度，让好的想法成为落实政策方针的基础，为大家所共守，而不只是谈哲学理论，却没有执行的细则来发挥实际效用。所以说，"国有国法、家有家规"，在《易经》家人卦中，六个爻就有三个爻谈家规，初爻"闲有家"，三爻谈执家法，到上爻要关后门"反身之谓"。

随着时代变迁来调整制度，但只要这个制度还存在，大家就应该上下共守，不然就没有规范，永远各行其是。《易经》中节卦特别讨论了制度，其《象传》中有"节以制度，不伤财、不害民"，"节"本身就有"发而皆中节"的意思，按照节奏、节制来进行。其《大象传》中谈"制数度，议德行"，就是不但以推动社会整体行为规范为主，而且会考虑个别情况，即"议德行"。所以"节"的制度，并非没有弹性，是权衡的、灵活的制度。

在《易经》中还有与制度、法律有关的卦象。立法的威严、威信要有"干到底"的决心，正是俗话说"不是吃素的"，要严厉打击罪犯，真上手铐、脚铐的。所以，噬嗑卦的卦辞说："噬嗑，亨。利用狱。"有牢狱、地狱一样的手段。噬嗑卦的《大象传》中谈"明罚敕法",重点在罚不在赏,以收吓阻之效。丰卦的《大象传》中谈"折狱致刑",与噬嗑卦正好互补,再加上贲卦讲行政权不可以干扰司法的独立审判权,"明庶政,无敢折狱",意思是法官有审判权,任何人不能影响、干涉法官的审判。至于旅卦,以大火烧个精光的意象,暗指不当的干预会将前人的努力消贻殆尽,所以得"明慎用刑,而不留狱",还有解卦的"赦过宥罪",这些都是《易经》里难得的法学思想。

在《尚书》中有相同的概念,就是"通经致用"的意思。王国维认为,如果不是群经都通,任何一经也不是真通。(按,原文为:"然为一学,无不有待于一切他学,亦无不有造于一切他学。")尤其《易经》具有贯穿群经的作用,所以真正通《易经》一定要通"五经",不然对《易经》的理解不可能全面。这就是中国人读书一直都重视整体的原因,了解整体才会知道部分,掌握部分才能够慢慢体会到整体。

何况就算是贯通所有理论,但理论与实践还是两码事。"通经致用"是中国文化的精髓,不过在现代分工细密的情况下,第一,理论里面再予以分别,以致支离破碎,这就是《庄子·天下》篇中讲的"道术将为天下裂"。第二,使得理论脱离实践。所以,刘劭说"待乎成功而效",不管理论如何,别人怎么怀疑,只要事实证明有"事功",就无法辩驳,实践是检验真理的唯一标准。所以,法家强调实效,手段激烈,"不成功便成仁"。

"其道前苦而后治",改革很辛苦,其中的特权、利益结构可能和自己有很深的关联或影响,只有能下得了手的决心,以后办事才容易。像《易经》中谈忧患乱世的损卦,得"惩忿窒欲",执行起来也是很难的。把"忿""欲"硬是压制下去,就是下"为道日损"的功夫,待"损极转益",就是"前苦而后治",也就是"损之又损,以至于无为"。在《周易·系辞传》中损卦就是谈"先难而后易",等到迈过这个关卡,自然就能"无为而无不为"。

"严而为众",这些手段看似严厉,却是以群众利益为出发点,是为了大家好。如商鞅刚开始推行政策时，因违法而被处决的人把河水都染成了红色，这就是杀鸡儆猴。《易经》噬嗑卦的初爻，并无大罪却被施以重罚，爻辞以"屦校灭趾。无咎"，爻变为晋卦，手段严厉却可以促进社会发展。这种人肯定不讨人喜欢，一般是特殊时期所推行的极端政策，必为特权阶层所忌惮。

"故其未达也，为众人之所忌。"像商鞅、管仲这种人物，在显达发迹、有所表现之前，大家都讨厌他们，听到他们的主张就害怕、猜忌，担心一旦落实，权益会受损、为人所制，即"已试也，为上下之所惮"。"试"是试作、试用的意思，《论语》中有"吾不试，故艺"，指孔子自谓不被任用，所以得多方充实。"为上下之所惮"，是指连老板都担心不成功，担心没有特权，行事不能随便。在制度还没有推行之前，大家就排斥、讨厌，等到推动落实，组织上下都各有顾虑，可见成功之前，有多少阻碍，有多不容易。一旦制度落实而见成效，则能带动社会新气象，就是"其功足以立法成治"。

"其弊也，为群枉之所仇"，这种"自己挡子弹"的做法，终为小人所仇视，会招致不断的反抗、陷害。"枉"就是正直的反面，奸邪狡猾。《论语》中有"举直错诸枉"，就是举用正直的人来影响、感化奸邪的人。"群枉"，自然是有各种缺点的人。因为法家治国后，触犯了权贵的利益，所以会被达官显贵联合对付，就像商鞅在秦孝公之后被五马分尸。

"其为业也，有敝而不常用。"用法家的手段，虽可快速建功立业，但有后遗症，因此一定要有牺牲的准备，肯定少朋友、没人缘。所以，不是非常之人、非常时期，不会用这种非常手段，而任何一个老板要采用这种手段，要启用这样的人，也必定是遇到艰难的处境，招致多方面的压力和制衡，要让既有利益者活得不舒坦，所以叫"不常用"。只是"治乱世用重典"，要整饬旧习积恶，必须用霹雳手段，可以说"伤人也伤己"。大明王朝张居正（又名张江陵）身为帝师，辅佐少主，推动新法，希望能振兴国力，虽名满一时，却也功高震主，得罪了满朝文武和地方豪霸。他死后四日就被上书攻讦，最后差点被鞭尸，而张氏几被抄家灭族，无一幸免，未能善终，这是"故功大而不终"。

法家的确在整治社会方面有其独特的成效，因为位于边陲落后，被中原诸国认定等同于蛮夷的秦国，能够翻身统一整个中原大邦，就知道实属不易，需要好几代人的持续努力。秦孝公时，商鞅就明白这不是一代人的努力，需要日积月累，建立规范，其影响人心深远，所以"功大"。但推动的人少有善终，囿于人性、人心而"不终"，这就是历史的悖论和玩笑吧！

运筹帷幄的绝顶高手

术家之业，出于聪思，待于谋得而章。其道先微而后著，精而且玄。其未达也，为众人之所不识。其用也，为明主之所珍。其功足以运筹通变。其退也，藏于隐微。其为业也，奇而希用，故或沉微而不章。

【译文】

术家的功业在于特别聪明，爱动脑筋，等待计划成功以后，他们的谋略才得以彰显。他们的谋略刚开始时很不起眼，等到时机成熟了才会显现，很难防范，精妙且玄远。在他们显达前，不被众人所欣赏。等他们发挥作用的时候，又被英明的君主所珍爱。他们的功效在于运筹帷幄、灵活通变。他们功成身退的时候，有办法让人永远也找不到。他们的事业，因为太过神奇而很少被君主采用，所以有的人便沉沦埋没而不得显露。

【现代解读】

"术家之业，出于聪思，待于谋得而章。"喜欢使用谋略，有独特想法的术家，像是张良、范蠡，自然是聪明、善于思考，即"出于聪思"。"待于谋得而章"，等到成功后，他的计谋才得以彰显，获得赞扬肯定。"谋"

有"足智多谋"的意思。术家做事情讲方法，只要能成事，没有不可以商量的事。法家基本上是依照逻辑、法律办事，没得商量。这是两家最大的差别。"其道先微而后著，精而且玄"，因为"术"是要保护机密，不能泄露的，得要让人中计、上钩，一旦泄露就一文不值。所以，术家刚开始绝不让人知道自己的谋略，等到羽翼丰满，加上资源被摸透、掏空，就换手"借壳上市"。见风转舵，没有定法，因此很难提防。这就像《易经》中的巽卦，完全无形，低调沉潜，慢慢地接近、渗透、掏空，最后扳倒你。所以五爻君位成功之时，以"无初有终。先庚三日，后庚三日"作注，完全是意料之外。"精而且玄"，心思缜密，甚至到了玄妙的境界，"玄"有《老子》中"玄之又玄，众妙之门"之意。

"其未达也，为众人之所不识。其用也，为明主之所珍。"术家的能人，在发迹以前，一般人看不出来其才能，好比是长期卧底的间谍，化名易容，深入敌营。"其用也，为明主之所珍"，"珍"就是珍宝、珍视，明主特别喜欢用这种人帮他想计策，进行长期的计谋。换句话说，要是领导人昏聩不明，自然也跟众人一样不识奇才。

"其功足以运筹通变。其退也，藏于隐微。""运筹"是谋划、推衍，就像《易经》用竹筹、蓍草来推算，是中国最早的运筹学。至于《老子》，似乎不用这些工具，叫"善行无辙迹，善言无瑕谪，善数不用筹策，善闭无关楗而不可开，善结无绳约而不可解"，可以未卜先知。因为真正懂得人心的圣王，根本不用威吓、赏罚就能收拢人心，不必强迫，民众自然不离不弃、生死相随。这就是随卦上爻的最高境界："拘系之，乃从维之。王用亨于西山。"不过，一般术家则是"运筹帷幄之中，决胜千里之外"，就像代表人物张良一样灵活通变，随时事调整，不拘泥成规。楚汉相争时，项羽以刘邦的父亲刘太公为人质，要求双方划定鸿沟为约，互不侵犯。刚订了盟约，张良就建议刘邦毁约，乘胜追击，逼得项羽乌江自缢。若从道德的角度来看，自然无法得到认同，但术家求胜，兵不厌诈，从不受制于任何约束，所以说"运筹通变"。"通变"特别难，《周易·系辞传》中也讲"通变之谓事"，做事能随情势变化才能成功。

"其退也，藏于隐微。"功成身退是术家的不传之秘，因为天下安定后就用不着术家了，再留下来就难堪。要是主子起了防备之心，恐怕不会有好下场。所以，张良退隐修道，范蠡也带着美人退隐，两人都退得恰到好处。可惜文种不懂，打死不退，最后被赐死。《史记》中记载文种有"伐吴七术"，能帮勾践复国，只是勾践坐稳江山后，就担心文种用同样的手段对付自己，于是对文种说："子教寡人伐吴七术，寡人用其三而败吴，其四在子，子为我从先王试之。"其情之绝可见一斑。所以，术家要是不能"其退也，藏于隐微"，恐怕就会惹祸上身。写《孙子兵法》的孙武也是如此，在他建功立业后，发现吴王阖闾残暴绝情，连好朋友伍子胥都被鞭尸，于是退隐而得善终，至少不用跟吴国一同灭亡。我们曾算过孙武的卦象，基本上是"嘉遁""肥遁"，哪有空手退隐的？一来赚取好名声，二来生活很自在。"藏于隐微，退藏于密"，真想"遁"的人就有办法让人永远找不到。

"其为业也，奇而希用，故或沉微而不章。"这种术家之业是不世出的，历史上得过很久才出现这么一个奇才，发迹前深藏不露，行事时出奇制胜，到退隐时藏于隐微，为人谋、为己谋都有妙术，是世所少有，即"奇而希用"。只是除了历史上被发现的奇才之外，很多术家的人才，可能冒不出头来，因此不被人发觉，即"沉微而不章"。是怀才不遇，还是人生的选择？我们不知道，但可以说，冒出头来的人才，很可能是冰山一角。这与中国向来的隐士传统有关，就是天山遁的概念，如像伊尹这种人才出仕，必然是君临天下。遁卦六爻全变，由遁而显变成临卦，即指君临天下，面对世事。只是出仕需要因缘，不是强求而来的。像《论语》中记载不少隐士，可能都有自己的一套治国办法，只是未曾出仕，未受人见用。在历史上此类人物被见用者，应该还是少数，所以叫"故或"，真要出山，的确不容易。

知进而不知退的风险

智意之业，本于原度，其道顺而不忤。故其未达也，为众人之所容矣。已达也，为宠爱之所嘉。其功足以赞明计虑。其敝也，知进而不退，或离正以自全。其为业也，谞而难持，故或先利而后害。

【译文】

智意家的功业在于擅长推算、猜测、忖度别人的心意，因为有所掌握，所以能配合时机、情势，顺势而为。所以在他还没有发迹时，就已经被大家包容、拥护。当他显达时，被世人宠爱，广受推崇。他的功绩在于帮助贤明的君主出谋划策，他的缺点在于只知道前进而不懂得功成身退的道理，或是为了保有既得利益，采用偏离正道的手段。他所从事的事业，是运用才智得来的，但很难持久，所以初期可能顺利，有好处，一旦被人识破，就不容易善终。

【现代解读】

"智意之业，本于原度，其道顺而不忤。""原度"就是特别会用心思去猜测、忖度别人的想法。在《易经》比卦中有"原筮。元永贞。无咎"，就是指将心比心，能探到别人的心意，而不只是看表面。没有比人更复杂的，智意的人就有办法去猜测、推算，算得恰到好处。《春秋》讲"原心定罪"，《周易·系辞传》讲"原始反终"，因此探"原"的功夫很重要，只有探到本源才会知道真相，其他表象可能都是假的。"其道顺而不忤"，因为有所掌握，所以能配合时机、情势，包括人情、人性，顺势而为。智意的人不会硬碰硬，懂得察言观色，懂得坤卦柔顺的功夫。"忤"就是硬碰硬。"故其未达也，为众人之所容"，从来不直接与人家起冲突，又能够忖度人心，就能为人所包容，特别是在还没有发迹前，自然也不会有利益冲突。至于"已达也，为宠爱之所嘉"，正是掌握"和"的要义，所以人缘超好，广受推崇。

"其功足以赞明计虑。其蔽也，知进而不退，或离正以自全。"智意之人，其功绩在于不仅能提出好的想法，考虑周全，还能够顺势而为，从旁辅助，可以说是最佳幕僚长。但问题是，事情告一段落之后，因为不懂得功成身退的哲学，所以容易眷恋。加上人脉关系好，总觉得没什么搞不定的，容易成为既得利益者，这就叫"知进而不退"，终究会落入"亢龙有悔"的地步。《易经》乾卦的《文言传》中有："亢之为言也。知进而不知退，知存而不知亡，知得而不知丧，其唯圣人乎。知进退存亡而不失其正者，其唯圣人乎。"得达到圣人的境界，才能掌握"进退存亡而不失其正"的时机，并不容易。

有时为了保有既得利益，或是贪恋权位，所采取的手段或许就显得阴沉，偏离正道。有个人的私心，想做老大，想保有利益，想不被逼退，就可能和不合适的人合作，做一些不适合的事。这种用心是"智意之人"为达目的没有原则的负面表现，既可以与魔鬼握手，也可以出卖灵魂，这多少也影射到代表人物陈平的一生和他最终的省悟。"其为业也，谞而难持，故或先利而后害"，"谞"是智谋才智，这方面虽是智意之人的强项，却很难持久，时间越久，大家就越清楚这一号人物的心术。智意之人比术家差一截，刘劭在《流业第三》中就提道："不能创制垂则，而能遭变用权，权智有余，公正不足。"智意之人是以自我为中心，以个人利益为导向，聪明、圆滑的手腕在短期内可以让人信服与获得利益，但很难持盈保泰。"故或先利而后害"，虽然初期可能顺利，有好处，一旦被人识破，就不容易善终。不管人怎么伪装，时间久了没有不露馅儿的。

太爱批评得罪人

臧否之业，本乎是非，其道廉而且砭。故其未达也，为众人之所识。已达也，为众人之所称。其功足以变察是非。其蔽也，为诋诃之所怨。其为业也，峭而不裕，故或先得而后离众。

【译文】

臧否家的功业在于鲜明地评判是非，他本身在守节上做得不错，讲的话具有针砭时事的用心。所以在他尚未发达的时候，就能获得社会大众的认可。在他发达了之后，他的作为同样能受到大家的肯定和称许。他的功业在于特别能够考虑事情的是非曲直，而他的毛病就是随意批评而容易得罪人。他们所维持的事业，严厉而眼里揉不得沙子，所以开始的时候能够取得众人的认可，最后却离众人越来越远。

【现代解读】

以上的介绍可以和《流业第三》相互参考，"清节之家"的代表是延陵和晏婴，低一个档次的是"清节之流"，以子夏之徒为代表。虽然说"臧否之人"是标榜道德上的高风亮节，但是心量不宽，即"不能弘恕"。爱批评别人，即"好尚讥诃"。喜欢比较、分类，即"分别是非"。这绝不是好事，真正的高洁者怎么会管别人那么多的缺点呢？因此，本段中说："臧否之业，本乎是非，其道廉而且砭。"由于臧否之人是非鲜明，自己本身守节做得不错，再加上讲的话也有道理，所以具有针砭时事的用心，一般能点到时代的痛处。"故其未达也，为众人之所识。已达也，为众人之所称"，在尚未发达时，能获得社会大众的认同，而在发达之后，若能秉持初心，其作为同样能受到肯定和称许。只是"谁能人前不说人，谁能背后不被人说"，虽然"臧否之人"能尽量做到一定的标准，却也以这个标准来批判别人，自然也容易被别人贴上"大炮"的标签。"为众人之所识"，即把自己置身于风口浪尖，和懂得隐藏自己的术家完全不同。一旦如此，若有做得不够好的地方，就容易招致别人加倍的还击，特别是在"未达之时"，就会被大家认为是喜欢批判的冲天炮，反而不好。"其功足以变察是非。其蔽也，为诋诃之所怨"，臧否之人的长处在于特别能够考虑事情的是非曲直，其毛病就是喜好批评，容易得罪人。"怨"，就有可能引来杀身之祸。尤其是在建立功业之后，标榜一个严格的是非曲直的标准，不仅不会感化别人，还容易被受批评的人视作仇敌。

人太挑剔、太持正，未必代表心胸宽大包容，可能只是看不顺眼。因此，刘劭说，"其为业也，峭而不裕，故或先得而后离众"，最终的表现，用攀爬陡峭的山壁来比喻，是没有几个人真正到得了山顶的。"不裕"就有因为心胸不宽大，所以看人都不顺眼的意思。试想：标榜一个高耸难及的目标，一天到晚都在对人说教，谁爱听呢？"裕"是重点，人必须心胸宽广，在《周易·系辞传》中谈益卦叫"长裕而不设"，指的是真正的利益没有前提条件，因为能包容兼纳，所以才能对别人宽厚，让自己宏大，即"益，德之裕也"。只是臧否之人没能做到这点，眼睛里容不得一粒沙，虽然开始能够得到大家的认可，但是时间久了，大家发觉好像事事都不尽如人意，不能达到理想的标准，谁都有不足，大家都会被他指责。于是臧否之人开始被人嫌弃，被人讨厌，最后被大家疏远。《易经》中谈"包承、包羞、包荒、包蒙、包有鱼"，就是人有多大心量，就能做多少事，"峭而不裕"，离众人的实际生活很远，得不到大家的支持，能够产生的影响力自然有限。

太琐细的技术家

伎俩之业，本于事能，其道辨而且速。其未达也，为众人之所异。已达也，为官司之所任。其功足以理烦纠邪。其敝也，民劳而下困。其为业也，细而不泰，故为治之末也。

【译文】

伎俩家的长处在于做事时用心巧妙，他非常能干，做事明快且准确。在他还没有受到任用时，做事效率很高，能让人刮目相看。等受到拔擢后，自然受到各方领导的信任。他的作用足以纠正辟邪、梳理事务，他的缺点在于使民众劳累而感到困顿。他们所从事的工作，局限于个人的视野，着眼在琐事上，是治国安邦的细枝末节。

【现代解读】

比照《流业第三》的内容，"伎俩之业"是次等的法家，正所谓"不能创思图远，而能受一官之任，错意思巧，是谓伎俩"。其中举了两位汉朝人物：张敞、赵广汉。"伎俩之业，本于事能，其道辨而且速"，伎俩之人很能干，做事情又快又好。做主管的人，若能有这么一个办事情快且准的助手，自然如虎添翼。"其未达也，为众人之所异。已达也，为官司之所任"，还没受到任用时，做事让人刮目相看，自然能脱颖而出，等受到拔擢后，自然受到各方领导的邀约，希望把事情交给他来办。"其功足以理烦纠邪。其蔽也，民劳而下困"，正因为有法家特征，所以专长于纠正辟邪、梳理事务，能耐烦琐。正因为如此，为伎俩之人办事就很折腾、辛苦。因为缺乏伎俩之人的特质和专长，所以不好应付他方方面面的要求，就算做，恐怕也不能让他满意。《易经》节卦讲最好的制度、法制的标准："节以制度，不伤财，不害民。"

"其为业也，细而不泰，故为治之末也。""细"指琐细，"泰"指宽大弘裕，即代表规模广阔。伎俩之人局限于个人的视野，因此着眼在琐事上，即成事后的补强工作，不着眼做事的大方向，即"故为治之末也"。刘劭以此作结，提出自己的批判，做事真正是要掌舵大方向"泰"，才不会见树木不见森林。有时候因不明大局，而导致因小失大的事情多不胜数。

刘劭在《利害第六》中，先提到清节、法、术三家，再提到智意、臧否、伎俩三家，共讲了六家。比《流业第三》中所提到的十二种典型，正好少了一半。为什么其他六种略而不讲？包括文章、儒学、口辨、雄杰、国体及器能。国体和器能两种，其程度是在清节、法、术三家之上，三材俱全，只是程度、规格不同，都是千载难逢的人物。既然如此，就不在"偏材"的讨论范围内。可以说，在偏才之中，以清节家"于己有利，于人无害"。之所以不谈另外四种（文章、儒学、口辨和雄杰），是因为文章、儒学和口辨三种，都不是事功之人，而是以传道为主，包括口传、身教、著书立说等，至于能不能做事，并不知道。因此，讨论事功人才，就略而不提。

"雄杰之人"，简单来讲就是武夫。由于古代中国一向重文轻武，以文统武，所以武夫只能听从指挥，不能自行其是。武夫适合做骁将、枭雄，若不能坐上九五之尊，终究不能出头。历史上的名将白起、韩信，也只是成为帝王的马前卒，最后落得鸟尽弓藏、兔死狗烹的下场。所以，刘劭在这里避而不谈。把《流业第三》的人格分析与《利害第六》做对比，就知道刘劭的判准和立论基础，特别是怎么品鉴、遴选人才，该如何配置、部署，才能优化管理效能。无论是《流业第三》或是《利害第六》，看似分等分流，实则是刘劭依照实际的需要来排序。刘劭是从经世致用的角度来看人才的需求，因此所排序的方式，自然配合着政府用人的标准。人才没有好与不好，只有用不用得上，能把事情办好就是最好的人才。

接识第七

夫人初甚难知，而士无众寡，皆自以为知人。故以己观人，则以为可知也；观人之察人，则以为不识也。夫何哉？是故能识同体之善，而或失异量之美。

何以论其然？

夫清节之人，以正直为度，故其历众材也，能识性行之常，而或疑法术之诡。

法制之人，以分数为度，故能识较方直之量，而不贵变化之术。

术谋之人，以思谟为度，故能成策略之奇，而不识遵法之良。

器能之人，以辨护为度，故能识方略之规，而不知制度之原。

智意之人，以原意为度，故能识韬谞之权，而不贵法教之常。

伎俩之人，以邀功为度，故能识进趣之功，而不通道德之化。

臧否之人，以伺察为度，故能识诃砭之明，而不畅倜傥之异。

言语之人，以辨析为度，故能识捷给之惠，而不知含章之美。

是以互相非驳，莫肯相是。取同体也，则接论而相得；取异体也，虽历久而不知。

凡此之类，皆谓一流之材也。若二至已上，亦随其所兼，以及异数。故一流之人，能识一流之善。二流之人，能识二流之美。尽有诸流，则亦能兼达众材。故兼材之人，与国体同。欲观其一隅，则终朝足以识之；将究其详，则三日而后足。何谓三日而后足？夫国体之人，兼有三材，故谈不三日，不足以尽之：一以论道德，二以论法制，三以论策术，然后乃能竭其所长，而举之不疑。

然则何以知其兼偏，而与之言乎？其为人也，务以流数，杼人之所长，而为之名目，如是兼也。如陈己美，欲人称之，不欲人之有，如是者偏也。

不欲知人，则言无不疑。是故以深说浅，益深益异。异则相返，反则相非。是故多陈处直，则以为见美；静听不言，则以为虚空；抗为高谈，则以为不逊；逊让不尽，则以为浅陋；言称一善，则以为不博；历发众奇，则以为多端；先意而言，则以为分美；因失难之，则以为不喻；说以对反，则以为较己；博以异杂，则以为无要。论以同体，然后乃悦。于是乎有亲爱之情、称举之誉。此偏材之常失。

从刘昞的注中，就能破题《接识第七》："推己接物，俱识同体；兼能之士，乃达群材。"这句话主要是说，从待人接物及与人接触中所收获的心得、体会叫作"识"，即"见识"。因为"见"是在与人接触，与事情接触之后才有的，所以又叫作"接识"。蒙卦二爻《小象传》说"子克家，刚柔接也"，讲的是子承家业，能够"接"得好就"吉"。人与人之间在接触之后有很好的互动，彼此欣赏，自然能开拓新的认知和视野。

"推己接物"和一般说的"待人接物"意思相近，在《论语》中是用"推己及人"。"推"有"将心比心"的味道，是恕道的进一步发挥。正所谓"己所不欲，勿施于人"，自己不希望被人家对待的方式，自然也不要施加在别人身上，这是"推"的意思。一般人性的弱点是以自我为中心，以自我的认知为标准，没有宽宏的气度和高度去欣赏跟你不一样的人。和自己不一样的就不理解，也不想去理解，认为对方是故意找碴儿，这就是心量不够宽。反过来说，接触到和自己通气的人就相互欣赏、理解认同，这多半也是基于自恋的心态，因此视野和气度不能得到提升，没有办法"同人于野"。"接识"是在提醒我们，用自己的标准去衡量别人，最终只会慢慢地形成"党同伐异，攻乎异端"的臭味相投，即"俱识同体"。只和与自己一类的"同温层"相处，没有办法真正地纠错归正，既局限了自己，也阻隔了别人。所谓"他山之石，可以攻玉"，老从自己的山上找石头，恐怕只能敝帚自珍。同类人才互相标榜、欣赏时，对于"异端"的长才和优点，就无法体会和利用了。

总拿自己的标准去看人

夫人初甚难知，而士无众寡，皆自以为知人。故以己观人，则以为可知也；观人之察人，则以为不识也。夫何哉？是故能识同体之善，而或失异量之美。

【译文】

人的善恶好坏是很难被识别出来的，而知识分子们，无论才高才低，都自以为有识人的本领。所以他们拿自己作为衡量的标准去设定别人，以为这样就能辨识、得到人才。看别人在观察人的时候，认为别人不懂如何识人。为什么呢？这是因为人能识别与自己相似的人的优点，但对于和自己不一样的类型，就没有办法欣赏了。

【现代解读】

"夫人初甚难知，而士无众寡，皆自以为知人。"没有比"知人"更难的事了，《尚书》中说："惟帝其难之，知人财哲。"连圣君尧、舜都觉得"知人"难，能够"知人"，就达到了"哲"的境界，这是具有大智慧的体现。不少人"自以为知人"，特别是知识分子，最容易有这个毛病，但这不是真的"知人"，只是根据自己的想法去判断别人。刘昞则注为"貌厚情深，难得知也"，刚开始没有深入接触时，怎么能透过表面了解人的真实情感，正是俗话说的："知人知面不知心。""人心之险，险于山川。""厚貌情深"是《人物志》中常出现的词语。现实中，识人常止步于"知面"，"知心"很不容易，更不用说"同心"了。

孔子说:"二人同心,其利断金;同心之言,其臭如兰。"这使得后世对此产生期待和向往,如婚书上所说的"永结同心",这可不是一朝一夕的工夫,得用时间来证明。

为什么不容易"知人"呢?《老子》中提出一个观点:因为人并不"自知",所以不能"知人"。所谓"知人者智,自知者明",既不能"明",又何来"智"?在《老子》的论述中,"明"是高于"智"的,没有深厚的底蕴,如何应付千变万化?连自己设定的标准都有错误,再用这个错误的标准去评判别人,又怎么能看得清楚?这是因为个人有某种长处和喜好,所以不容易发觉,甚至主动避开自己心里的黑洞,即所谓"心坎儿"里的坎窞、欠缺。尤其是心坎中的阴暗,不遇到事无所谓,要真碰到生命的盲点,必然让人万劫不复,自己真敢面对吗?

"知人"难在"自知",人要是不敢面对自己最脆弱的地方,又怎么能在"接识"的过程中修正改善?管理学上有个著名的"短板理论",一只木桶盛多少水,不取决于最长的桶板,而是取决于最短的那一块。人生像一只木桶,关键是那块最短的木板,也就是人生的最短处,人最大的弱点。不能真正地面对和处理问题的根本,其他问题处理得再好也无济于事。所以《老子》说:"自知者明。"整部《人物志》与之呼应。可以说,人之所以不知人,是因为不自知,想要有知人之智,还得在自己的身心上下功夫,天天去看别人身上的问题,老是批判别人如何如何,对于改正自己的毛病没有一点帮助。先前提过《论语》中"子贡方人",孔子提醒子贡要内观自己,即"夫我则不暇"。

《易经》坤卦中提到"厚德载物",先决条件是要"自强不息",也就是"复自道",回到自己心中最深的地方,那里才是万事万物的源头。没有向自己内心探索的功夫,只是向外看,你看到的问题,发表的议论大都是扭曲的,因为没有"回到本来面目",人我不能一体,所以一天到晚都是"睽",带有自我成见。一旦"睽",就不合于道,自然所见"见豕负涂,载鬼一车",周围全是恶人、破车,其实都是自己的问题。

"而士无众寡,皆自以为知人。"所谓"知",是建立在自己的主观忖度上的，是"故以己观人，则以为可知也"，以为这样就能正确地"知人"。"以己观人"，拿自己作为衡量的标准。希腊智者派哲学家普罗塔哥拉提出"人是万物的尺度"，肯定人的感觉、权威与尊严，否定以神的意志作为衡量的标准，自有其时代意义。但不可否认，以"人"为万物的尺度，真的就是正确的方向吗？从近代所发生的种种自然反扑的现象来看，可能还保留着问号。

刘昞以"己尚清节，则凡清节者，皆己之所知"注"故以己观人，则以为可知也"。他以清节家为例，指出自己标榜一介不取、崇尚清节，所以他看其他的清节家就不自觉地引为同道，马上能辨识出来。"观人之察人，则以为不识也"，因为对自己"识人"的自信，所以看别人在观察人的时候，认为别人都不懂如何识人。"夫何哉？是故能识同体之善，而或失异量之美"，"夫何哉"是说为什么呢？刘昞在此进一步发挥："由己之所尚在于清节，人之所好在于利欲；曲直不同于他，便谓人不识物也。"还是以清节家为例，因为自己所崇尚的是清节，别人所好的是利、欲，彼此的侧重点不同，所以就主观地认定别人不能知人、不能察人。

如果将这种态度推广、扩散出去，恐怕社会就没办法被统合，因为每个人都有自己的框框，都戴着一副有色眼镜。所以，刘劭说："能识同体之善，而或失异量之美。"与自己相似的人，就能够欣赏其优点，但对于与自己不一样的类型，就完全排斥，无法欣赏其优点。刘昞在注中，举例子来说明："性长思谋，则善策略之士。""遵法者虽美，乃思谋者不取。"指出长处是动脑筋、想策略的人，就对同类型的人特别欣赏、赞扬。要是遇到一板一眼，照规矩办事的家伙，就觉得他是死脑筋，不灵活。这自然是"同类相亲"的现象，所谓"方以类聚，物以群分"，俗话里有"龙生龙，凤生凤，老鼠儿子会打洞"。对领导人而言，由于麾下的各种人才，不可能都跟自己属同一类型，若是"不识异量"，只爱"同体"，那如何能领袖群伦？又该错失多少"异量之美"？

要练习欣赏和你不同的人

何以论其然？

夫清节之人，以正直为度，故其历众材也，能识性行之常，而或疑法术之诡。

法制之人，以分数为度，故能识较方直之量，而不贵变化之术。

术谋之人，以思谟为度，故能成策略之奇，而不识遵法之良。

器能之人，以辨护为度，故能识方略之规，而不知制度之原。

智意之人，以原意为度，故能识韬谞之权，而不贵法教之常。

伎俩之人，以邀功为度，故能识进趣之功，而不通道德之化。

臧否之人，以伺察为度，故能识诃砭之明，而不畅倜傥之异。

言语之人，以辨析为度，故能识捷给之惠，而不知含章之美。

【译文】

为什么这样说呢？

清节之人，以正直为准则，所以他接触众多贤才时，都偏好按规矩办事，对于用术、用计的做法，始终不能认同，抱持怀疑的态度。

法制之人，以法律规范为准则，所以他比较认同、推崇遵守法制的人，彼此间以法制规矩做比较衡量，反而对变化多端的术家谋略不感兴趣。

术谋之人，以谋略、筹策为准则，所以他能够识别谋略奇异的人，而不能知晓遵守法度的好处。

器能之人，以辨析事理、维护体制为准则，所以他能够在体制之下做出最恰当的安排，却很难在重大变局下重塑新秩序、新规范。

智意之人，以揣度他人的心意为准则，所以他能够通权达变、出奇制胜，却轻视那些依循刻板的法教常规。

伎俩之人，以建立事功为准则，所以他能够主动出击把握机遇，却对需要长期投入、潜移默化的工作不感兴趣。

臧否之人，以伺机督查为准则，所以他能够赏识善于观察、针砭时弊的人，却很难认同那些行事自在、不拘小节的人。

言语之人，以擅长论辩为准则，所以他能欣赏反应迅速、言辞缜密的人，而不知晓含蓄温厚之美。

【现代解读】

"何以论其然？"为什么这样说呢？刘劭从《流业第三》中的人才分类表来选材，举例解释自己的论述："夫清节之人，以正直为度，故其历众材也，能识性行之常，而或疑法术之诡。"清节之人，设定的门槛是"正直"，无论他接触多少人，都偏好按规矩办事，对于用术、用计的取巧和做法，始终不能认同。"历"是经历、阅历，指即便经过职场的历练，和不同类型的人接触互动，心里始终还是有把道德量尺在左右着自己的判断。当清节家看到法家、术家的做法时，就会嫌其诡诈、爱耍心眼，就算明面上不批判，内心也不认同，反而会抱持怀疑的态度，因为他觉得那不是人间正道，所以不能欣赏法家、术家的精彩巧妙。假定想多开阔自己的视野，多发觉一些"异量之美"，就得学《易经》同人卦中的"类族辨物"，认识自己，欣赏别人，否则连别人都容不下，又怎能实现"通天下之志"的抱负？

"法制之人"有同样的毛病，总是以自己作为标准，即"以分数为度"，因为坚持该有的分寸，多一点、少一点都不行，所以"故能识较方直之量，而不贵变化之术"。"分数"是指赏罚的标准，以此作为行为的准则。因为法家之人的性格较为方正、率直，一板一眼、依法办事，所以也比较认同、推崇"以分数为度"的法制之人，彼此间以法制规矩做比较衡量，称为"较方直之量"。相反，他对于术家就很不认同，觉得术家没有定规、好打迷糊仗，此为"不贵变化之术"。"识"是欣赏、认同。"较方直之量"中的"较"有比较、较量的意思，指的是法制之人间的切磋。"方直之量"，自然是彼此对于法制的认识、见解，虽然相互认同，但是不免有比较的心态。

《孙子兵法》中也谈到"分数",不同的是,《孙子兵法》是专指"分层负责"的概念:"凡治众如治寡,分数是也。"(《兵势》篇)其中谈到每个人都有自己的职分,以军事为例,依不同组织形态分为军、师、旅、团、营、连、排,方便管理。《易经》颐卦中也有"圣人养贤以及万民",是相同的概念。从管理学上来说,一个人能够直接督责的部属,不可以超过两位数,不然的话一定力不从心。因此,有的人是直接领导,有的人是间接领导。即便是间接领导,也不能随便干涉部属的职权,这就叫"分数",是每个人的"分"与"数"。法制之人在这方面的分寸拿捏得特别好,所以能够"识较方直之量"。

"术谋之人",作为术家的代表,"以思谟为度,故能成策略之奇",主要是欣赏有谋略、能策划的人才,并以此为识人的标准。"故能成策略之奇",所以能出奇制胜。如果用卦象来比喻,清节家和法家比较像恒卦,主要是"立不易方",一成不变。但术家就偏向非常态、非线性的跳跃思维,不守恒、不守常,才能出奇,可以用大过卦来比拟。如白茅草可以作为铺垫,"借用白茅",移花接木,重现生机,"枯杨生稊"。虽然奇异,但能制胜,有什么不可以呢?

"以思谟为度,故能成策略之奇。""谟"是指大谋略,"策"有筹策、谋划之意,一根蓍草叫一策。"略"有运用兵法之意,既然是"略",就不必太详细,各人有各人的田,各自发挥。"而不识遵法之良",术谋之人不会遵守一般既定的规矩,否则底细岂不让人摸得清清楚楚了吗?必须"穷则变,变则通",才能灵活变通。因此,对任何事情都要守德、守法的人,不能欣赏才谋之人。其实"遵法"有其优点,特别是在常态、稳定态之下,符合大多数人的期待。《孙子兵法》中谈"奇正相生",彼此是相辅相成,没有"正"就没有"奇"。《易经》中说"时用",不是常态,而是有一个长久稳定的基调,当非常时期出奇招才有效用,因此没有章法,也就没有奇计。"法"的"不贵变化之术",与"术"的"不识遵法之良",反映出"法"与"术"是两个端点,各有优点,各有所缺。

谈到"谟",在《尚书》中有《大禹谟》《皋陶谟》,就是指大禹、皋陶的策略。《尚书》作为中国最早的政治指南,有所谓"二典一谟",指的是《尧典》《舜典》和《皋陶谟》,讲的是尧、舜二位圣君和皋陶这位贤相。其中《大禹谟》是后来才出来的文本,相传在大禹时期,还有一篇《禹贡》,讲的是当时中国治水时勘探实地所得的地图。在政治管理上,除了有圣君、贤相领导的智慧和好的治理团队,还要了解山川形势,建立落实领导的平台,故成《禹贡》。中华大地的每一片土地,都有可以朝贡的物产,而"一方水土养一方人",代表每个人都可以对社会有贡献。这些物产、贡献,需要有一个平台来汇总、运用,用现代的术语就是"资源地图",帮助了解各级组织和疆域内的现状。所以,清朝有《康熙皇舆全览图》,帮助皇帝掌握国境内的地方特色、山川形势。缩小来看,每个人都要有自己的《禹贡》,哪怕平台再小也要有,如此才能有实现梦想的起点。

　　《尚书》的精华集于"二典一谟"和《禹贡》的意涵,之后的篇章多是以反面事例作为鉴戒,陈述夏、商、周立国都是以暴易暴,从杀人起家。所以,战争血流漂杵,并不能算是政权交替的典范,而是权力之恶,只是长期的封建制度将其包装、文饰罢了。《尚书》中"二典一谟"是"为法",让人效法,而其他部分就是"为戒",引为鉴戒。因此,读《尚书》不能不明辨其中的道理,须"择其善者而从之",以"法"为准。而"其不善者而改之",就"自禹而德衰",把夏、商、周之后"家天下"作为"戒"。原因是之后每一次改朝换代都是血淋淋的,目的在于稳固政权。即便有治水功绩的大禹,在誓师时也是威吓利诱,军队必须听命行事,以铲除敌对势力。要是不听话,不勇敢杀敌,不仅要被处以极刑,还要株连妻子儿女。(原文见:"左不攻于左,汝不共命;右不攻于右,汝不共命;御非其马之正,汝不共命。用命,赏于祖;不用命,戮于社,予则孥戮汝。"《尚书·甘誓》)读了这样的革命宣言,难道不觉得可怕吗?这明显和前朝尧、舜的禅让有着天壤之别,中国自古所说的"大同""小康",就是指这两种境界。

　　"器能之人"是"国体之人"的具体而微,即具备清节、法、术三家之长,又尚未发展到极致。国体之人,如伊尹、吕望,而器能之人,则像子产、西门豹。"器能之人,以辨护为度,故能识方略之规,而不知制度之原",指在管理上很有办法,特别是在辨析事理、维护体制上有一定的准则,这叫"辨护为度"。因此,能在体制允许的范围内安排、调适最恰当的做法,然而对于在重大变局下重塑新秩序、建立新规范,却难有创造性的突破。"规",有规矩、规模的意思,指一定限制的规范。"制度之原",着重在制度的设计和发展上,不管是礼还是法,在制度的设计上必须有其因应时代需要的考虑,必须具备创造性、突破性的思维和格局。国体之人,会去思考制度是否合乎时宜,是否还要遵守,因此能够突破时代局限,开创新的局面。但器能之人不具备这样的眼界,看不到既存制度的问题和局限,不知道因应变局要修正调整,也就不能挣脱约束,只能在既存制度下充分发挥。

经典中一再提醒"原"的重要性,《周易·系辞传》中谈"忧患九卦",前三卦谈谦、履、复,都在讨论"礼"的问题,也就是制度的建立。其中大原则是"谦以制礼",所有规范的目标在于达到"谦"的境界,也就是万事万物和平相处,包括天、地、人、鬼、神之间没有矛盾,能够和谐平衡。谦卦卦辞中说"谦,亨。君子有终",《尚书》有"满招损,谦受益",因为"争",所以不平衡,比如人与人之间"不谦",就有斗争、纷扰。人与自然之间"不谦",破坏自然,大地反扑。制定礼或法之后,必须建立共识,照章行事,就叫履卦。所谓"履以和行",在制定规矩之后,依此标准行事。只是遵守规范、运作制度,并不一定会知道制定规范的缘由,这是守法、落实、执行的过程,也就是"履"的精神。显然"谦"具有原创的能量,知道"制度之原""礼之原",而"履"则着重于"方略之规",有实践的能力。

接下来的复卦,则进入新的层面,也就是"仁"。复卦谈"天地之心",也就是"仁"的意义。"仁"本来指果实中具有生命力的源头即"果仁",发挥在人文精神上代表创造性的作用,也就是"本"。一旦回到最初的源头,从原点去思考所有的发展,无论是制度、规章、礼法,都会有全然不同的看法，就不会盲目地遵守或盲目地反对，也不会谋求表面的和谐。因此，当"仁"可以不让，没有不能挑战的权威（即"当仁不让于师"），而"克己复礼"就是"仁"，就探到"本"，这也是"复，德之本"的意思。这三个卦都和"礼"有关，是制度之本。所以，"原"很重要，追"本"溯"原"是读经典的目的，必须是原典，它是经历上千年淘洗留下的智慧，可以因应时代的变化，可以说是文化之"原"。

你真的知道"制度之原"吗？有些人从不知道制度的发展之"原"，也不知道其中经过什么样的历程，只看到别人的成果，却不知道是不是适用于自身。所以，学习必要探"原"，《易经》乾卦说的"大哉乾元，万物资始"是原动力；"至哉坤元，万物资生"是执行力。若不能探"原"，就只能依样画葫芦，仅仅"知其然，不知其所以然"。就算赞成，也是惯性的赞成，反对也是盲目的反对，终究没有自己的见解，搞不清楚原因。所以，"识方略之规"是落实、执行、运用，"知制度之原"是因应变化革新，在此之前，更要"返本"才能"开新"，这就是复卦"反复其道"的意思，没有回到"本"的核心创造能量，又怎么能创新？

"智意之人"，以陈平为代表。"以原意为度"，就是揣测别人的心意。"心"和"意"有细微的差别，"意"在"心"之前，也就是"念头"到"心思"间的变化，"诚意"还在"正心"之前。从字形来看"意"，是"立、日、心"，也就是每时每刻的起心动念，天天都在变。人能够在瞬间抓到自己的念头，是一种觉知，算是"以原意为度"，养成自觉的习惯。也正因此，智意之人能够"识韬谞之权"。"韬"有韬略、韬光的意思，指用熟牛皮做成的箭套子，又引申为计谋、阴谋，如太公的《六韬》兵法。"谞"是谋略的意思。智意之人通常能通权达变、出奇制胜，因此不喜欢依循刻板的法制，而偏好变道，即"不贵法教之常"。

"伎俩之人，以邀功为度"，这种类型的人总想建立事功。"邀功"就是自己请命，希望展现才能。这代表着伎俩之人的企图心，主动争取表现的机会。"故能识进趣之功"，谈的是伎俩之人能把握机会，"趣"同"趋"，指趋势。"进趋"，主动争取表现的机会，不会矜持。"而不通道德之化",这是伎俩之人的明显缺点,指的是对于需要长期投入、潜移默化的工作,完全不感兴趣。伎俩之人,既然是"以邀功为度",目的就是求表现,虽不一定是急功近利,但是有表现、有建功的机会,绝对会抢在前面,即"能识进趣之功"。"道德之化"又是另一回事了,常常需要比较长的时间,如所谓"十年树木,百年树人"的基础建设,因为耗时费力,伎俩之人对这样的任务就没有那么大的兴趣,完全不考虑长远的效益。

有的人虽想建立事功,但是常推三阻四,不主动争取机会,又或是不想表现得太热情,结果错失良机后,心里又不自在。结果是,好一点的,自己心里不痛快;差一点的,搞得大家都不舒坦。这类人就不如学学伎俩之人的"识进趣之功",想干就坦诚努力地争取,这是伎俩之人的优点。

至于那些爱批评的"臧否之人","以伺察为度",自然是一天到晚盯着人家,总是关注别人,挑人家的毛病,用放大镜、显微镜去看别人做事。其长处是能一语中的,分析问题很到位、很仔细,让大家佩服认同,这是"诃砭之明"。"臧否之人"对于同类型的人,能够赏识彼此观察入微的特质,不过,对于行事自在、不拘小节的人,就难以认同,即"而不畅倜傥之异"。"倜傥",一般讲作潇洒宽宏、自在随意,好比风流倜傥。

驰骋口才、辩才无碍的人叫作"言语之人",讲话时往往逻辑清楚、条理分明,无论是前提,还是推衍的结果,都能分析得头头是道,即"以辨析为度"。这样的人,自然很欣赏频率相同的人,即"能识捷给之惠"。"给"是指口才好,"口给"是指反应快,很敏锐,言辞缜密。不过,"言语之人"也有缺点,"不知含章之美",不懂得收敛,不具备含蓄温厚之美。

"含章"接近谦德,《易经》坤卦三爻的《小象传》讲"含章可贞,以时发也",不是不讲,而是在适当的时机发表意见,不愿意出风头,愿意把机会留给人家,自己做配角,所以能"或从王事,无成有终",成为大功臣。坤卦三爻爻变即谦卦,呼应"谦,亨。君子有终"。坤卦三爻人位，指的是"人行坤道"的方式，也就是厚德载物，领导广大民众的手段，必须"含章"，才能"含弘光大，品物咸亨"。"含"有"吐不出，咽不下"的意思，让它"化"掉是很不容易的功夫，也因此才能赢得最后的胜利。

反过来说，太会说话的人，若"御人以口给"，恐怕会得罪很多人，让人家没有好感。特别是爱讲话的人，为了抢发言权，往往不该讲的也讲，那就呜呼哀哉。所以说，"以辨析为度"就不知"含章之美"，这是截然相反的性格，不容易扭转。

取得共识好难

是以互相非驳，莫肯相是。取同体也，则接论而相得；取异体也，虽历久而不知。

【译文】

所以各持己见，互相指责对方的不是，谁也不肯定、认同对方的优点。对于和自己同类型的人，讲的话都能理解，进而发挥而有收获。对于和自己不同类型的人，就算相识交往再久，都不能够真正认识、了解对方。

【现代解读】

针对前面提到的这么多种截然相反的性格，刘劭直接指出，因为彼此不同，所以各持己见，指责对方的不是，谁也不肯定、认同对方的优点，即"互相非驳，莫肯相是"。刘昞在注解时，就说"人皆自以为是，谁肯道人之是"。就算心中知道，口头上也不让步，要他讲出对方的优点，像割肉一样痛苦。俗语说："良言一句三冬暖，恶语伤人六月寒。"所以，"互相非驳，莫肯相是"就是社会纷争之源。

"取同体也，则接论而相得"，这是大家共同的盲点，对于和自己同类型的人，讲的话都能理解，进而还能发挥而有所收获。"同体"就是和自己同类型的人，彼此容易接纳。"则接论而相得"，"接论"讲的是大家见面聊天，交换意见。既然大家都爱这个话题，同路人讨论起来自然有收获。"取异体也，虽历久而不知"，对于和自己不同类型的人，因为"或失异量之美"，不能欣赏彼此的优点，所以就算相识交往再久，接触时间再长，都不能够真正认识、了解对方。在不同的版本中，"接论"有作"接洽"，指相处融洽、和合。这都是因为人会陷在自己的框框中走不出去，对于不同类型的人视而不见。《易经》观卦二爻有批判"窥观"，以"隔着门缝看人"来比喻用既定的前提、立场去看待其他人，没有办法做到面面俱到，自然见识有限、狭隘固执，即"窥观女贞，亦可丑也"。

领袖最好不拘一格

凡此之类，皆谓一流之材也。若二至已上，亦随其所兼，以及异数。故一流之人，能识一流之善。二流之人，能识二流之美。尽有诸流，则亦能兼达众材。故兼材之人，与国体同。欲观其一隅，则终朝足以识之；将究其详，则三日而后足。何谓三日而后足？夫国体之人，兼有三材，故谈不三日，不足以尽之。一以论道德，二以论法制，三以论策术，然后乃能竭其所长，而举之不疑。

【译文】

以上所说的人才，都只是具备十二流中的一种特质的人。如果兼具两种以上特质，随着他所熟悉的专长和特质不断地开展，也会达到更高的境界。所以只有一种特质的人，只能认识他这一类人才的长处。兼具两种特质的人，就能识别具有两种特质的人的长处。与所有特质人才相通的人，就能够同时了解众多人才的长处。因此，兼具多种特质的人与国体之人相同。如果只是看一部分，大致花半天的时间就足够了解对方。若想要进一步地认识，那么要谈三天三夜才可以。为什么说要谈三天三夜？因为国体之人同时具备德、法、术三方面才能，所以不与他谈论三天三夜，就不足以全面地了解他。第一天用来和他谈论道德，第二天用来和他谈论法制，第三天用来和他谈论谋略之术，然后才能彻底地了解他的长处，在提拔任用他时便毫不怀疑。

【现代解读】

"凡此之类，皆谓一流之材也。"虽然前面所讲的人才各有长短，都算是十二流中各流的第一名，在各项领域中都拿到了最高分。但他们因受"最好"这个成绩的局限，在看待与自己不一样的一流人才时，会认为没有任何了不起，便不能正确地欣赏他人，因而无法超越自己。这就是刘劭在《人物志》中警示我们，遇到与自己同类型的人就相濡以沫，正所谓"同流"。再等而下之，就成"合污"了。"流"的影响，到了国外就成为各项技艺的不同派别，像剑道、花道、茶道，流派间各有长短，若不能全部欣赏，就会错过无数美好的风景。

"若二至已上，亦随其所兼，以及异数。"如果能够兼有上述十二项中两项以上的特质，这样的人才就更难得。因为他们具有跨界思维，眼界比较宽阔，思维比较活跃，随着所熟悉的领域和特质不断地发展，也会达到更高的境界。"异数"指不同程度。单一方面的成绩，也许可以通过计算、考核得出来，以分档次、等级。一旦能"兼"，就不只一个方面，而要看其所涉及的广度，于是在"接识"人物时，就可以多认识、欣赏其"异量之美"，起码在所兼备的方面中都能接纳，不会狭窄到只有一面。至于"一流之人，能识一流之善。二流之人，能识二流之美"，这句话有百川汇海所以成其大的意思，能纳尽诸流成就天高海阔，就叫"尽有诸流，兼达众材"。这样的"兼材之人"才能够做领袖，成功必要靠不同才能的人共同合作。所以，领袖必定要能审视、发掘不同才能的部属，量才适性，给予合适的职位。如果身为领袖只局限于其中一流，只能"识同体之善",单用一种特质的人才,又怎么能组成一个团队呢?所以"尽有诸流",就像兼有德、法、术的国体之人一样难能可贵,也只有"尽有诸流",才能通晓各类的人才,欣赏不同的特长。

接下来,刘劭笔锋一转,提到该怎么去接识呢?因为每个人的特质不同,有单一的,有多元的,又该如何去观察这种兼通的人才呢?"欲观其一隅,则终朝足以识之"。如果只是看一部分,谈某个主题,大致花半天的时间就足够了解对方。为什么这样说呢?因为兼才智是不拘一格的,要一下子观察到全面的表现和程度是不可能的,于是就先谈一个主题或方面,这叫"一隅",由部分来掌握全体。这种做法,就是通过举一反三(按:出自《论语·述而》:"举一隅,不以三隅反,则不复也。"),来看看兼材所通达的眼界广度。

"将究其详,则三日而后足。"但想要进一步认识,或是谈细节,或深究各方面的涉猎,半天的时间肯定不够,刘劭认为充足的时间应该是三天以上,甚至三天三夜。这个推论出自历史上秦孝公见商鞅的记载,虽然商鞅被归纳为法家代表,但至少在理论上,他修了很多学分。首次会见秦孝公讲"为帝之道",一直讲到秦孝公快睡着了。第二次会见,讲"为王之道",还是没有打动秦孝公的心。到了第三次,讲起"为霸之道",谈富国强兵的手段,就提起了秦孝公的兴致,两人谈得太高兴都忘了时间。商鞅不是只有一个主题,他提前准备了三个主题,看对象的需要和想法来铺陈。所以,真想要全面地了解兼才,恐怕要花三天以上的时间,尤其是挑选重要职位上的人才,像世界500强公司在遴选CEO的时候,要花几年的时间,不知道要面谈多少次。因为"请神容易送神难",选错了人一如"附骨之疽",除了花钱,更伤企业体制,可能从此一蹶不振。

若要彻底了解这么一个丰富又多层次的人,自然花的时间相对较长。为什么说"三日而后足"呢?因为刘劭认为"国体之人,兼有三材",即德、法、术,得分主题、究细则,所以"谈不三日,不足以尽之",要呈现出逻辑体系,不能不深入长谈。谈论的方向和步骤可参考商鞅与秦孝公谈话的节奏，先设定大方向，再议论法制，取得认同后再谈做法、谋略，即"一以论道德，二以论法制，三以论策术"，这本来是三位一体，只是在不同情势下所注重的内容不同。策术吸引人在于速效，法制是维持富国强兵的准则，至于道德则需要长期的熏陶产生心灵的自觉。只有让兼才充分表述，竭其所长，领导人才能"举之不疑"，大胆任用。可以说，此段在某种程度上重现了商鞅与秦孝公对谈的历史画面。

只是商鞅不是国体之人，没有达到伊尹、吕望全方面才智兼备的地步。依刘劭的分类，商鞅与管仲并列在以法家为专长的队伍中，也就是建法立制、强国富人。伊尹、吕望都是以全中国作为政治舞台，相较之下，商鞅在秦国一隅，虽强秦富民，但还没到统一中国的地步。因此，平台的大小决定了视野的广狭，有时候也是衡量个人成就的指标。但是，刘劭在这里引用此例，认为国体之人因为全方位的思维体系，真要委以经国大任，必须有足够长的时间深入了解，即"三日而后足"。须依照不同的次第深入，先谈德，再谈法，最后论术，如商鞅最后说服秦孝公下定决心，开始全方面地变法。虽然商鞅能谈德、法、术，但不代表兼备三材，他本身是否达到清节家或是术家的标准，恐怕令人怀疑。毕竟商鞅在德行上不能与延陵季子、晏婴相比，在"术"的算计上不像范蠡、张良那样功成身退。从最后的实践结果来看，商鞅仍是以法家见长，为秦国变法图强做了划时代的贡献。

由此可见，会"言"不代表能"行"，能"行"还得看规模大小。以术家代表人物范蠡和张良来说，张良辅佐刘邦建国，范蠡辅助越王勾践灭吴复国，一个是全国性的成就，一个是区域性的成绩。由此来看，商鞅只是在陕西一隅，即便是管仲，也只是强齐在山东而已。可是伊尹、吕望都是全国性的改朝换代，伊尹辅助商汤灭夏，吕望辅助武王伐纣。所以才论"言"与"行"的关系，"行"的规模大小，两者共同决定了所选人才的水平。有的人说得头头是道，实际上不一定能做到，即"能言不能行"。这是在读《人物志》时，大家必须要具有的判断力。

另外，刘劭在《利害第六》中提到清节家几乎没有弱点，即"无弊而常显，为世之所贵"，特别是"故其未达也，为众人之所进；既达也，为上下之所敬"。实际上这是完全不可能存在的情况，不打压、不嫉妒就不错了，怎么可能推荐？所以这样的说法可以视为刘劭的理想。不过，真正要了解《人物志》的来龙去脉，一定要精熟"四书"，《人物志》里面的观点大都取材自"四书"，只是借由"人物"为主轴，进一步将其具体化。

怎么辨识偏才与兼才

然则何以知其兼偏，而与之言乎？其为人也，务以流数，杼人之所长，而为之名目，如是兼也。如陈以美，欲人称之，不欲知人之所有，如是者偏也。

【译文】

那么该怎么分辨谈话的对象是兼才，还是偏才呢？如何决定与对方是深谈，还是浅谈呢？在为人处世时，依照各家各派的特质，陈说、赞扬别人的长处，能够全面了解各自的定位和优势、劣势，这样的人就是兼才。如果他只顾着陈说自己的长处，想让别人来称赞自己，对别人的长处一点都不感兴趣，这样的人就是偏才。

【现代解读】

"然则何以知其兼偏，而与之言乎？"前一段说兼才具有跨界的本领，兼具"德、法、术"三材，与只局限于某一方面的偏才相比，领导人与他们讨论、认识的时间是不同的。那么，又该怎么分辨谈话的对象是兼才，还是偏才？如何决定与对方是要深谈，还是只花半天的时间，谈他专精的部分？刘劭在此提出一套观察人的标准，以此决定如何与对方谈话："其为人也，务以流数，杼人之所长，而为之名目，如是兼也。"

看他的为人处世，着重看他与别人的互动模式。"务以流数"指分析各家各派的角度，正所谓"品物流形，品物咸亨，品物咸章"，能够系统地分别各类型，各类型中分为上、中、下三种不同的档次，还可以依其特性分别讨论，切入的角度又可自"德、法、术"的特质展开，这就是"流数"。"杼"即"抒"，抒发、表达，谈论别人的方法。了解他如何谈论、评价别人的立论，也就明白他对别人的看法和互动的模式，即"杼人之所长"。"名目"是评价，"而为之名目"，自然是他对人我间彼此关系的认识，也就是知识体系的建立。一旦建立自己的知识体系，就代表他读通了，能够全面了解各自的定位和所处的优势、劣势。好比后世有不少人研究先秦的诸子百家学说，其中言论精彩的有司马谈、司马迁父子。司马谈在《论六家要旨》中分析阴阳、儒、墨、名、法、道德，最后归宗于所推崇的道家。正是因为他兼通各家义理，所以能有相应的理解、比较，批评的论点很中肯，这就叫"为之名目"，虽然不兼具德、法、术三材，但也可以说是兼各家学理之材。

在武侠小说中有江湖高人，一看到别人出手，就能点评功夫渊源。这种人见识广博，能够欣赏各门各派的长处，还可以给予恰当的评论，说出一套道理。现代举办学术讨论会，主持人至少得文武兼修，学习各家论述，才能在各家发表研究心得的时候，梳理总结出各家特色。对不拘一格的通才、兼才，有相应深入的了解。很多博物馆的导览人员，也要对各种馆藏如数家珍，当引导游客参观时，看到不同的文物都可以说出一套故事，能让游客感觉趣味盎然。这其中就有"兼才"的味道，不是只针对某一项领域深入研究，同时要具有广度，能相互对比。

至于偏才，则没有这样的特点。偏才只固守自己所擅长的部分，对于别人的长项，他不但毫无兴趣，也完全不想了解，更谈不上欣赏，这就难免失之偏狭。《周易·系辞传》中孔子论述当时百家争鸣的现象，以咸卦四爻"憧憧往来，朋从尔思"作发挥，他说：

天下何思何虑？天下同归而殊涂，一致而百虑，天下何思何虑？

接识第七 | 245

《中庸》讲："道并行而不相悖。小德川流，大德敦化。此天地之所以为大也。"这样的胸襟便是豪迈、宽阔。人的"兼、偏"和心胸、材质有很大的关系，有的是天生的习气，除非有特别的因缘、彻底的顿悟，否则很难打破这样的格局。狭隘的偏才，可以从以下的特性来分别："如陈以美，欲人称之，不欲知人之所有，如是者偏也。""陈"是陈述，想把自己好的一面表现出来，希望得到别人的肯定。但对于别人的长项，他没有任何兴趣，无法包容与自己不一样的人，这就是偏才。偏才唯恐别人不知道自己具有某方面的优点、专长，会刻意地将话题引到相关的主题上，有意无意地让人家注意自己的优点、专长，也希望得到大家的赞美与肯定，这就是"如陈以美"，其实这样过日子挺辛苦的。

读《人物志》就是要学习对人感兴趣，进而去了解人家为什么会有那样的成就，有哪些地方是自己赶不上的，激发见贤思齐的心理。偏才因为偏狭，不想真正认识别人，所以不能吸收人家的长处。用《易经》来讲偏才，可说是"密云不雨"的小畜卦，虽小有成绩但很拘束，能够接纳的东西不多，即"所畜者小"。而心胸宽阔，能多方面发展自己才能的兼才，愿意积极地吸收、欣赏别人的长处，可以说是"山天大畜"（大畜卦），希望自己有一天能够"畜极则通，何天之衢"，最后成就卦辞所谓"不家食。吉"，不限于哪一个流派，把所有东西都吸收进来，转化成自己的本领。所以，大畜卦的《大象传》勉励人"多识前言往行，以畜其德"。总的来说，偏才和兼才，就是小畜和大畜的差别。

同温层的毛病

不欲知人，则言无不疑。是故以深说浅，益深益异。异则相返，反则相非。是故多陈处直，则以为见美；静听不言，则以为虚空；抗为高谈，则以为不逊；逊让不尽，则以为浅陋；言称一善，则以为不博；历发众奇，则以为多端；先意而言，则以为分美；因失难之，则以为不喻；说以对反，则以为较己；博以异杂，则以为无要。论以同体，然后乃悦。于是乎有亲爱之情、称举之誉，此偏材之常失。

【译文】

不愿意去真正地了解、认识别人，就会对别人说的话产生怀疑、疑虑。所以仅能把深奥的东西讲得简单、浅白，讲得内容越深入，彼此间的分歧、误解、鸿沟就越大。分歧超过一个限度，彼此不能正常沟通，反而会出现意见、批评抑或非难了。所以，你频繁地陈述处事公正有理，反而被认为是爱表现，炫技炫学；静静地倾听而不说话，就又会被认为是内心空虚没有知识；声音高亢，高谈阔论，慷慨陈词，反而被认为是不懂得谦逊；摆出谦和的态度，讲话保留两分，又会被认为是浅薄无知；有时会称赞某些善人善事，会被认为是不够广博；把经历的种种奇妙而难得的遭遇分享出来，又会被视为头绪太多，根本不需要东拉西扯。提前把他的想法讲出来，寻求认同，却被认为是掠夺自己的功劳；在他引据失误时指出盲点，反而质疑没有完全理解他的想法；当有人提出反对的主张，就感觉被挑战或较量了。不局限单一论述地讨论各种见解，又会觉得废话太多，不得要领。只有和自己同类别的人谈话，才会越谈越开心。于是就产生了亲近关爱之情、称赞提拔之举，这些都是偏才经常犯的错误。

【现代解读】

偏才有哪些特征呢？首先，偏才不愿意去真正地了解、认识别人，因此对于别人讲的话，理解程度有限，就会有疑惑、怀疑，即"言无不疑"。其次，偏才受限于自己的眼界，从根本上就不接受，甚至反驳别人的说法，一般是"深闭固拒"。把自己完全封闭起来，对不了解的、不能掌握的，甚至不欣赏的人、事、物是不可能接纳的，因为"器小"，难以"博学之，审问之，慎思之，明辨之，笃行之"，难以创造"大畜"的开放接纳、拥抱多元。

偏才必要遇到"同体之人"，彼此有共同话题，才可能产生火花，只有"知其兼偏"，才能"与之言乎"。和兼才谈话，可以畅所欲言，彼此能够相互启发、获益，但和偏才谈话，得寻找合适的主题，发掘对方的特点，不然与对方谈得没兴致，自己也没有收获，只是浪费时间。

偏才有哪些毛病，造成了哪些性格上、见识上难以开拓、成长的困局？"是故以深说浅，益深益异。异则相返，反则相非"，这是说，因为偏才的见解受性格的局限，所以在其非专业的领域上，相对来说理解浅薄。如果和这类人谈他不懂的主题，一来交流很辛苦，你得"以深说浅"，要将难懂、深奥的理论，简单、浅白地介绍，不能深入交流。二来对方也没有兴趣听，可谈的东西较少。

真正愿意花心思跟见识浅薄的对象谈深奥的道理，除了要迁就对方的认知程度，还要具备深入浅出的功夫，这就是宗教家的弘道热情，希望能感化、引导众生。《易经》观卦中谈"省方、观民、设教"，其中初爻和二爻的"童观""窥观"，指的是妇孺之见，因此要有不同形式的表达方式。一般而言，要跟见识固陋的人谈深奥的大道理，讲的内容越深入，彼此之间的分歧、误解就越大，即"益深益异"。一旦分歧超过一个限度，彼此就不能沟通，又回到怀疑、不信任的立场，更谈不上合作或共鸣了，即"异则相返，反则相非"。"返"不是返回，而是同"反"，是反对、反抗的意思。彼此间根本的差别就显现出来了，再怎么谈也谈不到一块，自然就会产生非难。换句话说，和偏才讨论，除非他有兴趣，否则不但不能够充分沟通，反而会制造矛盾和对立，正所谓"话不投机半句多"，双方心里都存有不好的印象，这样的沟通就必须叫停。"多陈处直，则以为见美"，"直"是直率，"多陈"是说讲得越多，越直率地去表达。"则以为见美"，反而被认为是爱表现，炫技炫学。无论你是为对方着想，知无不言地充分表达，都会不被接受，反而会被误会是炫耀。因为主观上彼此已经没有信任基础，所以沟通自然不畅。既然在沟通上有这样的问题，那少讲一点，保持沉默如何呢？"静听不言，则以为虚空"。不讲话，又被认为没学问，什么也不知道。这真是两难，尽量去讲，会被觉得是爱表现；不讲，又会被认为是脑子空空。这说明了一旦主观上产生排斥意识时，怎么做都不对。

"抗为高谈，则以为不逊；逊让不尽，则以为浅陋。""抗"同"亢"，指的是高亢，高谈阔论。有时候慷慨陈词，人家不会感动，反而认为这样的态度不谦恭，对你不会有任何好感。如果换个方式，摆出谦和的态度，讲话时时都留两分，又会被认为是完全不懂。俗话说"逢人只说三分话，未可全抛一片心"，就是"不尽"的表现。到了这个份上，"抗""逊"都看不顺眼，就是因为不信任的成见从中作祟。

"言称一善，则以为不博；历发众奇，则以为多端。"在谈论中，有时会称赞某些善人善事，因为对方对我们有成见，所以就认为我们知道的太少，怎么只提了这么一点，即"一善"。其他人的表现可能更好，即"众善"。于是就觉得你懂得太少，是井底之蛙。若是倾尽所有，把过去经历的种种奇妙、难得的遭遇分享出来，又会被视为头绪太多。也就是你不管怎么做，都不会得到好的回应。

如果想有所互动，想取悦于人，在了解到对方的兴趣和专长后，就投其心意，提前把他的心里话讲出来，即"先意而言"。因为是他所熟悉、肯定的见解，所以希望借此得到他的认同，至少看法一致。结果还是适得其反，会被认为抢走了他应得的掌声，让他没得表现，即"以为分美"。我们常讲"君子有成人之美"，不要"掠人之美"，"掠"是"分美"，有掠夺的意思。这样的互动，真是累人。如果挑他的毛病，给他建议呢？当他讲话引据失误时，你指出其盲点，即"因失难之"。结果他非但没有得到感激，反而会质疑你完全没有理解他的想法，即"以为不喻"，没有真正地理解叫"不喻"。人都是希望被称赞、被理解，讨厌被挑毛病，一旦受到挑战就会为自己辩护，会认为不被理解。总而言之，没有共识基础，采取同频的策略，被说是掠美，采取批判的做法，又被认为不懂反而遭到质疑。人若是一挑剔起来，永远没完没了，这就是彼此的关系出了问题。《易经》中用家人卦和睽卦来比喻，当彼此亲如一家人时，怎么看怎么好，一旦反目，怎么看都不顺眼，连家人都可以被讲成泥猪、恶鬼，这正是人性"爱之欲其生，恶其欲其死"的盲点。两人相爱时，情人眼里出西施，当感情不再时，就成了东施。

"说以对反，则以为较己；博以异杂，则以为无要。"因为偏才有自己认定的主见和立场，所以当有人提出相反的主张，他就会认为对方有意与自己较量，甚至宣战。"说"指的是说服、说明，"较己"是较量的意思。若是不局限于单一论述，开放地讨论各种见解，他又会觉得废话太多，没重点，"以为无要"。

"论以同体，然后乃悦。于是乎有亲爱之情、称举之誉。此偏材之常失。"什么时候才能真正取悦他呢？因为偏才只能够欣赏"同体之善"，没有办法包容"异量之美"，所以在双方臭味相投时，才能越谈越熟络，到后来才可以引为知己。"于是乎有亲爱之情、称举之誉"，我们常看到在此以后便称兄道弟，拉帮结派。乾卦《文言传》说："本乎天者亲上，本乎地者亲下，则各从其类也。"正是如此。

偏才要命的弱点就是，不与他同类的人，通通都是"睽"，因此猜忌、对立、仇视，完全没有办法了解其他人，自我封闭。所以《庄子》中也有感慨："彼亦一是非，此亦一是非。"要能超越对立很不容易。所以，《接识第七》一开头就讲："能识同体之善，而或失异量之美。"要是都用个人的标准来看天下，怎么能够"兼通天下之志"呢？所以，君子首在放下成见，才能"通天下之志"，能"通志"才能"成物"。不能通志，如何共事，如何成物呢？

《接识第七》谈的是平辈论交，在此补充另外一个"先意而言，则以为分美"的例子，面对老板和有实力者时，是否能"先意而言"，可得小心判断。要是没搞清楚，恐怕有杀身之祸，最典型的例子就是杨修与曹操。杨修是三国时期曹操的臣子，他聪明慧黠，深知曹操的心意。《世说新语》中有记载，曹操家起新房、入新厝，主人在门上写个"活"字，众人不解。杨修就说，老板是嫌门盖得太宽，门中有活，即"阔"。这种爱耍小聪明的人，大多最后都变为刀下鬼，因为他把老板心里面的东西都猜到了，并且讲了出来。还有关于"鸡肋"的记载，曹操和刘备对峙时，双方久战胜负未决，曹操心意犹豫，有撤兵的打算，但一直未公开表示。而杨修能从曹操发出的口令中解出"食之无味，弃之可惜"的含义，还讲出来了，这么聪明的人，能够留在身边吗？这不仅是"分美"，更是泄露国家机密。《韩非子·说难》中就提醒，对于有主掌生杀大权的主管，要顺着其心意，这样就可以相处无碍。如果不小心碰到他心里的忌讳，搞得他不舒服，可能回头就把你杀掉。虽然这是封建时期的例子，但应用在现代职场中也有共通之处。

刘劭在《接识第七》中提到偏才之失，主要是希望我们能从中反省自己的局限：是不是只听爱听的，只找同温层取暖？是不是对于不爱听、不能懂的，就不宽容、不理解，视对方为异类？所以，孔子才说："攻乎异端，斯害也矣。"(《论语·为政》)自己认定的就是主流、正统，不一样的看法就是异端，用这样的态度局限自己的眼界，是偏才之失。从单一方面互相批判，就叫"攻乎异端"。《易经》中用相综的卦象来述明，没有什么是一定对的、一定错的，从不同角度去看，都有道理。只是人很难真正地开放心胸去接纳、了解。后代有的理学家把"攻乎异端"的"攻"解作攻治、攻读等，稍嫌狭隘，"攻治与原本志向不同的小技，就有害于正道"，一下子从广阔通志、并行不悖，变成画地自限、故步自封，完全不包容异端。这不仅是扭曲原意，更是自我催眠。

所以，对经典的理解要有体系性的认识，才不会犯这种低级错误。

英雄第八

　　夫草之精秀者为英，兽之特群者为雄。故人之文武茂异，取名于此。是故聪明秀出谓之英，胆力过人谓之雄，此其大体之别名也。若校其分数，则互相须，各以二分，取彼一分，然后乃成。

　　何以论其然？夫聪明者英之分也，不得雄之胆，则说不行。胆力者雄之分也，不得英之智，则事不立。是故英以其聪谋始，以其明见机，待雄之胆行之。雄以其力服众，以其勇排难，待英之智成之。然后乃能各济其所长也。

　　若聪能谋始，而明不见机，乃可以坐论，而不可以处事。聪能谋始，明能见机，而勇不能行，可以循常，而不可以虑变。若力能过人，而勇不能行，可以为力人，未可以为先登。力能过人，勇能行之，而智不能断事，可以为先登，未足以为将帅。

　　必聪能谋始，明能见机，胆能决之，然后可以为英，张良是也。气力过人，勇能行之，智足断事，乃可以为雄，韩信是也。体分不同，以多为目，故英雄异名。然皆偏至之材，人臣之任也。故英可以为相，雄可以为将。若一人之身兼有英雄，则能长世，高祖、项羽是也。

　　然英之分以多于雄，而英不可以少也。英分少，则智者去之。故项羽气力盖世，明能合变，而不能听采奇异，有一范增不用，是以陈平之徒皆亡归。高祖英分多，故群雄服之，英材归之，两得其用，故能吞秦破楚，宅有天下。然则英雄多少，能自胜之数也。徒英而不雄，则雄材不服也；徒雄而不英，则智者不归往也。故雄能得雄，不能得英；英能得英，不能得雄。故一人之身，兼有英雄，乃能役英与雄。能役英与雄，故能成大业也。

文武兼备称英雄

夫草之精秀者为英，兽之特群者为雄。故人之文武茂异，取名于此。是故聪明秀出谓之英，胆力过人谓之雄，此其大体之别名也。若校其分数，则互相须，各以二分，取彼一分，然后乃成。

【译文】

称草木中特别秀逸、精致的为英，称走兽中特别出众的为雄。所以那些文韬武略、才干出众的人，从中取名为英、雄。所以文采超凡的人称为英，武力过人的人称为雄，这是英和雄大体上的区别。若是要计算英和雄的比重，就会发现彼此是相辅相成的，如果英或雄各占两分，另一特质也要占一分，然后才能成为英雄。

【现代解读】

《英雄第八》相比其他篇章的内容较为轻松，有一点聊天的味道。中国人对"英雄"这个词并不陌生，可是刘劭设专题来讨论，就不简单了。西方人也谈"英雄"，英国作家卡莱尔在1841年出版了一本讲演集《论英雄与英雄崇拜》，书中将"英雄"定义为"传递神的旨意给世人之人"，作者认为先知、教士、诗人、文人、学者、革命家等皆可以是英雄。在《易经》豫卦四爻"由豫，大有得。勿疑，朋盍簪"中表现了英雄叱咤风云的魅力，这种热情奔放是英雄的一种典型。还有另一种英雄的典型，在谦卦第三爻中叫"劳谦"。"劳谦"与"由豫"是两种不同的典型，风格上截然不同，前者大鸣大放，后者低调务实。虽然"由豫"热情激昂，有很强的人格魅力，可以登高一呼百应，但缺点是绝对的自私，是

"一将功成万骨枯"的领袖。至于"劳谦"型的领导，不但低调服务人群，而且持久廉治，能基业长青。有一本书叫《从优秀到卓越》，书中以《易经》的豫卦和谦卦来分析，将领导模式分为五级，其中第四级是"由豫"型，而最高级则是"劳谦"型。

进入正文之前，刘劭先就"英雄"来说文解字破题："夫草之精秀者为英，兽之特群者为雄。"从字义上来看，"英"从"艹"字头，与植物有关，陶渊明的《桃花源记》有"落英缤纷"一句。至于"雄"，右边是隹，与动物有关。"特群"就是卓尔不群，鹤立鸡群。这是中国造字的取象，正所谓"仰则观象于天，俯则观法于地，观鸟兽之文，与地之宜，近取诸身，远取诸物"，取材自然界的动植物做比喻。在走兽中特别出众的称为"雄"，在草木中特别秀逸、精致的则称为"英"，都有出类拔萃的意思。进一步细分，可以说"英"偏重于文才，而"雄"偏重于武略，所以"英雄"必具文韬武略，文武兼修。

"故人之文武茂异，取名于此。是故聪明秀出谓之英，胆力过人谓之雄。""茂"是繁茂、茂才，"异"是特殊、特异，一般说"才德出众"，有的表现在文韬上，有的表现在武略上。《易经》革卦君位，作为领导人，必要"大人虎变，未占有孚"，看似英雄应该有打天下的魄力，《小象传》却说"其文炳也"，强调武力的阶段已经过去，接下来要有文治的功夫，正所谓"马上得天下，不可以马上治天下"。革卦第四爻已经革命成功，"改命，吉"，到了第五爻就要推动文治，这才是长治久安之策。无论文武，只要出众就可以叫英雄。文才特殊的，叫"英"；武力过人的，叫"雄"。这是大致的一个分类。

"若校其分数，则互相须，各以二分，取彼一分，然后乃成。"可是人不会那么极端，没有百分百的"英"，也没有百分百的"雄"，必要有几分文才，有几分武略，只是比重不同。连一般人也认同要兼通文武，才能称英雄。"若校其分数，则互相须，各以二分，取彼一分，然后乃成"，意思是指在"英"和"雄"，即文、武两种特质中，若是要计算其中的比重，则彼此相成。好比说，以文才为主的"英"（己为二分），至少要有"雄"

的武略，其中"雄"的比重约占既有特质"英"的百分之五十，即"取彼一分"，才算完备，反之亦然。这是一个大概的计算，不是真实的等式，如：文才或武略，约占六成即可，而另一种特质，不能少于三成，重点是要互相吸收。所以才说，"各以二分，取彼一分，然后乃成"，意思是以百分之五十为单位来计算，主要特质有二分，次要特质也要有一分才行。

"校其分数"，"分数"类似于药方的剂量、比重，此处是谈"英""雄"特质间的化学融合。先前提过"分数"在《孙子兵法》中有组织里面分层授权负责的意思，在《易经》中则以颐卦的"圣人养贤以及万民"为代表，管理学上说，直接督导的层级，本身构成一个领导的核心单位，人数最好不要超过七个人。真正做大事，只要"二人同心，其利断金"即可，这样的组织才有效率。

"则互相须"，有的版本作"则牙则须"，其实"牙"是雕版印刷翻印的错字，应写作"互"，意思是相互需要，彼此互补。要是写作"牙"，怎么讲也讲不通，反而曲折勉强。过去就把"牙"解释为"壮齿"，引申为凹凸交互，要绕好大一弯，搞得牙痛。后来中州古籍出版社出版的《人物志》指出，《四库全书》里面收录的《人物志》，"牙"其实是"互"的俗字写法，因为是画的，所以看起来像"牙"。然而对比《康熙字典》的"牙部"手抄本上的字，也说是"互"，这个难得的考证，让文意贯通，豁然开朗。因为重刊的文本，往往让字体不清的俗写变了样，也就引起后来无谓的牵强附会。这里是说英雄不能只文不武，也不能只武不文，文武是互相需要、交互错杂的，类似于刚柔、阴阳和乾坤。"须"指相互需要。在履卦中谈"履虎尾"，踩老虎尾巴却不被老虎咬死，得会智取用巧劲。如果是一介武夫，往往就容易轻举妄动，所以"履虎尾，咥人凶。武人为于大君"，恐怕结果不妙。正因为文才与武略互相需要，只是所占的百分比不一样，可以是文底配上武胆，也可以是武人的资质，粗中有细，懂得策略运用，这就叫"则互相须"，才能成就英雄的"光亨。贞吉。利涉大川"（按：需卦卦辞）。

"须"字在经典中有多重意义，使得文义更为丰富，就像《易经》需卦,"需者,须也",除了需要、需求,还有"等待"的意思。为什么要等待?因为等待一个能互相配合、互相需要的伙伴,才能有所成就。贲卦第二爻叫"贲其须","须"有美髯、胡须的意思,意思是说做官不能没有胡须,否则没有威仪。此外,"须"有时候是指要等待时机,正所谓"万事俱备,只欠东风"。归妹卦中有"归妹以须,反归以娣",就是错失时机以致价值折损。

所以"则互相须",互相需要,"然后乃成"。

智勇双全方成事

何以论其然?夫聪明者英之分也,不得雄之胆,则说不行。胆力者雄之分也,不得英之智,则事不立。是故英以其聪谋始,以其明见机,待雄之胆行之。雄以其力服众,以其勇排难,待英之智成之。然后乃能各济其所长也。

【译文】

为什么这么说呢?聪明智慧是英才的天赋,但没有行动的魄力,那么他的主张和理论就不可能落实。胆识过人是雄才所具有的天赋,但不经过周严的思考就轻举妄动,也不能成事。所以英才以其聪明谋划展开作战准备,以其明智识机来预见事物的发展,又通过雄才的胆力决断去付诸实践,有身先士卒、勇往直前的气魄,来降服众人、排解忧难,再通过英才的智谋成就功业。这样才能够发挥他们各自的长处弥补不足。

【现代解读】

刘劭继续展开论辩:"何以论其然?"为什么这么讲?"夫聪明者英之分也,不得雄之胆,则说不行。胆力者雄之分也,不得英之智,则事不立"。上一段说,表现出来二分的"英才"加上一分的"雄才",才叫"聪明"。在《周易·系辞传》中，古人歌颂大舜，说他有文德，是"聪明睿智神武而不杀"。"不杀"是"神武"的最高境界，能实践武德的"止戈"精神，能"不战而屈人之兵"，和平解决矛盾。因此，《人物志》一开始就说"夫圣贤之所美，莫美乎聪明"，只是厉害的人还得有平淡，即"必先察其平淡，而后求其聪明"。真正的聪明，是聪明到骨子里的，不是聪明在表面上的，聪明外露反而容易给自己招来很多嫉恨。

"不得雄之胆，则说不行。"大脑发达，有文才，但没有行动的魄力，空说一辈子却不行动，那么主张就不可能落实，只能做幕僚，为他人作嫁衣。另外，有胆识、有魄力的人，是具有"雄"的天分，有闯将的素质，即所谓"男大要闯"，有行动力。"不得英之智，则事不立"，若没有周严的思考就轻举妄动，亦不能成事。所以，聪明英才少了临门一脚的冲劲，到最后还是很难有所成就，反过来说，有胆气没智慧，也是一场胡闹。中国地大物博，北方人，特别是塞外民族，具有勇悍之气，而中原地区以农耕为主的汉族，性格上偏向文弱，与之形成对比。因此，塞外民族在具备冷静和团队后，就所向无敌，元朝、清朝的开国君主都具有这样的条件。中原汉族在多了铁血剽悍后，就纵横捭阖，汉代的卫青、霍去病都具备这样的条件。

通过"英""雄"的特质，可以看出一个人成事的条件，不但要有文才，而且要有武胆。试想，即便是刀光剑影、惊天动地的革命大业，哪里只靠武功就能得江山、坐江山？打天下是用武轻文，治天下是用文轻武，在不同阶段得用不同的手段。只是无论如何，文明的进化是希望通过减少野蛮暴力的原始抗争方式来解决问题，《大象传》说小畜卦叫"懿文德"，《英雄第八》的结论也是如此，都希望用和平的手段解决矛盾，崇尚文治。因此，中国词汇的排列上是"英雄"，而非"雄英"。

《易经》用丰卦代表丰功伟业，实为"英"与"雄"的合体。外卦是震卦，代表雄胆、行动力，所以"帝出乎震，万物出乎震"。丰卦的"震"不是盲动，因为内卦是离卦，充满文才的智慧，思虑周严、纵横交织，所以丰卦说"明以动，故丰"，其中蕴含着离卦的软实力，文化底蕴就是

"英"，属于文才的部分。因此实现大国崛起，若少了震卦在外的行动力，根本起不来，只靠穷兵黩武，没有内卦的离明，终究会被淘汰。一定得软硬兼备、文武兼全，才能够建立丰功伟业。

从上卦、下卦的关系来看，是基于下卦的广大民众才有上卦的领导阶层。从内卦、外卦来看，是内卦的"诚于中，形于外"，才发展出外卦的行动力。虽然丰卦是"明动相资"，不完全是 50∶50 的平衡，但至少是 51∶49 的平衡。内卦离的智慧、软实力以及文化底蕴更要强过外卦震。得先看准，有了离卦的明白，才会因为"明"加强"动"的能量和方向，而不是盲动、躁动。卦辞说"明以动"，绝不是"动以明"，若是把"明"和"动"反过来，就变成了丛林法则、较劲斗争的噬嗑卦，只是靠实力分胜负。

前人常说"有胆、有识、有量"，就是指魄力、见识和容人之量。因为社会不是只有一人一派，必须厚德载物、含弘光大，所以"有量"，才能够基业长青、长治久安，与大家和谐相处。另外，"雄"不全然是用蛮力，有时使巧劲也很重要，解卦上爻"公用射隼于高墉之上，获之。无不利"，"高墉"不是一天造成的，得"动而不括""藏器待时"，就好比太极拳柔软和谐，整个是"利西南"，到最后上爻出手，是柔中运刚的绵里针，由至柔变至刚，所有的能量一次性迸发，没有达不到的目的。柔中蕴含的刚，正是"国之利器，不可以示人"的关键，在最恰当的时间点爆发出来，无坚不摧，正是"解之时大矣哉""获之，无不利"。

"是故英以其聪谋始，以其明见机。"刚开始做策划，特别需要这种懂得构思、创意发想、无中生有，还懂得巧用机关、擅长筹谋的"英才"。"谋始"，在《易经》讼卦中说"君子以作事谋始"，《孙子兵法》首篇叫《计》，也叫《始计》，从"计"开始，才能展开作战准备，图谋攻伐，然后才是形、势、虚、实。"谋始"，就得"聪"，不能迟钝。"以其明见机"，见机得立断，随机应变，极深研几。无论是兵机、商机、战机、天机，常常都只有一刹那的征兆，见到"几"就得想到下一步，看到"霜"就得想到"冰",看到潜龙就得预见飞龙的风采。刘劭在此把"聪"和"明"分开,"聪"是耳听的最高境界,"明"是眼见的最高境界,这是"耳目聪明"的说法。

有了前面的准备,接下来就问"你敢不敢?"正是"待雄之胆行之",这就考验人的勇气。"雄"不只是"以其力服众",更要"以其勇排难",能有排难解纷、勇往直前的气魄。项羽的形象此时已经呼之欲出,"破釜沉舟",把秦军打得落花流水,一战成名。人在碰到困难与未知事物的时候,会害怕、犹豫,或者期待别人可以暂代,这种身先士卒、服众排难的气势,虽必有"雄"为后盾,又须有"英"的智作为收敛,即"待英之智成之"。项羽最后输给刘邦,就是少了"英智"。人自年轻就可看老,项羽少年有雄图壮志,读书却静不下来;学剑时嫌单调,改学兵法,又坐不住。麾下谋臣范增有这样的智慧,却因项羽受陈平离间而被气死。由此可见,项羽虽有雄胆,却无英才,身边又无可用之谋臣,最后宏志难图。"待"是指必需的,少了就不行的。每个人都有所长短,而不足之处是影响成事的要素,若想成事,要么自修弥补,要么找到同行的伙伴,再不然就改弦易辙,放弃念想。如果性格上是纯英或纯雄,团队中就要有能够互补的人才,从整体上达到"英"和"雄"的平衡,优质团队的组成有赖于每个人都有所长而互补不足,"然后乃能各济其所长"。"济"就是齐水而过,让你能渡彼岸,能够"既济"成功。

知机应变的重要

若聪能谋始,而明不见机,乃可以坐论,而不可以处事。聪能谋始,明能见机,而勇不能行,可以循常,而不可以虑变。若力能过人,而勇不能行,可以为力人,未可以为先登。力能过人,勇能行之,而智不能断事,可以为先登,未足以为将帅。

【译文】

　　如果能谋划事件的起始工作，而明智不足以从细微的变化中预见征兆，这样的人可以用他来讨论提案，却不可以让他处理事务。如果能谋划事件的起始工作，明智也足以识别细微的变化而预见征兆，但缺乏勇气去付诸实践，这样的人可以遵循常道去做事，而不能在乱世中随机应变。如果能力、气力胜人一筹，却没有勇气去行动，这样的人可以作为大力士，却不能任命他为先锋。如果能力、气力胜人一筹，也有行动的勇气，却缺少判断时局的智慧，虽足以担任先锋，却不能作为指挥大局的将帅。

【现代解读】

　　前文提到"聪""明"相配合，接下来谈的是"聪""明""勇""力""智"等的组合。"若聪能谋始，而明不见机，乃可以坐论，而不可以处事"，如果做了很多策划，可是对时机掌握有失误（机会稍纵即逝），就只能提建议，而不能交办执行。《易经》中谈"时机"的卦象，从姤卦的机遇"姤之时义大矣哉"，到"有陨自天"的陨石撞地球，只有一刹那的反应时间。接着是豫卦的预测、预备，畅想未来的"豫之时义大矣哉"，如果时机错了，不就全乱套了？再接下来是旅卦的在外流亡，小心谨慎的"旅之时义大矣哉"。遁卦的收敛撤退，退晚了肯定惹嫌，随卦的临场反应、恰如其分，这些都是"之时义大矣哉"，和"时"有密切的关系。所以说，"聪能谋始，而明不见机"，这类人是可以讨论提案，不能做事的，比较偏向学术研究，对于"机"从眼前闪逝，不够敏感。

　　至于"聪能谋始，明能见机，而勇不能行"，这类人有计划，能掌握时间点，可是缺乏勇气，易犹豫彷徨，不敢下决心承担成败。这样的人，如果在太平治世，各项事物有其规则，依循常轨时尚可胜任，即"可以循常"。但他行动力不强，在面对瞬息万变的复杂情境时，无法当即决断，"而不可以虑变"。在无常轨可循的乱世时，派不上用场，因为错过关键的一两秒，就可能与成功失之交臂。

豫卦中也有因犹豫而错失的象，第三爻"盱豫悔，迟有悔"，眼睛瞪得很大，却犹豫不决而迟发，以致"有悔"。四爻之所以能"由豫，大有得"，正是因为依循变动的法则，该动就动，该出手就出手，才能成为领导热情行动的标杆。"勿疑。朋盍簪"，一点也不迟疑，朋友们都一起来帮忙。豫卦第四爻是上卦震卦的行动力之主，是发动点。当变法才可以强国的时候，秦孝公朝廷的保守势力却要捍卫传统，一成不变，于是商鞅批评这些反对势力："愚者闇于成事，知者见于未萌。民不可与虑始，而可与乐成。"（《商君书·更法》）意思是平庸的人习惯既定的规范，但智者能在事情还没有发生的时候，就掌握其变化规律，也就是可以"虑变"，而不是抱残守缺。也正因如此，商鞅终能得到秦孝公的支持，充分展现自己的才智，改变了一个时代。"循常"按照既定的规范，多半是"不求有功，但求无过"，不需要斩钉截铁的决断力，适合"能谋始、能见机，但不能勇行"的人，这种人具有英才而少雄气。

再从"雄"的方面来分析："若力能过人，而勇不能行，可以为力人，未可以为先登。"就是说在能力上胜人一等，却没有勇气冲锋陷阵，就只能做二线支持，不能在第一线做先锋。"先登"就是先锋，打仗时第一个翻上对方城墙的人，就叫"先登"。有时候气势上的优势可以压倒先天体型、能力上的优势，如大卫可以打倒巨人，"力"与"勇"并不是一回事。"先登"必要有胆量，能第一个翻上城墙，也可能第一个被打死，但他敢冲在最前头，敢为天下先，这是"勇"。有一个很有意思的统计，这种抢滩登陆的先登，往往成功的机会比防守的一方要大得多。

再来是"力能过人，勇能行之，而智不能断事，可以为先登，未足以为将帅"，既有能力，又具勇气，可惜缺少判断时局的智慧，虽足以担任先锋，但不能作为指挥大局的领导。虽有聪明、胆识，可避难保全、深入敌阵，但战事更需要的是能从大局着眼，得要有应变断事的智慧，从而取得最佳利益。

创业英雄的风采

必聪能谋始,明能见机,胆能决之,然后可以为英,张良是也。气力过人,勇能行之,智足断事,乃可以为雄,韩信是也。体分不同,以多为目,故英雄异名。然皆偏至之材,人臣之任也。故英可以为相,雄可以为将。若一人之身兼有英雄,则能长世,高祖、项羽是也。

【译文】

一定要聪明得能谋划起始工作,明智得能预见征兆,胆略足以决断事务,这样的人可以称为英才,比如张良就是这类人。气力胜人一筹,勇气足以付诸实践,智慧足以决断事务,这样的人才可以称为雄才,比如韩信就是这类人。每个人所具有的英和雄的比例不一样,得以他们成分的多寡来起名目,所以有英才和雄才两种不同的称谓。他们都只是偏至之材,虽然在某一方面发展到极致,却只能担当人臣的职位。所以英才可以担任宰相,雄才可以担任将军。如果一个人身上兼具英才和雄才,就能够功高盖世,比如汉高祖刘邦、楚霸王项羽就是这类人。

【现代解读】

"必"就是要求全,也就是"聪能谋始,明能见机,胆能决之,然后可以为英"。在刘劭的标准里,兼备"聪""明""胆"三者,才称得上"英",如张良可作为英才的代表。在历史的转折点上,可以说张良是能在刹那之间抓得最稳的人。在韩信自请立为"假王"时,能在仓促间提醒刘邦的人,是张良;刚刚定完"鸿沟之约",能劝刘邦马上翻脸的人,是张良;在鸿门宴刘邦尿遁后,收拾残局的人,也是张良。这样的人,冷静非情、敢作敢为,不怕别人批评,懂得由赢家解释历史的道理,在必要的时候连诚信也可以抛掉。所以,张良确实当得起"聪能谋始,明能见机,胆能决之"的评价。"气力过人,勇能行之,智足断事,乃可以为雄",这里我们不难猜出刘劭心目中的代表人物:"韩信是也。"此处，刘劭特别推出汉初三杰中的两位人才，就只缺了帷幄调度的萧何。

"体分不同，以多为目，故英雄异名。"每个人的素质百分比不一样，无论是"英"或"雄"，都得看哪方面的比重比较大，像张良兼有"英"和"雄"的成分，只是"英"的成分居多，而韩信则相反。也正因如此，当我们称呼他们的时候，得依他们成分多寡来起名目，即"故英雄异名"。所以，我们称张良为"英"，称韩信为"雄"。至此刘劭笔锋一转，他说："然皆偏至之材，人臣之任也。"刘劭认为，即便像张良、韩信这样备受推崇的英雄人物，都还不是最高的层级，他们还只是"高级伙计"，还只是"臣"。"然皆偏至之材"，指的是在某一方面发展到极致，"人臣之任也"，故英才可以为"相"，雄杰可以为"将"，一文一武。"若一人之身兼有英雄"，那就有资格做老板。"则能长世"，"长"一般读作"长官"的"长"，是主导、领导的意思，也就是说，兼有"英""雄"的人，才能够建立、领导政权，只是领导的时间未必长久。但可以肯定的是，兼有"英""雄"是能够独领一世风骚，作为众善之"长"的领头人物，如同刘邦、项羽能够主导汉初世局。刘邦、项羽、张良、韩信，这四个人在《史记》中都有记载，建议大家可以看看司马迁是怎么记述这些英雄的风采的。

换句话说，能做领导才是"君道"，而前面讲的偏才，终究是"臣道"。"偏材之至"，专业已经发展到登峰造极的地步，在个别领域中没有再比他强的，但是尚不能观照全局，不是"时乘六龙以御天"的人才。乾卦中有："知至至之，可与几也。"发展到极致，才能掌握事情最细微的变化。从历史中来看，韩信在刘邦、项羽手下都做过臣子，而张良是遇到刘邦后，才如鱼得水。这些非常厉害的人物，到头来是为老板卖命。刘劭在"英""雄"上面又立了一个"能够驾驭英雄的人"作为标杆，不过，一个"偏至之材"就可以定国安邦，连"偏至"都不容易做到，可见要修到"兼材"是何其困难。

以文治武成大业

然英之分以多于雄，而英不可以少也。英分少，则智者去之。故项羽气力盖世，明能合变，而不能听采奇异，有一范增不用，是以陈平之徒皆亡归。高祖英分多，故群雄服之，英材归之，两得其用，故能吞秦破楚，宅有天下。然则英雄多少，能自胜之数也。徒英而不雄，则雄材不服也；徒雄而不英，则智者不归往也。故雄能得雄，不能得英；英能得英，不能得雄。故一人之身，兼有英雄，乃能役英与雄。能役英与雄，故能成大业也。

【译文】

然而英的成分比雄的成分更重要，也要更多些，而且英的成分是不可以缺少的。缺少英的成分，那些有智谋的人就会离开他。项羽虽气力盖世，具有参透变局的智慧，所有的行动能够合于变化，但不能听取、接受创新的建议，仅有一个范增却不任用，所以陈平等人全都离开他而归顺刘邦。因为高祖刘邦英的成分更多，所以群雄都很信服他，英才也都归顺于他，两种人都能在他手下发挥作用。因此刘邦能够吞并强秦，击破西楚，统一天下。这样说来，英的成分和雄的成分的多少，是能否取胜的关键。只有英的成分而没有雄的成分，那么雄才就不会信服他；只有雄的成分而没有英的成分，那么有智谋的人就不会归顺他。雄主能得雄臣，不能得英才；英主能得英臣，不能得雄才。所以作为领导人，必须有一定的全面性、涵盖性，才能统御英才和雄才。若能够统御英才与雄才，就能成就大业。

【现代解读】

"然英之分以多于雄，而英不可以少也。"这句话提到了"比重"的问题，要注意，有"比重"就代表有"偏"。自古以来，中国总是"以文领武"，提拔官员时以文才为主，不会只选用雄才、将帅，文、武的思维不同，平衡文武能避免思维和视野的局限。不过，在历史的长河中，文才出身的大将军，表现确实不尽理想，在人脉、关系和对相关领域的熟悉度及实际经验等方面，武人自然有其优势。只是从长期来看，理想的境界还是能"以文统武"，先有战略方向，再谈战术技巧。

作为领导人，也就是君位，要想驾驭"英""雄"，必须有"英"的成分，否则如何领导英才？同时，也要有"雄"的胆量，不然又如何驾驭武将？领导统御，必然要有让人服气的地方，否则怎么推动？所以刘劭认为，在"英"和"雄"两项素质中，"英"的成分更重要，至少是51∶49，得"以文治武"，"英"的成分自不可以少。"英分少，则智者去之。故项羽气力盖世，明能合变，而不能听采奇异，有一范增不用，是以陈平之徒皆亡归"，刘劭以项羽为例，认为他缺少了"英"的素质，像陈平这样的人才之所以会离开，是因为他不懂得欣赏陈平的英、智。过去说"习成文武艺，货与帝王家"，谁不希望有一个机会，能够被重用以施展自己的抱负？因此，很多人都想找个伯乐。反过来说，识千里马，伯乐也要有一点真本事。"英分太少"的人做领导，聪明人自然就辞职不干了。

刘劭在此批评了项羽作为领袖的不足之处，项羽在《史记》中是被当作帝王的，因此列名于帝王之列才能归类"本纪"中，即《项羽本纪》，和刘邦的《高祖本纪》齐名，这是司马迁对楚汉双雄的评价。刘劭客观地评价项羽，除了"气力盖世"的武功，还具有参透变局的智慧，所有行动能够合于变化，即"明能合变"。只可惜项羽的"英"分不足，不能长期信任人，难以与其推心置腹，好不容易有几个高人在旁，又"不能听采奇异"，接受创新的建议。范增就是一例，这样高明的谋士，最后竟被项羽气死，一句"竖子不足与谋"，道尽了范增对项羽"拿不起，放不下"的怨恨。"竖子"就是"没用的家伙"。因为项羽该狠的时候心软，在难得的鸿门宴上错放刘邦，所以终将天下拱手相让。另外，项羽在个性上的"放不开，舍不得"，难成大业。《史记·淮阴侯列传》中，韩信曾经说过："项王见人恭敬慈爱，言语呕呕，人有疾病，涕泣分食饮，至使人有功当封爵者，印刓敝，忍不能予，此所谓妇人之仁也。"该给的封赏给得不痛快，吝赏小气自然不容易收买人心。"印刓敝"指的是属下封赏升职的官印刻好了，项羽却把官印一直拿在手上犹豫，到最后方印都被磨成圆的，还是没有下达人事命令。优柔寡断是项羽的致命弱点。

项羽一生，读书学一半，学剑学一半，单靠老天爷赐予的禀赋崛起，只可惜不能"听采奇异"，再造高峰。项羽对于鸿门宴这一奇计，只觉得有伤忠厚，却不能深谙其理，那是当机立断、不留后患的帝王视角。

至于汉高祖刘邦，因为刘劭身处汉末三国鼎立时期，虽然他后来到魏国为官，但是在曹操当权的时候，名义上是称为汉臣。所以，刘劭称刘邦为高祖，尊重刘邦开国者的身份，不直呼其名。另外，刘劭之所以不提诸葛亮、刘备，没讲孙权、曹操，而是列举汉初人物，是因为谨守"不谈当今事"的原则，不对外揭自己的短处，这是做人的分寸。当代的事情谈多了，对自己本身有风险，若刘劭在魏赞刘备，推崇诸葛亮智谋盖世、周瑜雄姿英发，恐怕自己的小命就没了。

"高祖英分多，故群雄服之，英材归之，两得其用，故能吞秦破楚，宅有天下。"刘邦与项羽做比较，刘邦英多，项羽雄多。正因如此，刘邦以英统雄、以文治武，高人一筹，确实能够让人信服。另外，刘邦英多，并不代表他没有雄胆。这个人真是闯江湖的人物，既有痞子的性格，讲话也不大考究。《高祖本纪》中，刘邦自称"乃公"。"乃公"的意思就是你爹，显然不是文质彬彬的人。不过，刘邦终究是能用文用武，两得其用。《诗经·大雅·文王》中讲"济济多士，文王以宁"，就是"礼贤下士，人才济济，所以势力稳固"的意思。"故能吞秦破楚，宅有天下"，先灭秦，再灭楚，把天下变成刘家的。

"然则英雄多少，能自胜之数也。徒英而不雄，则雄材不服也；徒雄而不英，则智者不归往也。"一个人身上"英""雄"成分的多少，是做事成败的关键。有的先天具有，有的靠后天的修为来补足。就《易经》的卦象来看，损卦、益卦重视后天的修为，而泰卦、否卦强调先天的优势，包括大环境的运势。因为有损、益，我们会发现人生并不是完全不能改造的，所以损卦《大象传》叫"惩忿窒欲"，益卦《大象传》叫"迁善改过"，都还有努力的空间和期望。《老子》中讲："胜人者有力，自胜者强。"因为人最大的敌人就是自己，所以要拗着自己的性子，把性格中糟糕的部分改过来，这就叫"自胜"，自己战胜自己的瓶颈，是特别难的。

怎么调整"英""雄"的百分比，完全看自己的弱点在何处。考虑先天、后天的因素，然后从性格中改造，让自己加分。《易经》解卦三爻说，如果不能够自胜，下场就很凄惨，爻辞是"负且乘，致寇至"，《小象传》说"自我致戎，又谁咎也"，有了问题不能怪别人，因为是自己拗不过自己，所以就算知道问题的症结，也解决不了。"徒英而不雄，则雄材不服也"，很多文人做大将军，镇不住军头。人家一看你连枪都没拿过，怎么会听你的话。"徒雄而不英，则智者不归往也"，这是必然的结果，就是"各从其类"。"故雄能得雄，不能得英；英能得英，不能得雄"，所以雄主能得雄臣，不能得英才；英主能得英臣，不能得雄才。因为在不适合自己的地方混得不舒坦，最终能够召集到麾下来的都是一路人，所以没有办法兼备各种人才，不能互补。"故一人之身，兼有英雄，乃能役英与雄。能役英与雄，故能成大业也"，作为领导人，必须具有全局观、包容性，才能统御各路人马，役人而不役于人，让"英"与"雄"在舞台上各展其才，故能成大业。

这一章所列举的人物，性格很鲜明。宋代易学大师邵康节曾说过"帝皇王霸大铺张"，是讲英雄事功的气势，无论是称帝、称皇、称王或称霸，多少都要有些开阔的气势。在现代电影《笑傲江湖》中，令狐冲说："天下英雄出我辈，一入江湖岁月催；皇图霸业谈笑中，不胜人生一场醉。"岁月催人老，想做出一番事业的人折旧率很高。所以，人生要慢慢地练习通达，贲卦中"贲其须"的美少年，才过了二爻，就变成了"贲如、皤如"的中年大叔，老得多快啊！

魏晋时，建安七子之一的王粲编撰《汉末英雄记》，收录了五十余位英雄人物，一一罗列了三国人物，一直传到明朝才有《三国演义》。《三国演义》中写曹操与刘备的"煮酒论英雄"，展现曹操的英雄气概："英雄者，胸怀大志，腹有良谋，有包藏宇宙之机，吞吐天地之志者也。"这样的气度，把刘备吓得筷子都掉了。汉初与汉末是中国历史上罕见的英雄辈出的时期，从《易经》的角度来看，先要有姤的百年机遇，才有萃的建侯、举拔人才。因此，在周武王伐纣时，曾问姜尚选将之法，提及"王者举兵，简练英雄"，"简"是选择，要留心选拔人才的细节。至于汉朝之后的朝代就不是这样的，尤其魏晋以后，像竹林七贤这样喜好玄学的人物渐多，《世说新语》里的人开始讲究仪容仪表，不复见汉代的英雄风范。

八观第九

　　八观者，一曰观其夺救，以明间杂。二曰观其感变，以审常度。三曰观其志质，以知其名。四曰观其所由，以辨依似。五曰观其爱敬，以知通塞。六曰观其情机，以辨恕惑。七曰观其所短，以知所长。八曰观其聪明，以知所达。

　　何谓观其夺救，以明间杂？

　　夫质有至有违，若至胜违，则恶情夺正，若然而不然。故仁出于慈，有慈而不仁者；仁必有恤，有仁而不恤者；厉必有刚，有厉而不刚者。

　　若夫见可怜则流涕，将分与则吝啬，是慈而不仁者。

　　睹危急则恻隐，将赴救则畏患，是仁而不恤者。

　　处虚义则色厉，顾利欲则内荏，是厉而不刚者。

　　然而慈而不仁者，则吝夺之也。

　　仁而不恤者，则惧夺之也。

　　厉而不刚者，则欲夺之也。

　　故曰：慈不能胜吝，无必其能仁也；仁不能胜惧，无必其能恤也；厉不能胜欲，无必其能刚也。是故不仁之质胜，则伎力为害器。贪悖之性胜，则强猛为祸梯。亦有善情救恶，不至为害，爱惠分笃，虽傲狎不离，助善著明，虽疾恶无害也。救济过厚，虽取人不贪也。是故观其夺救，而明间杂之情，可得知也。

　　何谓观其感变，以审常度？

　　夫人厚貌深情，将欲求之，必观其辞旨，察其应赞。夫观其辞旨，犹听音之善丑；察其应赞，犹视知之能否也。故观辞察应，足以互相别识。然则论显扬正，白也；不善言应，玄也；经纬玄白，通也；移易无正，杂也；先识未然，圣也；追思玄事，睿也；见事过人，明也；以明为晦，智也；微忽必识，妙也；美妙不昧，疏也；测之益深，实也；假合炫耀，虚也；自见其美，不足也；不伐其能，有余也。

故曰：凡事不度，必有其故。忧患之色，乏而且荒；疾疢之色，乱而垢杂；喜色，愉然以怿；愠色，厉然以扬；妒惑之色，冒昧无常。及其动作，盖并言辞。是故其言甚怿，而精色不从者，中有违也；其言有违，而精色可信者，辞不敏也；言未发而怒色先见者，意愤溢也；言将发而怒气送之者，强所不然也。

凡此之类，征见于外，不可奄违，虽欲违之，精色不从，感愕以明，虽变可知。是故观其感变而常度之情可知。

何谓观其至质，以知其名？

凡偏材之性，二至以上，则至质相发，而令名生矣。是故骨直气清，则休名生焉；气清力劲，则烈名生焉；劲智精理，则能名生焉；智理强悫，则任名生焉。集于端质，则令德济焉；加之学，则文理灼焉。是故观其所至之多少，而异名之所生可知也。

何谓观其所由，以辨依似？

夫纯讦性违，不能公正；依讦似直，以讦讦善；纯宕似流，不能通道；依宕似通，行傲过节。故曰：直者亦讦，讦者亦讦，其讦则同，其所以为讦则异。通者亦宕，宕者亦宕，其宕则同，其所以为宕则异。然则何以别之？直而能温者，德也；直而好讦者，偏也；讦而不直者，依也；道而能节者，通也；通而时过者，偏也；宕而不节者，依也。偏之与依，志同质违，所谓似是而非也。是故轻诺似烈而寡信，多易似能而无效，进锐似精而去速，诃者似察而事烦，讦施似惠而无成，面从似忠而退违，此似是而非者也。亦有似非而是者：大权似奸而有功，大智似愚而内明，博爱似虚而实厚，正言似讦而情忠。夫察似明非，御情之反，有似理讼，其实难别也。非天下之至精，其孰能得其实？故听言信貌，或失其真；诡情御反，或失其贤；贤否之察，实在所依。是故观其所依，而似类之质可知也。

何谓观其爱敬，以知通塞？

盖人道之极，莫过爱敬。是故《孝经》以爱为至德，以敬为要道；《易》以感为德，以谦为道；《老子》以无为德，以虚为道；《礼》以敬为本；《乐》以爱为主。然则人情之质，有爱敬之诚，则与道德同体，动获人心，而道无不通也。然爱不可少于敬，少于敬，则廉节者归之，而众人不与。爱多于敬，则虽廉节者不悦，而爱接者死之。何则？敬之为道也，严而相离，其势难久；爱之为道也，情亲意厚，深而感物。是故观其爱敬之诚，而通塞之理可得而知也。

何谓观其情机，以辨恕惑？

夫人之情有六机：杼其所欲则喜，不杼其所能则怨，以自伐历之则恶，以谦损下之则悦，犯其所乏则婟，以恶犯婟则妒。此人性之六机也。

夫人情莫不欲遂其志，故烈士乐奋力之功，善士乐督政之训，能士乐治乱之事，术士乐计策之谋，辨士乐陵讯之辞，贪者乐货财之积，幸者乐权势之尤。

苟赞其志，则莫不欣然，是所谓杼其所欲则喜也。若不杼其所能，则不获其志，不获其志则戚。是故功力不建则烈士奋，德行不训则正人哀哀，政乱不治则能者叹叹，敌能未弭则术人思思，货财不积则贪者忧忧，权势不尤则幸者悲，是所谓不杼其能则怨也。

人情莫不欲处前，故恶人之自伐。自伐，皆欲胜之类也。是故自伐其善则莫不恶也，是所谓自伐历之则恶也。

人情皆欲求胜，故悦人之谦。谦所以下之，下有推与之意。是故人无贤愚，接之以谦，则无不色怿。是所谓以谦下之则悦也。人情皆欲掩其所短，见其所长。是故人驳其所短，似若物冒之。是所谓驳其所伐则婟也。

人情陵上者也，陵犯其所恶，虽见憎，未害也。若以长驳短，是所谓以恶犯婟，则妒恶生矣。

凡此六机，其归皆欲处上。是以君子接物，犯而不校，不校则无不敬下，所以避其害也。小人则不然，既不见机，而欲人之顺己。以佯爱

八观第九 | 271

敬为见异，以偶邀会为轻，苟犯其机，则深以为怨。是故观其情机，而贤鄙之志可得而知也。

何谓观其所短，以知所长？

夫偏材之人，皆有所短。故直之失也，讦。刚之失也，厉。和之失也，懦。介之失也，拘。

夫直者不讦，无以成其直，既悦其直，不可非其讦，讦也者，直之征也。

刚者不厉，无以济其刚，既悦其刚，不可非其厉，厉也者，刚之征也。

和者不懦，无以保其和，既悦其和，不可非其懦，懦也者，和之征也。

介者不拘，无以守其介，既悦其介，不可非其拘，拘也者，介之征也。

然有短者，未必能长也。有长者，必以短为征。是故观其征之所短，而其材之所长可知也。

何谓观其聪明，以知所达？

夫仁者，德之基也；义者，德之节也；礼者，德之文也；信者，德之固也；智者，德之帅也。夫智出于明，明之于人，犹昼之待白日，夜之待烛火。其明益盛者，所见及远，及远之明难。是故守业勤学，未必及材。材艺精巧，未必及理。理义辨给，未必及智。智能经事，未必及道。道思玄远，然后乃周。是谓学不及材，材不及理，理不及智，智不及道。道也者，回覆变通。

是故别而论之，各自独行，则仁为胜；合而俱用，则明为将。故以明将仁，则无不怀；以明将义，则无不胜；以明将理，则无不通。然则，苟无聪明，无以能遂。故好声而实不克则恢，好辩而理不至则烦，好法而思不深则刻，好术而计不足则伪。是故钧材而好学，明者为师；比力而争，智者为雄；等德而齐，达者称圣。圣之为称，明智之极名也。是以观其聪明，而所达之材可知也。

《八观第九》的第一段是全篇的中心段，引出后面长篇大论的分析，即从八个方面深刻地观察人才。《八观第九》算是《人物志》的高潮，内容实用丰富,大家要耐心地慢慢品味。刘劭在此是发前人之所未发。"八观"的"观",原意是高空中的飞鸟俯瞰大地,取"藿""见"而来。《易经》观卦中有"观我身""观民""观国之光"种种看事情的角度,所以能巨细靡遗,像鹰眼一样看出真谛。特别是看人,一定要有一套观人术,后来就更细致地归纳出面相、人相等,如《冰鉴》。

"一曰观其夺救,以明间杂","夺"是抢夺,"救"是取舍拣择。好比说,看到可怜的人,如灾民或鳏寡孤独,人人心中都会兴起慈悲心,都想去救济帮助。只不过,有慈悲心、恻隐心,能不能化作慈悲行?虽有想要帮忙的念头,但看看存折的数字,又有一点为难了,这就叫"夺"。因为刚兴起的慈悲心被实际现状,或是舍不得的心理夺走了。所以,看人的行为和选择,就知道其所重视、考虑的因素,就知道被哪些东西"夺"了。"二曰观其感变,以审常度",世事多变局,人在遭遇、面临变故时,会不会因此失去原本的常态?"三曰观其志质,以知其名","志"是错字,应该是"至",指的是最高的本事,后文中会再出现。"四曰观其所由,以辨依似","观其所由"出自《论语》,而"依似"指的是似是而非。"五曰观其爱敬,以知通塞","爱"和"敬"的情操不一样,有时候"能敬却不能爱",有时候"能爱却不能敬",由此可以看清一个人的态度。"六曰观其情机,以辨恕惑",七情六欲是有情机的,什么时候会翻脸,什么时候脸色不对劲,基本上有迹可循,不能反应太慢。"七曰观其所短,以知所长",从短处中见其长处。"八曰观其聪明,以知所达",从他的聪明程度中窥见其所能达到的成就。本篇一共是八个纲目,《八观第九》就由此向下延展。

八种观察人的方法

八观者,一曰观其夺救,以明间杂。二曰观其感变,以审常度。三曰观其志质,以知其名。四曰观其所由,以辨依似。五曰观其爱敬,以知通塞。六曰观其情机，以辨恕惑。七曰观其所短，以知所长。八曰观其聪明，以知所达。

【译文】

八种观察人的方法，第一种是观察他在救恤他人时，是否能维持原本的慈善之心，不改变初衷，以此来明辨他是不是不纯粹的间杂之人。第二种是观察他在面对突如其来的变故时，是否会失去原来的原则，以此来审视他平常处世的态度。第三种是观察他最擅长的特征，以此来知道他所具有的名声。第四是观察他为完成目标时的做事方法，以此来辨别他是否是不入流的依似之人。第五种是观察他对爱和敬的态度，以此来知道他与别人交流时是通畅或阻塞。第六种是观察他人情变化的机微，以此来知道他对别人是宽恕或疑惑。第七种是观察他的短处，以此来推知他的长处，而有所包容、摒弃。第八是观察他的聪明程度，以此来知道他能否达到"平淡中庸"的最高境界。

【现代解读】

《八观第九》可说是《人物志》继《材理第四》之后的第二个高潮，它与《七谬第十一》样，都是篇幅很长的重量级的文章。之后的《效难第十一》和《释争第十二》都不长，《释争》算是总结，写得相当好。《八观第九》列举了八种观察人的方法，《七谬第十》指出我们识人过程中经常容易犯的错误，或是会陷入的误区以及存在的盲点，提醒人想要"知人善任"，必须打通的痼疾所在。

《八观第九》的"观"字有很深的意义，与《易经》中的观卦与临卦有关，若想君临天下，做高层领导人，政治上"教思无穷，容保民无疆"，首先要懂得观察人。所以，《杂卦》说"临观之义，或与或求"。偏偏"观"人特别难，没有比人更复杂、更难搞的了。尤其生逢"乱世"，更得加倍小心。所谓"大过，颠也"，出乎意料的事情会很多，什么都有可能发生。

"一曰观其夺救，以明间杂。""间杂"是《人物志》的专有名词，

《九征第一》定义"间杂之人",指的是不纯粹、不稳定,有时候能做到、有时候做不到的人。这代表"间杂之人"没恒心、没毅力、没耐心,最后什么也得不到,既不具有专业性,又不具有稳定性,即"一曝十寒"。《论语·雍也》中所谓"日月至焉而已矣",讲的是颜回能"三月不违仁",其余的同学也就只能一天、两天表现得不错,缺乏持续力。所谓"一至一违谓之间杂","至"是能做到,"违"是违反,没达标。既然"间杂之人"没有恒心、定力,要想成功就不容易,"有恒为成功之本"。"无恒",《易经》恒卦中讲"不恒其德,或承之羞。贞吝",《小象传》中对"不恒其德"作"无所容也"之注,很多东西不经过长期积淀,则不能成事。"间杂之人"表现得好并不是常态,所以千万不要误判。比如,看到可怜的人产生恻隐之心,真到了施舍的时候,却不能继续维持原本慈悲的心怀,这就叫"夺救"。既然想要这样做,到后来为什么突然缩手了呢?"间杂无恒",因为不纯粹,《论语·子张》中说:"执德不弘,信道不笃,焉能为有?焉能为亡?"只是一时的心血来潮罢了。虽然好人偶尔会做坏事,坏人有时候也会做好事,但是要从长期的表现来看,才能彻底搞清楚他是不是间杂之人。此外,《人物志》中除了"间杂",还有"依似",就是似是而非。人最容易被假象所蒙蔽,这些都在《九征》中提过。

"二曰观其感变,以审常度。"碰到事情发生变化的时候,会不会失去原本该持有的原则和态度,会不会情绪反应过于激烈而失态呢?"感变",指的是面对突如其来的冲击,能不能保持情绪的稳定。如果没有变故,就无法观察,正所谓"疾风知劲草,板荡识忠臣"。《易经》就是研究"变"的学问,已臻化境。咸卦通过身体的象征符号,来表现变化和反应的对比,从大脚趾到小腿肚,再到大腿骨、心、背,甚至脸颊,在感受不同的刺激时,身体该有的反应。

"三曰观其志质,以知其名。""志"是"至"的错字,指的是最高的质量。这在《九征》中也讲过,叫"观人察质"。观察一个人,要先察其本质,再看其素质,最后看其质量。其中最难得的"质"是"聪明",所谓"莫美乎聪明"。每个人都有一定的本质、素质,有的人能把自己的"质"发挥到很高的水平,叫作"至质"。"至质"就是特长,成为个人特色,让人印象深刻,变成分类系统中某一名目的代表。

"四曰观其所由,以辨依似。"前面已经提过"间杂""依似"都是不入流的,这类人很容易冒充入流。所以,若是个人辨识力不够深入的话,就会被唬骗,甚至任用无法承担大任的人。那该怎么分辨呢?刘劭引《论语·为政》中的话说"观其所由",原句:"视其所以,观其所由,察其所安。"识人三部曲中,"观其所由"是第二个步骤,下相对深入的功夫,看他在实现目标时的做事方法。"由"是"自由",依个人性格所发展出的风格、做事的章法,叫作"由"。人的性格会自然而然地表现在其行事作风上,骗不了人。

"五曰观其爱敬,以知通塞。"人与人相处时表达相互的好感有两种态度,一种是爱,另一种是敬,"又爱又敬"其实是不大容易的。敬通常有"望之俨然"的距离感,而爱通常比较亲近,没有距离。刘劭用这个标准来分析,是值得参考的。"以知通塞",通过彼此的距离感,来判断双方的互动关系。《易经》节卦初爻讲"不出户庭,无咎",《小象传》说"知通塞也",孔子发挥说"君不密,则失臣;臣不密,则失身。几事不密,则害成"(《周易·系辞传》),这谈的都是谨言慎行。节卦初爻泽中蓄水,如果口风不严,随便把心事讲出去,没有守住该守的机密,那么爻变水泄底成为坎,风险马上就随之而来。另外,坤卦第四爻"括囊,无咎,无誉",《小象传》解释"慎不害也",意思是"守口"真的很重要,小心谨慎就不会坏事。至于什么时候该"通",可以说出来,什么时候是"塞",不能妄动,不出户庭,需要掌握适宜。不要把"塞"作"通",把不该说的话泄露出去了,麻烦就大了。反之,该"通"的时候却"塞",就"失时极也",自然"凶"。这就是节卦第一、二爻的差别,一爻之差就是潜龙与见龙的区别了。

刘劭在此用"爱"与"敬"陈述彼此关系的"通"和"塞",当然相对应的距离感也就不同。对"爱"的人讲"敬"的话,有些疏远;对"敬"的人讲"爱"的话,过分轻佻。过去认为夫妻间要"相敬如宾",

其实很不容易。如果在最亲近的关系中能保持敬的态度，就不至于"亲昵生狎侮"，自然能维持双方个体的完整性和自由度。所以"通"和"塞"，配合不同的阶段，见龙就通，潜龙就塞。人与人之间要谈"通"和"塞"，就要考虑"爱"与"敬"的关系。

"六曰观其情机，以辨恕惑。"人情是一切学问的中心，整部《易经》就是讨论情，所以有"始作八卦，以通神明之德，以类万物之情"，把"万物之情"和"神明之德"并列，就知道"情"包括喜、怒、哀、惧、爱、恶、欲。从咸卦、恒卦，就知道"观其所感""观其所恒"，天地万物包括人的"情可见矣"。此外，八卦中的兑卦，让人忘劳忘死，也是因为"情"。谈第二春的萃卦，精英与精英之间的互动，"观其所聚，而天地万物之情可见矣"。真正不离左右地嘈杂一辈子的，不是本性，而是情，情由性生，情是天天都在变化的。一发生变化就有"机"，变化到了一个关键时刻，快要溃堤了。若是到变化的当口，还不能够察言观色，没有警觉，恐怕就会出现无法收拾的状况。所以要仔细观"情"的"机"，也就是人情变化的机微。所谓"极深研机，见机而作，随机应变"，无论是商机、天机、兵机等，都和情的变化有关。

"以辨恕惑"，"恕"就是"己所不欲，勿施于人"的道理，称为"恕道"。这在"四书"中一讲再讲，正是"如心之谓恕"的将心比心。因为我们的情在变，别人的情也在变，变与变之间的互动多么复杂啊！"惑"，搞不清楚状况，有疑惑、困惑。有时人际交往，不知发生了什么事，在什么时候得罪了人，彼此就老死不相往来了。因此，人际交往是该推己及人、宽恕包容，还是总在状况外，就看个人掌握"情机"的程度。孔子的学生子贡曾经问孔子有没有一个可以终身行之的原则，孔子回答，就是"恕"！《中庸》讲："忠恕违道不远。施诸己而不愿，亦勿施于人。"能够"以辨恕惑"，就代表对人情事理的练达。

"七曰观其所短，以知所长。"这和"情机"有关，也就是说，除非是大奸巨恶，或者实在是隐藏得好，否则一般人看他的眼神、面色，都能掌握他的情绪状况。人都有长处和短处，彼此间互相关联着，因此，若要用他的长处，就不可避免地要包容他的短处。这就是所谓"风险、利益"和"资产、负债"的概念，须"扬长抑短"，若是短处太致命，就得考虑割舍、放弃。所以，从长处看短处，彼此间必有关联，可以以最高的效率在短时间内把一个人琢磨透。

"八曰观其聪明，以知所达。"《人物志》很看重"聪"和"明"的本质，进一步才能达到"平淡中庸"的最高境界。"达"是通达，指的是通情达理。大畜卦讲"何天之衢"，四通八达，不会钻入死胡同。

以上是《八观第九》的大致结构。

事到临头做不到

何谓观其夺救，以明间杂？

夫质有至有违，若至胜违，则恶情夺正，若然而不然。故仁出于慈，有慈而不仁者；仁必有恤，有仁而不恤者；厉必有刚，有厉而不刚者。

【译文】

什么叫"观其夺救，以明间杂"？

人的品质、素质有好的部分和不好的部分，如果表现好的那部分，不能够胜过做得不好的部分，那就是"恶"压倒了"正"，有时候本来应该这么做，但是并没有这样做。所以仁德的行为出自善良的天性，但有的人有善良的天性而没有仁爱的行为。仁德的人一定懂得体恤别人的辛苦，但有的人有仁德之心，却不愿意救助别人。外表严厉的人必然有坚强的意志和刻苦的毅力，但有的人只是在虚而不实的道义上表面严厉，在关系到个人私利时则变得懦弱。

【现代解读】

刘劭自问自答："何谓观其夺救，以明间杂？"接着展开论述："夫质有至有违,若至胜违,则恶情夺正,若然而不然。"《人物志》讲"观人察质",自然先要了解人的品质、素质。只是"质","有至有违",做得不错的地方叫"至"。没做到,甚至违背的部分叫"违",判断的依据是中道、正道。"若至胜违,则恶情夺正",这句话有阙文,因为照文本来看,道理上说不通,意思是指在人的品质中,做得好的部分胜过了做得不好的部分,应该得分,怎么会是"恶情夺正"呢?怎么会让邪恶战胜了正道呢?其实在"至"的后面由于木刻漏印的关系,漏掉了一个否定词"不"字。这句话应该是"若至不胜违,则恶情夺正"才对,也就是说,如果表现好的部分不能胜过做得不好的部分,那就是"恶"压倒了"正",称为"恶情夺正"。这个道理应该不难理解,只是文字上有阙漏罢了。当处于天人交战,"善"不能胜"恶",人之所以"知道"但"做不到",就是因为在利害关头,人情中"恶"的部分压倒了"正"的部分,即"夺"掉了操守,丧失了正义感。所以"寡廉鲜耻""不恒其德",就叫"恶情夺正"。自然就"若然而不然",本来应该这么做,但是并没有这样做。好比说"见义勇为",明白道理了,但在现场时掺杂了其他考虑,这些考虑使得你临阵退缩。又比如看到别人受难而有恻隐之心,但第二念一起,又怕吃亏而收手。人的本质中不会有百分之百的"至",也不可能有百分之百的"违",而是"有质有违",天人交战。如果欲望战胜了德性、德操,人情中的"恶"就夺正了,面对选择时就被魔鬼俘虏了,即"若然而不然"。

刘劭举例:"故仁出于慈,有慈而不仁者;仁必有恤,有仁而不恤者;厉必有刚,有厉而不刚者。"《老子》中提到的"处世三宝",第一个就是"慈",也就是具有善良的天性。原文:"我有三宝,持而保之。一曰慈,二曰俭,三曰不敢为天下先。"刘劭认为,善良的天性表现出来就是"仁"的爱心,以此作为人与人之间互动的基础,所以说"仁出于慈"。"慈"蕴含了上一代对下一代包容关怀的天性,所以说父慈子孝、慈母等。正因为有"慈",所以才会有仁德的行为,能够"仁者爱人""仁者无不爱"。但是,现实中有"慈而不仁者",虽然具有善良的天性,却没有仁德的爱心和表现，考虑太多而临场缩手，被第二念的自私夺掉了天性的慈爱，没能做出天性中该做的事情。

再退一步来看，"仁必有恤，有仁而不恤者"，一个有仁心、仁德的人，一定懂得体恤别人的辛苦，像面对鳏、寡、孤、独、废、疾者时，担心得心头都滴血了。《易经》很多的卦爻辞都提到了"恤"，像晋卦第五爻《小象传》讲"失得勿恤，往有庆"，就是指君子自昭明德到了一个高度，不用担心得失，自然有其光辉可以影响社会。升卦卦辞中"勿恤，南征吉"。泰卦第三爻，当上升的曲线飙到了最高点，就会逆转向下，所以"勿恤其孚"，"孚"不能变，这是人生最基本的东西。无论人生境遇是好或坏，人性中的善良与爱心都不能改变。"仁必有恤"，"恤"必定有所对象，因可怜、同情产生对应的行为，这是仁者应该有的表现。"有仁而不恤者"，虽然有触动"仁"的恻隐之心，却没有体恤、帮助人家的行为，简单地说，就是"有心而无力"，没有落实的勇气。

"厉必有刚，有厉而不刚者。""厉"在《易经》中多次出现，像乾卦的"君子终日乾乾，夕惕若。厉，无咎"。乾卦谈天道，第三爻人位的意思就是"人行天道"，也就是"日月至焉"的改过迁善，这个功夫必是"厉"，一点儿也不轻松。换句话说，"厉"是人在天地间必然会尝到的滋味、危险、动荡不安。若要战胜自己，就得每天激励自己，而与别人竞争，也必要能奋斗拼搏，这都是"厉"。只有"厉"才能"无咎"，"不厉"就会被淘汰。"厉必有刚"，必要有坚强的意志和刻苦的毅力，在乾卦中除了用阳爻表示，阳居阳位，还在乾卦之中，更把"刚"的意象充分表达了出来。同时也有"有厉而不刚"，简单来说就是"色厉内荏"。"刚"不是指表面上勇武，是指"无欲"，至少是"寡欲"。欲望越少，越能够"刚"，要是人有太多的欲望，绝对"刚"不起来，因为一碰到欲望的诱惑，就没有办法抵抗，又怎么能"刚"呢？在《论语·公冶长》中有一段孔子对"刚"的评述：

子曰："吾未见刚者。"或对曰："申枨。"子曰："枨也欲，焉得刚？"

人只要沾上"欲",就绝对"刚"不了,因为有最大的弱点"欲"。"有厉而不刚者",就是经不起欲望的考验,私利当前,无法刚强。

见义勇为特别难

若夫见可怜则流涕,将分与则吝啬,是慈而不仁者。
睹危急则恻隐,将赴救则畏患,是仁而不恤者。
处虚义则色厉,顾利欲则内荏,是厉而不刚者。
然而慈而不仁者,则吝夺之也。
仁而不恤者,则惧夺之也。
厉而不刚者,则欲夺之也。

【译文】

看见可怜的人,会替他一掬同情之泪,但真要帮忙时,又不舍得出手,这就是慈而不仁的人。

看到别人处于危险的环境中,就会生出恻隐之心,但要人挺身而出时,又怕惹祸上身而收手,这就是仁而不恤的人。

讲一些大道理时慷慨激昂、声色俱厉,但要他按照所讲的道理、主张去行动时,又有所顾虑而退缩,这就是厉而不刚的人。

为什么充满爱心却做不出好事,是格局不大、吝啬的缘故。

有仁德之心,却不愿意救助别人,是内心胆怯、害怕的缘故。

表情严厉,却经不住欲望的考验,是被欲望、利益所打败的缘故。

【现代解读】

"若夫见可怜则流涕,将分与则吝啬,是慈而不仁者。"看见可怜的人,会替他一掬同情之泪,但要帮忙时,却"吝啬"了,想想自己不是多么有钱,还是算了。这种人是"慈而不仁者",内心有人性的触动,却没有真实的行动。"睹危急则恻隐，将赴救则畏患，是仁而不恤者。""恻隐"是"恻隐之心"，孟子讲的"四端"包括是非之心、辞让之心、恻隐之心和羞恶之心。孟子以"孺子入井"为例，认为在那种情况下谁都会出面阻止，这就是"怵惕恻隐之心"。但要人挺身而出，或牺牲自我去解救他人的危难，又怕惹祸上身，于是临场退缩，这就是有仁心却没有相应的作为。换句话说，"见义"后"勇为"是很难的。"恻"字在《易经》井卦中出现过，井卦代表"开发自性"，"恻"代表自性的一部分。井卦三爻说"井渫不食，为我心恻。可用汲，王明，并受其福"，好不容易挖掘了清泉，却没有人欣赏，过路人看到都觉得好可惜、好辛苦。孟子就抓住了这种人性的触动，发展出"恻隐之心"的说法。但是有"恻隐之心"并不代表那个过路人会因此帮助你，虽然他也觉得你所挖掘出的清泉可口，但喝完水还是会挥手说再见，口惠而实不至，还是得自己另外去求"王明"，找到有力人士或金主来投资才有奔头。

"处虚义则色厉，顾利欲则内荏，是厉而不刚者。"讲一些空洞的大道理，慷慨激昂、声色俱厉，听起来挺严肃认真的，但要他按照所讲的道理、主张去行动时，会因有所顾虑而退缩。这就是被利欲拖住而"内荏"，指内心软弱，所以叫"色厉内荏"。很多人在外面讲起话来头头是道，像是豪侠之士，到头来你会发现他什么也没做，因为他担心伤害自己的私利。这种不具备真实的生命力量，不是知行合一的人，就叫"处虚义则色厉"。这种"顾利欲则内荏"，不是真正的勇者，故称其"厉而不刚者"。很多人"内不荏""色不厉"，是一种温柔的坚定。

"然而慈而不仁者，则吝夺之也。"为什么充满爱心却做不出好事呢？是格局不大，不敢承担的缘故，或是陷在一种"同人于宗"的自己人才帮忙的心态中。"吝"有吝惜、吝啬的意思。至于"仁而不恤者，则惧夺之也"和"厉而不刚者，则欲夺之也"，或因害怕、恐惧，或被欲望、利益打败，无法坚强。"夺"在李密的《陈情表》中叫"舅夺母志"，意思是父亲死了，母亲想守寡，可是舅舅们不愿意，逼母亲改嫁，这就叫"夺志"。《论语·子罕》有"三军可夺帅，匹夫不可夺志"，一个人必须有坚定的谁都不能撼摇的志向，不能因任何事而屈服，如孟子所言："贫贱不能移，富贵不能淫，威武不能屈。"否则就是"夺"志了。恒卦中讲"立不易方"，无论雷、风多大，都不会被吹垮，不会改变为人处世的原则。

天人交战不易决

故曰：慈不能胜吝，无必其能仁也；仁不能胜惧，无必其能恤也；厉不能胜欲，无必其能刚也。是故不仁之质胜，则伎力为害器。贪悖之性胜，则强猛为祸梯。亦有善情救恶，不至为害，爱惠分笃，虽傲狎不离，助善著明，虽疾恶无害也，救济过厚，虽取人不贪也。是故观其夺救，而明间杂之情，可得知也。

【译文】

所以说，慈善之能战胜吝啬，就不能期待他真的能有"仁"的行为。仁爱之心不能战胜恐惧的心理，就不会采取行动体恤别人。当自制的意识仍不能战胜自身的欲望，就不能期待他在临事时强硬起来。所以大部分时间"仁"不能够彰显出来，那么所学的种种能力都将成为祸害。如果贪婪之性占了上风，那么刚强勇猛就成为致祸的阶梯。也有天性善良的人会救助十恶不赦的坏人，这种情况也不会造成危害。因为对众人的爱心而布施救济，哪怕对方傲慢，也不离不弃。扬善遏恶的人，即使是疾恶如仇乃至过分，也不会有害处。救济别人过分慷慨，即使募捐、劝募来的，也不算是贪婪、假大方。所以通过观察一个人在关键时刻做什么，不做什么，就可以看出一个人的坚持和心态，因此来了解他个性的稳定程度。

【现代解读】

"故曰：慈不能胜吝，无必其能仁也。"要是有"慈"的心，却不能战胜心中的"吝",只会爱自己人,就不能期待他真能有"仁"的行为。"仁不能胜惧,无必其能恤也。"因为害怕承担"惧",所以不会采取行动体恤别人。"厉不能胜欲,无必其能刚也。"同样,当自我克制仍不能战胜自己的欲望,又如何期待他在临事时能刚强起来?"是故不仁之质胜,则伎力为害器。贪悖之性胜,则强猛为祸梯。"当有其他考虑而使得初心不能纯粹时,就是"夺"。换句话说,要是一个人的"仁",大部分的时间不能够彰显出来,也就是"不仁之质胜"压过了原本的"仁",那么,原本所学的种种能力都将成为祸害的工具。"伎"是才能,"力"是能力,这种种能力若不能为仁心、仁质所用,反而成为"不仁"的工具,也就是当坏人拥有"伎力"时,不就成为社会的祸害了吗?"贪悖之性胜,则强猛为祸梯。"若对外在欲望不满足,无论是金钱、美色、权力、成就感,都是"贪"。于是,越是刚强猛烈,有很大的影响力、社会实力,越只会专注于所"贪"之事,这是给社会制造祸端的梯子,把整个社会引到祸患之中,过去也称为"祸阶"。所以说,人的本质太重要了。

接下来,刘劭从反面说"众爱型"的人:"亦有善情救恶,不至为害,爱惠分笃,虽傲狎不离,助善著明,虽疾恶无害也。救济过厚,虽取人不贪也。"正常的坏人,其恶质是胜于善质的,前段已经说明。善质之人天性善良,就算十恶不赦的坏人有困难,这些"众爱型"的人也会不顾一切地去帮助他们。虽然他们会帮助坏人,但帮助的更多的是一般人,因此"众爱型"的人"不至为害",无论是否能感化人改过向善,都代表了人性的光辉。好比说,医生任职前要宣誓,不能因为患者是坏人就不救治。

"爱惠分笃,虽傲狎不离。""爱惠"是施惠,有恩德于人。因为有对众人的爱心,所以布施救济。"笃"指情深意实。即使面对傲慢,或是不在乎的人,他们也不离不弃、初心不变。这种行为大多数人都做不到。

"助善著明,虽疾恶无害也。"扬善遏恶的人,或是助人为善、做社会公益的人,都是"疾恶而无害"。从"中道"的观点来看,这两种人不至于对社会造成太大的影响,当好人"众爱"也好,讨厌坏人"疾恶"

也罢，都"无害"于社会。

还有一种是"救济过厚，虽取人不贪也"，关于救济帮忙，一般是"救急不救穷"，过分慷慨或是分配不均，都是"救济过厚"。"虽取人不贪也"，意思是说，因为"救济过厚"之人募款、劝募不是为了自己，所以不算"贪"。前面提到过，伸手向人家要东西，也就是取非分内之物，算是一种"贪"。但"救济过厚"之人是为了帮助他人，因此刘劭认为，这不应该算是"贪"的自利。一般来说，"救济过厚"之人多半是因为借花献佛，所以是"假大方"。

《论语·公冶长》中有一个沽名钓誉的故事：

子曰："孰谓微生高直？或乞醯焉，乞诸其邻而与之。"

有一个名士叫微生高，大家都说他为人正直慷慨。不过，孔子评价他："谁说微生高正直无私呢？有人找他借醋，他自己没有，却向他的邻居借了以后，再送给原来找他借的人。"这就代表微生高并不是真正提供援助的人，只是扮演中间人的角色，这样做赢得了他人的感谢和好名声，不够真诚、真实。"醯"就是醋。因为微生高不需要刻意向别人借醋再转赠给人家，所以孔子说微生高不直，但是不能说微生高"贪"，只能说他是过度热心。

"是故观其夺救，而明间杂之情，可得知也。"所以通过人到底是"夺"的"不做什么"，还是"救"的"去做什么"，就可以了解一个人的个性稳定程度，即"间杂之情"。

深入观察才能识别

何谓观其感变，以审常度？

夫人厚貌深情，将欲求之，必观其辞旨，察其应赞。夫观其辞旨，犹听音之善丑；察其应赞，犹视知之能否也。故观辞察应，足以互相别识。

【译文】

什么叫"观其感变，以审常度"？

例如外表看起来忠厚，可内在的情意藏得很深，如果要了解他们，必须要观察他们讲话的要点、宗旨，以及他们怎么应对酬答。观察他们说话的要点、宗旨，就好像辨识声音的美丑；观察他们怎样应对酬答，就好像审视他们有没有待人处事的智慧。所以人们观察他们的演讲与应答，就可以真正地识别人才，以委派不同的职务。

【现代解读】

"何谓观其感变，以审常度？"刘劭自此展开了另一层的讨论："夫人厚貌深情，将欲求之，必观其辞旨，察其应赞。""厚貌深情"是《人物志》中常出现的，指的是外表看起来忠厚，可内心的情意隐藏得很深，无法探测。一般常用的词叫"城府"，就是心思像高墙围堵，里面既有城，还有府，要把握其内心并不容易。所以，不能以貌取人，但又得用人、识人，那该怎么办呢？刘劭提出："必观其辞旨，察其应赞。"首先，"观其辞旨"，通过互动聊天让他发表意见，在他讲话的时候细心观察、琢磨。"旨"就是讲话的要点、主旨。另外，"察其应赞"，看他怎么应对酬答，是一味赞同附和，还是偶尔反对辩驳？或是始终保持沉默？那都不是结论，只是从中可以了解他的心思。有时候一次谈话还不够，还要观察他和别人应对酬答的过程。以第三者的角度去观测、感知波动，人在应对酬答的时候，包括言辞表达，其心思多少都会有所泄露。

接下来，刘劭讲得更加深入："夫观其辞旨，犹听音之善丑；察其应赞，犹视知之能否也。故观辞察应，足以互相别识。"讲的主题、说的论述，都要更细心地去听。这里讲"音"而不是"声"，代表更精致、更本质的东西。《老子》说"大音希声"，点出"音"与"声"的差异。"大音希声"，在没有声响的情况下，能不能听出其中的韵律、节奏，能不能听出言外之意呢？这就是"观其辞旨"的功夫。从"观"到"察"，到"不言之喻"，分辨出"说"与"不说"的原因、关系。古人找知音靠"善听"，把心情抒发在乐曲的弹奏中，如同钟子期与俞伯牙的"高山流水"，彼此心意相通。

"察其应赞，犹视知之能否也。"就像听音乐一样，行家听音乐可以听出细微的差别，能辨别美、丑。观察人的应对酬答也是一样，通过对人情世故的掌握，就能知道这个人有没有待人处事的智慧。无论是"应"也好，"赞"也好，都是智慧的表现。所谓"世事洞明皆学问，人情练达即文章"，应赞没有那么容易，有时候是长辈，有时候是晚辈，有时候是朋友。圆通的人，懂得看情况来决定怎么应赞。《易经》中孚卦有"鸣鹤在阴，其子和之"，是一种应赞；"我有好爵，吾与尔靡之"，也是一种应赞。所以孔子说："君子居其室，出其言善，则千里之外应之，况其迩者乎？居其室，出其言不善，则千里之外违之，况其迩者乎？"（《周易·系辞传》）如果是鸡同鸭讲、净唱高调，且华而不实，就是"翰音登于天，贞凶"。《小象传》说"何可长也"，撑不了多久，这就是"音之善丑"。所以说，善听的人，不只看表面的激情，慷慨激昂可能是假的，而平和低调可能是真材实料。

应对进退是一门学问，有些人读很多书，却不懂应对进退，到了场面上就手足无措。《论语·子张》中记载，孔子死后，弟子们各立门派，互相批评。其中子游认为子夏的教学只是"洒扫、应对、进退"，意思是说子夏净干这些小事，没有高明的本领。子夏听到后，就说："有始有卒者，其惟圣人乎！"指的是只有基础正确稳固，才能达到高明的境界。由此可见，应对进退真的很重要。

"故观辞察应，足以互相别识。""观辞"是"观辞旨"，"察应"是"察应赞"，综合考虑诸要素，便可以真正地识别人才，可以派任不同职务。刘劭在这个结论之后，便举例说明种种应赞的人物，并依其特性将其分为白、玄、通、杂、圣、睿、明、智、妙、疏、实、虚、不足及有余，然后详述各种类型的表现。

形形色色

然则论显扬正，白也；不善言应，玄也；经纬玄白，通也；移易无正，杂也；先识未然，圣也；追思玄事，睿也；见事过人，明也；以明为晦，智也；微忽必识，妙也；美妙不昧，疏也；测之益深，实也；假合炫耀，虚也；自见其美，不足也；不伐其能，有余也。

【译文】

因此，能够把道理讲得清楚，让人接受、明白，基本上从正面来发扬，给人光明的感觉，这叫"白"。讲的道理不容易听懂，说话含糊不明，不善言辞，这叫"玄"。明辨是非、黑白分明，是通达的表现，这叫"通"。观点乱七八糟、间杂无恒，没有确定的立场，这叫"杂"。有先见之明，在事情还未发生前能洞察发展的趋势，这叫"圣"。逻辑思维强，能抽丝剥茧地破解难以解释的现象，这叫"睿"。对事情看得很准，判断丝毫不差，这叫"明"。能够发觉一般人容易忽略、无法察觉的细节，这叫"妙"。行事坦坦荡荡、疏朗开阔，不隐瞒美好的事物，这叫"疏"。越是检验、探测，越觉得各方面永远都探藏不尽，这叫"实"。道听途说、自我炫耀，但一捅就露馅儿，这叫"虚"。尽量找机会自我表现、自吹自擂，是自信心不足的反应，这叫"不足"。不夸耀自己的优点和功劳，见识丰富，这叫"有余"。

【现代解读】

这一段从"观其感变，以审常度"展开讨论，提出"观其辞旨，察其应赞"的识人之法，从议论、发表意见，到应酬、问答之间最容易看出人的心思。不能仅限于彼此对谈，还要看他和别人互动的状况，从旁观察。接下来，可能会看到以下一些现象，一种是"论显扬正，白也"，他的论点不但清楚明白，而且从正面解读，也就是所谓的"正道"。这种人多半观念正确而无可非议，称为"白"。另一种是能够把道理讲得清楚，让人接受、明白，基本上也是从正面解读，给人光明的感觉，这也叫"白"。至于与"白"相对的，就是"玄"，也就是黑色。"不善言应，玄也"，就是讲的道理不容易听懂，观点含糊不清。这可能是为人不善言辞，也可能是高深莫测，不容易探究他的心思。所以，"白"与"玄"这两种人，性格和表现完全相反，"白"是勇于发言、容易了解，"玄"是沉默寡言、高深莫测。《老子》中有："知其白，守其黑，为天下式。"把互相对立的现象作为自然的规律。《三国演义》中，诸葛亮曾作歌谣，其中有"苍天如圆盖，陆地似棋局；世人黑白分，往来争荣辱；荣者自安安，辱者定碌碌"，"黑白分"中到底谁是黑、谁是白？终究是庸庸碌碌，实在是没能搞清楚"黑白"的道理。

如果能够超越"白""玄"，自然能总其大成，称为"经纬玄白，通也"。这种人不坚持白，也不固守黑，完全能做到像太极图那样"黑中有白，白中有黑"的贯通包容，称为"经纬"。该沉默的时候能沉默以对，该讲明白的时候，自然大声疾呼，这才是通达的表现。换句话说，一味的"白"或是一味的"玄"，都不是"君子之道"，所谓"君子之道，或出或处，或默或语"（《周易·系辞传》），是指要表现得恰到好处。至于"移易无正，杂也"，要是这个人的观点老是转来换去，没有明确的立场，那就是间杂无恒，属于"移易无正"。这种间杂之人心中无主，没有固定的信念，和"经纬玄白"的通达之人正好形成鲜明的对比。

"先识未然，圣也。"指的是事情还没发生，就有先见之明了，能洞察其发展趋势，称为"圣也"。"聖"字有一个"耳"，代表善听，鼎卦的《象传》中讲"耳目聪明"，是"圣"的特质。孔子说自己六十岁之后能"耳顺"，所以能"声入心通"，听到什么思维就有感应，能大略知道一个轮廓。所以，"先识未然"的洞察力是"圣"的必要条件之一。"追思玄事，睿也"，指逻辑思维强的人，能就难以理解的现象，抽丝剥茧地寻找真相，称为"睿"。"睿"有智慧、睿智的意思，指有形而上的思考，或是追寻、解答深奥的问题，这种人的智慧一般比较高。《尚书·洪范》中讲"思曰睿""睿作圣"，可见"睿"比一般世俗的智慧还要高妙。为何"睿"能超越一般的智慧？主要是能"追"，对于问题的思考善于追根究底。程颢《秋日偶成》有："道通天地有形外，思入风云变态中。"相较于一般在实际生活中打滚忙碌，缺乏这样的兴趣和能力的人，具有"睿"的人才拥有超越一般智慧的能力。

"见事过人，明也。"对事情看得很准，判断丝毫不差，这叫"明也"。"明"可以理解为因为明白而通达，但更高一层的是"以明为晦"，也就是大智若愚，这就表现了更深一层的智慧。明夷卦的《大象传》中有"明入地中，明夷。君子以莅众，用晦而明"，虽然心里清楚明白，但表现出什么都不知道的样子，韬光养晦，绝不炫耀、外露自己的聪明，以免树敌招灾。《老子》中说："塞其兑，闭其门，挫其锐，解其纷，和其光，同其尘。"以明为晦，明哲保身，是真聪明的表现。

"微忽必识，妙也。"能够掌握一般人容易忽略，没有办法察觉到的细节，这也是一种智慧。"魔鬼都在细节中"，真正要观察一个人，除了公开场合的表现，有时候不经意间的自然流露，肢体语言等细节，有可能真正掌握他的意向。识人功夫的关键就在这里，大处容易遮掩，小处难以处处留心。"美妙不昧，疏也"，"昧"是掩饰，与"明"正好相反，对于自己的表现完全不掩饰，疏朗开阔，行事坦坦荡荡。与"美妙不昧"的人相处比较舒服，完全开诚布公，相对于"以明为晦"的密不透风，后者不轻易表露，让人搞不清楚他到底在想什么。

人通常是形形色色的，甚至有些人无论跟他交往多么久，本来以为就是这样，结果发现他还有更多的层次、更深的见地，越测越深。有些人无论是在学问上，还是在事业上，各方面都永远探究不尽，这就叫"测之益深，实也"。因为人家有真本事，真金不怕火炼啊！假的一捅就露馅儿，"假合炫耀，虚也"。从"虚""实"对比可以看出来，"实"就是"测之益深"，是不动声色、深藏不露的，像是一口深井，取之不尽、用之不竭。《论语·子罕》中颜回称赞孔子是"仰之弥高，钻之弥坚；瞻之在前，忽焉在后"，原以为跟上了老师的脚步，后来发现差得太远了，怎么也追不上，真是不知道老师有多么渊博，最后只能说"虽欲从之，末由也已",望尘莫及啊!

"自见其美,不足也。"唯恐人家不知道他的好,所以尽量找机会表现,自吹自擂,以提醒人家注意自己,自我感觉良好。这种拼命的张扬表现了内心的匮乏,即自信心不足的代偿反应,因为欠缺,所以强调。《庄子》中有一个故事,讲西施捧心颦眉,东施见状而效之,结果适得其反。

"不伐其能,有余也。""伐"是夸耀,《论语·公冶长》中孔子问弟子们的志向,颜渊说:"愿无伐善,无施劳。"也就是不夸耀自己的优点和功劳。这种态度就近于谦卦中"劳谦"的概念,正是"劳而不伐,有功而不德,厚之至也"(《周易·系辞传》)。一个人能力够,却不炫耀,反映出内心的充实,谦卦以"地中有山",代表无可比拟的深度,以象征"谦德",这里刘劭以"有余"称之。

表情很难掩饰

故曰:凡事不度,必有其故。忧患之色,乏而且荒;疾疢之色,乱而垢杂;喜色愉然以怿;愠色,厉然以扬;妒惑之色,冒昧无常。及其动作,盖并言辞。是故其言甚怿,而精色不从者,中有违也;其言有违,而精色可信者,辞不敏也;言未发而怒色先见者,意愤溢也;言将发而怒气送之者,强所不然也。

【译文】

所以说:凡是事情不合常理,则必定有内在失常的原因需要去探讨。遭遇忧患的时候,人的表情会呈现疲乏、困乏的状态;身患疾病的时候,面色杂乱且带有污垢;高兴开心的时候,人的脸上充满笑意,灿烂如花;不痛快、生气的时候,脸上罩着一层严厉之气;嫉妒、困惑的时候,表情多半是反复无常、粗鲁失礼的。观察人时,要将言辞与动作一并纳入,不能顾此失彼。所以，讲话的内容虽然欢乐喜悦，但表情一点都没有快乐的样子，代表心里并不认同。讲话时像是在吐槽、扫兴，不随着大家附和，但表情很真诚，这就是不会讲话的老实人。话还没讲，就已经表现出一副怒气冲天的样子，说明其愤怒之情已难以抑制。即将讲话时，先摆出一副怒气逼人的样子，是想强迫人家同意、接受他的意见。

【现代解读】

"故曰：凡事不度，必有其故。""度"是节度，任何事情总有其常理，有测量的标准，这叫"度"。若事情不合常理，就称为"不度"，则内在必定有失常的原因，即"必有其故"。接下来，刘劭举一些例子说明可以从表情、脸色来判断。正所谓"七情上脸"，人的情感总是"诚于中，形于外"，心中转着什么样的念头，揣着什么想法，脸上多少都可以看出端倪，很难完全掩饰。

这大概是人生共同的经验："忧患之色，乏而且荒。"讲的是遭遇忧患的时候，人的表情会呈现疲乏、困乏的状态，好像承受不住的感觉。"荒"就是缺乏生气，整个人恍惚失神。这基本上是从观察脸部的表情而来。若是带有病气，更是一眼就能看得出来，所以说"疾疢之色，乱而垢杂"，生病的人的脸色绝对不是干净明亮，而是杂乱灰暗的。同样，人的脸上充满笑意，灿烂如花，就是"喜色，愉然以怿"。"怿"是喜悦、高兴。反过来说，心里不痛快，生气时的脸色，就是"愠色，厉然以扬"。

《论语·学而》首句有"人不知而不愠，不亦君子乎"，"愠"在此就有"怀才不遇的怨叹"。夬卦中，九三"独行遇雨，若濡有愠。无咎"，经过很多曲折，多凶多惧，虽然"壮于頄"，但不能让怒气上脸，否则"有凶"，只能在和解的前提下忍气吞声。"厉"，脸色不好看，但不是怒气，而是严肃，像是家人卦中"家人嗃嗃，悔厉，吉"，家规必要严肃正经，才不至"失家节"。

再谈到"妒惑之色，冒昧无常"，这更常见。人在嫉妒、困惑时，脸上的表情多半是"青一阵儿，红一阵儿"，心魔发作，看不得人家好，又不好意思直接讲出来,难保接下来不会突然出状况,这叫"冒昧无常"。好比同侪间称赞其死对头的才华、成就,会搞得气氛僵化,偏偏听者还得装作一副不以为然的样子。"及其动作,盖并言辞",除了言辞表达,举手投足、扬眉抬目都会显现心理状态,这是肢体语言透露的信息。因此,观察人要将言辞与动作一并纳入,不要只听言辞而疏忽了动作,也不要只注意动作而疏忽了言辞。

接着,刘劭举例说明如何全面、整体地观察,才能"人焉廋哉"。"是故其言甚怿,而精色不从者,中有违也",听他讲话的内容虽然欢乐喜悦,但表情一点都没有快乐的样子,表示心里并不认同,可能只是为了附和话题,不让大家扫兴。所以人家一看,就知道"中有违也",言辞与神色不协调,是装出来的,肯定有问题。"其言有违,而精色可信者,辞不敏也",听他讲话好像是在吐槽、扫兴,不随着大家附和,但表情很真诚,这是不会讲话的老实人。与"中有违"的专讲假话的人相比,"辞不敏"的老实人就是嘴笨,把好话说成了得罪人的坏话。前者是表面上看着同意,但说的是违心之论;后者则是不善言辞,但内心真诚。

"言未发而怒色先见者,意愤溢也。"指还没讲话,就已经表现出一副怒气冲天的样子。"言将发而怒气送之者,强所不然也。"指为了勉强人家同意、接受他的意见,还没有讲话,就摆出一副怒气逼人的样子,这就是想要让人家认同、支持他,所以用强势的语气助威,靠气势压人。从"言甚怿,而精色不从"与"言有违,而精色可信",到"言未发"的"意愤溢"和"言将发"的"强所不然",都是神色与言辞一并纳入观察人的情境。

凡此之类,征见于外,不可奄违,虽欲违之,精色不从,感愕以明,虽变可知。是故观其感变而常度之情可知。

【译文】

以上所说的情况,都是完全表露于外,没有办法掩饰、隐瞒。就算是想要勉强假装，不想扫兴或暴露心事，也会因为精神和脸色没有办法配合，怎么装都不像。所以，通过对言语神色与情绪的起伏观察，大概就能掌握此人性情的十之八九。

【现代解读】

"凡此之类，征见于外，不可奄违。"刘劭提醒，这一类言辞与神色间的关系，还有很多在待人接物上常会碰到的细节，这些细节完全表露于外，没有办法掩饰、隐瞒。"虽欲违之，精色不从，感愕以明，虽变可知"，就算想要勉强假装，不想扫兴或暴露心事，也会因为精神和脸色没有办法配合，怎么装都不像。《大学》中有"人之视己，如见其肺肝然。则何益矣"，人若想要掩饰，特别是不光彩的事情，多半会欲盖弥彰，反而更容易让人看出毛病。"诚于中，形于外"，无论如何掩盖心里的想法，多少都会显露在外，让人看出蛛丝马迹，细想想，有谁不是这样的？

"感愕以明，虽变可知。""愕"指惊愕，意料之外。因此产生情绪，包括愤怒、嫉妒、疲惫，无论是遭遇忧患，或者身体患病、不堪重负等，都叫"感愕"。人在面临变故时，无论好坏，都有所感，很难掩饰，会自然地显现在言辞、表情上，乃至行走坐卧之中，只要细心观察，就可以感觉到气场不同，即"虽变可知"。特别是宴客时，主人必须要在这方面多留心，才会宾主尽欢，"是故观其感变而常度之情可知"。

看出人的特质

何谓观其至质，以知其名？

凡偏材之性，二至以上，则至质相发，而令名生矣。是故骨直气清，则休名生焉；气清力劲，则烈名生焉；劲智精理，则能名生焉；智理强恕，则任名生焉。集于端质，则令德济焉；加之学，则文理灼焉。是故观其所至之多少，而异名之所生可知也。

【译文】

什么叫"观其至质,以知其名"?

大凡偏才中具备两种以上才能的人,这两种才能会互相激荡,彼此相互融通,形成好的表现和声誉。所以,神情清朗、性格正直,就会产生"休"的名声;气质清正、能力强劲,就会产生"烈"的名声;智力强劲、精通事理,就会产生"能"的名声;明智、正直、刚强、诚实,就会产生"任"的名声。以上特质若能集合、荟萃在端正的品格上,就能够成就美好的品德,得以展开清新的气象。加上后天的勤奋学习,自然能才华出众、光彩夺目。所以,观察一个人具备的特殊品质,自然就会了解与其相对应、相称的名声的由来。

【现代解读】

"观其至质,以知其名",就是如何看出一个人特别突出的品质。这是偏才的特性,虽然不完备,但有特别的长项,是"胜体为质"(见《九征》)的意思,刘劭甚至用五行等方式去分析。"观其至质",发掘偏才的强项,给予定义或分类。"以知其名",是指依不同偏才的表现,给予不同的美称。然后从偏才的性质讲起:"凡偏材之性,二至以上,则至质相发,而令名生矣。""二至以上",就是至少具备两种以上的才能,或是与众不同的特点。"则至质相发",这两种才能会互相激荡,彼此相互融通,形成好的表现和声誉,即"令名生矣"。"令"有美好的意思,我们常说令尊、令爱、令郎等,都是赞许别人的意思。

"是故骨直气清,则休名生焉。""休"是美好的意思,从字形上来看是人累了,靠在树下休息,有种舒服的感觉,所以我们才称休闲、休息。《易经》复卦中有"休复",《大学》中有"其心休休焉",而大有卦的《大象传》中有"遏恶扬善,顺天休命",否卦五爻有"休否",这些都是正面、肯定的意思。所以,"骨直气清"的美名是"休",指的是神气清朗、性格正直。"气清力劲,则烈名生焉","烈"有刚烈、强劲的意思,因为气质清正、能力强劲,所以刘劭以"烈"称之。再接下来是"劲智精理,则能名生焉"，能够有"智"且明"理"，表示很能干、会做事，称为"能"。"智理强悫，则任名生焉"，"悫"是指诚实，"任"是指能够承担大任，能获得人家的信任。因为他具有忠实的特质，所以会有"任"的美名。

"集于端质，则令德济焉。"本段所提到的种种特质若能集合、荟萃在端正的品格上，就能够成就美好的品德，得以展开清新的气象。"令德"是美好的品德，"济"是成功、成就，"集"指荟萃。"加之学，则文理灼焉"，从先天的品格出发，加上后天的学习，才能成就"文理灼焉"，真正能让先天的特质发光发热。"文理"取材于树木的年轮和玉石的纹理，需要经过雕刻、打磨，才能成就艺术，创造价值。有的人先天品格好，但不愿意、没耐心学习，到头来可惜了天赋。有的人天资不足，虽拼命学习，但会有几个关口上不去。若先天的美质配上良好的德行，后天再能勤奋学习，自然就能才华出众、光彩夺目。"灼"是指像烧红的勺子那样，发光发热。

"是故观其所至之多少，而异名之所生可知也。"所以，看一个人具备的特殊品质，自然就会了解与其相应、相称的名声的由来。虽然人的性格很复杂，有长处也有短处，但是识人最重要的是能抓重点、找"至质"，就算不能全面地了解他，只要能识别并发挥人的长项、特色就可以了。人才对自己的要求，不应只专注在某一领域上，至少要有两种才能，彼此可以互相激荡、配合，不断地精进、学习，前途自然不可限量。

辨别似是而非与似非而是

何谓观其所由，以辨依似？

夫纯讦性违，不能公正；依讦似直，以讦讦善；纯宕似流，不能通道；依宕似通，行傲过节。故曰：直者亦讦，讦者亦讦，其讦则同，其所以为讦则异。通者亦宕，宕者亦宕，其宕则同，其所以为宕则异。

【译文】

什么叫"观其所由,以辨依似"?

专门揭发人的隐私,性情上就违反自然的善良、善意,不能真正做到无私地处理问题。批判错误的行为时,看起来好像是正直的样子,其实是用恶意去看待一切事情。看似潇洒、自由,放荡不羁,不拘泥于世俗的人,其实不能通晓大道。知道这样的举止不被社会接受,却仍特立独行,他的行为是骄傲且没有节制的。所以说:正直的人看到别人犯错,会直接批判,表面上看来和"讦"一样,都是用言语去干涉人,但是发心不同。真正通达的人,有时候不拘泥于世俗礼法,而有些人则放肆作怪,同样是放荡不羁,但他们的表现和出发点是不同的。

【现代解读】

这一段是讨论如何"观其所由,以辨依似"。在这段中,不管是讲哪一种人,都提到了"讦"。"讦"的意思是攻击人家的弱点,专挑别人的毛病、瑕疵,甚至揭发别人的隐私等。类似现在的爆料、八卦,用言语干涉人家,这就是"讦"。这种心态多半源于虚荣心与嫉妒心,希望借着别人暴露弱点、出诸多状况的机会,获取内心的某种快感,然后痛打落水狗。不过,看到朋友真的有错误了,能够不维护,敢批判,指出朋友的不足,这不是"讦",而是"直"。虽然"直"和"讦"有时候看起来很像,但它们的动机不一样。"直"的人是希望人家听了逆耳忠言后能够改善,"讦"的人是为了满足自己的虚荣心、嫉妒心,因为看不得别人好,只想破坏,所以嘴利心险,常常别人出了一点状况就见猎心喜,突然扮演正义天使了。

"讦"的人看似正直,其批判的内容却是充满恶意、嫉妒的,具有破坏性,源于"自己不好,也不希望人家好"的心理,容易成为社会纠纷的来源。所以,刘劭在这一段中,提醒我们要搞清楚,"夫纯讦性违,不能公正",这样的人就是专门为了揭发人的隐私,虽然他是找出别人的毛病,但是其出发点不是善意的,而是要把别人斗倒。因此,刘劭认为这样的心态不可取。这种百分之百的讦者，就叫"纯讦"，这样的人想要维护社会公正，是不够格的。"依讦似直"，批判错误的行为时看起来好像是正直的样子，但他所"依"的，也就是所依附的心态充满恶意，所以称为"依讦"。"以讦讦善"，用批判的恶意看待一切事物，即便是好心的善行，也同样会受到批评攻击。

有一种人看似潇洒、自由，作为却放荡不羁，不受一般社会常规的拘束，这就叫"宕"。所以说，"纯宕似流，不能通道"，通常别人觉得他不羁，他反而觉得是别人太拘泥，这种人有时候会给人一种通达且不在乎社会礼法、制度的假象，比如魏晋时期的竹林七贤，他们不在乎世俗的眼光，看起来很潇洒。《中庸》中用"索隐行怪"形容"不依中道而行"的人，总是特立独行，与四周格格不入，目的是引起大家的注意，肯定他的潇洒，这就是"纯宕"。"似流"，如同溢流，泛滥无归，超越了一般的礼法，放肆而收不回来的人。这样的人认为不拘泥于世俗，便可以通达大道，其实不然。"依宕似通，行傲过节"，虽然知道社会上不太能接受这样的行为，但他故意要这样做，以显示自己独特的生命情调，其实是对自己过分自信。前文谈到"常度"，其中有"自见其美，不足也；不伐其能，有余也"，刻意去标榜、凸显，反而暴露其短，而有自信的人，肯定不会故意表现。

"故曰：直者亦讦，讦者亦讦，其讦则同，其所以为讦则异。通者亦宕，宕者亦宕，其宕则同，其所以为宕则异。"刘劭讨论如何辨别，从表面上来看，"直"和"讦"、"宕"和"通"好像差不多，但"直"是善意劝告，"讦"是恶意攻击，"宕"是放荡不羁，"通"是收放自如。刘劭说："直者亦讦，讦者亦讦，其讦则同，其所以为讦则异。"正直的人看到别人犯错，会直接批判，虽然表面上来看和"讦"一样，都是用言语干涉别人，但是发心不同。另外，"通者亦宕，宕者亦宕，其宕则同，其所以为宕则异"，真正通达的人，有时候不拘泥于世俗礼法，就像庄子一样，夫人死了还在唱歌，这看起来是"宕"，却是基于深刻的生命体会。有些人就只是放肆作怪，没有思想，一点也不通达，就是"纯宕"。

其中的差别，在于"宕"的缘由。这种似是而非、混淆视听的对比，在《论语·阳货》中也有："恶紫之夺朱也，恶郑声之乱雅乐也，恶利口之覆邦家者。"过去以朱为正色，但是紫红色、朱红色与之相近，易混淆。同样，雅乐为正音，有安定人心的力量，但人们往往受惑于流行曲调（郑声）而迷乱。善于辩论的人，用言语惑乱人心，这些就是孔子所恶的"似是而非"，有形似而神失。孔子批评："子曰：'乡愿，德之贼也。'"（《论语·阳货》）意思是看似忠厚，实则是败坏德行的罪人。

然则何以别之？直而能温者，德也；直而好讦者，偏也；讦而不直者，依也；道而能节者，通也；通而时过者，偏也；宕而不节者，依也。偏之与依，志同质违，所谓似是而非也。

【译文】

然而该怎样来辨别他们呢？虽然直率坦白，但同时能含蓄包容，这是有道德的人；直率批评，但专挑毛病，爱看人出糗，这是偏颇、偏激的人；爱批评别人，行为上一塌糊涂，根本就不正直，这是假道学、伪君子；思想、行为符合原则的规范，同时收放自如，这是知轻重的通权达变；虽然通达事理，但在临事处断时仍不免会有失误，这是偏激的人；放荡而无节制、完全不受任何约束，这种人就是依似。偏激与依似是不一样的，只是表面相同而本质完全不同，这就是人们所说的似是而非。

【现代解读】

"然则何以别之？"该怎么分辨呢？刘劭以"直""讦"与"通""宕"来说明："直而能温者，德也。"虽然直率坦白，但同时能含蓄包容，不是为了打击、丑化别人，而是有上进的心态，这就是美好的性格表现。"直而好讦者，偏也"，虽然直率批评，但专挑毛病，爱看人出糗，这是偏颇、偏激之人。最差的是"讦而不直者，依也"，不但爱批评别人，而且自己的行为不正直，是假道学、伪君子。"依也"就是"依似"的意思。

八观第九 ｜ 299

另外,"道而能节者,通也",讲的是思想、行为符合原则的规范,又能收放自如,这是知轻重的通权达变。"节"在此呼应《易经》节卦五爻君位的"甘节,吉。往有尚",知道怎样做才符合中道,才恰到好处。真正的"节"合乎自然规范,既不是压抑拘束,也不是过度自由,没有分寸。虽然人心向往自由,但是滥用自由就会出乱子。临卦中谈没有节制的自由,会招来"八月之凶",达不到临卦原先"元亨利贞"的目标。其实真正的自由,既有恣意挥洒的一面,也有遵守规范的一面,好比在事业上虽讲究创意无穷,但不能脱离专业纪律,单纯地向往放荡不羁的自由。如果不遵守任何规范,甚至破坏制度,人与人、集团与集团之间就会产生冲突、抵触,你要自由,别人也要自由,到最后大家都不自由。所以说,有创意的人,做事不能背离原则,要守规矩。这就是《论语·子张》中说的:"大德不逾闲,小德出入可也。"正如同节卦四爻的"安节",能够安于规范,信守本分。到五爻"甘节"就不只如此,更能达到"从心所欲不逾矩"的境界。现实生活中不少以"索隐行怪"著称的人,可能是走极端、偏锋,到了六爻"苦节"的状态了。所以,只有"道而能节者",才是真正的通达之人。

"通而时过者,偏也;宕而不节者,依也;偏之与依,志同质违,所谓似是而非也。"这句话是针对"通不通"问题的讨论,"通而时过者",提醒我们,虽然通达事理,但在临事处断时,仍不免有失误。这种犯错率,刘劭归类为"偏也",至于"宕而不节者",就是放荡,没有节制,没有任何约束,这种就被列为"依也"。"偏之与依,志同质违","偏"与"依"本质上是完全不同的,"偏"是明白事理,只是不免有所失误,"依"是完全没有中心思想,只是行为上看起来不受拘束,可以说是形似而神失,是冒充的、假的。

"通而能节",自然是最高级的。"通而时过",偶尔会出状况,也还能接受。等而下之就是"宕而不节",基本上是在状况外,才称为"依也"的模仿者。所以刘劭说,"偏之与依,志同质违",看起来表现得差不多,都是不受拘束、自我表现,但本质上是不同的,一定要分辨其中的差别,不能被似是而非蒙蔽。

下面举例说明。

是故轻诺似烈而寡信,多易似能而无效,进锐似精而去速,诃者似察而事烦,讦施似惠而无成,面从似忠而退违,此似是而非者也。亦有似非而是者:大权似奸而有功,大智似愚而内明,博爱似虚而实厚,正言似讦而情忠。

【译文】

所以,随便承诺或答应人家,看起来好像很干脆,实际上总是违背承诺。好像很能干,讲起话来似乎什么事情都行得通,最后却一事无成。看似很精进、锐猛,就要达到目标了,可是那种努力不懈的精神只有五分钟热度。看似精明,其实很烦琐,专门在细枝末节上用力,浪费精力时间。好像是施人恩惠,但因为动机不良,最后却没有实行。表面上唯命是从,好像是忠心耿耿,实际上却阳奉阴违。这些都是似是而非的人。

也有似非而是的人,看似两边讨好,不惜与魔鬼握手,实际上却是为了长远的目标,暂时牺牲小节,最终真能成就事业。看起来笨拙,反而是有大智慧的表现,内心透明透亮。平等待人,没有分别心,看似不实际,实则累积了厚实的力量。常和你讲不好听、不爱听的话,其实怀抱着砥砺人向上的忠诚。

【现代解读】

"轻诺似烈而寡信",意思与常言所说的"轻诺必寡信"相同,也就是随便承诺或答应人家,听起来好像很干脆,结果总是失信,即"寡信"。"轻诺"指轻易地承诺、吹牛,实际上却没有责任感。"似烈",看起来很讲义气。"寡信",不把承诺当回事。"诺",从"言",这里是说人要重诺,千万不要随便承诺,免得最后失信于人,以后再怎么承诺,人家都不愿相信。

"多易似能而无效"，明明事情很艰难，但是他觉得没问题，讲起话来大吹大擂，任何事情都搞得定，最后发现行不通。《易经》中用"丧羊""丧牛"来比喻这种行为的结果，像大壮卦第五爻君位"丧羊于易"，旅卦上爻"丧牛于易"，都是讲轻敌大意，最后全盘皆输。"轻诺""多易"都是违反自然规律的行为，世间没有一件事情是那么简单就可以办好的，不假思索地承诺或实践，这种人不是涉世未深，就是为人不踏实，终究会被看破手脚。

"进锐似精而去速"，就是在其发奋的时候，看起来很精进、锐猛，仿佛就要达到目标了，可是那种努力不懈的精神只有五分钟热度，热情过去就止步了，需要比较长的时间培养出来的厚度和技巧，这种人根本做不来。这种人就是孔子所谓的"日月至焉"，只能维持一两天的时间，没有办法持续，所以对这种人不能依托、期待太多。人生得按部就班地慢慢来，"看他人楼起楼塌"的例子不胜枚举。

"诃者似察而事烦"，这种人看似精明，其实很小家子气，专门在细枝末节上用力，对大局帮助不大，不容易有成就。"訐施似惠而无成"，表面上好像是施人恩惠，实际上好比开空头支票一样，不能兑现。这都是由于动机不对、存心不良，只是为了达到自己的目的，一旦达到目的，就过河拆桥。还有一种人是要主管特别注意的，"面从似忠而退违"，表面上唯命是从、绝对答应，好像是忠心耿耿。一转身，就在背后骂你了，这叫"面从心违"。这些人都是"似是而非者也"，而且是"金玉其外，败絮其中"，属于较常见的类型。

另外，还有较难得的"似非而是"的类型，即看着是不对的，其实是对的。好比前面提到的"其言有违，而精色可信者，辞不敏也"，虽然讲话不好听，但实际上是可信之人，只是口拙不讨喜罢了。刘劭举了四种"似非而是"的例子。

第一种是"大权似奸而有功"。"权"有权变的弹性和见识，"大权"是不拘小节，从大局来看会对整体有利。意思是看似两边讨好，不惜与魔鬼握手，实际上却是为了长远的目标，暂时牺牲某些小节，最终真能成就事业。这是说凡事不要太主观，也不要仓促下结论，要懂得从大处着眼，通权达变。这不是鼓励大家去冒险犯难，而是要懂得灵活变通，不能因为怕被批评，就错过了建功立业的机会，有时候在不得已的形势下，就得采取有魄力的做法，为人之所不敢为。

第二种是"大智似愚而内明"，有的人心里透明透亮，外在的表现却显得有些笨拙，这反而是有大智慧的表现。这有点像明夷卦，因为"明在内，顺在外"，所以叫"君子以莅众，用晦而明"。因为要面对的是群众，众生百相，所以圣贤豪杰要知道该怎么应对，有时候装迷糊，睁一只眼闭一只眼，大智若愚。

第三种是"博爱似虚而实厚"，"博爱"就是没有分别心，一般人认为这种态度是不切实际。其实，正因为他们胸怀天下、厚德载物，所以不会算小账、纠结小情小爱，好比坤卦的博爱无疆。

第四种是"正言似讦而情忠"，这种人当面时常讲不好听的话，让人觉得这人怎么老是在挑毛病，其实这才是百分百的爱护、关心，完全是为你好，正所谓"忠言逆耳"。

刘劭举出这四种"似非而是"的例子，提醒我们观察人要从大处着眼。《易经》中有几个爻正好反映了这样的权衡，如"系小子，失丈夫"和"系丈夫，失小子"（随卦），在不同的时间点，做不同的取舍。如"比之匪人"（比卦）、"否之匪人"（否卦），在特殊的情况下要能"与狼共舞"，和魔鬼周旋，否则成功不了。所以"大过之时大矣哉"，非常时期要采取非常手段。所谓"巽以行权"（《周易·系辞传》），"权"不是大众能了解的，要能稳妥、隐秘地达成目标，任何事情都做得很圆满，旁人看没看懂，一点也不重要。

世界上以假乱真的事情很多，比如"轻诺寡信"，动不动就拍胸脯，结果却失信于人。"多易似能而无效"，嘴上说得简单干脆，却没办法落实。"进锐似精而去速"，做事只有五分钟热度，没办法解决问题。"诃者似察而事烦"，看似精明，实则小打小闹，误工误事。"讦施似惠而无成"，用嘴巴办事，虚伪、没诚意，正是"口惠而实不至"，好像有所作为，却没有成果。"面从似忠而退违",表面上恭恭敬敬的,转身就讲人坏话,阳奉阴违。刘劭分析得如此细致,就是要破解"依似",不然把时间浪费在应付这些人身上,完全没有效率。

因为"似非而是"的少,而"似是而非"的多,所以我们才知道"直"有多么难。按理来说,每个人都有自己的"直",也就是坤卦中谈的"直方大,不习。无不利",众生性命自正。可是为什么后来变成"讦"?变成不直和"似是而非"呢?因为在生命发展的过程中人心受到染污,所谓"嗜欲深者天机浅",当人被欲望淹没,被习气污染了的时候,就不是"不习,无不利",于是就不再"直"。要是人能在饱历忧患、历经是非后,还能保有原来的"直",那么在面临困境的时候,就是一条出路。困卦五爻君位,便是靠着"直"来渡过难关的。

困卦九五:劓刖。困于赤绂。乃徐有说。利用祭祀。
《小象传》:劓刖,志未得也。乃徐有说,以中直也。利用祭祀,受福也。

虽然爻辞中没有"直",但《小象传》指出要慢慢脱困,得靠"中直"。当你处在被人指着鼻子骂、成为罪人的时候,由于职位、责任的关系,不能推卸责任。这时候想要脱困,得诚意正心,回到问题的本质上来讨论,即"劓刖。困于赤绂。乃徐有说",得"利用祭祀"。"说"同"脱","祭祀"就是天机,回归天机。因为走到五爻,已经饱经沧桑,嗜欲已深,天机渐浅,所以就"不直"。现在要靠着"祭祀"的诚意正心,再打通天人关。人世遭"困",得重新接受天启,发挥天赋中的"直",就有可能脱离困境。不过,"利用祭祀",寻找心中的"直",就能重新得到福报,即"受福"。所谓"自天佑之,吉无不利",当困卦五爻爻变为解卦,就能脱困。在卦象上用"亢旱之局"的缺水情况,立即下一场解卦的倾盆大雨,就能"赦过宥罪"。困卦的《大象传》说"致命遂志","命"是天命,天命中有"直"。"遂志",人生有很多志向,有的是天命注定的志向，有的是欲望所牵引的方向，真要在人世间"遂天命的志向"，必须保留其中的"直"，才能做得到。一旦领导人脱离困境，困卦中其他大大小小的问题，也通通迎刃而解。所以"致命遂志"，能不能成就志向，就看你能不能"直"，"直"才能纾困。

《易经》中还有一个"以中直"的人生关口，就是同人卦中五爻"同人先号咷而后笑"的自救之法。同人卦的意象是指在人生中到处交朋友，人脉很广，无论哪里都有认识的人，即"同人于野"。只是交朋友会遭遇很多挑战，像有人想占便宜，有人想两面讨好，有人面从心违，这都是朋友中不同的类型。作为同人卦中的主导者，面临这么多的状况，又该怎么解决呢？

同人卦九五：同人先号咷而后笑。大师克相遇。
《小象传》：同人之先，以中直也。大师相遇，言相克也。

人若是具有实力，就不必动怒，也不用计较，要做的只是保持"让他们不敢妄动"的实力，谁妄动就得挨棒子，即"大师克相遇"。人有这样的实力，事业才能持续光明。同人卦五爻爻变为离卦，因为人际关系鲜亮、坚实、柔韧，所以才能"继明照四方"。不过，"先号咷而后笑"，累积实力的过程很辛苦，是什么力量让人坚持下来的呢？"以中直也。"

《易经》三百八十四爻中，就两个爻叫"以中直"，都是提醒九五中正的领导人的。从坤卦第二爻之后，就暗喻"直"的不再，要能持续发展到未济，同人卦与离卦这两个关键口的"直"，一个能让你摆平各方势力，在同人里重建领导的威信，解决内部问题，另一个是在人生困顿到极点时，重新开天门，接上与生俱来的"直"。

我们把这一段所讨论的"直"与《论语》《孟子》中所谈的"直"做比较，可以看懂"直"的更深一层的意义。"直"，绝不是心直口快，而是一种天性的发挥。《论语·子路》中有个故事是这样的：

叶公语孔子曰:"吾党有直躬者,其父攘羊,而子证之。"

孔子曰:"吾党之直者异于是:父为子隐,子为父隐,直在其中矣。"

叶公对孔子说:"我们的乡里中有一个正直的人,连父亲偷羊他都可以挺身而出,出面检举。"孔子却说,在他的乡里中却不是如此,"父为子隐,子为父隐",其中的苦衷是人不能磨灭的天性。"大义灭亲"多半有后天的道德束缚,而"父为子隐,子为父隐"可能才是合乎天性的"直"。《论语》中用这样鲜活的例子让人反思。与"直"相反的字叫"枉",意思是弯曲、不直的。《论语·颜渊》中用"直"与"枉"来比喻社会中两种不同类型的人,"直"要怎么和"枉"相处呢?所谓"举直错诸枉,能使枉者直"。这不是宣传感化教育,而是"有孚于小人"的意思,也就是用政治的力量树立合宜的规范。社会的安定不是建立在"直"与"枉"的对立上,而是要通过适度的引导和规范等手段,才能达到最终的目的。刘劭在《人物志》中的诸多提示,其实都是"四书"里的基本观念。只是"四书"上讲的是结论,我们要明白它是怎么被推论出来的,它的完整体系在哪里,才能真正读懂。

另外,原文提到"讦施",意思是看似好像给予好处,其实是带有不直的念头,另有目的,自然不要接受这种"施"。还有一种"施",虽然不算"讦施",但由于态度轻慢,胸有傲骨的人不愿意接受,称之为"嗟来之食"的"施",故事出自《礼记·檀弓下》:

齐大饥,黔敖为食于路,以待饿者而食之。

有饿者蒙袂辑屦,贸贸然而来,黔敖左奉食,右执饮曰:"嗟!来食!"扬其目而视之,曰:"予唯不食嗟来之食,以至于斯也。"从而谢焉。终不食而死。

曾子闻之曰:"微与!其嗟也可去,其谢也可食。"

宁可饿死，也不吃人家用轻蔑态度给予的食物。曾子对此叹息，人家若不就自己轻慢的态度道歉，你不吃走人倒没关系。但人家道歉了，你可以大方地接受，若不接受道歉，直到饿死也不吃，就太过了。

人的一生中一定接受过别人的帮助，很少有人是"直施"、不求报答的，多半是有附带条件、对价关系的，或是期待未来能有所回报，特别是父母对子女将来有所报答的期待，这算不算"讦施"呢？这就要回到《易经》强调的"孚"和"育"上，是不求回报的。父母养育子女，若是一定要求回报，那不是痴，就是傻了，"儿孙自有儿孙福"，父母不可能牵着子女的手走一辈子，也不用刻意期待他们的回报。父母在子女成年前，尽自己的本分，子女成年后，最好是不要成为彼此的负担。父母痴心妄想以求回报，说明基本心态有偏差，只要把照顾抚养当作本分，尽完本分就放手让子女独立，才是"直"的表现。前面提到《论语》中"直父攘羊"的例子，儿子检举父亲偷羊，那父亲有没有检举儿子曾经的不对之处呢？这就是天下的父母心。亲子关系本来就不是对等的，只有中国文化中有"孝"的观念，"孝"不是完全自然的天性，自然的天性中只有上一代对下一代的付出。把问题想通了就好，"直施"即可，顺着自己的心意去做，不必有太多期待，抱着对价关系的付出是"讦施"，到头来万一得不到回报，不得伤心欲绝？

《人物志》里面到处是亮点，可以根据人生经验深入地钻研，因为每一亮点都是闪闪发光的人生哲理。中国经典的道理是立体的，是能够彼此相互贯通、相互印证的。

夫察似明非，御情之反，有似理讼，其实难别也。非天下之至精，其孰能得其实？故听言信貌，或失其真；诡情御反，或失其贤；贤否之察，实在所依。是故观其所依，而似类之质可知也。

【译文】

要仔细观察、辨明依似与是非，必须要研究掌握事件的多个方面，反复揣摩,好像审理案件一样,其实是很难辨别的。如果不花大力气和很多工夫去了解,又有谁能够掌握实情呢?所以听信别人的话,相信诚恳的外表,其实并不一定能探究他心里真实的想法。任何事都是过犹不及,太容易相信人或不轻易相信人,都可能会失去贤能的人。要判断贤能与否,就要靠实际的证据。所以,要凭借实情去考虑,判断到底是真人才,还是假人才?这样就可以知道了。

【现代解读】

"夫察似明非,御情之反,有似理讼,其实难别也。"要辨明"依、似",看穿假象,绝不简单。我们没有孔子那样"片言可以折狱"的观察力,没有办法仅靠片面之词掌握全貌,必须要各方面调查,才能把事情搞清楚,像"理讼"一样不简单,所以刘劭说"其实难别"。

该怎么看人?"御情之反","反"就是反复推敲,来来回回地调研才能够搞清楚是真是假。特别是驾驭人情,更需要从多方面考察,这样才能够管理好人、事和是非。所以,最好有一段观察的时间,不要自以为高明能够一眼看透,太快下结论,往往不是冤枉人,就是轻信于人。殊不知,人情是变化无常的,或许当下表现的性情是真挚的,但难保后面不会受到别人的影响,产生其他想法或存心。历史上见风使舵、两头押宝的人不在少数,所以面对人情怎么敢掉以轻心呢?"御",有切实掌握的意思。反过来说,在某一个时间点上,看似是在批评你,你就把他推得远远的了,恐怕也会错失人才。虽然我们没有办法对身边每一个人都这么费尽心思,但是千万要小心生命中重要的人,比如终身伴侣。

刘昞的注针对"御情之反"写的是"欲察似类,审则是非,御取人情,反复明之",其中"类"是"方以类聚,物以群分"的概念。人生有很多事物,包括人情的反应,都可以依其形态分成很多类别,同人卦中叫"类族辨物",把"类"用作动词,看你有没有这个功夫。"类推",基于既有的事类,对于看不到的部分,还是可以归类的。因为可以"推",所以叫"推理",但是得有一个"类",才能面对各种形态的事物时,从中抓到要点。至于"类"里面还有一种"似是而非"的"似类",属于归类错误、鱼目混珠。所以,刘昞在注解时说"御察似类",把四类"似非而是",或六类"似是而非",都叫作"似类",别归错类了。"审则是非",得依"则"来辨别是非。"御取人情",通过"御"的有效领导来管理,要"取人情",就从《易经》中"远取诸物,近取诸身"的原则入手。"反复明之",《易经》复卦讲"反复其道",得来来回回折腾几次才能搞清楚事情的真相,通过"剥极而复",通通扒掉表面的假象,看到其核心的真相。乾卦讲天道,第三爻人位,"人行天道"也叫"反复道也"(乾卦《小象传》)。孔子发挥:"朝闻道,夕死可矣!"(《论语·里仁》)早上犯的错,晚上就能改正,或是早上没搞清楚的事,到了晚上搞清楚,晚上犯了新的错,到次日早上改正,这叫"反复道也"。

"非天下之至精,其孰能得其实?"这句话的语法,可以说是脱胎于《周易·系辞传》:

是以君子将有为也,将有行也,问焉而以言,其受命也如向,无有远近幽深,遂知来物。非天下之至精,其孰能与于此。

参伍以变,错综其数,通其变,遂成天下之文。极其数,遂定天下之象。非天下之至变,其孰能与于此。

易无思也,无为也,寂然不动,感而遂通天下之故。非天下之至神,其孰能与于此。

这些都不是空话,功夫到了就是这样,用不着占卦,这叫"至精"。"其孰能得其实",要真正了解事情的真相,要了解值得花工夫去了解的人,得下"至精"的功夫,才能"得其实"。所以,真正要了解一个人,真的不容易。

刘昞注解《人物志》,不是从训诂入手,而是发挥其中的道理。"若其实可得,何忧乎驩兜?何迁乎有苗?是以昧旦晨兴,扬明侧陋,语之三槐,询之九棘",这段注解出自《尚书》的典故。《尚书》是中国最早的政治之书，讲的是怎么做圣君贤相，怎样"时乘六龙以御天"，像尧、舜那样了不起的英明领袖，在当时既有反对势力，也有识人未明的时候。换句话说，似是而非的事物很多，人很容易被蒙蔽。骧兜、有苗是当时的反对势力，尧、舜只能把他们逼守在一个地方，然后终日乾乾、昧旦晨兴地努力治理，"扬明侧陋"，还要从微贱之中识拔真正的人才。所以，刘昞的注解等于是做进一步的发挥，只是现代人对中国历史、经典不熟悉而已。

"故听言信貌，或失其实。"听信别人的话，相信诚恳的外表，恐怕不是"或失其真"，而是"必失其真"，不就是"厚貌深情"嘛！有的人越是肚子里面没有东西，外表上就越会演戏，古人说"色厉而内荏"，因为心里空虚，所以更要琢磨着怎么在气势上唬人。光是听一个人表面上讲的话、提的主张，或是附和的意见，并不一定能探究他心里真实的想法。刘昞注"言讷貌恶，仲尼失之子羽"，连孔子都会犯"以貌取人"的错误，更何况一般人呢？《庄子·德充符》中写的大都是缺胳膊或断腿的人，不过他们心性好，反而有些人貌比潘安，心眼儿却坏透了。

"诡情御反，或失其贤"，任何事都是过犹不及，太容易相信人或不轻易相信人都有毛病。"诡"，诡诈。如三番两次地征信，但就是不放心，永远怀疑别人是坏人。如果遇见了好人，也通过了你的征信、试用，最后看你仍然不放心，还是抱着怀疑的态度，多半人才就拂袖而去了。过度的猜忌是"诡情"，不是常情，即不能长久地信任人。所谓"疑人不用，用人不疑"，门槛要把守好，但进入门槛之后就是自己人了。《易经》中孚卦初爻说"虞吉。有它，不燕"，该做的征信做完后就可以往来"虞吉"，要是征信后还不能往来，恐怕生意就难谈成了。所以，刘劭提出这两个极端，"听言信貌""诡情御反"都会造成麻烦，不是"或失其真"，就是"或失其贤"。

该用什么方法避免用错人或识错人呢？一般是"如有所用，必有所试"，为什么企业通常会有三个月或更长的试用期？就是因为"不试"无法知道人才是否合适。英文有句俗语"The proof is in the pudding"，意思是布丁好不好吃，得吃了才知道，引申为"凡事只有自己亲身体验或尝试过后才能判断好或坏"，没吃过布丁，光在那儿看，没有用。

领导试用、观察，看看你到底能不能做实事，这是最踏实、可靠的方法。所以说，真正想用一个人，一定要多方面有意、无意地测试他，观察他的反应，这样必然会有所悟。测试不一定是笔试，也不一定是口试，要看他做事的时候自然流露的细节，那是很难掩藏的，甚至可以故意制造一些状况，看他的反应。

"贤否之察，实在所依。"到底是贤或不贤，是君子或小人，要凭实际的证据去判断，而不能凭感觉去"听言信貌"或"诡情御反"。从为什么这样做、这样讲，有什么根据，追本溯源，一个一个去体察，就是"实在所依"。若只靠着"自我感觉良好"，就太危险了。"是故观其所依，而似类之质可知也"，凭着"实在所依"的事实，来判断到底是真人才或假人才，到底属于哪一种类型，其本质究竟如何，便可以一目了然，即"似类之质可知也"。一千多年前，中国人就懂得用这种方式识人，受测试的人甚至不知道自己被测试。

爱戴与尊敬的差别

何谓观其爱敬，以知通塞？

盖人道之极，莫过爱敬。是故《孝经》以爱为至德，以敬为要道；《易》以感为德，以谦为道；《老子》以无为德，以虚为道；《礼》以敬为本；《乐》以爱为主。然则人情之质，有爱敬之诚，则与道德同体，动获人心，而道无不通也。然爱不可少于敬，少于敬，则廉节者归之，而众人不与。爱多于敬，则虽廉节者不悦，而爱接者死之。何则？敬之为道也，严而相离，其势难久；爱之为道也，情亲意厚，深而感物。是故观其爱敬之诚，而通塞之理可得而知也。

【译文】

什么叫"观其爱敬,以知通塞"?

为人最高尚的情操、最具正能量的表现,就是"爱"和"敬"。所以《孝经》认为最高的德行是爱,而敬是其表现的手段;《易经》以自然的人性人情为德,而谦是其表现的手段;《老子》以无为德,而虚是其表现的手段;《礼经》以恭敬为本;《乐经》以慈爱为主。由此可见,人情的最终本质,是诚爱与诚敬,这两种天性是相互交融、共鸣的。一举一动都能收获人心,得到很多人的支持。然而爱不可以少于敬,如果爱少于敬,只能吸引少数同样廉洁、有气节的人归附他,而一般人不会顺从他。如果爱多于敬,那么虽然廉洁、有气节的人不喜欢他,但不少爱他的人,都愿意跟他交往、为他卖命。为什么会这样呢?敬作为人际交流的方式,容易让人产生距离感,使人越来越难亲近,彼此的关系就越走越远了。爱作为人际交流的方式,彼此情亲意厚,因而能感动人心。所以,观察一个人的爱、敬是否有诚意,他在为人处世上是通达还是闭塞,也就可以了解这个人了。

【现代解读】

"观其爱敬,以知通塞","爱"与"敬"是两种情操,一种是喜欢、爱慕,另一种是尊敬,可以细分很多种。"通"与"塞"是反义。一般要看他"爱"与"敬"的对象是谁,是怎么处理的,就可以了解这个人的为人处世到底是畅通无阻,还是窒碍闭塞。《易经》中用同人卦来表示人际关系"同人于野",自然就善于交朋友,所以叫"通天下之志",范畴十分广。而有些人只能"同人于宗",结果路越走越窄。所以从"通"与"塞",就能看出一个人的格局,他的人际关系是仅限于小范围内,或是可以打通人际的藩篱。有"通天下之志"的人,是没有任何分别心的,因而能"成天下之务"。《易经》中节卦初爻谈"不出户庭,无咎",讲的是大门不出、二门不迈,谨言慎行,这是"塞"。孔子在《周易·系辞传》中说:

"不出户庭,无咎。"子曰:"乱之所生也,则言语以为阶。君不密,则失臣;臣不密,则失身;几事不密,则害成。是以君子慎密而不出也。"

《小象传》中解释"不出户庭,知通塞也",认为在初爻的时候一定要高度节制,正是潜龙之位,绝对要谨言慎行。因为还不是"通"的时候,所以必须要"塞"才能保身,妄动是不行的,一妄动就可能招致无限的风险。所以节卦初爻要是动了,就变为坎卦,泄漏后,水就流光了!可是到二爻的时候,就要由"塞"变"通",若是保守迟疑,就要失去时机了。二爻爻辞是"不出门庭,凶",可以放手干却不敢干,时机过了不会再有,所以《小象传》说"失时极也"。爻变为屯卦,告诉你要"动乎险中大亨贞",得出手才行。一爻之差,从潜龙到见龙,从"不出户庭"到该出门庭,这就是"塞"与"通"。

打个比方,什么场合、什么对象是你可以畅所欲言的,哪些时刻、对什么人要"含章、括囊",都得搞清楚。不然,不该听到的人都听到了,岂不是白忙活一场?这就叫"节"。《中庸》说:"喜怒哀乐之未发,谓之中;发而皆中节,谓之和。"要把情绪表现得恰到好处,是种极高难度的功夫。今天约了人讲要紧事,结果他带了一个不相干的人来,怎么办?那就只能谈些无关痛痒的话。这提醒我们,邀请谈话对象时,得看人识不识相,彼此有没有默契,是不是可以商量的人,同时自己不要犯这种毛病,人家没有邀请却"自来熟",都是不得体的表现。

"何谓观其爱敬,以知通塞"是一个纲目,接下来要展开解释:"盖人道之极,莫过爱敬。"为人最高尚的情操、最具正能量的表现,就是"爱"和"敬"。"是故,《孝经》以爱为至德,以敬为要道",《孝经》认为最高的德行是"爱",而"敬"是表现的手段。《孝经》的《开宗明义章》中有:

仲尼居,曾子侍。子曰:"先王有至德要道,以顺天下,民用和睦,上下无怨。汝知之乎?"

孔子说"孝"是表现"爱"的方式，不需要威逼就能让人自然而然地培养起来，因为父母爱护子女是天性，子女被感动，学习如何回报、敬爱长辈。用这种方式规范社会秩序，就能制止很多暴戾纷争之气。

从造字上来看，"孝"的下面有"子"，上面的是"老"的意思，贯通上一代到下一代的关系，我们说考妣的"考"，是"老"的意思。虽然说《孝经》有后人托伪之嫌，但里面还是有真东西的，只是移孝作忠，或者封建帝王刻意利用"孝"来鼓励愚忠、愚孝，仅对政权效忠，确实是有问题的部分，可以忽略不看。因为"孝"是响应天性中"爱"的行为，是用"敬"的方式来表达，所以刘劭说"至德""要道"，基本上是直接脱胎于《孝经》。汉朝时期特别推崇"孝"的思想，作为创作《人物志》的时代背景，自然承袭了这样的思想。刘昞就此发挥说："爱生于父子，敬立于君臣。""起父子之亲，故为至德。终君臣之义，故为道之要。"这就把君臣之义加进去了。

接下来谈到《易》以感为德，以谦为道"，这里提到谦卦的特殊性，可谓"天下第一卦"，不但圆善有终，而且卦爻全吉。至于"谦道"的表现方式，其根本在于"以感为德"。"感"是《易经》下经人间世的第一卦咸卦的本能反应，咸卦的《象传》说："观其所感，而天地万物之情可见矣！""感"把"心"拿掉，更纯粹无染，即"咸"，是"无心之感"的"直"，完全发挥天性，没有人为造作。《易经》从人情出发，正所谓"天地絪缊，万物化醇。男女构精，万物化生"，这是很自然的人性、人情，即"以感为德"，而行事上"以谦为道"，类似于"满招损，谦受益"的道理。一般称天道为"道"，人世为"德"，所以"以感为德"的咸卦是在下经最重要的位序上。这反映出"造端乎夫妇，及其至也，察乎天地"（《中庸》），以少男少女最真诚的恋爱为主，是天性的表现，而"以谦为道"的谦卦在上经中属天道部分，所以"谦，亨。君子有终"是自然规律，只是很难真正落实。

《老子》以无为德，以虚为道。"这是老子思想中的极致，像"天下万物生于有，有生于无""道常无为而无不为"等，"无"作为开放式命题，拥有无限可以讨论的方向。至于"至虚极，守静笃，万物并作，吾以观复"中谈到的"虚"，在《易经》咸卦的"君子以虚受人"、《庄子》的"虚室生白"中可不是一般意义上的"虚无"，而是有另一层哲学的含义，得花工夫来说明。不过，刘劭总括《老子》的思想，写作"以无为德，以虚为道"，基本上是受到肯定的。接下来刘劭提到《礼》和《乐》，其中《礼》以敬为本"，《礼记·曲礼》第一句是"毋不敬"，不能不抱持着恭敬谨慎的态度，所谓"敬慎不败"。至于"《乐》以爱为主"，刘劭点出《礼》《乐》两部经典分开了"敬"与"爱"两种情操，有不同的表现和制约。

《易经》中谈"礼"的部分不少，"礼"和"履"有关，是谈实践的，在态度上要含蓄收敛，在方向上要向内收摄，所以有"谦以制礼""履以行礼"和"克己复礼"等，这些都是以"敬"为根本前提的。比如，人在面对天地之心复的时候，想要发挥源源不断的生命创造力，必要对这样的能量有所谨慎，即"敬"。至于收敛内摄的反面，就是奔放热情，也就是谦卦与豫卦的对照，正可说是《礼》和《乐》的互补。"谦以制礼"提供了清明的理性规范，可人性不是只有这一面，还需要抒发很多的情感，所以《乐》表现在艺术上、音乐上，或是人情上，就是豫卦所谓"豫。先王以作乐崇德，殷荐之上帝，以配祖考"的意思。人在面对自然界的天、地、人、鬼、神时，除了"谦"的表现，还可以有"豫"的方式，既有敬谨慎重，也有热情洋溢，所以《礼》以敬为本，《乐》以爱为主"，一个标榜"敬"，另一个标榜"爱"，两者缺一不可。

"然则人情之质，有爱敬之诚，则与道德同体。"从本质上来看，母子相亲属于天性的表现，不论在社会上摸爬滚打多久，这种"诚爱、诚敬"的天性都不会改变，相互交融、有所共鸣，即"则与道德同体"。"动获人心，而道无不通也"，这样的人在社会上一定广受欢迎。豫卦第四爻就是受到大家欢迎："由豫，大有得。勿疑，朋盍簪。"走到哪里都可以聚众，而谦卦第三爻"劳谦君子，万民服也"，能赢得很多人的"敬"。这就是说"与道德同体"的人，自然能"动获人心"，得到很多人的支持，因为人心里都有共通性，所以"道无不通也"。

问题是长大成人后，"人情之直"已经不是"爱敬之诚"，掺杂了很多客套、虚伪，自己讲的话自己都不相信，也就"不与道德同体"，更不必奢望能够"动获人心"。如果想要随时随地能够打动人心，让人家追随，甚至生死相随，必定要有极大的感召力，这就得回到本质上的"诚爱、诚敬"，如此才能让人同心同德，便可以"道无不通"。

接着谈到的是"敬"与"爱"间分寸的拿捏，刘劭认为"爱少于敬"，虽然行事高洁，但不能温暖和感动人，只能吸引少数同类型的人。进一步来讲，要赢得人家的爱戴，得先爱人、先付出，正是"爱人者，人恒爱之；敬人者，人恒敬之"（《孟子·离娄下》）。别人对你的表现表示肯定、尊敬，但你不够温暖、开放，就让人没办法亲近，甚至没办法创造让人家爱你的感觉，也就因此没有太多朋友。人必要先懂得爱，才能创造爱的感觉，把"同人于门""同人于宗"扩大到"同人于野"，才能建立起人脉。真正能够汇聚群众的力量，绝对与"爱、情"有关，这就是兑卦中的"忘劳忘死""顺天应人"，人愿意为自己的所爱牺牲、付出。另外，萃卦中谈"观其所聚，而天地万物之情可见矣"，全卦六爻都在谈人情、爱恨悲欢，感性压倒了一切，完全不谈"敬"的理性。所以，要"通天下之志"，得先放下自己标榜的狷介，要不然就成了"白马翰如"，人家不会和你打交道，也就做不了太多事。用自己的标准去要求其他人，肯定会事与愿违，反而成了"苦节贞凶，其道穷也"。

"爱多于敬，则虽廉节者不悦，而爱接者死之。"虽然看起来没那么理性，没那么守规矩，但就是有人愿意为之牺牲，因为他够义气、够感性，所以能让人感受到温暖、感受到诚意。这种心情，廉节者大多不能理解。虽然他的行事不能让人"敬"，但能让不少人爱他，愿意跟他交往、为他卖命，就是"忘劳忘死"。

刘昞在注解这一句时提道："廉人寡，常人众；众人乐爱，致其死则事成业济。是故，爱之为道不可少矣。"是说廉节的人不多，天底下大多数人是平常人，不能要求太高。"众人乐爱，至其死则事成业济"，大家喜欢的人、事或目标，有时候可以为此牺牲、奋斗，而事业的成功与否，就看你能不能点燃群众心头的熊熊大火。正所谓"众人拾柴火焰高"，火要烧得旺，要群策群力、众志成城，所以坤卦让我们要包容一切众生，能"厚德载物"。"众擎易举，独力难成"，如果能激发众人的爱悦之情，就能有"爱接者死之"的前仆后继，事情怎么会搞不定？"是故，爱之为道不可少矣"，刘昞在这里说，不要只顾"敬"，还要考虑"爱"，因为"爱"才是多数人愿意接受、奉献的一种方式。大多数人可以为爱而死，要为敬而死比较不容易，因为始终有距离。

"何则？敬之为道也，严而相离，其势难久；爱之为道也，情亲意厚，深而感物。"为什么会这样呢？"敬"作为人际交流的方式，容易让人产生距离感，使人越来越难亲近，彼此的关系就越来越远了，这就是"严而相离，其势难久"，虽然备受敬重，但是始终没有办法拉近距离，甚至还会惧怕你。有些人就算交往再久，都还是很难突破心防、开诚布公，关系自然不可能长久。所以，在豫卦的欢乐后，会吸引众人追随，故豫卦接着就是随卦，能够吸引群众来找乐子。"爱之为道也"，就截然不同，是"情亲意厚，深而感物"，都快要让人掉眼泪了。"是故观其爱敬之诚，而通塞之理可得而知也"，有些事，"敬"是行不通的、是塞住的，得靠"爱"来打通关节。

这也是在教学上要"深入浅出"的原因，因为要"通众"，才能"信及豚鱼"，否则就塞住了，寸步难行。注意，这不是要你降低标准，是"通俗"而不"媚俗"，所谓"省方、观民、设教"，总是谈些高高在上的理论，就只是少数人的自我感觉良好，对社会没有一点影响力。佛教中有禅宗的顿悟法门，也有循序渐进的修行法门，只要有心就没有定法。

如果能得到民众的"敬"，还能够得到民众的"爱"，就是高明的领导。如果做不到那么高明，至少能站在群众的立场上，使"爱不可少于敬"，就能真正移风化俗、风行草偃。"通、塞"的主旨至此昭然若揭。还要注意的是，即便有爱，在能动众之后，也不代表你和群众能结合成一个团队，还要维持"敬"的约束，得有家法、家规。家人卦初爻"闲有家，悔亡"，"闲"是设门槛、筛选机制，到第三爻是执行家法，在团队中不能不守规矩。常言道："慈悲生祸害，方便出下流。"正是亲昵生狎侮的缘故，虽然"爱"是团队的黏着剂，但还需要有"敬"的约束力。随卦的外卦是"兑"，代表随和、随缘，内卦是"震"，指有主见、有领导力，从亲和力到约束力，是让团队向同一个目标前进的动力。

通达人情不易

何谓观其情机，以辨恕惑？

夫人之情有六机：杼其所欲则喜，不杼其所能则怨，以自伐历之则恶，以谦损下之则悦，犯其所乏则婟，以恶犯婟则妒。此人性之六机也。

【译文】

什么叫"观其情机，以辨恕惑"？

人的性情有六种主要表现：抒发了想要表达的能力或长处就感到欣喜，没有发挥他的能力和特长就感到怨恨。爱说自己的长处，不给人家一点发表的机会就会招人厌恶。态度谦虚，让出空间给别人发挥就会讨人喜欢。冒犯了他人的短处就会被人记恨。在夸耀自己的同时，还来拿人家的短处做比较，就会受到妒忌。这就是人的性情的六种主要表现。

【现代解读】

"何谓观其情机，以辨恕惑"，从情感的动机来观察人心。"恕"是推己及人，"惑"是迷惑。要想看透人情变化之机，就得将心比心。"惑"的人大多是因为没有"恕"的功夫，这是需要修炼的。

"夫人之情有六机。"刘劭在《人物志》中，常用抽丝剥茧的方式，先分大类，再细分别类。像是八观、七缪，其中谈到的人情之机有六种，第一种是"杼其所欲则喜",一个人绝对有想要的东西,或者想表现的长处,一般是指争强好胜的心态,如果憋在心里就不舒服。除非有特殊因素或是时机的选择,否则人大都想要将其抒发出来,包括名、利,或是众人的肯定、心仪对象的青睐等。第二种是"杼其所欲",人不用憋,不会"密云不雨",可以"既雨既处",自然是高兴的。反过来说,"不杼其所欲则怨",有才能却受打压,没有发挥的机会,当然就有"怨"。这就被塞住、被扼杀了,心情怎会好呢?

第三种是"以自伐历之则恶",想更进一步地表现却不能发挥,还被人压制,眼睁睁地看着别人在他面前夸耀,怎能不招人讨厌、嫌恶呢?这就是谦德能行遍天下的根本原因,正所谓"人道恶盈而好谦"。他不能有所表现已经够闹心的了,结果还眼看着你夸耀、吹牛,就算没有真正做对不起他的事,也足够让他恨透了你。这是在提醒我们,要想避免被别人厌恶,自己得注意谨言,要是一天到晚就爱说自己的长处,不给人家一点发表意见的机会,最后的反作用力很大,我们戏称为"厌功",即让人讨厌的功力。

"历"是跨越、超越,等同于我的光芒盖过他,惹人反感。《孟子·离娄下》中有"不历位而相与言,不逾阶而相揖",把"历"解作跨越、超越。人不可以"自历",要有第四种"以谦损下之则悦"的功夫,反而能"谦受益",不至于因为"自伐历之"而"满招损"。这个功夫在道家中被称为"为学日益,为道日损",在《易经》中是"惩忿窒欲",就是收敛锋芒、不求表现,目的是让点空间给人家发挥。既然得"损",就得不断下功夫,到"损之又损,以至于无为"的地步,能甘居人下,抱着游戏的心态,看云起云落。"以谦损下之则悦",把"谦"当作一种应对的手段,能让人志得意满。

第五种是"犯其所乏则媚","媚"读音同"护",有怜惜、忌恨的意思,简单来说就是"护短"般维护、爱惜,也因此会对冒犯者有所忌恨。好比说,自己有短处、弱点,自然不希望人家知道,却有个不识相的朋友拼命戳你的痛处,或许当时表面上不好说什么,但恨得牙根痒痒,要是进一步，自然就会反驳、对抗。"犯其所乏"，冒犯到别人不想提的短处，对方会不自觉地维护，到后来双方变得意气用事，结下了梁子，这就是"姻"。"姻"是一种非常强烈的负面情绪，近乎愤恨、痛恨，刘昞在注解这句话时说："人皆悦己所长，恶己所短。故称其所短，则姻戾恣肆。"一旦生起暴戾之气，就算暂时不怎么样，将来在某个时间点，这种情绪便会爆发。所以，千万不能做"犯其所乏"的事情，就算是无话不谈的好朋友，最好点到为止，不然很难说不会"姻戾恣肆"。

第六种是"以恶犯姻则妒"，即再发展下去就是嫉妒的"妒"，这往往会招致强烈的反击。要是在态度上有挑衅的味道，恶意地揭对方的疮疤、罩门，就不只是嘴上说说而已，而是嫉妒对方。刘昞注解："自伐其能，人所恶也。称人之短，人所姻也。今伐其所能，犯人所姻，则妒害生也。"在夸耀自己的同时，还拿人家的短处与自己做比较，这就是错上加错。

以上六种就是"人情六机"，接下来开始谈由"机"所引发的"情"。人情六机，从"喜、怨"出发，到"恶、悦、姻、妒"，发展出极端的负面情绪，以致使用残忍的手段。古代后宫中的斗争，多半是因为"妒"而做出非常可怕的事情。所以，"人情之机"可以说是"成败之机"，能够在与人打交道时，察觉到这种隐微的变化，避免犯下大错，不正是明哲保身的方法吗？

夫人情莫不欲遂其志，故烈士乐奋力之功，善士乐督政之训，能士乐治乱之事，术士乐计策之谋，辩士乐陵讯之辞，贪者乐货财之积，幸者乐权势之尤。

【译文】

每个人心中都有想实现愿望的期待，所以积极奋发的人希望能建功立业，品德高尚的人希望能督导管理，能力高超的人希望能整治混乱的事情，足智多谋的人希望能多谋划计策，能言善辩的人希望能有各种大展口才的机会，贪婪好财的人希望能多累积资财，对权力感兴趣的人希望能有权有势。

【现代解读】

"夫人情莫不欲遂其志"，每个人心中都有想实现愿望的期待，不管是行道的志气，还是无穷的欲望，没有人不希望"心想事成"。"遂"，就是实现愿望。《易经》中大壮卦的上爻"羝羊触藩，不能退，不能遂"，就是没能达到目的，被卡住而动弹不得。家人卦的第二爻"无攸遂，在中馈"，为了持家而放弃追求自己的理想。这是过去对女主人、贤内助的期待，要她们为家庭牺牲，必须放弃自己想完成的事业或追求。

汉字中的"遂"和"逐"只差了两点，但人为什么要"逐"呢？就是希望"遂"。刘昞注解说："志之所欲，逐欲已成。"这种"遂其所欲"是追求愿望的动力，是我们都得承认的人性。接下来，刘劭就列举了形形色色的人，来谈每个人的"所欲""所志"。"故烈士乐奋力之功"，"烈士"指喜欢任事、积极奋发的人，因为他希望能建功立业，所以越困难的挑战，他觉得越过瘾。这里是说烈士奋勇争先，乐在其中。

"善士乐督政之训"，"督政"指的是督导管理的工作，符合善士能协调沟通、推动运营的性格。"能士乐治乱之事"，"治乱"就是指"干蛊"的改革纠正，这可要有大本领，像商鞅就是一位能士，能治乱强国。"术士"不是指江湖术士，而是指"德、法、术"的"有术之士"，像前面提到的范蠡、陈平等，就喜欢动脑筋想奇计妙策来解围脱困，所以叫"术士乐计策之谋"。术士在谋策规划的过程中，乐在其中，特别是当计策成功时，就更有成就感。"辨士乐陵讯之辞"，咄咄逼人的态度叫"陵"，和"凌"同义，指的是像大山一样压在人家头上，让别人感觉受到了欺凌。他们常常用言语去质疑、逼迫能说善道、辩才无碍的人，他们觉得过瘾得不得了，多么希望有这种大展口才的机会啊！

"贪者乐货财之积"，一般人想要多累积资财，哪怕看着也觉得开心。这种性格与前面提到的具有专业长项的烈士、善士、能士、术士、辨士不同，是一种普遍性，谁都可能在个性上有"贫乏恐惧症"，非揣怀里兜着不可。《易经》大畜卦中要人"大畜"的是"多识于前言往行，以畜其德"，得在精神层面上不断地积累，才是真正的富有。最后是"幸者乐权势之尤"，"幸者"有幸运、运气的味道，通常得要时机正确和身段柔软，另外，"幸"有侥幸的意思。总之，对权力有兴趣的人，自然会逢迎、钻营，能把握住向上攀附的机会。"尤"有拔尖的意思，不过带有"怨尤"的隐患，因为越冲在前面，就越容易让人家讨厌，所以成为众矢之的。可是，人往往努力向上，就是要求拔尖，想得到"权势之尤"，就算爬到顶，还是有所顾虑，就开始想要求长生不死，向天再借五百年。

苟赞其志，则莫不欣然，是所谓杼其所欲则喜也。若不杼其所能，则不获其志，不获其志则戚。是故功力不建则烈士奋，德行不训则正人哀哀，政乱不治则能者叹叹，敌能未弭则术人思思，货财不积则贪者忧忧，权势不尤则幸者悲，是所谓不杼其能则怨也。

【译文】
如果我们了解并且认同他们的志向，那么没有人不打心眼里欢喜，这就是所谓的"杼其所欲则喜也"。有想法却不能得到抒发的机会，人生目标不能得偿夙愿，心情自然就失落、闷闷不乐。所以，在没有建功立业之前，积极奋发的人会更加奋发不已，但如果没有成果，就会愤愤不平。德行教化不能得以实施，那么品德高尚的人就会感到悲哀。政局沉疴混乱而难以治理，能力高超的人就会感到愤慨。敌人太强大，计谋未能生效，足智多谋的人就会感到忧虑。钱财没有积累起来，贪婪好财的人就会感到担忧。权势不能显赫起来，对权力感兴趣的人就会感到悲哀，这就是所谓的"不杼其能则怨也"。

【现代解读】
对于性格上的偏好，有的人爱权，有的人爱钱，如果我们了解并且表示认同，即"苟赞其志"，自然会让对方开心，让他们觉得找到了知己，正是"杼其所欲则喜也"，又何必要惹人嫌，去吐槽别人的想法呢？所以，碰到什么样性格的人，就谈什么样的话题，彼此开心就好。

反过来说，"若不杼其所能，则不获其志，不获其志则戚"。人若是怀才不遇，或是有想法却得不到抒发的机会，不能得偿人生夙愿，自然闷闷不乐，即"不获其志则戚"。如果人总处在哀戚的情绪里，不就太苦了吗？负面情绪是具有高度杀伤力的。《论语·述而》中说："君子坦荡荡，小人长戚戚。"人活着应该怎么样呢？既要保持正向的态度，不带有负面情绪，也不用去在乎生命中不可避免的挫折或无法把控的事情，没有过不去的坎儿。人为什么会"戚"？刘劭说，"不杼其所能""不获其志"，每天愁眉深锁，总觉得怀才不遇，满腹牢骚倒不如奋力拼一把。所以，"功力不建则烈士奋"，在没有建功立业之前，烈士更要奋发努力，为了达到目的就要拼命地再加把劲。不过，建功立业不是单靠"奋"就能够成功的，还要有其他因素的配合。如果一直不成功，恐怕就是"愤"了，这是上天对我的安排，虽然他竭尽全力，但是没有"杼能遂志"，所以愤愤不已。

"德行不训则正人哀哀"，虽然善士希望社会变好、政治清明，百业都能步入常轨，但努力到最后，陋习积弊还是一成不变，他觉得无能为力，没有办法改造、教化社会，于是心怀哀伤。"政乱不治则能者叹叹"，政局已乱，要采取必要手段进行改革，结果撼动不了旧疾沉疴，所以"能者叹叹"，传达出负面情绪。"敌能未弭则术人思思"，乐计策而知谋的术人，思绪多端、计策百出，却未能解决问题，一来是对手强大，没有办法弭平祸端；二来是术人本身能力有限，虽没有好的策略，但还要继续想，不愿意认输。"货财不积则贪者忧忧"，挣的钱不够多，永远没有安全感，总是忧心忡忡。"权势不尤则幸者悲"，想要出类拔萃，永远希望有无限的光明前景，机会却总是被人抢走，就算过去很幸运地得到了目前的地位，总觉得还可以更上一层楼，想拥有更大的权力。权力会催化人不断地沉沦，刘劭当时看清了这个事实，"权势不尤则幸者悲"，真是把众生相一一点破。"是所谓不杼其能则怨也",因为觉得长才没能完全发挥,创造最大的价值,所以就有埋怨,说到底就是"不遂其志"的后遗症。

人人争强好胜

人情莫不欲处前,故恶人之自伐。自伐,皆欲胜之类也。是故自伐其善则莫不恶也,是所谓自伐历之则恶也。

【译文】

每个人都想排在别人前面,所以都很讨厌有人在自己面前夸耀功绩。自我夸耀功绩,都是好胜心、争强心在作祟。所以,抬高自己的身价,又贬抑别人的能力或表现,肯定招人厌恶,这就是所说的"自伐历之则恶也"。

【现代解读】

"人情莫不欲处前,故恶人之自伐。"因为人都想排在别人前面,"宁为鸡首,不为牛后",所以大家都讨厌有人在自己面前夸耀功绩,担心把自己比下去。"自伐"就是自我夸耀。为什么人爱吹嘘自己的功绩呢?因为"自伐,皆欲胜之类",人出于好胜心,无论是真的表现超前,还是单纯的自我感觉良好,都不想矮人一截。所以,颜回才把"愿无伐善,无施劳"当作自我修行的标准。"愿",就是不一定能做到,"无伐善,无施劳",指的是不夸耀、不张扬自己良好的行为和表现。

刘劭归纳说:"是故自伐其善则莫不恶也,是所谓自伐历之则恶也。"抬高自己的身价,贬抑别人的能力或表现,这是让所有人都讨厌的行为。

人情皆欲求胜,故悦人之谦;谦所以下之,下有推与之意。是故人无贤愚，接之以谦，则无不色怿。是所谓以谦下之则悦也。人情皆欲掩其所短，见其所长。是故人驳其所短，似若物冒之。是所谓驳其所乏则妽也。

【译文】

每个人都想自己能有所表现，所以喜欢别人示弱或是谦虚。谦逊所持的态度就是甘居人下、屈居下风，是一种让位放手、推崇肯定别人的手段。所以，人无论是贤良还是愚钝，只要用谦逊的态度和他打交道，没有不欢迎、不接受的。这就是所说的"以谦下之则悦也"。每个人都想把短处掩盖起来，把自己的长处表现出来。所以，如果有人专门揭你的短处，和你唱反调，就好像有个东西压在头上，让人不舒服。这就是所说的"驳其所乏则妽也"。

【现代解读】

"人情皆欲求胜，故悦人之谦。"别人若是示弱或是退让了，能够让自己有所表现、占上风，当然是志得意满、春风得意。"谦所以下之，下有推与之意"，甘居人下、屈居下风，其实是一种让位放手、推崇别人的手段，让人感觉到你没有杀伤力，彼此不容易产生对立、敌意。"是故，人无贤愚，接之以谦，则无不色怿。是所谓以谦下之则悦也。"因此，不管是真正有才干的人，还是能力有限的人，"接之以谦"，肯定皆大欢喜。"则无不色怿"，指的是连眼睛都笑开了，"怿"就是高兴、开心。这也是人情的悲哀，人为什么需要他人的肯定？刘昞在注解这句话时就说："不问能否，皆欲胜人。"不管自己是能或是不能，心里都希望自己比别人强、比别人好。谦卦初爻说："谦谦君子，用涉大川。"把"用谦"作为手段，可以克服人生一切险难，谦卦初爻爻变是地火明夷，提醒"君子以莅众，用晦而明"，要知道与人互动的方法。

"人情皆欲掩其所短，见其所长。"这句话说明了"皆欲胜人"的心态，人都想藏拙，希望掩盖自己的短处，就算只有一点长处，也想

八观第九 | 325

要尽量表现出来，呈现出自己最好的一面。"是故人驳其所短，似若物冒之。是所谓驳其所伐则姻也"，"驳"指反驳、辩驳。若有人故意揭你的短处，和你唱反调，就好像有个东西压在头上。"冒"有冒犯的意思。"是所谓驳其所乏则姻也"，这就是有时候人与人之间会搞到要拼命的程度，好像有深仇大恨一样。注意，前文中是"犯其所乏则姻"，这里写的是"驳其所乏则姻也"，在用字上有不同，可能是流传的版本不一的缘故。

人情陵上者也，陵犯其所恶，虽见憎，未害也。若以长驳短，是所谓以恶犯姻，则妒恶生矣。

【译文】

每个人都不想被人骑在头上，哪怕被冒犯的感觉让人憎恶，但不至于到视作生死大敌的地步。如果既凸显了自己的长处，还针对人家的短处批评冒犯，这就是所说的"以恶犯姻"，会不小心引来杀身之祸。

【现代解读】

不想被人家骑在头上是人之常情，即"人情陵上者也"，虽不至于争强好胜，但要诚心接受被人家超越，肯定也不容易。哪怕被冒犯的感觉让人憎恶，但不至于到视为生死大敌的地步，即"陵犯其所恶，虽见憎，未害也"。不过，要再进一步，"若以长驳短，是所谓以恶犯姻，则妒恶生矣"。如果凸显了自己的长处，还针对人家的短处来批评冒犯，那就得小心引来杀身之祸了。从"犯其所乏""驳其所乏"到"以恶犯"，错上加错，一是凸显自己的长才，二是你所凸显之处，正好是对方的短处，这是大忌，搞得对方不弄死你都觉得对不起自己，即"妒恶生矣"。

凡此六机，其归皆欲处上。是以君子接物，犯而不校，不校则无不敬下，所以避其害也。小人则不然，既不见机，而欲人之顺己。以佯爱敬为见异,以偶邀会为轻,苟犯其机,则深以为怨。是故观其情机,而贤鄙之志可得而知也。

【译文】

凡是以上六种表现,总结归纳出来,都是源于好胜心,想高人一等。所以君子为人处世,不因冒犯而锱铢必较。不计较,就能用包容的态度接纳、欣赏别人,自然可以避免因胜出而招致的祸患。小人不是这样的,不懂得察言观色,又不会欣赏、发觉人家的长处,反而总想表现自己,让别人赏识自己。把别人伪装的爱与敬当成是对自己的特殊礼遇,把别人偶然的一两次邀请看得很重,一旦没有被邀请就觉得是被轻视了。如果不小心触犯了他的要害,他们就会在心里产生深深的怨恨。所以,从这样的角度去理解,就可以知道观察的对象到底是贤良还是粗鄙了。

【现代解读】

"凡此六机,其归皆欲处上。"总结归纳出来,因为人都有好胜心、爱表现,所以处世之道的精髓在于要让出空间给别人发挥。"是以君子接物,犯而不校",为人处世,不因冒犯而锱铢必较。别人想要表现,有什么关系呢?有了这样的理解,就不会计较,能用包容的态度接纳、欣赏别人的表现,即"不校则无不敬下,所以避其害也"。就算对待能力、才干不如你的人,都用谦以敬,自然可以避免因胜出而招致他人的嫉妒,以及可能引来的其他祸患,这就是《礼记·曲礼》首句讲的"毋不敬"的意思,面对上下、高低、贤愚,以"敬"相待肯定没错。"敬"不代表你是肯定的与认同的,只是"避其害也",而坤卦中"括囊""含章"的功夫,至少可以"括囊无咎,慎不害也",避其祸端,不惹麻烦。

对人以"敬",小则避害、立于不败,人生才能把精力放在追求的目标上,增加成功的概率。《易经》中需卦与讼卦相综一体,面对"胜人之心"的需求,该如何化解可能的冲突纷争,避免走入"师"的对战局面呢?需卦与讼卦的十二个爻中,有一个万灵丹,就是"敬"。需卦三爻的《小象传》说"自我致寇，敬慎不败也"，到了上爻的《小象传》又说"不速之客来，敬之，终吉。虽不当位，未大失也"。本来在第三爻被卡住了，意外遭受攻击，小心应对就不成问题，到了上爻，有不速之客来了，还是要客客气气地接待。由三爻到六爻都得靠"敬"，能把三爻中的"寇"变成六爻的"客"，化解敌对的关系，以友好的态度相待。所以说，"敬"可以化敌为友，把"寇"变成"宾"，不管你心里是怎么想的，也不管对方是不是"不速之客"，表面上的礼貌都不能少。所谓"少一个敌人，多一个朋友"，一来一去就少了两份阻力。反而是讼卦上爻大位无望，又被褫夺公权终生，"或锡之鞶带，终朝三褫之"，《小象传》说："以讼受服，亦不足敬也。"就是因为"敬"不足，所以下场才会这么惨。不是没做到，而是没做足，就算暂时领先，最后还是一败涂地。《荀子·议兵》中提到"五无圹"，分别是："敬谋无圹，敬事无圹，敬吏无圹，敬众无圹，敬敌无圹：夫是之谓五无圹。"（按："圹"同"旷"，指懈怠。）要在战争中取胜，千万不能轻敌，对敌人要有"敬"，要有准备，组织、谋略时都要心存"敬"。所以刘劭说："不校则无不敬下。"不计较身份地位、能力才干、名声风采等外在的评论，至少能保平安。连不如自己的人都能"敬"，更何况是对同侪、长辈呢？

"小人则不然，既不见机，而欲人之顺己。以佯爱敬为见异，以偶邀会为轻，苟犯其机，则深以为怨。"负面的教材则是"小人"的做法，这里的"小人"就是不懂得察言观色，不会欣赏、发掘人家的长处，总是想炫耀自己的长处，让人家赏识自己。这种人完全不顾人家的反应，一意孤行。因此，刘劭提醒人千万不能这样，即"既不见机"，只看见自己的需要，却完全不顾人家的反应。"以佯爱敬为见异，以偶邀会为轻（己）"，在"轻"字后面应该有个"己"字，与前面"顺己"相对应。"佯"是假装，别人看到这种（小）人在讲自己的长处，就敷衍一下，假装对他崇拜。"为见异"，他以为人家发现了他异于常人的表现，还沾沾自喜，其实人家只是敷衍而已。至于"偶邀会"，偶尔有一两次被邀请去参加聚会，后来没有被邀请的时候，就会觉得被人家轻视、忽略了。换句话说，他没有自信或自我肯定的能力，完全由外在的褒贬毁誉来决定自己的喜怒悲欢。因为人家没有邀请他，所以得罪了他，结下了深仇大恨，必要报复而后快的，"苟犯其机，则深以为怨"。

在《论语·子路》中，孔子曾说过：

> 子曰："君子易事而难说也，说之不以道，不说也，及其使人也，器之。小人难事而易说也，说之虽不以道，说也，及其使人也，求备焉。"

这句话讲的是，与君子容易共事，却不容易取悦、讨好他，因为不用正当的手段，君子是不会欣赏、欢喜的，所以君子役使人时会适才量性。小人却容易被讨好，就算手段不正当，只要合乎他的心意，怎样都开心，至于役使人时，他就会处处挑剔苛责。这就是君子和小人的差异，君子看重的是实际作为，可是小人看重的是好言佞行、投所其好，容易取悦但很难共事。"是故观其情机，而贤鄙之志可得而知也。"因此，从这样的角度去理解，就可以知道观察的对象是贤良或粗鄙，是个什么角色，心里想的是什么。"鄙"有鄙陋、鄙夫之义。我们通过了解"情机变化"，可以掂量出来人的个性甚至志向，以及器量和潜力。

《论语·阳货》中，孔子谈到"鄙夫"的性格，正好与此段的"小人"做一比较：

> 子曰："鄙夫可与事君也与哉？其未得之也，患得之；既得之，患失之。苟患失之，无所不至矣！"

刘劭以实际的观察，配合经典的教训，提醒我们为人处世时，偶一不慎就可能得罪不少人，甚至连什么时候结的怨都搞不清楚。小到活动聚会邀他或不邀他参加，都会出问题。不请他不行，邀请他参加之后没有再邀他，那更不行。怎么办呢？小人就爱计较这些表面文章，真伤脑筋。

另外，刘劭用"君子接物，犯而不校，不校则无不敬下，所以避其害也"来形容君子的风范，可与《中庸》提到的"南方之强"相呼应："宽柔以教，不报无道。"就算人家用不合理的方式对待，君子也不会放在心上，更别说报复了，这就叫"南方之强"。原句是：

子路问"强"。子曰："南方之强与？北方之强与？抑或强与？宽柔以教，不报无道，南方之强也，君子居之。衽金革，死而不厌，北方之强也；而强者居之。故君子和而不流，强哉矫！中立而不倚，强哉矫！国有道，不变塞焉，强哉矫！国无道，至死不变，强哉矫！"

一天到晚与人家起冲突，那叫"北方之强"。"南方之强"是柔韧刚毅、宽柔温厚，但是真正的强者是《老子》所谓的"国之利器，不可以示人"，必要能"和而不流、中立不倚"，具有"立不易方"的态度和勇气来对抗强大的压力。

刘劭的观点是佐证"谦"能走遍天下的道理，否则一个人就算很有才干，若是心高气傲，也成不了大事。孔子说："如有周公之才之美，使骄且吝，其余不足观也已。"（《论语·泰伯》）试想几个人能有周公的才干、美行？即便如此，如果犯了"骄且吝"的毛病，就算不上大人物。这个道理大家貌似都懂，可惜几乎做不到。细想想，谁不是想尽办法，用各种形式凸显自己的强、胜和优秀呢？甚至还有间接贬抑别人的行为。社会上有不少人虽有真才实学，但是说话处事很猖狂，这是很可惜的。自己的表现和成绩，得要让人家来讲，或是留待后人评说，要是自己去宣扬，自然成众矢之的。

由人短处知其长处

何谓观其所短，以知所长？

夫偏材之人，皆有所短。故直之失也，讦。刚之失也，厉。和之失也，懦。介之失也，拘。

夫直者不讦，无以成其直，既悦其直，不可非其讦，讦也者，直之征也。

刚者不厉，无以济其刚，既悦其刚，不可非其厉，厉也者，刚之征也。

和者不懦，无以保其和，既悦其和，不可非其懦，懦也者，和之征也。

介者不拘，无以守其介，既悦其介，不可非其拘，拘也者，介之征也。

然有短者，未必能长也，有长者必以短为征。是故观其征之所短，而其材之所长可知也。

【译文】

什么叫"观其所短，以知所长"？

偏才在性格、才干上都有所偏失。所以，正直的人的缺点是过分严厉、苛刻。刚强的人的缺点是太过威猛、严厉。温和的人的缺点是过分懦弱。耿介的人的缺点是太过拘谨，不知变通。

如果正直的人不能直言不讳，就不能够成就正直的名声，既然喜欢他的正直，就不能责难他的直言不讳，直言不讳是正直的表现。

如果刚强的人不能行事威猛、严厉，就不能够成就刚强的名声。既然喜欢他的刚强，就不能否定他的威猛、严厉，威猛、严厉是刚强的表现。

如果温和的人不软弱，就不能维持他温和的状态，既然喜欢他的温和，就不能否定他的软弱，软弱是温和的表现。

如果耿介的人不太过拘束，就不能维持他的节操，既然喜欢他的节操，就不能否定他的拘束，拘束是耿介的表现。

然而有短处的人未必有长处，但有长处的人，一定是以短处作为与其相对应的表现。所以观察一个人表现出来的短处，就能够知道他的长处了。

【现代解读】

　　这谈的是人的短处和长处的关系，短处和长处好比是连通管，我们看到一个人的短处，同时就要认清他的长处，既然要运用这个长处，自然就要能容忍其短处。所谓"金无足赤，人无完人"，没有人是完美的。正常的玉石因为有瑕疵，所以才被雕琢，人也是如此。刘劭用问题开头："何为观其所短，以知所长？"从人的短处，可以联想到他可能有的长处，先别嫌弃别人的缺点，多看看别人的优点，看人要看其光明面。若总是消极应世，那他眼中的社会一片黑暗，就会对人失望。

　　"夫偏材之人，皆有所短。"这里说的"偏材之人"已经算是人物了，比前面提过的"依似、无恒"好多了，只是性格、才干都有所偏失，既有所长，亦有所短。"故，直之失也，讦"，"讦"就是貌似"直"，但超出了合理的范围，比如前面举过"其父攘羊，而子证之"的例子。"刚之失也，厉"，"厉"就是威猛、严厉，因此会造成人际关系的不稳定，以及彼此情绪紧张。"和之失也，愞"，"愞"是软弱，人要是处处都想"以和为贵"，"和"到几乎没原则的地步，就会缺少道德的底线。"介之失也，拘"，"介"是耿介、义理分明。这样的人"一分是一分，一寸是一寸"，眼里揉不得一粒沙子，大原则上绝对不会扭曲，只不过有时候太拘泥，不懂得变通。《易经》《诗经》中有很多"介"，像"介石知机""介福有喜""介疾有喜"等，都有正面的意思，出现的卦象中也都与群众有关。只是要注意"介"的毛病在于"拘"，虽耿直却太拘泥、不开阔，自然限制了自己的发展，也就不容易打动群众，不讨人喜欢。

　　"夫直者不讦，无以成其直，既悦其直，不可非其讦，讦也者，直之征也。""直"的人在与群众互动的表现上，多多少少容易犯"讦"的毛病。既然如此，就不好去挑剔"讦"的过度、容易伤人的毛病，这是"直"的性格中常会有的副作用，人得宽恕、包容，不能太挑剔。如果"直"的人完全没有"讦"的不稳定表现，就很难被看到"直"的一面。"讦"是"直"的表征、征兆，换句话说，"讦"是短处，"直"是长处，有所长必有所短。要求人持"中道"太难，既"直"又"中"，就不是"偏材"

了。之前提到同人卦第五爻的"大师克相遇",困卦第五爻能够脱困,都靠着"以中直"的功夫,不只是"直",还要"中"的合乎"时中之道",这样的"直"才恰到好处。

聪明所能达到的最高境界

何谓观其聪明,以知所达?

夫仁者,德之基也;义者,德之节也;礼者,德之文也;信者,德之固也;智者,德之帅也。夫智出于明,明之于人,犹昼之待白日,夜之待烛火。其明益盛者,所见及远,及远之明难。是故守业勤学,未必及材。材艺精巧,未必及理。理义辨给,未必及智。智能经事,未必及道。道思玄远,然后乃周。是谓学不及材,材不及理,理不及智,智不及道。道也者,回覆变通。

【译文】

什么叫"观其聪明,以知所达"?

仁,是德的内在实践、发展的基础。义,是德的外在表现上的适宜,恰到好处。礼,是德行为上的约束和分寸。信,是德所持守和维护的东西。智,是德所发挥、统率的关键。智慧是从明白通达的心灵中产生的,明对人来说,就好像白天的太阳,黑夜的烛火。强盛的发光体,自然就照得远,能高瞻远瞩,但距离越远,光线就会越来越弱。所以,学习时用功又上进,未必能够成才。有特殊的才华、技艺,未必真正地完全了解其中隐含的哲理。将道理都能掌握明白,未必能达到智慧的境界。办事干脆利落、有条不紊,未必能体认到"道"的层面。能够体认自然规律、深邃幽远,具有无限的创思发想,才能在行事上权变无方、圆融无碍。所以说,勤学的不如拥有特殊技艺的,有特殊技艺的不如掌握事理的,掌握事理的不如办事无碍的,办事无碍的不如体悟自然规律的。体悟了自然规律，自然能够变化通达、周全贯通。

【现代解读】

"观其聪明"的"聪明"是指"耳聪目明"，此乃《人物志》开卷时所赞美、推崇的天赋，即"圣贤之所美，莫美乎聪明"。只是光有"聪明"还不够，必须要加上"平淡"，也就是天赋的条件和后天的修为都要达到一定的火候，达到"聪明平淡"的境界。光有"聪明"，容易锋芒外露，招人嫉妒，免不了被对手盯上，处处得小心提防。若是能配合上平淡低调、大智若愚，除少了些麻烦，最重要的是平淡之人不会被乱七八糟的欲望纠缠，或被欲望蒙蔽理智，做出离谱荒唐的事来。刘劭在这里又提出"聪明"，代表一个人具有独特的、精准的判断力。

"以知所达"，说的是通达明理。"达"指四通八达、通权达变，已臻至高明的境界。通达的人不会滞塞不通、画地为牢，既不会拘碍，也不会贪图虚名。那些对名望权势恋恋不舍的人，离"达"的境界还差得远。《出师表》中有："苟全性命于乱世，不求闻达于诸侯。"诸葛亮以此自陈心境。"闻"有名望、声誉的意思，"闻"者，虽具有名声，但不一定是"达"者。《论语·颜渊》中孔子对"达"和"闻"做了说明：

子张问："士何如斯可谓之达矣？"子曰："何哉，尔所谓达者？"

子张对曰："在邦必闻，在家必闻。"

子曰："是闻也，非达也。夫达也者，质直而好义，察言而观色，虑以下人。在邦必达，在家必达。夫闻也者，色取仁而行违，居之不疑。在邦必闻，在家必闻。"

刘劭接着就"观其聪明，以知所达"展开论述："夫仁者，德之基也；义者，德之节也；礼者，德之文也；信者，德之固也；智者，德之帅也。"这段话不难理解。《周易·系辞传》中谈到"忧患九卦"时说：

是故，履，德之基也；谦，德之柄也；复，德之本也；恒，德之固也；损，德之修也；益，德之裕也；困，德之辨也；井，德之地也；巽，德之制也。

"履，德之基也"，指德是脚踏实地地实践，得按照复卦的创造力原理来落实。既然刘劭认为"仁者，德之基"与履卦相同，履卦又与复卦有关，等于复卦和"仁"有关，因为复卦中所指的"天地之心"就是"仁"。复卦二爻的《小象传》中有"休复之吉，以下仁也"，指的就是"仁"的发挥。因为复卦接续剥卦"硕果不食"中的种子，作为复卦初爻生命力的来源，而二爻进一步提供核心种子发芽生长的条件。《论语·里仁》中有："里仁为美，择不处仁，焉得知？"其中的"仁"代表核心的原创力，用植物的独特性质来表示，"德之基"就是创造力的源头。这呼应了乾卦《文言传》中"君子体仁，足以长人"，用以解释"元亨利贞"的"元"，又有"元者，善之长"，可以归结出"元者，德之基"，是义理间的相互贯穿。

"义者，德之节也"，"义"就是把事情做得恰到好处。如果人的内在具有"仁"，外在表现出来的种种行为、动作和社会互动，自然都能恰到好处。"节"，有节制、合宜的意思，怎么样都能抓到最恰当的分寸。"仁"与"义"，即仁内而义外，孟子说："居仁由义，大人之事备矣。"

"礼者，德之文也"，刘劭在此运用五常的说法，依"仁、义、礼、智、信"分别说明。"文"是文饰、包装。社会上人际交往刚柔并济，因此互动起来要有一定的规范，这就是"礼"。"礼"和"履"有关，指行为上的规范和分寸，履、复、谦三卦都和"礼"有关，"礼"表现在外是所谓的"文质彬彬，然后君子"。但"文"若是过分形式化，就成了繁文缛节，会形成流弊。人类文明的进化就是"文"的象征，虽不能过于繁复，但是完全没有也不行。

"信者，德之固也"，"信"有"人言为信"的意思，自然是要坚守诚信，作为"德之固"的基础。《易经》中谈诚信的两个卦，一个是"风泽中孚",另一个是"天雷无妄"。中孚卦的内容是讲上一代对下一代的亲子之情,那是与生俱来的情感,是不学而能的,所以《象传》中有"信及豚鱼"的说法。无妄卦第四爻的《小象传》称"可贞,无咎。固有之也",指的是第三爻"无妄之灾"发生之后的调整,该守的要守住,要加强内稽、内控,所以叫"固有之也",也是"德之固"的发挥。"德之固"在《周易·系辞传》中与恒卦有关,称为"恒,德之固也",意思是说我们希望能够固守天性中已有的良善德行,永恒不变地保持与维护,这与"信者,德之固也"在整体上是连通的。

"智者,德之帅也",智慧、聪明的境界是《人物志》中特别标榜的,灵活聪明、心思开化,就能将德行发挥出来,所以称为"德之帅也"。刘劭前面提到的"仁、义、礼、信"所发挥的四德,好像全部都要用"智"来统率收敛。只仁不智,可能会变成一个老好人,但在乱世中好人并不能发挥太大的作用。上文讲到中孚卦的亲子之情是固有的,连禽兽都会照顾下一代,就更不用讲人了,但是身处乱世,有的人可能连亲子之情都顾不上了,更不用说遵守"礼""信"这些规范了。

"夫智出于明,明之于人,犹昼之待白日,夜之待烛火。"智慧从哪儿来?从"明"中来的。"明"呼应离卦的境界,指的是明白通达的心灵,在造字上从"日、月"并行,就成"明",而"日、月"上下摆放就是《易经》的"易"字。白天太阳给予光明,夜晚日落,就以月亮作为发光体,让人间早晚都有明,以此作为光明的极致。"智出于明"是说无论顺境、逆境,都有无穷的智慧去应对,我们常说的"明智"就是这个意思。"其明益盛者,所见及远,及远之明难",这里以实际现象来引申,越强、越盛的发光体,自然就能照得远、能高瞻远瞩,但越远的范围,相对来说光线就会越弱。所以,刘劭接着发挥说:"是故守业勤学,未必及材。材艺精巧,未必及理。理义辨给,未必及智。智能经事,未必及道。道思玄远,然后乃周。"意指人生的修炼是循序渐进的,下的功夫越深,火候越旺,位阶自然就越高,越能够具有看透世情之"明"。"守业勤学",既用功又上进,可以说是"终日乾乾",但未必能够成材,即"未必及材"。

一来可能没有遇到明师，二来自身不一定具备那样的才智，只是一味苦干用功，成就也就一般。

"材艺精巧"，即有特殊的才华、技艺，到达"材"的等级，但"未必及理"，正所谓"知其然，不知其所以然"。纵然是道理都能明白，即"理义辨给"，也不容易达到智慧的境界，因为智慧必有创发的动力，而不只是明白道理而已，所以还要能因地制宜地提出创见，衍生发扬。"给"是充足，能自给自足，完全可以了解事物背后的道理，但还未达到智慧的境界。"智"是很高的程度，"智能经事"指的是有智慧的人，处理世俗事务时很能干，办事妥当，使命必达。虽能够"经事"，但还需要体认到"道"的层面，否则即"未必及道"。"道"是极致的真理，包含了形而上的精神境界以及形而下的种种表现。所谓"人法地，地法天，天法道，道法自然"，可以说是体认真理、周遍万物。

"道思玄远，然后乃周"，"周"是周遍普及，代表行事思虑圆融无碍、面面俱到。这句话的意思是能够体认自然规律、深邃幽远，具有无限的创新思维，自然在行事上能权变无方、圆融无碍。有些人只能经世致用，把身边的事务处理得妥善，但缺乏"道思玄远"的哲学思辨能力，这其中涉及很多形而上的思考，正所谓"玄之又玄，众妙之门"。这就说明，人才处于不同层次和境界，很多人会做事，具有才干又有耐心，但是未必能够做领导人。一般领导人是掌握大方向的，要关注组织的发展、变化的趋势，要将关键问题抓得准、看得远，才能带领组织发展。过去分"官"和"吏"，具有才干、很会办事是对"吏"的要求，至于当"官"的人则不同，要能思考政策方向，具有思辨力。《周易·系辞传》第四章中有"知周乎万物而道济天下"，如果具有周遍的研究万事万物的智慧，就不能只体认道理，而是要落实来济助天下。

怎样才能得"道"？刘劭接着讲："是谓学不及材，材不及理，理不及智，智不及道。道也者，回覆变通。"从第一阶段的"学"开始，列了五个位阶，分别是"学、材、理、智、道"。刘劭推崇"道"，在他的心目中"道也者，回覆变通"，既能够周全贯通，又能够变化通达，近乎《易经》中"变易、不易、简易"的无所不适、无所不遍，不是空谈阔论，而是一种"道不可须臾离也，可离非道也"的亲切实际。

是故别而论之，各自独行，则仁为胜；合而俱用，则明为将。故以明将仁，则无不怀；以明将义，则无不胜；以明将理，则无不通。然则，苟无聪明，无以能遂。故好声而实不克则恢，好辩而理不至则烦，好法而思不深则刻，好术而计不足则伪。是故钧材而好学，明者为师；比力而争，智者为雄；等德而齐，达者称圣。圣之为称，明智之极名也。是以观其聪明，而所达之材可知也。

【译文】
所以我们将它们分开来谈，让他们单独运行的话，那么仁是最重要的。把它们合在一起研究，明就会起到引导的作用了。所以用明来统率仁，才能把它发扬光大；用明来统率义，做人处事就能恰到好处；用明来统率理，做事就会无所不通达。这样说来，如果没有聪明，其他德行就不能发挥，奋斗目标也不能够达成。所以美好的名声没有实力和真本事来支撑，就会虚浮空洞、华而不实；能言善辩但没有探索到真道理，就会显得烦琐，被人所轻视；喜欢拿法律来压人，但是思虑不深刻的话，就会变得刻薄、严酷；喜欢谋略、权术的人，要是计谋不够完善，就容易被人家认为是弄虚作假。所以才智差不多的人，也都勤奋用功，但能够率先到达明的境界，就胜人一筹；双方实力差不多，能用"智"的权衡，就可以创造优势、领袖群伦；德行、品格都差不多，能够通达事理、随顺因缘，在行事上就受人推崇。圣人的称呼，是对极端明智的人而言的。所以观察一个人聪明的程度，就可以预知他未来的发展高度了。

【现代解读】
"是故别而论之，各自独行，则仁为胜"，刘劭将其分开来谈，首先以"仁"为主题，毕竟这是人的创意源头，所谓"仁者，德之基也"，也是前述"仁、义、礼、智、信"的五常之首，十分殊胜。"合而俱用，则明为将"，和智慧有关的"明"，正是"智出于明"，"智者，德之帅也"，呼应上一段的意思。这里从"发想"到"运用"的层面，代表"明"作为指引，用来统合"仁、义、礼、信"才能适得其用。没有"明"的智慧，所有德行的表现都将失色，可能被欺瞒，可能被利用。《孙子兵法》中有："将有五危，必死可杀，必生可虏，忿速可侮，廉洁可辱，爱民可烦。"意思是作为将领有五种致命的弱点，往往你特别标榜的长项可能就是你的命门，若没有智慧，不懂得灵活变通，人家就利用你的致命之处来针对你。若是能做到"回覆变通"，没有弱点、没有罩门，变得很强大，所以刘劭称其"合而俱用，则明为将"。

接着刘劭举例分析："故以明将仁，则无不怀。"只有创意，没有策略，就好比生产商做出了新的创意产品，却开发不了市场。一个人若是没有"明"，很可能在授权的时候，就没有谈好条件，虽然很有创意，但很容易廉价地卖掉创意。所以，不仅要有"仁"的核心创意，还须用"明"来引导与协助，才能发扬光大，即"则无不怀"。"怀"就是能让人感受到你的贡献、付出，这需要智慧，只靠热情是不行的。现在很多生产商虽能做出好产品，但在经销商那儿被买断了，消费者只认识经销商，却不知道这个创意是来自你这个生产者。如果有智慧，掌握核心技术或创意，就具有卖方优势，保障生产商的权益，这是一种品牌实力，能营造和扩大品牌影响力。"以明将义，则无不胜；以明将理，则无不通"，指运用"明"的智慧，在社会上为人处世恰到好处，能够明晰事理，自然没有沟通障碍，正所谓"世事洞明皆学问，人情练达即文章"。

如果没有"明"的智慧会发生什么状况？"然则，苟无聪明，无以能遂"。除了不能发挥"仁、义、礼、信"等德行，不能达成奋斗目标，还有以下的副作用："故好声而实不克则恢，好辩而理不至则烦，好法而思不深则刻，好术而计不足则伪。""好声"是指好名声，这是人人都希望得到的，但没有实力、没有真本事，全靠吹牛来求名，名实之间差距太大，那就不是"实至名归"，而是"实不克"，时间一久是会被识破

八观第九 | 339

的。"恢"是指华而不实，虚浮空洞。"好辩而理不至则烦"，有些人喜欢辩论，以逞口舌之快。只是善辩若没有真道理，就会词穷，假如又不肯接受人家的意见，就不是想追求真理的明晰，只想在言辞上占个上风而已。这种爱辩又不深刻的人，自然不会让人有好印象。"好法而思不深则刻"，"刻"是刻薄，"好法"的人就是俗称的"法匠"，喜欢拿法律来压人，如果这种人思虑不深刻的话，就会变得刻薄、严酷。所有法律都蕴含很多深邃的哲理，有所谓的"法哲学"。西方的柏拉图著有《法义》一书，主旨是要立法的"义"。若是只专注于法律的形式，却不钻研法律背后的哲学意义，人就会变得刻薄寡恩。"好术而计不足则伪"，就是指喜欢谋略、权术的"法术之士"，要是脑筋不够好，就容易被人家认为是弄虚作假。真正权术高明的人，是不会让人家知道他在用术，若是两下就被人家看破，那真的是白忙一场。我最近在读一本书，叫《像间谍一样思考》，作者曾在美国情报局做过秘密工作，退休之后又返回商界。她发现很多特务在工作中所学的东西在企业中也都相当实用，比如在商业竞争中，对手会旁敲侧击地打探一些消息，她因为经过训练，自然就能察觉，可以避免泄露情报。有间谍，就有反间。当遇到别人试探你时，得有"防人之心"，要能在人家用这一套对付你的时候看透他的目的。"好术而计不足则伪"，就是从正反两方面来提醒。

"是故钧材而好学，明者为师；比力而争，智者为雄；等德而齐，达者称圣。圣之为称，明智之极名也。""钧"是势均力敌、不相上下的意思。才智差不多的人，大都勤奋用功，但能够率先到达"明"的境界，自然就胜人一筹。这种人有自己的创见，可以建立独立的思想体系，为人开示。"比力而争，智者为雄"，当双方实力差不多，能用"智"来权衡，就可以创造优势、领袖群伦。"等德而齐，达者称圣"，德行、品格都差不多，虽不分轩轾，但能够通达事理、随顺因缘，就不只在德行上，更在行事上受人推崇。即便是同门、同窗，起步也差不多，最后谁能为师、为雄、称圣，就在于有没有"透"，懂不懂"巧"和通不通"达"，在"最后一公里"处决定胜出与否。"圣之为称，明智之极名也"，"圣"（聖）

有"耳"代表聆听，可以说是最高的境界，即"极名"。"是以，观其聪明，而所达之材可知也"，要观察一个人，从他的聪明程度就可以预知他未来的发展高度。

"四书"中同样有谈到不同的修学程度，《论语·为政》中孔子自述："吾十有五而志于学，三十而立，四十而不惑，五十而知天命，六十而耳顺，七十而从心所欲不逾矩。""吾十有五而志于学"是一种境界，到"三十而立""四十而不惑""五十而知天命""六十而耳顺"以及"七十而从心所欲不逾矩"，每一个阶段都比上一阶段更高明深刻。"七十而从心所欲不逾矩"，不就是刘劭所谓的"道也者，回覆变通"吗？意思是说，怎么做都对。另外，还有"可以共学，未可与适道；可与适道，未可以立；可与立，未可与权"（《论语·子罕》），也代表了孔子的智慧在不同层次上的深入。

以上是"八观"的初步介绍，但类似这样的分类，自秦汉到清朝，一直有人在使用，像《周书·官人解》有"六征"。《六韬·文韬·六守》中，指出选拔人才的六个标准，而《六韬·龙韬·选将》有用"八征"考察人才。《吕氏春秋》中有"八观、六验"的说法。《晏子春秋》中也有观人法。唐朝的魏徵将《吕氏春秋》中的"八观"简化为"六观"，至于清朝林则徐有识人"五观"。无论如何，都没能超越刘劭的立论，《人物志》不但自成体系，而且先定义出观念、名词和分类的标准，前后呼应、完备深入，因此《人物志》后来被翻译成英文传到西方社会。

接下来的《七缪第十》可以视为《八观第九》的续篇，刘劭继续就人情、人性的弱点来分析。刘劭把我们通常在观察人时看走眼的一些错误归为七类，以此提醒我们不要重蹈这七种覆辙，避免付出惨重的代价。所以，《七缪第十》也是《人物志》中重要的篇章之一。

七缪第十

七缪：一曰察誉有偏颇之缪，二曰接物有爱恶之惑，三曰度心有大小之误，四曰品质有早晚之疑，五曰变类有同体之嫌，六曰论材有申压之诡，七曰观奇有二尤之失。

夫采访之要，不在多少。然征质不明者，信耳而不敢信目。故人以为是，则心随而明之。人以为非，则意转而化之。虽无所嫌，意若不疑。且人察物，亦自有误，爱憎兼之，其情万原。不畅其本，胡可必信。是故知人者，以目正耳；不知人者，以耳败目。故州闾之士，皆誉皆毁，未可为正也；交游之人，誉不三周，未必信是也。夫实厚之士，交游之间，必每所在肩称；上等援之，下等推之，苟不能周，必有咎毁。故偏上失下，则其终有毁；偏下失上，则其进不杰。故诚能三周，则为国所利，此正直之交也。故皆合而是，亦有违比；皆合而非，或在其中。若有奇异之材，则非众所见。而耳所听采，以多为信，是缪于察誉者也。

夫爱善疾恶，人情所常。苟不明质，或疏善善非。何以论之？夫善非者，虽非犹有所是，以其所是，顺己所长，则不自觉情通意亲，忽忘其恶。善人虽善，犹有所乏。以其所乏，不明己长。以其所长，轻己所短，则不自知志乖气违，忽忘其善。是惑于爱恶者也。

夫精欲深微，质欲懿重，志欲弘大，心欲嗛小。精微所以入神妙也，懿重所以崇德宇也，志大所以戡物任也，心小所以慎咎悔也。故《诗》咏文王，"小心翼翼""不大声以色"，小心也；"王赫斯怒""以对于天下"，志大也。由此论之，心小志大者，圣贤之伦也；心大志大者，豪杰之隽也；

心大志小者，傲荡之类也；心小志小者，拘懦之人也。众人之察，或陋其心小，或壮其志大，是误于小大者也。

夫人材不同，成有早晚。有早智速成者，有晚智而晚成者，有少无智而终无所成者，有少有令材遂为隽器者。四者之理，不可不察。夫幼智之人，材智精达；然其在童髦，皆有端绪。故文本辞繁，辩始给口，仁出慈恤，施发过与，慎生畏惧，廉起不取。早智者浅惠而见速，晚成者奇识而舒迟，终暗者并困于不足，遂务者周达而有余。而众人之察，不虑其变，是疑于早晚者也。

夫人情莫不趣名利，避损害。名利之路，在于是得；损害之源，在于非失。故人无贤愚，皆欲使是得在己。能明己是，莫过同体。是以偏材之人，交游进趋之类，皆亲爱同体而誉之，憎恶对反而毁之，序异杂而不尚也。推而论之，无他故焉。夫誉同体，毁对反，所以证彼非而著己是也。至于异杂之人，于彼无益，于己无害，则序而不尚。是故同体之人，常患于过誉，及其名敌，则鲜能相下。是故直者性奋，好人行直于人，而不能受人之讦；尽者情露，好人行尽于人，而不能纳人之径；务名者乐人之进趋过人，而不能出陵己之后。是故性同而材倾，则相援而相赖也；性同而势均，则相竞而相害也。此又同体之变也。故或助直而毁直，或与明而毁明。而众人之察，不辨其律理，是嫌于体同也。

夫人所处异势，势有申压。富贵遂达，势之申也；贫贱穷匮，势之压也。

上材之人，能行人所不能行，是故达有劳谦之称，穷有著明之节。中材之人，则随世损益，是故藉富贵则货财充于内，施惠周于外。见赡者求可称而誉之，见援者阐小美而大之，虽无异材，犹行成而名立。处贫贱则欲施而无财，欲援而无势，亲戚不能恤，朋友不见济，分义不复立，恩爱浸以离，怨望者并至，归罪者日多。虽无罪尤，犹无故而废也。故世有侈俭，名由进退。天下皆富，则清贫者虽苦，必无委顿之忧，且有辞施之高，以获荣名之利；皆贫，则求假无所告，而有穷乏之患，且生鄙吝之讼。是故钧材而进，有与之者，则体益而茂遂；私理卑抑，有累之者，则微降而稍退。而众人之观，不理其本，各指其所在，是疑于申压者也。

夫清雅之美，著乎形质，察之寡失；失缪之由，恒在二尤。二尤之生，与物异列。故尤妙之人，含精于内，外无饰姿；尤虚之人，硕言瑰姿，内实乖反。而人之求奇，不可以精微测其玄机，明异希。或以貌少为不足，或以瑰姿为巨伟，或以直露为虚华，或以巧饰为真实。是以早拔多误，不如顺次。夫顺次，常度也。苟不察其实，亦焉往而不失。故遗贤而贤有济，则恨在不早拔；拔奇而奇有败，则患在不素别；任意而独缪，则悔在不广问；广问而误己，则怨己不自信。是以骥子发足，众士乃误；韩信立功，淮阴乃震。夫岂恶奇而好疑哉？乃尤物不世见，而奇逸美异也。是以张良体弱而精强，为众智之隽也；荆叔色平而神勇，为众勇之杰也。然则，隽杰者，众人之尤也；圣人者，众尤之尤也。其尤弥出者，其道弥远。故一国之隽，于州为辈，未得为第也；一州之第，于天下为椳；天下之椳，世有忧劣。是故众人之所贵，各贵其出己之尤，而不贵尤之所尤。是故众人之明，能知辈士之数，而不能知第目之度；辈士之明，能知第目之度，不能识出尤之良也；出尤之人，能知圣人之教，不能究之入室之奥也。由是论之，人物之理妙，不可得而穷已。

看人常犯的七种错误

七缪：一曰察誉有偏颇之缪，二曰接物有爱恶之惑，三曰度心有大小之误，四曰品质有早晚之疑，五曰变类有同体之嫌，六曰论材有申压之诡，七曰观奇有二尤之失。

【译文】

观察人时经常犯的七种错误：一是考察人的名声要注意有没有名实不一的问题，二是待人接物时要注意人情上好恶的迷惑，三是衡量才志时要注意大小区别的失误，四是人的功成名就会因早智与晚成的区别而导致疑惑，五是辨别人才时要了解同类人才间攻讦的疑惑，六是评论人才时要看清楚人才提拔与打压后的原因，七是观察、辨别非常之人即尤妙与尤虚两种人才时容易产生失误。

【现代解读】

《七缪第十》谈的是观察人时经常犯的七种错误。"一曰察誉有偏颇之缪"，"誉"就是名声。大家都说一个人好，他就一定是好的吗？说不定是因为奉承客套，也说不定是人云亦云。所以有"誉"仍要"察"，看有没有名实不一的问题。就好比前文提到"闻者"未必是"达者"，所以说要看看有没有偏颇与过誉。有时候我赞美你，你也美言我两句，只是彼此感觉良好，以互相抬高，这就是"偏颇"。"二曰接物有爱恶之惑"，待人接物上总有人情好恶，因为人情主观因素颇多，所以评论标准绝对不公正。所谓"爱之欲其生，恶之欲其死"，人都有护短妒长的毛病，其他人明明是大才，可就是不愿意承认，而对于喜爱的对象，就算只会个小把戏，也要吹捧上天。观察者自己要调整好心态，不要受爱恶驱使。

"三曰度心有小大之误"，世上有大格局的人，也有小家子气的人，可偏偏有时会误把才高志大当作量小狭隘，反而将一塌糊涂的人误以为很了不起。"度心"很难，器量小的人就算想伪装，也大不起来。"四曰品质有早晚之疑"，有人年少有成，有人大器晚成，这与人的境况、际遇有关。有的人遇到贵人提拔、赏识，自然成名得早，但后来越混越糟的人不在少数；有的人是刚开始谁也不知道，到了晚年才出人头地。因此，我们不能用"成名早晚"作为识人的硬性标准，这样会有盲点。就像姜子牙建功立业的时候已经七老八十了。他年轻时时运不济，一直没混出名堂，甚至有时候还得受夫人的气呢！而甘罗在十一二岁的年纪就受封为上卿，地位等同丞相，后来却不知所终。注《易经》的天才王弼，二十四岁就离世了。所以，"品质有早晚之疑"就是在提醒成名早晚与品质成就无关。

"五曰变类有同体之嫌","同体"这个词在《接识第七》中提过,"能识同体之善,而或失异量之美",指的是同一卦的人彼此气味相投。"异体"指正好相反,双方怎么看都不顺眼、不对盘。一般而言,人都是"同体相亲",欣赏、赞美同类型的人,因为这样能相应抬高自己的身价。反之,对于"异体变类",即对不同类型的人就容易排斥、批评。这里说"变类有同体之嫌",指的是"对同一类型的人也会批评",为什么呢?原来同类型的人之所以彼此称赞,是因为双方在实力方面上有明显的差距,强者不怕弱者会超越,尚未形成威胁,自然是怎么赞扬都可以。可是,当双方实力相当、势均力敌时,就会有"文人相轻"的毛病,产生嫉妒、比较的心态,这时候彼此就会挑毛病、说坏话。因此,当我们听到一个人批评别人时,要看批评者的心态以及与被批评者间有没有竞争关系。好比乾卦中讲到二爻"见龙在田"与五爻"飞龙在天"相应,关系好得不得了,但四爻"或跃在渊",就有伴君如伴虎的戒慎恐惧。因为四爻与五爻的实力相近,四爻很有可能取代五爻,自然就会挑毛病、找缺点,所以有"二多誉,四多惧",就是这个意思。由此可见,就算是"同体",不要认为永远都能相处无间,当上位者罩得住时,自然能给点甜头、施些小惠,等到实力足以超越上位者、与其分庭抗礼时,那就得小心彼此会有利益冲突,可能会反目成仇。

"六曰论材有申压之诡",评论人才要尽可能地公正客观,只是人生际遇不同,有的人老是被压着出不了头,有的人少年就被提拔,得以施展才华。所以"申压之诡",要细究被谁打压、为什么被打压,是嫉妒,还是让人看不顺眼或与人结怨。才能得以施展的人,又是被谁提拔、为什么会被提拔,这些都要评估。所以,识人要看"申"与"压"的真正原因是什么,即"申压之诡"。

"七曰观奇有二尤之失","尤"是特殊,所谓"天生尤物",指的是与众不同的美丽。正因有别人不可及的特点,也就招来"怨尤",正所谓"不招人嫉是庸才"。"尤"必然是少数的、特殊的,其中分为两种,一种叫"尤妙",这种人是真高手,能够变化到一般人无法参透的地步。

这种人才得在局势发生巨大变化的时候显现，可以说是非常之人，没有办法用一般的标准来理解，得用特殊的眼光来看。像刘邦就是非常之人，他可以完全不顾亲情，却具有让人愿意为他赴死的人格魅力与英雄魄力；周文王也是非常之人，可以忍辱负重到"食子"，这些都是人中之尤。另一种叫"尤虚"，就是特别能伪装、作假，表面看起来很像高手，其实是草包。当"尤虚"的人粉墨登场时，可以骗到好多人，这种没有真才实学的人，特别会摆谱，让人误以为是大师，结果做出与实际完全悖反的事情。正因为"尤妙""尤虚"两个极端，一个是好到让人无法辨识，另一个是装得让人无法识破，所以常人才会误判，即"二尤之失"。换句话说，观察非常之人是无法用常规标准的，因为观察的是"奇"，《孙子兵法》中有"奇正相生"，所以在"正"的常规中跳出条框，自然不是一般人所能看出来的，否则怎会有效呢？得用特殊的眼光去看，这叫"观奇"。总之，特殊的大才非常人所能识，特别的伪才也不容易被辨别。以上就是刘劭把《七缪》的各个方面囊括说明，作为本篇的要旨。

不要轻信风评

夫采访之要，不在多少。然征质不明者，信耳而不敢信目。故人以为是，则心随而明之。人以为非，则意转而化之。虽无所嫌，意若不疑。且人察物，亦自有误，爱憎兼之，其情万原。不畅其本，胡可必信。是故知人者，以目正耳；不知人者，以耳败目。故州闾之士，皆誉皆毁，未可为正也；交游之人，誉不三周，未必信是也。

【译文】

搜求寻访人才的关键，不在于众人毁誉的多与少。然而不够了解人才的本质和内涵的人，会听信风评而不相信自己的亲眼所见。所以当大家觉得这个人好时，就觉得这个人好像不错，以为看清楚了；当大家觉得这个人不好时,就算原来认为是可用之材,也会转变看法。认为大家都这么讲,彼此间没有瓜葛,也就不怀疑了。况且人在观人察事的时候本来就容易犯错,对事情的好恶充满了主观的爱与憎,这种情感上的偏好或党同伐异,千头万绪、复杂交融而不可辨析。观察人时在根本上出现了问题,怎么能够深信不疑呢?所以,明白识人方法的人,能用他所看到的纠察所听到的谬误。不明白识人方法的人,完全听信传言,不懂得查证。所以,在一个地方生活的人,大家都异口同声地夸赞或毁谤,那结论未必是正确的;曾经交往过的人,如果不是上级、同事、下级都对他赞誉有加,也未必是真实的。

【现代解读】

刘劭从了解人的实际做法入手,首先得像记者一样去采访、探听。比如现代有的企业要选拔人才,会从各方面去打听,听听他原来的老板、同事的评价,了解他为什么离开先前的公司,以及他过去的求学经历、交往的对象等,甚至有些老板还特别偏好星座、性格、血型,或看一下面相,做一下心理测验,这些都是"采访"。

"夫采访之要,不在多少。"只是"采访"要有重点,找到关键信息即可,不需要像听八卦一样过于琐细。重点为何?刘劭说,第一是"察誉",听听外在的风评如何,会不会有"一面倒"的趋势。有时候大家都称赞有加,反而要小心,要进一步细究"为什么"。要是帮众推说帮主好,这恐怕多少有人情利害的考虑。所以,不能只在乎众人毁誉的多与少,而是要讲究人才的本质和评论者本身的立场,否则有可能是欺名盗世,也有可能是人云亦云。不过,"采访"的征信调查是必要动作。《易经》中孚卦的初爻爻辞为"虞吉。有它,不燕",第一个字就是"虞",意思是要做调查,绝对不能仓促判断,之后才能"吉"。

无论别人说什么,都只是提供参考,不能听到人家的话就全相信。因为在人前评论别人的人,心思不见得那么单纯,可能出于嫉妒,有的是感情用事,或是彼此有怨等。"采访"要有一套自己的标准和方法,既要有大众意见，也要有专家判断，甚至用人者也要考虑外在的风评和过去的表现。

所以，"一曰察誉有偏颇之缪"，刘劭用"采访"的征信来修正，只是征信"重质不重量"。至于"采访"有哪些要避开的陷阱，刘劭在这一段中继续发挥，所有信息都要查证其源头和散播的目的。"然征质不明者，信耳而不敢信目"，所谓"眼见为实"，对于这个人的传闻，是亲眼所见，还是道听途说；是说话人的亲身经历，还是间接听说的，这都影响评述的真实性。"征质"，目的是了解人才的本质、内涵，而外在的毁誉只是表象，要通过征信、考验，才能真正认识这个人。要是用人者的头脑不够清楚，只在乎外在的风评而不敢相信自己亲眼所见，就是"信耳而不敢信目"。在法庭上作证的证人，被称为"目击者"，讲究的是亲眼所见，对于传闻不予相信。因为人爱闲聊八卦，难保不会添油加醋，这种"出乎你口，进乎我耳"的不负责任的评论，多半是经不起考验的。

当舆论形成风向时，你是否有勇气面对真相而不从众，这就是考验有没有用人的智慧。"故人以为是，则心随而明之。人以为非，则意转而化之。虽无所嫌，意若不疑"，刘劭说，人往往不经查证就做判断，大家说这个人好，自己没有经过验证，就觉得这个人好像不错，没有自己的主见，即"心随而明之"。反过来，如果大家都说这个人不好，就算自己原来认为他是可用之材，也会改变自己的看法，即"则意转而化之"，认为他大概是不好的，不然怎么会有这么多人说他的坏话呢？没有征信判断能力，就会随波逐流，人云亦云，以为"人多的地方就安全"，这就是人情中的惰性和安全感。"虽无所嫌，意若不疑"，"嫌"是与人结怨，所以才会让人"嫌弃"。这句话承接前文的评论，大家评论的好或不好，都是不负责任的，彼此没有嫌怨、瓜葛。正因如此，才会让人产生"意若不疑"的印象，既然大家都这么讲，也就不用怀疑了。这就是"曾参杀人""三人成虎"的滚雪球效应，大家说什么，我就跟着讲什么。人世经历久了，对这种"被贴标签"的无可奈何真是感慨万千。

人很容易受别人的影响，特别是网络时代，有些网络上的言论根本没有经过充分查证就肆意散播。于是评论根本不认识、没有交集的对象，讲起来好像亲临现场一样，其实都是道听途说的。本来大家这样做可能还有些顾虑，后来大家都只求点击率，看谁最先说、比谁更敢说，于是你也就不怀疑了。"我们与恶的距离"其实不远，每个人说的每一句话都可能成为杀人利刃。若为了省事而不去查证，片面地从众、寻求安全感，虽然不会被质疑，但会因此失去自主性和判断力。在中国文化中，除了"人"，还讲究"天意"，会用到"卜筮"，以便能跳脱所有人的利益，让可能被操纵的事实客观地呈现出来，《尚书·洪范》中提道："汝则有大疑，谋及乃心，谋及卿士，谋及庶人，谋及卜筮。"有重大决策而犹豫不定时，最后采用公正客观的"天意"来检验"人意"的初心是否有问题。

"且人察物，亦自有误，爱憎兼之，其情万原。不畅其本，胡可必信。"人在观人察事的时候很容易犯错，对事情的好恶充满了主观的爱憎，这种情感上的偏好或党同伐异，千头万绪、错综复杂到难以辨析，甚至有时候连自己都不知道自己是什么样的人。人怎么能轻信或接受别人的观念呢？多数人觉得对就是对吗？人情爱憎，不见得需要具体的理由，有的人先天就是相生相克的，彼此就是气质不合的。所以，一见面就吵架，气场不合，这就叫"其情万原"，不小心处理是不行的。

正因为人情爱憎，所以不用太在乎他人的毁誉。"潜龙勿用"的人根本就不在乎这些，而面对变局能"独立不惧"的非常之人，自然也不会在乎这些。乾卦的《文言传》中，孔子说："龙德而隐者也，不易乎世，不成乎名，遁世无闷，不见是而无闷，乐则行之，忧则违之，确乎其不可拔，潜龙也。"不被人家肯定也不在乎，心里有自己对自己的公正评判，甚至不一定表现出来，这是"心远地自偏"的开阔，所以不会郁闷。这是真正有自信心的人，他人的诋毁与称誉，都是身外的一阵轻风。清代大臣曾国藩在文治、武功上都有一定的成就，读书人很少能有如此成绩，他是谤誉兼而随之，章太炎说过："曾国藩者，誉之则为圣相，毁之则为元凶。"可这又有什么关系？要是太在乎别人的说法，人生就没完没了，最后只落得平庸废材，让人不屑一顾。

有人称赞你，就一定有人骂你。孟子将"毁誉"说得很透："有不虞之誉，有求全之毁。"（《孟子·离娄上》）一种情况是，有时候人家的赞美，自己压根儿没想到，很可能只是不小心有了好的表现，大多时候是平凡普通，这就叫作"不虞之誉"。当然，既然是事实，就不用刻意推辞矫情。另一种情况是，遇到苛求挑剔的人，怎么做都会有错处。常言道："金无足赤，人无完人。"能做到七八成就不错了，如果只盯着一两成的不足，就是"求全之毁"。特别是遇到挑剔的人，自己身上有一堆毛病，却习惯用圣人的标准去要求别人。说到底，所有的"誉"和"毁"都没有那么重要，听听就好。孔子说："吾之于人也，谁毁谁誉？如有所誉者，其有所试矣。"（《论语·卫灵公》）意思是，我对别人，怎么敢随便批评或是赞美呢？如果有称赞人的话，必定经过试炼而肯定。企业用人时，大都会有"试用期"，有"试"就会有"悟"，经过三或六个月的试用，人才的优点和缺点就能看出来，这就是"验证"，不只是靠主观的第一印象，笨一点的方法比较牢靠。

"爱、憎"是主观的，"毁、誉"由人发挥，这些都不是自己能控制的，就不用在意。只有信心不足的人才会在乎别人的说法，希望讨好所有人，终究是白努力一场。"爱憎兼之"，情爱交杂，由爱生恨的情况就更复杂难解。《易经》用家人、睽、蹇、解四个卦来谈这种"爱中有恨，恨中有爱"的情结，这种矛盾的起因，怎么都不清楚，溯不了"源"，探不清演变的缘由。"不畅其本，胡可必信"，既然不可能把事情的源头彻底搞清楚，又怎么能够随便相信别人的评价呢？

所以察人的原则就是不要轻信，也不要轻疑，有疑问就去查证，让事实说话。若是心存偏见，看到有利的证据就相信，看到不利的证据就忽略，不得到预设的结果绝不罢手，这种方式不可能有正确的结论。《易经》蒙卦讲"初筮告，再三渎，渎则不告。利贞"，意思是在占卦时，心有成见，不满意占卦的结果，就再三地占，非得求到自己想要的答案不可。这种"先射箭再画靶"的做法，不可能得到正确的指引。唯有心思纯净、观察入微，占卦一次就通天地感应，比卦中讲"吉，原筮。元永贞"，看的就是这样的初心。

"采访之要"，得"正"的没有成见，得"直"才能集中焦点，否则绕了半天还摸不到头绪。另外，就算收集了一堆情报，对情报的质量和准确性，还需做出正确的综合判断，否则岂不功亏一篑？所谓"衍卦容易断卦难"，要能判断信息，并在千头万绪中找对方向，才是功夫。现代科技文明，让收集信息不再困难，反而是信息的消化、整理和分析才是最关键的步骤。此外，有形的信息可以搜集，无形的意念则无从探知。所以坤卦中说"含章、括囊"，对于人的起心动念，以目前的科技水平尚无法确知，唯有占卦是中国流传下来判断意念真伪的做法，至少可以对无形的意向给予正面或负面的指引。

"是故知人者，以目正耳；不知人者，以耳败目"，所以说，眼见至少比耳闻来得实际，也就是第一手的资料可以校正二手信息的谬误，即"以目正耳"。"不知人者，以耳败目"，不明白识人的方法，完全听信传言，不懂得自己去查证，是"以耳败目"。但就算是"目"，也不能尽信，更何况是二手信息呢？耳目之外，还有"心"呢！那就更是无形无象，难以掌握。《人物志》也好，《冰鉴》也罢，不就是要探求表象之下未言的真相吗？一般人没有受过特殊训练或长期修为，内在的心思会显现在行为动作上，让人有迹可循。而受过训练的间谍、特务，会在行为上尽可能地避免、掩饰这些动作，做到"喜怒不形于色"的程度。

"故州间之士，皆誉皆毁，未可为正也；交游之人，誉不三周，未必信是也。"古时候二十五家就是一个"间"，四个间就是一个"族"，五个族就是一个"党"，五个党就是一个"州"，这是《周礼》中行政区域的分类法。《论语》中的《乡党》篇，反映出那个时代的地理及区域概念。若在一个地方，大家都异口同声地推崇或毁谤某个人，这种群众评论未必是真相。因为众口一词，本身就透着怪异，可以作为参考，但不能就此下定论，所以还要考察他曾经交往过的人，才会有比较深刻的认识，即"交游之人，誉不三周"。"周"是指周遍，"三周"就是指身份地位比这个人高的、身份地位和这个人差不多的以及身份地位不及这个人的三种人。如果说"三周"对他都赞誉有加，大概就有一定的可信度。被领导欣赏，同事不嫉妒，被部属肯定，这就是"誉三周"。如果是单一方面的话，很可能是会拍马屁，领导喜欢他，但部属讨厌他。或是会收买人心，迎合群众，结果让领导很忌惮，功高震主。再加上，同侪中相互比较的压力，要想受到同侪肯定更不容易。如果凸显任何一方面，就不够周到，所以"誉三周"是从人生活互动的各个层面做全方位的观察，现代人力资源中有"360度测评"，也是类似的做法。

"誉不三周，毁不三周。"因为人总有值得别人赞美或惹人讨厌的地方，所以要从"三周"的方面去听与他有实际交往、密切互动的人所给的评价。刘劭说，如果不是上、中、下都肯定的话，恐怕就有盲点。豫卦中谈预测、预备，就涉及搜集情报，首在"不忒"，就是百分之百正确。除了心态上要正确，"介石知机"，还要通过群众关系来判断，所谓"上交不谄，下交不渎"。这样的人，对上面的领导不拍马屁，领导会怎么看他？对下面的部属不盲目迎合，部属会怎么看他？从领导和下属的评价，才能看出是否有君子风范。只是这样的人，实在是凤毛麟角，在现实的人际关系中，只可期许自己能做到有分寸，"不谄、不渎"。

夫实厚之士，交游之间，必每所在肩称；上等援之，下等推之，苟不能周，必有咎毁。故偏上失下，则其终有毁；偏下失上，则其进不杰。故诚能三周，则为国所利，此正直之交也。故皆合而是，亦有违比；皆合而非，或在其中。若有奇异之材，则非众所见。而耳所听采，以多为信，是缪于察誉者也。

【译文】

务实忠厚的人，和他交往的对象，没有不称赞他的。上级领导会援助、提拔他，手下的人会推选、推举他，如果不能做到上级、下属都赞誉他，必定有应该被埋怨、诋毁的毛病。所以只顾拍上级的马屁，完全不管部属死活，这类人一定会批评满天飞；专注于拉拢基层的好感，却疏忽与上级的沟通，那么他就很难再获得提拔。之所以能获得上级、同事、下属的称赞，能为团队、国家带来利益，这是因为他交游的态度和手段正确。众口交誉、一致推崇的人，也可能是结党营私、违背正道的人。大家都说不好的人，也可能是不同流合污的、正直的人，被大家都不看好的人，反而有可能是个卓尔不群的人。至于那些奇异的人才，不是一般人能看得出来的。而人们所采集的信息，大多是听风评，说的人越多越确信，这是考察人才时所容易产生的谬误。

【现代解读】

"夫实厚之士，交游之间，必每所在肩称。""厚"有忠厚、宽厚，也有"厚德"的意思，指有真才实学、纯诚务实的人。这种笃实的人自然不搞小把戏，和他交往的对象，没有不称赞他的。这是"誉三周"的意思。"肩称"就是一致称誉。因为他为人忠厚、真心实意，既不"谄"也不"渎"，所以大家觉得这个人很真诚，能放心交往。"上等援之，下等推之，苟不能周，必有咎毁"，因为"誉三周"，所以上下称好。"援"是援助、提拔，一般用在上对下时，好像是一伸手就把你提上来。"推"是推选、推举，借由大家公推他出任代表等。能够上下皆称好的就叫"周"。"苟不能周，必有咎毁"，若不能做到"周"，自然会有人在"不周"的地方批判你，因为在人脉的经营上有盲点，所以引人"咎毁"，也就是被埋怨、诋毁。当要去了解一个人的时候，听了上、中、下的评论，我们心中才能有把尺，从不同的地位立场、不同的互动关系中找到真实答案以了解这个人的全貌。

"故偏上失下，则其终有毁；偏下失上，则其进不杰。""偏上失下"指只顾拍领导的马屁，完全不管下属的死活，甚至牺牲下属去讨好领导，这样的话下属对他一定不满，终会导致批评满天飞，即"其终有毁"。"偏下失上"是专注于收拢下属的好感，壮大自己的实力，却疏忽对领导的汇报。这种情况会导致下属越是推举他，领导越会像打翻醋坛似的，心里不是滋味。虽然"将在外，君命有所不受"，但是"将"有功高盖主之嫌，就在"君"的心中留下了芥蒂，当大家心目中没有领导，只有他这位老大的时候，那么领导和这位老大的关系就会发生变化了。于是，领导宁愿提拔一个笨蛋，也不想提拔这个受大家赞扬的老大，即"其进不杰"。也显示出，这个人"向上管理"的能力很弱，因为他偏重于对下属的经营，忘了跟那些有能力提拔他的人沟通，没能让领导知道他的用心。

如果上下都能照顾到，对整个团体都好，就拥有巽卦阴柔、深入的功夫，能够体贴入微。做到了四爻的高官，就得注意爻辞中"悔亡。田获三品"，意思是要能"悔亡"，通通都打点到位，上、中、下"三周"都认可，才有可能更上一层楼，从六四变成九五。巽卦第四爻变为姤卦的等待机遇，在听牌的位子上，有可能就此更进一步，"有陨自天，志不舍命"。特别要注意的是，这个时候君位的人也在看你，对一个"田获三品"的人，他有可能会防着。因此，很有可能高位还没攀上去，就被打下来了，或是被其他人取代，这就是四爻的险峻之处。人世间的利害权衡，基本上就是这些眉角，所以刘劭说："故诚能三周，则为国所利，此正直之交也。"真正做到"上交不谄，下交不渎"，连同侪都认同的"实厚之士"，才能为团队、国家带来利益，就是因为他交游的态度和手段正确。

刘劭还有更细密的考察点："故皆合而是，亦有违比；皆合而非，或在其中。"大家都认同的人才，就一定会对组织有贡献吗？一定能够做到大公无私吗？大家赞许他，也可能是他常假公济私。因此，"皆合而是"的众口交誉、一致推崇，若是以"打混仗"的心态，就是违背正道、结党营私。"比"在此是形成党派，谋求私利的意思。《论语·为政》中有："君子周而不比，小人比而不周。"就是有目的的交往。《易经》中的比卦就是指人际交往、朋友讲习，而比卦的错卦就是把"比"的概念颠覆升华后，成为大有，成为"公天下"的"周"，于是就没有私心，成为"遏恶扬善，顺天休命"的忠厚之士。所以，刘劭告诉我们"比"与"周"的差别就在于交往的态度和手段，不带私人利害目的的是"正直之交"，为了个人利益而搞小团体的是"违比"。换句话说，在"誉三周"之外，还得具体分析评价的由来、收集信息的方法。反过来说，"皆合而非，或在其中"，大家都说他不好，实则他是个正人君子，不受欢迎是因为他断了所有人的财路，不同流合污。这体现了刘劭的用心，对于极端的结果，要特别挑出来重新检视："若有奇异之材，则非众所见。"真有特殊人才时，一般人因为程度不够，所以没有办法看出来。

就像西汉大将韩信，原先是项羽营中的小兵，他的才干不仅项羽没看到，连范增也没看出来。后来投奔了刘邦，刘邦听取了萧何的建议，拜韩信为大将。这种"奇异之材"，不是每个人都看得出来的，"而耳所听采，以多为信，是缪于察誉者也"。绝大部分的人都是听风评，在网上查一查，最多做一做民调，即"以多为信"。这种"从众"的方式，虽在一般的人才选拔中是没有问题的，但不可能找到"奇异之材"。"奇异之材"，通常都是遗珠，这就是"缪于察誉者也"，即"只听大家说"容易造成的问题。

整段中先提到一般人的"毁、誉"都有其背后的因素，有"不虞之誉"和"求全之毁"，"毁、誉"均可以参考却不能轻信，最终还是得靠实际的试用情况来验证。《论语·卫灵公》中也有类似的提醒：

子曰："众恶之，必察焉；众好之，必察焉。"

大家都讨厌或是大家都喜欢的人物，还是得自己去访察、调研，甚至试用。大家都喜欢，是不是因为善于作伪、流俗讨好；大家都讨厌，是不是为人耿介、挡人财路。若只是根据大家的评论下结论，那就太草率了！孟子承续这个观念，并且解释得更清楚：

王曰："吾何以识其不才而舍之？"
曰："国君进贤，如不得已，将使卑逾尊，疏逾戚，可不慎与？左右皆曰贤，未可也；诸大夫皆曰贤，未可也；国人皆曰贤，然后察之；见贤焉，然后用之。左右皆曰不可，勿听；诸大夫皆曰不可，勿听；国人皆曰不可，然后察之；见不可焉，然后去之。左右皆曰可杀，勿听；诸大夫皆曰可杀，勿听；国人皆曰可杀，然后察之；见可杀焉，然后杀之。故曰：'国人杀之也！'如此，然后可以为民父母。"（《孟子·梁惠王下》）

就算整个国家的人都说他是贤能的人，也得"察之"，没有经过亲自调查，不能直接相信或接受。反过来说，即使大家认为这个人绝对不能用，也要去查证，等到真正发现他是不可用的人，再把他裁掉，这就是严谨。

这一段基本上没有偏离"四书"中的论述。人群相处的前提是自修自强，才能谈"厚德载物"的抱负，这是基本功。当然，除此之外，还有很多的经验法则，接下来再谈"接物有爱恶之惑"的问题，因为喜欢或认同一个人时，往往看不到他的缺点、坏处。而讨厌一个人时，也同样看不到他的优点、好处，这种是人情中"爱、恶"的放大效应。

勿陷于主观好恶

夫爱善疾恶，人情所常。苟不明质，或疏善善非。何以论之？夫善非者，虽非犹有所是，以其所是，顺己所长，则不自觉情通意亲，忽忘其恶。善人虽善，犹有所乏。以其所乏，不明己长。以其所长，轻己所短，则不自知志乖气违，忽忘其善。是惑于爱恶者也。

【译文】

喜欢善的、美好的事物，而讨厌丑陋的、不好的东西，是人之常情。但若是不了解人的本质，就会疏远善良、美好的事物，把不对的认为是对的。为什么这样说呢？那些偏向邪恶的人，即使做错了但仍然有值得认同的地方。因为对方身上值得认同的部分恰恰与自己的所长相合，就会不自觉地沟通情感，忽略其负面、邪恶的部分。虽然善美的人整体是好的，但仍然有其缺点。因为他有短处，这些短处又恰恰与自己的长处不同，所以便认不清自己的长处。挑剔别人的缺点，而不能衬托自己的优点，发现对方的优点，又觉得是在针对自己的缺点。这样就不自觉地与之趣味相悖、精神相异，忽略且忘掉了他的优点。这是考察人才时容易被个人的爱恶情绪所迷惑的缘由。

【现代解读】

"夫爱善疾恶，人情所常。"人情上本来就喜欢善的、美好的事物，而讨厌、憎恶那些丑陋的、不好的事物，但刘劭说："苟不明质，或疏善善非。"若是不了解人的本质，就会囿于表相而看不清事情的真相，做出有悖常理的事，就像是会疏远善良、美好，而偏好不良、邪恶的事物，这是误认"恶"为善、"善"为恶的结果。诸葛亮在《出师表》中说："亲贤臣，远小人，此先汉所以兴隆也；亲小人，远贤臣，此后汉所以倾颓也。"提醒阿斗千万不要"疏善善非"。

刘劭进一步分析这种现象："何以论之？夫善非者，虽非犹有所是，以其所是，顺己所长，则不自觉情通意亲，忽忘其恶。"人怎么会亲近、善待那些坏蛋呢？这不成了"比之匪人"了吗？原来是"善非"的人只抓到自己认同对方的部分来发挥，依着自己的理路发展出让人肯定的全貌，而忽略了其负面、邪恶的部分。刘劭的深刻在于"虽非犹有所是"，利用局部的正确来引导出自以为是的真相，这是太极图中"阴中有阳，阳中有阴"的道理。人往往只认同自己认同的部分，甚至杀人放火的恶徒，在父母的眼中还是个孝顺听话的乖孩子。历史上说项羽杀人不眨眼，却对虞姬深情款款，刘邦具有英雄气概，却能对亲人下狠手，到底谁是谁非，就看评论者的拥护如何。

用太极图的观念看人性，还要注意动态的表现，除了"阴中有阳"的部分，还有"阳中有阴"，也就是善人心中的黑暗面。恶徒放下屠刀、发现良心，是"阴极转阳"的表现，而修行一辈子的人，也可能一夕之间就失心疯，即"阳极转阴"。《易经》中以一念之差，明夷之心就变天地之心,而天地之心也可能变明夷之心。

一方面,人对他人的评价往往出于主观而非客观,所以别人口中的坏人,对某人来说却不一定如此。"以其所是,顺己所长",因为把观察的焦点聚集在自己认同、肯定的部分上,然后去呼应双方性格中的相似处,所以就会觉得坏人也不坏,彼此投缘、互相迎合,认知就越来越离谱。归根到底,还是"太爱自己",把自己的好恶放大,一旦看到坏人的好恶与自己相似,就觉得有共鸣,产生"酒逢知己千杯少"的欢喜,即"情通意亲"。对君子反而觉得是"话不投机半句多",就忘掉了坏人的不是之处,即"忽忘其恶"。

另一方面,再好的人也有致命的缺点,若是专门看他的缺点,自然不会投契。再加上受排斥、抗拒的心态影响,没有考虑到彼此间的"互补"之处,也就没有办法彰显他既有的优势和长处。这就是人总是找错对象、选错人的原因。归结起来,人还是不自觉地以自我为中心,完全从"合不合我的胃口"的角度来考虑问题,彼此原本可以互补,可偏偏就喜欢挑剔别人不如自己的地方,让双美变成双伤,即"以其所乏,不明己长"。人家受肯定的长处,原本可以补足自己所缺的短处,心态上又觉得他的表现会刺痛自己,产生妒忌,即"以其所长,轻己所短"。于是,他明明是个好人,大家却看不见他的优势,总和他不相合。"志乖气违"中的"乖""违"都有背离的意思,也就是睽卦反目的概念。

你之所以不喜欢"善者",正是因为你发现自己的长处没有被彰显,反倒是自己的缺点与之对照后一一暴露。这种对"善者"不自觉的自惭形秽和对"非者"的情通意亲,都是自尊心在作祟,所以,抱有这样的心态选不到好人才。比你好的人,因为觉得矮他一截,会去挑毛病,越来越不喜欢;比你差的人,因为可以衬托出自己的优秀,反而会找到彼此的共同点来做兄弟。"惑于爱恶者也",都是和自己主观的爱、恶有关。孔子说自己"四十而不惑",就是指把主观清洗干净,不惑于一己的"爱、恶",不惑于欲望。

才高志大，行事审慎

夫精欲深微，质欲懿重，志欲弘大，心欲嗛小。精微所以入神妙也，懿重所以崇德宇也，志大所以戡物任也，心小所以慎咎悔也。故《诗》咏文王，"小心翼翼""不大声以色"，小心也；"王赫斯怒""以对于天下"，志大也。由此论之，心小志大者，圣贤之伦也；心大志大者，豪杰之隽也；心大志小者，傲荡之类也；心小志小者，拘懦之人也。众人之察，或陋其心小，或壮其志大，是误于小大者也。

【译文】

精神上要深刻细微，本质上追求端庄厚实，志向上要恢宏广大，心思上要谨慎细腻。深刻细微，才会知未发之机。端庄厚重，才会器宇不凡。志向远大，才能担得起重任。心思细腻，才能避免犯错、折损。所以，《诗经》歌颂周文王，说他"小心翼翼""不大声以色"，这是说他小声低调、喜怒不形于色，赞扬他谦虚谨慎。说他"王赫斯怒""以对于天下"，是形容文王发怒时，是为天下而怒，赞扬他志向远大。由此来说，心小志大的人，属于圣贤一类；心大志大的人，是豪杰中的俊秀；心大志小的人，属于傲慢放荡一类；心小志小的人，是拘谨软弱的人。普通人对人才的观察，或是因为小心谨慎的样子，认为被观察者心小，或者看到别人吹牛，就认为被观察者志大，这都是因为对心地和志向大小的错误判断造成的。

【现代解读】

接下来谈到"小"与"大"的问题，也就是"三曰度心有大小之误"的发挥。"度心"是《诗经·小雅》中"他人有心，予忖度之"的测度推敲、将心比心。只是人在揣摩猜测时，会把大误作小、小误作大。刘劭在这里指的是，人的志向和气量会变成观察人时容易陷入的盲点。"夫精欲深微，质欲懿重，志欲弘大，心欲嗛小"，"精"就是"精、气、神"

中的生命力，指的是精神力的发挥要深刻细微。"质"是本质，讲的是在人的本质上追求端庄厚实。"懿"拆解为"壹、次、心"，是一种柔软、包容的母性力量，封建君主时代太后的命令被称为"懿旨"。"次"有定下、暂驻的意思，旅卦中有"旅即次""旅焚其次"。所以，把心定在一个地方，保持专注，就叫"懿"，"次、心"是"壹"德的表现。小畜卦中说："君子以懿文德。""懿"有尚柔不重刚的意思，近于《老子》的"致虚极，守静笃。万物并作，吾以观复。夫物芸芸，各复归其根。归根曰静，是谓复命"的生命本质。

"志欲弘大"，"志"是志向。曾子说："士不可以不弘毅，任重而道远。"人生要立大志，以"含弘光大，品物咸亨"设定高远的目标，才能上升生命的高度。"心欲嗛小"，指心思要细密、行事要谨慎，因为宏图大志不是一天可以实现的，所以在落实的时候心思要细腻，要"小"才能"亨"。若是凡事都大大咧咧的，恐怕事还没有做成，就要受很多人的暗算和破坏。所以说"小"就是要不显山、不露水地行事，等到成功了再说。

刘劭在这里把"精、质、志、心"分开讨论，提醒大家要小心翼翼地完成远大的志向，要懂得保护自己，也要敏感地提防可能出现的状况。"心欲嗛小"是《易经》巽卦中的低调沉潜，得"小，亨"，唯有不去招惹、不被打压，才能在安定中成长。而巽卦之前旅卦的动荡不稳定，更要"小，亨"，这些都是"小心成大志"。

人生的成功经历若是用《易经》的卦序来比喻，可以用水火的既济来代表。在既济之前，得先取得别人的认同、欣赏，加上建立了诚信、友谊，这是中孚的真诚，散发"信、望、爱"的感召力。可是这样就能成功吗？从中孚到既济之间，还有小过。小过作为世事磨炼的象征，卦辞中说"可小事，不可大事"，以小鸟练习飞行来作比喻，提醒人在翅膀还没硬之前，"不宜上宜下"，随时都得调整，最后才能"大吉"。一开始飞得那么高，唱得那么亮，容易成为飞鸟遗音。

所以，从本质健全的"精欲深微"才能"极深研几"，掌握趋势；从

"质欲懿重"才能建立诚信，获得共鸣；从行动上的"志欲弘大"才能"通志成物"；从"心欲嗛小"才能察言观色、戒慎恐惧，不然谁敢把事情交付给你？刘劭接着说："精微所以入神妙也，懿重所以崇德宇也，志大所以戡物任也，心小所以慎咎悔也。""微"是知未发之机，"懿"是端正，自然器宇不凡，没有雄心壮志，又怎么能期待其承担大任呢？《易经》大畜卦称"何天之衢，道大行也"，就是"志大通天"，一步一个脚印，要"慎咎悔"，就是"心小"，避免犯错、折损。

"慎咎悔"的"慎"并不是胆小怕事，而是指要真心地面对人性、人情中的不完美。所谓"真心为慎"，孔子说能"藉用白茅"，就算在颠沛流离中也能注意到细节，是"慎之至也"，能保持下去自然不会有过失，即"慎斯术也以往，其无所失矣"（《周易·系辞传》）。需卦教人在深陷泥淖中采用自救之法，就是"敬慎不败"。"咎""悔"是两种责备的情绪，无论是自责或是究责，都是因受到挫折而懊恼。人生虽难免遭受波折，但尽量不要引发别人的嫉妒，一天到晚总是高调地去招惹、刺激别人，难免会惹人红了眼来搞破坏。所以说，越成功的人越低调，越低调也就越成功。因为在功利社会中，人的嫉妒心、破坏欲已经膨胀到无可附加的地步，所以巽卦的低调深沉就是自保的方式，也是"忧患九卦"中最高段位的功夫，即"巽，德之制也""巽，称而隐""巽，以行权"。

巽卦追求"无初有终"，哪怕刚开始不被注意，但对于自己的志向，何必要大肆宣传？能够将其落到实处才是硬道理。刘劭用《诗经》中赞咏文王的句子来说明文王在厚积实力时，就算有再大的痛苦和委屈都会隐忍，包括被纣王关到羑里七年、被迫吃下自己儿子伯邑考做成的肉酱等常人所不能忍受的事，支撑着周文王做这一切的是他知道自己负有更大的责任，不能在眼前跌跤、失足。

"小心翼翼"的成语就出自此，"不大声以色"则是说小声低调、喜怒不形于色。"王赫斯怒""以对于天下"，就是形容文王发怒时，是为天下而怒，不是为个人情感而怒。因此，"王者之怒"后就起兵平定天下。

《孟子》中对此引申发挥，鼓励人该承担责任的时候就要当仁不让，在尚未具备实力时，则更应该小心地保护自己。大多成功的人必有两面，"志大""心小"，在实力不足时，绝对是安顺、逆来顺受，连讲话都不会大声，但真要起兵行事，就风云变色，气盖山河。《易经》中描述这种性格变化，以坤卦四爻"括囊。无咎，无誉"为代表，坤卦的《文言传》中说"天地变化，草木蕃。天地闭，贤人隐"的时候，爻一变就成豫卦，做好战斗准备，完全看时机决定。

"由此论之，心小志大者，圣贤之伦也。"可以说，周文王就是这一类人物，用"心小"来成就"志大"，他特别清楚自己的人生要怎么避免失败，迈向成功。"心大志大者，豪杰之俊也"，像项羽、刘邦等打天下的英雄，自然是有大志也藏不住，正是"彼可取而代之""大丈夫当如是也"的豪情壮志，才能号召群众。反过来是"心大志小"，整天吹牛，其实没有远大的理想，最多是出出风头，求个一官半职，这属于"傲荡之类也"。这种人大都自认为怀才不遇，结果这个不肯干，那个也干不来，到头来只是大言不惭，没有真正伟大的志向。最后一种是"心小志小者"，大多数人属于这类，符合常态分布的结果。一般人在生活中就只想着三餐饱腹，既没有远大的志向，也不会像"傲荡之类"那样有很嚣张的举措，这就是"心小志也小"，刘劭称之为"拘懦之人也"。

"众人之察，或陋其心小，或壮其志大，是误于小大者也。"普通人对别人的评价常常会出错，有时候觉得那个人没有胆识、勇气，看起来畏首畏尾，即"或陋其心小"。有时候听到别人吹牛、说大话，反而赞赏认同，听起来好了不起啊！刘劭提醒，"心""志"有四个不同方面的呈现，要综合考虑。不要看人"志大"就赞扬，可能实际上是"心小"；也不要轻易因为"心小"，就认为他鄙俗浅薄，也可能实际上是"志大"。所以，从单方面的表现来判断并不准确，必须要"心""志"配套，才能免于"误于小大者也"。

人才有早发与晚发

夫人材不同，成有早晚。有早智速成者，有晚智而晚成者，有少无智而终无所成者，有少有令材遂为隽器者。四者之理，不可不察。夫幼智之人，材智精达；然其在童髦，皆有端绪。故文本辞繁，辩始给口，仁出慈恤，施发过与，慎生畏惧，廉起不取。早智者浅惠而见速，晚成者奇识而舒迟，终暗者并困于不足，遂务者周达而有余。而众人之察，不虑其变，是疑于早晚者也。

【译文】

人的材质各不相同，获得成功有早有晚。有的人因早慧而能在很短的时间内成功，有的人因晚智而大器晚成，有的人从小就笨笨的，到老了也没有成就，有的人年纪很小就施展出才华，从小到大都保持着良好的发展态势。这四方面的差别，不能不搞清楚。考察其聪慧何时产生，根据情况而任用他们。从小就有过人的才华和智慧的人，他的才智精明通达，在儿童时期就已经表现出了端倪。比如，小时候对文字语言特别敏感、心思灵巧，长大后一定文采斐然；讲起话来伶牙俐齿、滔滔不绝，长大后一定擅长辩说；从小就超有同情心，喜欢做慈善、帮助人，长大后一定会同情他人；看到朋友有需要时，能毫不吝啬地分享，长大后一定慷慨；对于陌生的事犹豫迟疑、害怕逃避，长大后处事一定会谨慎小心；小时候不随便拿别人东西，长大后一定清正廉洁。早慧的人虽然聪明，领悟力强，但思索的层面比较浅；大器晚成的人虽然反应舒缓，却因见识广博能有独到的见解；才智有限的人，各方面都不如人意，终究是暗淡无光的。能成就理想、事业顺遂的人，考虑问题周密精达、游刃有余。普通人对人才的考察，往往不考虑这些动态的变化，这就是不明白人才养成有早成、晚成的不同所造成的疑惑。

【现代解读】

　　识人时常见的第四个错误是"早、晚"问题："夫人材不同，成有早晚。"这是天生的不同，是人力没有办法左右的。《中庸》针对这个情况给予正面的鼓励："或生而知之，或学而知之，或困而知之，及其知之，一也；或安而行之，或利而行之，或勉强而行之，及其成功，一也。"无论人的起点远近、材质如何，只要能够到达终点，都值得肯定。"少年得志"与"大器晚成"，虽然达成的时间和途径不一样，但结果都值得赞扬。修行有万千法门，没有固定的成功模式，这就是"早、晚"。

　　"有早智而速成者"，指很早就开慧的人，这种天才能够在很短的时间内速成。"有晚智而晚成者"，因为智慧开启得晚，所以成就也晚，这就是我们常说的大鸡慢啼、大器晚成。"有少无智而终无所成者"，从小就笨笨的，到老了也只是平淡过一生。"有少有令材遂为隽器者"，"令"是美好的意思，如令尊、令堂、令郎、令爱等，很多人的名字中也有"令"。年纪小就展现出聪慧，自小到大都能保持着良好的发展，一路顺遂，正所谓"三岁看老"。《易经》中屯卦讲的是"小草初生"，人年轻的时候，青春洋溢、充满希望，正是"元亨利贞"的具体而微。"屯"字本义是指幼苗，喻为人生缩影，若能一直保持这种纯真美好，长大后也只是放大而已。很多数学、音乐、艺术方面的专才，都是在很年轻的时候就显现出这方面的特质，要是等到七老八十才从头开始，可能事倍功半、时不我与。反过来说，只有经典是越陈越香的，经过人生历练后再解读，体会更加深刻。

　　"四者之理，不可不察。"这四种"早、晚"的差别，得先搞清楚。接下来刘劭就这四者开始讨论："夫幼智之人，材智精达；然其在童髦，皆有端绪。"首先是"幼智之人"，在年轻时就显露出过人的才华和智慧的痕迹，和一般人不一样。"然其在童髦，皆有端绪"，"端绪"就是头绪，"髦"讲的是小孩垂到眉毛的头发或是刘海，后来就用"童髦"来比喻小孩子。善于观察的人就能看出小孩子的潜质和发展方向。以前小孩满一周岁时要"抓周"，家长摆很多东西让小孩挑选，借此来预测小孩在哪个方面有潜力和天赋。

"端绪"有哪几个方面呢?"故文本辞繁,辩始给口,仁出慈恤,施发过与,慎生畏惧,廉起不取"。"文本辞繁",从小不但对语言文字特别敏感,而且心思灵巧、感情丰富。"辩始给口",讲起话来伶牙俐齿、滔滔不绝,是善辩的人才,"给"是充足。"仁出慈恤",从小就有同情心,看到人家可怜就会啼哭,要求父母帮助。"施发过与",就是动辄慷慨解囊,对钱财没有概念,即使超过能力范围,也会捐钱,比较豪气。"施"是布施,"过"是过度、过分。"慎生畏惧",一个人处事谨慎小心,在小时候就会显现出来,对于陌生的事犹豫迟疑、害怕逃避。"廉起不取",一个人清正廉洁,从小就被教育"不是自己的东西不要拿",就能养成习惯。只不过,像"凿壁偷光"的匡衡,小时候虽是"一介不取",但是做到了宰相后贪污,所以"三岁见老"不是定论。

"早智者浅惠而见速,晚成者奇识而舒迟。"虽然"早智"的人很聪明、领悟力强,但终究不太容易深刻。有的只是爱表现,因为经历和体会有限,所以止于表面意义,很难深入发挥。"惠"同"慧",指智慧。"见速"指的是领悟力强,容易崭露头角、受到肯定。"晚成者"正好相反,"奇识而舒迟"是说因为有了生命的历练,所以见解与一般人不一样,相对深刻独到。"舒迟"与"见速"正好相反,指的是慢慢地开展,从容不迫地细致分析,拥有特殊的看法。这种人多半不会随便发表意见,和"见速"的立即回应不同,因此有时候不是那么容易被人了解,只有在遇到对的时间、地点和对象的情况下,才能慢慢地陈述观点,让人看到他有这么了不起的看法,所以叫"晚成"。"早智"与"晚成"是两种不同的生命情态,而"大器晚成"出自《老子》的"大方无隅,大器晚成"。

"终暗者并困于不足","终暗"是指前面讲的"少无智而终无所成",人生最终没有任何显著的成就。人生走了大半,要重新开张、另起炉灶很困难,真过了四五十岁,要从头来过的确不是简单的事。孔子说:"后生可畏,焉知来者之不如今也?四十、五十而无闻焉,斯亦不足畏也已。"

(《论语·子罕》)意思是说，年轻一辈的前途不可限量，但人过了四五十岁之后，若还没有一点成绩，没有让人印象深刻的特长，也就不容易再有机会打造个人品牌。生命总是有时间的压力，虽然说现代人普遍活得比较长，六七十岁仍充满活力的人比比皆是，但能够享受生命的时刻终究不如年轻人多。所以，作家张爱玲才会发出"出名要趁早啊！来得太晚的话，快乐也不那么痛快"的感叹。"终暗者"无论是运气不好，还是才智有限，种种先天、后天的因素都让他的发展受到限制，壮志未酬，碰不到贵人，"并困于不足"。人生的光辉没有闪亮，终究是暗淡无光的。"终暗者"的类型，无论是"小时了了，大未必佳"的后继乏力，还是"初登于天，后入于地"的"先笑后号咷"，最后之所以带着遗憾离开，就是因为"并困于不足"，先天、后天以及主客观因素不能配合。

"遂务者周达而有余"，"遂"是心想事成、得偿所愿，《易经》中有不少地方提到"遂"，像家人卦二爻的"无攸遂，在中馈"，为了照顾家人，放弃对理想、事业的追求。大壮卦的上爻也是"不能退，不能遂"，兴冲冲地往前奔却被卡住了，动弹不得，既不得进，也不得退。因此，"遂务者"就是能够实现理想、通志成务的人，这种人"周达而有余"，左右逢源起来绰绰有余。这只能说生命的际遇不同，很难讲公平与否。"周达而有余"就是各方面的机遇很好，与"并困于不足"形成对比。

"而众人之察，不虑其变，是疑于早晚者也。"因为每个人的命运不同，所以我们考察人才的时候，一定要有动态的视角，除了考虑人才主观的才智，还要考虑他所处的环境是否受到打压，或者是受运气不好、命途多舛等因素的影响，以致不能好好发挥。考虑所有的变因，才可以得到一个比较完整、客观、公正的判断。然而大多数人考察人，并没有下这个功夫，只图省事，而"不虑其变"。《易经》就是研究"变"的，认为万事万物无时无刻不在变化之中，所谓"变动不居，周流六虚，上下无常，刚柔相易；不可为典要，唯变所适"。人生不能套公式，若没有考虑主客观各方面的动态变化，得出的论述就不会准确客观，正所谓"瞻前而不能顾后"，只看到先前的表现，而忽略了现在的状况，"是疑于早晚者也"。人才养成有早成、晚成，本来就会受动态变化和环境的干扰，多少都要有一些修正，要通过考虑整合参数予以调整，才能看得周全。

人都是党同伐异

夫人情莫不趣名利，避损害。名利之路，在于是得；损害之源，在于非失。故人无贤愚，皆欲使是得在己。能明己是，莫过同体。是以偏材之人，交游进趋之类，皆亲爱同体而誉之，憎恶对反而毁之，序异杂而不尚也。推而论之，无他故焉。夫誉同体，毁对反，所以证彼非而著己是也。至于异杂之人，于彼无益，于己无害，则序而不尚。

【译文】

追逐名利、躲避伤害是人之常情。获得名利的途径，在于优点得以充分发挥而获得肯定。受到损害的根源，在于暴露自己的缺点而遭受非难。所以不管是贤能的人还是愚蠢的人，都想让他人对自己的优点加以肯定。能了解并肯定自己优点的人，莫过于与自己有共同认知和追求的人。所以偏才，交游及进仕时，都是喜欢和自己同类型的人打交道，并称誉他们，憎恶与自己立场相反的人，并诋毁他们，对于立场不对立却不同类型的人，既不崇尚推举，也不批评树敌。对此加以推说，没有其他原因。称誉同类型的人，诋毁立场相反的人，都是用来证明别人是错的而自己是对的。至于与自己既不同类又不对立的人，对别人没有益处，对自己没有害处，于是既不批评也不崇尚。

【现代解读】

第一句说"趣名利，避损害"是人之常情，其中"趣"同"趋"，低头快步前行的样子。这点出人情中趋吉避凶、趋利避害的现象。话说乾隆皇帝下江南至镇江金山寺，看到长江上的往来船只，便问高僧法磬江上有多少只船。法磐回答："江上只有两条船，一艘为'名'，一艘为'利'。"真是世间真相毕现。所谓："天下熙熙，皆为利来；天下攘攘，皆为利往。"西汉贾谊曾说："贪夫徇财，烈士徇名。"这些都是事实，世上没有多少人能够远离名利。至于功成名就的途径是什么呢？就在于"是"与"得"。"是"就是做得对、做得正确，而"得"则是成功了、有所获。反过来说，做得不对、没有收获就叫"非"与"失"。

从人才的角度来看，能量才适性，把自己所擅长的发挥到最好，加上主客观条件配合得好，就能获得成功，这就在于你的"是"得到充分的发挥，而能有得。"是"，指的是大家共同奔赴的正确目标，我们常说"各行其是"，就是各自认定的正确目标。从字形结构上来看"是"，"日、正"，就好像中午放光的太阳，不偏不倚。《易经》中描述"潜龙"，叫"遁世无闷，不见是而无闷"，意思是虽然不被人家认同，但心里不会在意。"见"可以进一步解作"现"，也就是没有被肯定的表现，还没有机会发挥，这可能是因为不想要"见"，自我的坚持与肯定胜过世人的评价。未济卦最后一爻叫"有孚失是"，说的是酒后吐真言。

"名利之路，在于是得"，很多人有"是"，但不"得"，虽然有才，但客观条件不配合，难有成就。"损害之源，在于非失"，性格上的弱点、缺陷，就叫"非"。若是不懂得回避自身的缺点，事事都受缺陷掣肘而暴露出来，没有发挥应有的优势，日积月累就会失败，不能实现人生的梦想。每个人身上都有"罩门"，不碰则已，一碰到就会跳脚，所以《易经》大有卦才说"遏恶扬善"，就是一种悲悯心。试想世界上那么多人，每个人都有善、恶，好比太极图的黑白相间。若是能够有办法去"遏恶"，就不会"非失"，"扬善"便有可能"是得"。当然，"是得"与"非失"都来自性格上的优点、缺点，能够区分出来最好，但麻烦的是，有时候优点与缺点分不开。一旦发挥，既是优点，又有负面影响，那就得看这个特质的"净产值"，到底是正面发挥比较好，还是减少负面影响呢？正是因为不能够完全分开，所以才要权衡，不要让身上的毛病把自己埋葬了。

"故人无贤愚,皆欲使是得在己",不管是贤能的人,还是愚蠢的人,因为大家都想功成名就,所以都尽可能地想发挥"是"而有所"得",这样人生才是彩色的。要是总落得"非""失",人生就会很困顿,自然就是黑白的。"是得在己",才有成功之路,能获名得利。"能明己是,莫过同体",我们希望别人能够了解自己的长处,给我们表现的机会,让更多人明白我们的"是"。只是到头来,还是"同体相亲",仅气味相投的一帮人能够体察彼此的表现,明白彼此的长处,即"莫过同体"。所以,同人卦谈"类族辨物",就是彼此形成小圈子,到了大有卦的"遏恶扬善",就是发挥每一个团体的特长。

"同体"可以说是"志同道合",就算不一定为名利,也希望能够有共同认知和追求的同道中人。《礼记·儒行》篇中有一段鲁哀公与孔子的对话,旨在说明儒者的行为应该是怎么样,包括不逢迎、不拍马屁,也不为了利益去经营人际关系,这就叫"儒有上不臣天子,下不事诸侯"。作为儒者,要有"上交不谄,下交不渎"的傲骨,也就是《易经》蛊卦中"不事王侯,高尚其事"的意思。"不事"并不是不做事,而是不做谄、渎之事,为人处世有分寸。其中有一句,提到志同道合的重要性,叫"儒有合志同方,营道同术",尤其是系出同门,核心价值观相似,不需要磨合太长的时间,就可以紧密合作。"方"有背景、立场和思考层次的意思。"营道同术",则是谈到落实的手段,也就是《易经》所谓的"建侯行师",不能只用嘴说,得卷起袖子实干,而且不是一个人干,是一群志同道合的人一起干。所以,"能明己是,莫过同体"就呼应了乾卦《文言传》中"同声相应,同气相求。水流湿,火就燥,云从龙,风从虎,圣人作而万物睹。本乎天者亲上,本乎地者亲下,则各从其类也"的说法,这是对飞龙的礼赞,能够不预设立场、完全包容的中和之材。

"是以偏材之人,交游进趋之类,皆亲爱同体而誉之,憎恶对反而毁之,序异杂而不尚也",这句讲的是偏才的局限,即偏才因为有所偏,所以"交游近趋之类",器量比较狭隘,对引为同道的人亲爱而称誉,对立场不同、看法迥异的人已到了"憎恶"的地步,想尽办法去毁谤、破坏。"序异杂",是说那些和我们不一样,却又没有对立、纠结的对象,就落得大方、两不相交。这种"既不是同志,也不是敌人"的情况就是"杂",前面《材理第四》中提到"杂则相恢",指既不崇尚推举,也不会批评树敌,就是没有兴趣,压根儿不相干。"序"在这里作动词,意思是排序,根本没把这人放在心上。这就是偏才处理人际关系的做法,拉小团体,党同伐异,至于既不同又不异的,就排在后面,"不尚也"。

"推而论之,无他故焉。夫誉同体,毁对反,所以证彼非而著己是也。"为什么会这样呢?三种对待人的方式,都是因为太爱自己了,所以"誉同体,毁对反",目的是获取别人的认同,彰显自己或团队,而批判别人是错的。至于那些和我们都不相干的人,即"异杂之人",既然"于彼无益,于己无害",就先摆在一旁晾着他,即"序而不尚"。

同类亦有微妙竞争

是故同体之人,常患于过誉,及其名敌,则鲜能相下。是故直者性奋,好人行直于人,而不能受人之讦;尽者情露,好人行尽于人,而不能纳人之径;务名者乐人之进趋过人,而不能出陵己之后。是故性同而材倾,则相援而相赖也;性同而势均,则相竞而相害也。此又同体之变也。故或助直而毁直,或与明而毁明。而众人之察,不辨其律理,是嫌于体同也。

【译文】

因此,同一类型的人中,常常有过分称誉、吹捧的毛病。等到彼此实力、名望差不多时,彼此间便谁也不服谁,很少有能够甘拜下风的。所以直言不讳的人性格有冲劲,他偏爱用直率的态度来与人交往,却不能忍受别人对自己缺点的批评。性格外向的人讲话坦诚直率,他喜欢把获取的消息传播给其他人，却不能接受别人谈论自己的隐私。热衷功名、争强好胜的人，喜欢超越别人，把人家比下去，却不甘心别人超越自己。因此，性格相同但能力相差很远的人，就会互相提举、互相帮助。性格相同但能力势均力敌的人，就会互相竞争、互相残害。这又是同一类型的人之间的一种变化。所以，有的人拥护正直却又诋毁正直，有的人称赞明智却又诋毁明智，普通人审察人才时，只能看到表面，而搞不清楚其中的规则和规律，没考虑到彼此因为势均力敌所产生的嫌隙和竞争关系。

【现代解读】

"是故同体之人，常患于过誉，及其名敌，则睚能相下。"刘劭深入地讲到人情幽微处，当"同体之人"相互赞誉，到后来相互吹捧过了头。前提是对方的实力不强，特别是名声和成就根本不足以威胁、动摇自己的地位，当然会照顾对方、提拔对方，从而壮大以自己为首的团体。好比《易经》卦象结构中二爻与五爻的关系，正因为二爻威胁不到五爻，彼此之间有一段安全距离，所以多受赞誉，即"二多誉"。一旦二爻升上来，到了四爻的位置，随时可能取而代之的时候，那就不再称赞，可能会下重手处理掉他，因为功高震主，所以不得不小心防范，这也是"四多惧"，得"含章、括囊"，才能"无誉、无咎"。二、四、五爻是同一卦的利害关系，因为有距离产生的美感，所以会导致完全不同的对应方式，当一方遥遥领先的时候，可以对另一方称赞提拔，等到另一方光芒刺目时，就激起了这一方微妙的竞争心。这说明"同体"的关系是动态变化的，说透了就是人的自私心理，不论是"异体"或"同体"，都是为了个人利益而产生对别人的"誉"与"毁"。

"及其名敌"的"敌"，是指实力相当，不分胜负。这个概念在《易经》中，一个是艮卦《象传》的"上下敌应，不相与也"，以两山对峙的现象来比喻没互动、不交流，两个山头间王不见王，彼此间产生了微妙的竞争。另一个是中孚卦，意思是指人与人之间的交往关系，有没有爱、能不能散播人情温暖，就用母鸟对待小鸟来比喻人际情感中的"信、望、爱"。中孚卦的六三叫"得敌。或鼓或罢，或泣或歌"，代表人情中对"敌"理不尽、斩不断的纠葛。旗鼓相当、势均力敌，所以有了刘邦与项羽的楚汉相争，也有三国周瑜与诸葛亮的"瑜亮情结"，这个化学反应肯定是往负面发展。当"同体"到了"名敌"的时候，即使彼此是同一条路线、同一个专业，也会产生竞争意识，因为终究只能有一个老大。"则尠能相下"，"尠"同"鲜"，指很少的意思。"相下"，就是"我认输""不相争"。这句话是说彼此间谁也不服谁，彼此都不能容忍。和你齐名、实力相当的人，就算是同一卦的同体之人，也很少能够甘居下位，即"尠能相下"。偏才总是气盛，不觉得他人了不起，有一种"不服输"的竞争心理，总要在口头上占一点便宜，绝不服气。类似"既生瑜，何生亮"的心态，究竟是周瑜比较聪明，还是诸葛亮比较聪明呢？到头来，谁都不愿意居下位。

"是故直者性奋，好人行直于人，而不能受人之讦。"文章一气呵成，刘劭点出了人的争强好胜。《八观第九》中有谈到"直"与"讦"的关系，也就是心态的问题："直者亦讦，讦者亦讦，其讦则同，其所以为讦则异。""直"是天性，所以有"人之生也直""直、方、大，不习，无不利"等。这种性格没有经过太多的修饰，也就比较直接、比较冲动，说话不愿意拐弯抹角，因为他觉得这样比较坦白。繁体的"奮"字是田地中大鸟振翅欲飞的动作，比喻一种向上的冲劲，只是简体字的写法是"奋"，少了"隹"的振翅，就少了文字原有的意味。

"直者"偏好用坦白直率的态度和他人交往，不遮掩绕弯，这是以"直道"待人。如果你也用"直"的方式来和他互动，他就不一定喜欢，因为"直"带有"讦"的批判，"直者"能不能面对自己的缺失被挑战，还有待考验，这就是"好人行直于人，而不能受人之讦"，自己喜欢和别人讲真话，却不一定喜欢听真话，这是因为真话中往往带有"讦"的攻击性，让人面子上挂不住，心里感觉很不舒服。如果没有深刻的反省习惯，人常常不自觉地陷入这样的盲点。

"尽者情露，好人行尽于人，而不能纳人之径。"之所以说话不含蓄，所有事都说给人听，是因为他想和别人交好，不觉得有不可以说的话。通通分享，这叫"尽"。这种人多半性格比较外向，对知道的事情口无遮拦，即"情露"。正因为"尽者"看到什么就说什么，很可能听到别人的隐私或其他不适合传播的事也照说不误，容易让别人难堪而不自知。可是，别人若是这样直来直往、大大咧咧地把他的隐私昭告天下，他就不能接受，即"不能纳人之径"。"径"在这里是直接的意思。

"径"也指小路、快捷方式，引申为奉承、拍马屁。《论语·雍也》中有一个故事：

子游为武城宰。子曰："女得人焉尔乎？"曰："有澹台灭明者，行不由径。非公事，未尝至于偃之室也。"

孔子的学生子游（言偃）在武城做官，孔子就问学生："你到那边做官，有没有发现人才啊？"子游说："有个叫澹台灭明的人很特别，他个性耿直，不是谈公事绝对不到我这边来聊，既不送礼，也不套近乎。"其中子游以"行不由径"来描述澹台灭明的性格，他走路绝不抄近路，而是依着应有的轨道前进。子游用这个例子点出澹台灭明为人方正，不逢迎、不搞裙带关系。这一段中"纳人之径"与"行不由径"讲的都是"直"，前者讲的是人际关系中的表达直接，后者讲的是职场关系中的快捷方式，在根本意义上是有关联性的。

"务名者乐人之进趋过人，而不能出陵己之后。""务名者"，直接点出这种类型的人只关心与自己形象相关的，比如尊严、面子等。平常标榜的东西，一旦与自己的名声有冲突，就通通不适用了。这种求名心特别炽烈，非常愿意看到别人也像他一样汲汲营营于追求名声，一心想超越别人的人，即"进趋过人"。只是无论如何都不可以超越他，或抢了他的风头，若有人把他甩在后头，这会让他受不了，即"不能出陵己之后"。"陵"同"凌"，指的是凌驾、超越，"陵己"就是超越自己，位居自己之上。在此，刘劭直接把热衷功名、争强好胜的人的私心表露无遗，这种心态可能从小的时候就有，还没上学时和兄弟姐妹竞争，到上学后和同学竞争，长大后到职场和同事竞争。

"是故性同而材倾，则相援而相赖也；性同而势均，则相竞而相害也。此又同体之变也。"这句得出结论，性质相同的"同体"之人，就看彼此间实力差距有多少。"材倾"是指彼此才干相差很远，"倾"是指具有压倒性优势，彼此相较完全不构成威胁。如果是这样，实力强的就对实力弱的"相援"，给予援助、提拔，趁机吸纳羽翼，壮大自我声望，而实力弱的一方就"相赖"，依赖、倚靠实力强的一方。

韩信因为萧何的推荐，被刘邦拜为大将，到最后萧何亲自领韩信受死，所以才会感叹韩信是"成也萧何，败也萧何"，其中恐怕多少也有"性同而材倾，则相援而相赖也；性同而势均，则相竞而相害也"的味道。当彼此实力相差很远，才会有"相援、相赖"的必要和需要，等到"性同而势均"，条件差不多又势均力敌，就成了竞争关系，相互竞争的结果肯定是彼此伤害，分出胜负高下，这就是"同体之变"。明明是同体，彼此却因为"相竞而相害"，假定六祖慧能到了黄梅道场后，终其一生都在柴房中破柴踏碓，大概没有人会理他，不会被视为威胁对手。后来他把心里的话写在墙上，又在五祖开示后大悟，而得衣钵，影响到了既得势力者的地位，于是他隐姓埋名，流亡十多年才得以出世。因此，识人的思维一定要细腻，不要以为"同体"之人会交好到底，正所谓没有永远的敌人，也没有永远的朋友，因为时空条件不同，所以人是会变的。自古以来，很少有同门能够融洽相处而得善终的，儒家和墨家在祖师爷走了之后，"儒分为八，墨分为三"，同门间谁也不服谁。孔子刚去世的时候，因为大家怀念老师，所以就把很像老师的有若推上来当作"假老师"，这也是我们在《论语》第二则中就读到有若的话的原因。只是有若终究不是孔子，不能解惑服众，后又被同门师兄弟拉下来，由此门派分裂。这些都可以视为"同体之变"，甚至有的人一旦到竞争的时候，六亲不认，连父子兄弟都会相杀，还谈什么同门？

"故或助直而毁直，或与明而毁明。"前面提到原本欣赏"直"的人，到后来却不愿意被人以"直"相对，即当事情与己无关时，谁都可以唱高调，一旦自身遇到相同的情况，就会"毁直"。同样的，原本持赞同、认同的态度或表现，一旦对自己的利益产生威胁的时候，就会持反对态度。"助直而毁直"是双重标准的典型表现，为什么会这样呢？因为涉及自身的利害，所以"助直"不是真的，只要"直"伤害到你，就会"毁直"。"与明"又为何要"毁明"？既然称赞人家明智，又为什么要诋毁、批评呢？因为"明"威胁到你，所以就会"毁明"。"与"是认可、赞同的意思。《论语·先进》中有相同的用法，孔子认同曾皙的"浴乎沂，风乎舞雩，咏而归"的生命情怀，于是喟然叹道："吾与点也！""与"和"毁"是截然相反的两种态度，出现在同一个人身上，深入分析其缘由，本质是自私自利的问题。

"而众人之察，不辨其律理，是嫌于体同也。""律"有规律、律则的意思。《易经》师卦谈面对群众时要搞清楚群众间互动的规则，这叫"师出以律"，要不然群众会失序，以造成无法控制的混乱，即"失律，凶也"。"律"还有音律、节奏的意思，指做事要有步骤、有章法，得踩到鼓点上，才不会荒腔走板。"律"和"理"，就是从节奏到逻辑，一般人之所以看不透人情，是因为只看到表面而没有探究背后的道理，总是认为"同体相亲"，却没考虑到彼此因为势均力敌所产生的嫌隙和竞争关系。"嫌"是排斥。同类中还有其他精细的分析，《易经》同人卦讲"类族辨物"，而睽卦自家人卦发展而来，亲密的一家人到后来反目成仇，所以睽卦的《大象传》说"君子以同而异"，在同中还要求异，就是"嫌于体同也"。

"律"除了"师出以律"，《中庸》里有："仲尼祖述尧舜，宪章文武。上律天时，下袭水土。"作者子思在称扬祖父孔子时，就是用了这段话。"律"在此的意思是"向大自然学习"，回归到"人法地，地法天，天法道，道法自然"的境界。《庄子》把这种自然的呼唤，用"天籁、地籁、人籁"三种方式表现出来。

获提拔或遭打压

夫人所处异势，势有申压。富贵遂达，势之申也；贫贱穷匮，势之压也。

【译文】

每个人所处的形势是不同的，就算彼此才干相近，也会因形势而伸张或压抑。富有显贵，仕途通达，这是形势的伸张；贫下低贱，穷困潦倒，这是形势的压抑。

【现代解读】

"夫人所处异势，势有申压。""势"是权势、形势。有人位卑职微，为"失势"；有人权高势重，为"得势"。"势"不同，发展机会可能就会差很多，一种是平步青云，另一种是在底层受生活的逼迫。"申"是指往上生长，没人能挡得住，能得到提拔，即"利见大人"。"压"是指镇压，被压抑、排挤，心情沉郁，不能施展抱负。乾卦中六个爻的"潜、见、惕、跃、飞、亢"，就是"势"的不同。"富贵遂达"，是"势之申"的结果，得遂青云志，"申"字取田中农作物的意象，既能向下扎根，又能向上伸展。《易经》巽卦就懂得这一套，能够深入低调，达到目标。"巽以行权"是"忧患九卦"中最高段位的功夫，成功得不声不响，让人毫无防备，因此卦辞称为"申命行事"，掌握发号施令的大权。"贫贱穷匮，势之压也"，自然就被打趴在地，就算彼此的才干、智慧相差无几，单是势的"申"和"压"，就让人生走在"富贵遂达"和"贫贱穷匮"两条不同的路上。

上材之人，能行人所不能行，是故达有劳谦之称，穷有著明之节。中材之人，则随世损益，是故藉富贵则货财充于内，施惠周于外。见赡者求可称而誉之，见援者阐小美而大之，虽无异材，犹行成而名立。处贫贱则欲施而无财，欲援而无势，亲戚不能恤，朋友不见济，分义不复立，恩爱浸以离，怨望者并至，归罪者日多。虽无罪尤，犹无故而废也。

【译文】

最好的人才，能超越一般人的格局和限制，做别人不能或不敢做的事。所以，仕途通达的时候能有劳苦功高、低调含蓄的美称，穷困潦倒的时候能有行事磊落的气节。一般的人才，会随着时势的变化而屈伸。因此，钱财多的人，货财自然充足于内，为了好的名声而恩惠施舍。被他帮助过的人，便找出一个好的表现来表扬他；被他援助过的人，就将他的小优点不断地夸大，虽然他们没有特殊的才能，却能够通过做善事而取得名声。身处贫贱地位的人，想要帮助别人却没有财力，想要救援、接济却没有权势，亲戚不能受到帮助，朋友不能得到救济，原本的感情、恩义也就渐渐疏离了。埋怨的言论一下子多了起来，说你错的人也会越来越多。虽然他们没有罪行和过错，但还是无缘无故地被当成废才了。

【现代解读】

"上材之人，能行人所不能行，是故达有劳谦之称，穷有著明之节。"最优秀的人才，能够超越一般人的格局和限制，做别人所不能或不敢做的事情，称之为"非常人"。一般人可能不认同他的一些做法，好比刘邦能够在乱军中把孩子推下车，周文王姬昌忍吞亲子之肉，这些都是非常之人才能做到的，那是天生领袖的特质。像乾卦中的"潜龙"之才，能"遁世无闷，不见是而无闷；乐则行之，忧则违之"，也是一般人做不到的。所以，这种人富贵利达，既能有"劳谦"的美誉，又能够低调、含蓄。"劳谦"取自谦卦九三的卦辞："劳谦君子。有终，吉。"所以能"万民服"。"穷"和"达"正好相反，"穷"不一定是没有钱，没有钱叫"贫"，"穷"是指事业或人生的发展走到瓶颈，正所谓"穷途末路"。一个人钻到洞穴中，得弓着身子，蜷曲其中，这就叫"人在屋檐下，不能不低头"，"穷"的字形是取"躬身入穴"，站都站不直的意象。"穷有著明之节",就是孟子所谓的"贫贱不能移",呼应前文中"达有劳谦之称"的"富贵不能淫"。"著明"出自孔子自述著《春秋》之意:"我欲载之空言,不如见之于行事之深切著明也。"用鲁国两百多年的兴衰史来印证孔子想阐明的道理。"穷"的发展受到限制,还能够保持应有的分寸而不逾矩,这就是"能守"。孟子把这些汇集起来,作为"大丈夫"的标准:

居天下之广居,立天下之正位,行天下之大道;得志与民由之,不得志独行其道;富贵不能淫,贫贱不能移,威武不能屈,此之谓大丈夫。(《孟子·滕文公下》)

这里的"广居"不是指大房子,而是指涣卦中君位"涣王居"的含义,也就是把政治典范、是非标准放在每个人的心中。"独"除了有独立的意思,还有"慎独"中个人禀赋、生命特质的表现,这就是《春秋》中"大、居、正"的概念。《中庸》有:"君子素其位而行,不愿乎其外。素富贵,行乎富贵;素贫贱,行乎贫贱;素夷狄,行乎夷狄;素患难,行乎患难。君子无入而不自得焉。"《论语·里仁》中说:"君子无终食之间违仁,造次必于是,颠沛必于是。"无论是"达"也好,"穷"也罢,"达"能济世,"穷"则能守,这是"上材之人"的风格。外在环境的变化完全不会影响他的自在和行为。刘劭把"上材之人"作为中国文化中理想人格的典型。

"中材之人,则随世损益。"因为一般人只要"势有申压",就会随之改变自己原本的坚持,所以富贵时志得意满,穷困时卑躬屈膝,顶多也就是"中材之人"。受到世俗批评的影响,这里减一点,那里加一点,委曲求全、随波逐流,即"随世损益"。不过"潜龙"之人不会"随世损益",而是我行我素,《中庸》才说"素富贵""素贫贱""素夷狄""素患难",不随世俗浮沉,为人立不易方。

群体统计中的大多数都是"中材之人",即"是故藉富贵则货财充于内,施惠周于外。见赡者求可称而誉之,见援者阐小美而大之,虽无异材,犹行成而名立"。"周于外",就是普遍打点,面面俱到。"施惠"的背后是为了满足自己被称誉的快感,希望获得外在的好名声。于是,那些得到他帮助的人,即"见赡者""见援者",就有了可以赞美的理由。"求可称而誉之",虽然他没有那么好,但总要拼命找出一个好的理由来表扬他。"阐小美而大之",受人援助,拿人钱财,会把对方一个小的优点放大十倍。"阐"有阐扬、阐发的意思。这里其实带有负面的意思,指的是找来找去,终于找到几点可以值得称道的地方,对小小的善行给予大大的表扬。也就是说,此人本来没有好称道、赞美的,也就做了这几件善事,才被人拿来表扬,当作回报。

"虽无异材,犹行成而名立。"这个帮助别人的人,虽然并没有特别了不起的地方,但是他帮过不少人,所以到处都有赞扬他的人,树立了一个大善人的名声,这就是"行成而名立"。

"处贫贱则欲施而无财,欲援而无势,亲戚不能恤,朋友不见济,分义不复立,恩爱浸以离,怨望者并至,归罪者日多。虽无罪尤,犹无故而废也。"贫贱的人因为"势"不同,想帮别人却没有能力,即"欲施而无财"。想要救援、接济却没有权势,即"欲授而无势"。冷眼旁观往往不是没有爱心,而是没有资源、不居势。接下来就更妙了,刘劭写文章时除了含有理性思考,还有感性描述,从贴近读者的角度来写实。谁没几个亲戚呢?当他们有状况时,我们想帮却没有能力帮忙,只能眼睁睁地看他们受困,顶多就是口头讲讲、心里想想。我们需要帮助时,朋友也帮不到我们,即"朋友不见济"。这样走下去,应做的事没法做到,原本的感情、恩义就渐渐疏离,即"恩爱浸以离"。"分义"是指本分,应当做的事情。"不复立",连本分都无法尽到的悲叹。《论语》中颜回说:"愿无伐善,无施劳。"其中蕴含了"做不到"的无奈。"恩爱浸以离","浸"是指慢慢地扩散、发展。男人在家庭中会同时担任多个角色,有时候是丈夫,有时候是父亲,有时候又是儿子。在承担丈夫的责任时,对不起妻子;在承担父亲的责任时,没有办法照顾儿女;而身为子女时,又不能让父母获得赡养、照料。于是那些原本对你有微小期盼的亲人，经过几十年的磨耗后，发现终究不能如愿以偿，也就"恩爱浸以离"，这是"贫贱夫妻百事哀"的无奈。或许并不是没有心，也不是没有才干，就是运势不好，又能怎么办呢？正所谓"巧妇难为无米之炊"。亲人的情感不是一下子就疏离的，是慢慢地生分了，"怨望者并至，归罪者日多"，大家对你已不抱期望，甚至埋怨，既怨自己命运多舛，也怨你没有出息。到后来，说你错的人越来越多，爸爸妈妈、兄弟姐妹、爱人子女都觉得你有问题，因为你对他们完全没有任何正面的贡献，连基本的伦常关系都出问题了，所以就算不是你的错，也都归到你的身上。"虽无罪尤，犹无故而废也"，不需要任何理由，就完全被打成废物了。

故世有侈俭，名由进退。天下皆富，则清贫者虽苦，必无委顿之忧，且有辞施之高，以获荣名之利；皆贫，则求假无所告，而有穷乏之患，且生鄙吝之讼。是故钧材而进，有与之者，则体益而茂遂；私理卑抑，有累之者，则微降而稍退。而众人之观，不理其本，各指其所在，是疑于申压者也。

【译文】

所以世间拥有资源的多与寡，对名声的显达与衰颓有影响。天下人都富有，那么清贫者就算日子不好过，也一定没有衰弱病困之忧，并且可以成就推辞施与的高名来显示自己的清高。如果天下人都贫穷，连想请人帮忙都找不到对象，而且有穷困贫乏的隐患，在这种情况下，最容易产生纠纷和争执。所以才智差不多的两个人，有人受到提拔、肯定，自然就能获得好的发展。若受到上司的误解和误判，并有重重拖累，升迁、拔擢的效率就会变慢，甚至倒退。而普通人在观察人时，不太能够深入问题的根本，各自只看到问题的表象，这是没搞明白形势的转变与压制的影响。

【现代解读】

"故世有侈俭，名由进退。"讲的是世间资源拥有的多寡，要是实力够、肯帮忙，自然能获得好声望，则"名进"。反之，若是连自给自足都成问题，根本没有能力帮别人，也就不会被别人看重，则"名退"。清朝时，有钱人可以通过"买官"来提高自己的地位，现在很多社团组织，同样有高额的入会费，用实力来筛选会员。"天下皆富，则清贫者虽苦，必无委顿之忧，且有辞施之高，以获荣名之利"，如果整个社会水平都不错，就算是日子不好过，基本生活质量不至于太差，正所谓水涨船高。"委顿"是指气力耗尽，瘫坐下去。现在大环境好，人人都希望能拥有好名声，更乐意帮扶弱势者。反过来说，因为社会富裕，弱势者依靠社会提供的福利不至于活不下去，甚至可以推辞救济，转让给其他更需要帮助的人，以显示自己的清高，即"辞施之高"。这样的表现和情操，更能彰显富裕社会人的品格。若是大环境不景气，大家都没赚到钱，恐怕将是另一种光景，即"皆贫，则求假无所告，而有穷乏之患，且生鄙吝之讼"。当大家都没钱时，谁有能力帮忙呢？连想借他人之力来渡过难关，都找不到对象。"而有穷乏之患，且生鄙吝之讼"，穷人多、资源少，告贷无门，在这种情况下，最容易发生纠纷、争执，即"且生鄙吝之讼"。所求未得，尤其是和生活有关的矛盾没有被解决，会严重影响个人与社会的关系，很容易沦为社会的边缘人。

"是故钧材而进，有与之者，则体益而茂遂；私理卑抑，有累之者，则微降而稍退。"这是说才智差不多的两人，有人提拔、肯定，自然就能获得好的发展。刘劭以"体益而茂遂"来代表本质强健、茂盛顺遂。没有受到赏识的人，很可能是因为上司有私心，或是误解、偏见，甚至莫须有的理由，压制其向上升迁，即"私理卑抑"。让有同样才干的人因此受到拖累牵连，升迁、拔擢的速度很慢，甚至倒退，两人的差距越来越大，即"则微降而稍退"。"累"是累赘，指受连累。这是因为"势有申压"，上层的提拔或打压会导致发展结果大相径庭。

《易经》乾卦中谈自强不息，正是"打铁还得自身硬"，到第二卦坤卦谈厚德载物，强调得搞好群众关系。其实，缩小到每一卦的第一爻都有一点"潜龙勿用"的味道，也就是默默地培养基本实力，等到养成之后，第二爻就看如何处理人际关系了。俗话说"朝中无人莫做官"，部属得不到领导赏识，怎能出人头地？所以"有与之"与"有累之"，往往更甚于才智、能力。"而众人之观，不理其本，各指其所在，是疑于申压者也"，可是一般人的考虑不那么周严，没想到环境、上司等问题，对现象的根本不做深入研究，只看到自己眼前的一亩三分地，就以为如何如何，真正原因是"势有申压"，受到提携或是压制的影响。

"本"是指根本，是研究事物的所以然，只看到目前的状态就径自下结论，会错把偶然的现象当作必然的结果，这是"不理其本"的问题所在。《易经》中卦爻结构的承乘应与关系，就是讨论这些问题，很多事情不只是主观条件的作用，也包括客观环境的影响。像人际关系中上下左右的平衡互动，《大学》中讲"絜矩之道"，谈的就是上下左右各方关系的平衡。《易经》中的平行关系可以用离卦的"离"来表示，古字中"离"同"丽"，本意是两鹿相依，代表美好的关系。而上下的关系，可以用"孚"或"誉"来说明，前者是"母鸟与小鸟间的亲子互动"，后者是"长官对部属的鼓励"。乾卦第二爻"见龙在田"，意即表现出色，除了要向下照顾初爻，还得与五爻建立良好的互动关系，乾卦二爻爻变为同人卦，就是同体的概念。每个人之所以会处在当下的位置，都是有原因的，我们要"理其本"，即搞清楚到底是什么原因导致了今天的状况，是"疑于申压者也"，还是本质、才干有问题？这是本段要表达的重点。

刘昞对这段中的"是故达有劳谦之称，穷有著明之节"的注解引自《易经》："材出于众，其进则裒多益寡，劳谦济世；退则履道坦坦，幽人贞吉。"其中"裒多益寡"出自谦卦《大象传》："裒多益寡，称物平施。"这是君子在发达、伸志时对社会公平的主张，但不发达的时候，就是履卦二爻的"履道坦坦，幽人贞吉"，因为心中有定见，所以能够"中不自乱"。"劳谦君子"是中国文化中的理想人格，孔子曾就此发挥道："劳而不伐，有功而不德，厚之至也。"由此可见，刘劭和刘昞对《易经》《易传》是很熟悉的。

以上提到的人物类型都算是一般人，接下来要看特殊的类型——尤物型人格。有特别好的，也有特别奸巧难测的，都会让人跌破眼镜，得从特殊的角度切入，不能用常情、常态去看待，不然会看走眼。

非常人物的观察法

夫清雅之美，著乎形质，察之寡失；失缪之由，恒在二尤。二尤之生，与物异列。故尤妙之人，含精于内，外无饰姿；尤虚之人，硕言瑰姿，内实乖反。

【译文】

清廉高雅的美德，完全能够显现在个人的形貌和气质上，通过观察，一般不大容易有偏差。而容易造成失误的，往往在对尤妙和尤虚这两种人的考察上。尤妙和尤虚的产生，与一般人是不同的。所以尤妙之人，含蓄内敛，外表看起来可能很平凡，不装饰自己。尤虚之人，发言时语惊四座、姿态瑰丽，内在却正好相反，是个草包。

【现代解读】

"夫清雅之美，著乎形质，察之寡失。""清雅"意味着不浊、不俗，让人感觉舒服。人格个性的美，完全能够在个人的形貌和气质上显现，观察这种人一般不大容易有偏差。若真是看走了眼，可能是遇到特殊人物，不是特别好，就是特别糟，即"失缪之由，恒在二尤"。大奸巨恶能招摇撞骗，行走天下，自然不会轻易被识破，而看起来平凡无奇却胸怀大志的经世奇才，也往往会从你眼皮底下溜过。楚汉相争时，后来帮刘邦成事的很多大将都曾在项羽的阵营里待过，项羽之所以没有任用他们，就是因为特殊人才不是一眼就能看出来的，所以称为"尤"。刘劭在此提到这两种极端人才，一种是特别精妙地称为"尤妙之人"，另一种是假到可以乱真，叫"尤虚"。曹雪芹写的《红楼梦》中有"二尤"，即尤二姐、尤三姐，不知道他有没有受到《人物志》的影响。

人越特殊，就越容易遭谤，成为"怨尤"的对象。所谓"出头椽子总先烂"，人稍微特殊一点，很多人就会批评他。"二尤之生，与物异列"，既非凡品，自然和一般人是不同列的，得换个特殊的镜子来照察。"故尤妙之人，含精于内，外无饰姿；尤虚之人，硕言瑰姿，内实乖反"，"尤妙之人"指特别高妙、有大才的人，他是内敛的，是"含章、括囊"的，外表看起来可能很平凡，一点都不吸引人，没有任何特别之处。"尤虚之人"，则是指特别会掩人耳目、招摇撞骗的人。"硕言"是指发言时动辄语惊四座，实际上内在完全不是这样子的，可能是个草包，即"内实乖反"。"乖"同"睽"，指违背、背离。这两种人之所以特殊，是因为他们的内外实在相差太多，特别是具有奇貌的人，像孔子"首上圩顶"、头顶下凹，却"含精于内"，为千古素王。历史上美男子不少，可是没几个可靠的人。这些特例，就不符《人物志》中"诚于中，形于外"的前提，不能简单地用外在去推测人的内在。

而人之求奇，不可以精微测其玄机，明异希。或以貌少为不足，或以瑰姿为巨伟，或以直露为虚华，或以巧饰为真实。

【译文】

普通人在寻求奇才时，没办法用精微的态度去体察、观测其中的深奥玄妙的道理，明识他的奇异与独特之处。有的时候看到人家其貌不扬，就以为他能力不足；有的时候看到人家的姿态非凡，就觉得这是个人才；有的人说话直白坦率，就以为是华而不实；有的人外表看起来有模有样的，就以为实质也是如此。

【现代解读】

"而人之求奇，不可以精微测其玄机，明异希。"人大都有追求奇特的心态，想看看别人有哪些特殊之处。可是碰到"尤妙之人"时，外在看起来平淡无奇，于是觉得普通，就错过大才了。这是因为没有用精微的态度去观察，所以看不出"尤妙之人"的玄机与希异之处。比如商鞅奔秦后，帮助秦孝公改革成功，富国强兵，创造了历史上难得的成就。可是他之前在魏国，梁惠王完全没有重用他。当时商鞅在相国公叔痤门下任官，公叔痤了解商鞅的才干，在病重时向梁惠王推荐过他。梁惠王觉得商鞅既无资历又无背景，认为是公叔痤病重昏聩而荐，于是就敷衍以对。公叔痤见梁惠王没有意愿，又对梁惠王说："若君王不用他，就马上杀了他，免得他投效别国，变成人家的宝贝。"结果梁惠王一想："这个老头子，真是脑壳烧坏了，先是劝我重用他为相，再来又说如果不用，就杀了他。这不是昏头了吗？"商鞅就是这种"尤妙之人"，外表看不出特殊之处，也没有务实的历练，只有公叔痤能慧眼识英雄，看出他是个了不得的大才，若不能为己所用，必成大患。只是梁惠王没有眼光，既不用商鞅，也没有杀商鞅，最后商鞅跑到秦国去了。

《史记·商君列传》中还有个尾巴，公叔痤离开后，把商鞅找来告诉他："我要尽魏国臣子的责任，因此先向君王举才，推荐你为相。君王不用，我就建议君王杀你，避免将来你为他人所用，成为魏国的大患。基于朋友的立场，我要叫你赶快逃走。"结果商鞅听了哈哈大笑，说："君王不听你的话重用我，难道他会听你的话杀我吗？"所以商鞅又在魏国待了一段时间，这就是商鞅的见识和胆识。因此，刘劭才说"人之求奇，不可以精微测其玄机，明异希"，一定要"以精微"，才能够"测玄机"，也才能明辨奇异之才、稀世之人。

正因为"二尤"之人内外的表现完全不一样，所以在寻求奇才时，就会往"有没有特殊之处"去看，对于平淡无奇的人，就不会察觉到是"二尤"。没有耐心下精微细致的功夫去观察，也就不能"测其玄机，明异希"。举四个例子来说明，"或以貌少为不足"，有的时候看一个人其貌不扬，没有器宇轩昂的样子，就以为他能力不足。"或以瑰姿为巨伟"，有的时候看到一个信口开河、胡乱吹牛的人摆出实业家的姿态，就觉得这是个人才。"或以直露为虚华",他讲得很直白,这些考虑有其必要,我们却觉得他是想得太多,华而不实。"或以巧饰为真实",看到外表有模有样的人,就认定他的实质也是如此。这都是识人时常见的错误,正是"以言取人,失之宰予;以貌取人,失之子羽"(《史记·仲尼弟子列传》)。

是以早拔多误,不如顺次。夫顺次,常度也。苟不察其实,亦焉往而不失。故遗贤而贤有济,则恨在不早拔;拔奇而奇有败,则患在不素别;任意而独缪,则悔在不广问;广问而误己,则怨己不自信。是以骥子发足,众士乃误;韩信立功,淮阴乃震。

【译文】
　　所以被外表所迷惑而过早地提拔,往往被证明是错误的,不如按照一般的人事管理次序选拔。按一般的人事管理次序来选拔,从基层做起,是选拔人才的常规。但不考察一个人的实力与表现,又怎么能保证这样的选举方式没有失误呢?所以当被遗漏的贤才在其他地方大放光芒时,就懊悔没尽早地提拔他。提拔了奇才却没能成事,又责怪自己没有在寻常之处多辨别、考验。自认为有识人之明却出现了大的失误,就后悔没有广泛地征求意见。广泛地征求了意见却因此影响了判断,就怨恨自己没有靠自信来决断。所以当千里马奋蹄驰骋时,大家才意识到自己的失误;韩信立功受封以后,淮阴便为天下人所知了。

【现代解读】
　　"是以早拔多误,不如顺次。"有些人过早受到提拔,往往是上级只看到他的"瑰姿"为"巨伟",误认"巧饰"是"真实",于是没有依照资历、表现来观察,选择破格拔擢,结果用错人。这点出有时候急于求才,只看到他某方面表现,就觉得"应该是他",不按次序拔擢的结果常常被证实是错误的。不如按照一般的人事管理规范,即"顺次",让

七缪第十　｜　387

他先从基层干起。况且经验是需要积累的，再聪明也要务实地配合，一步一步来，这叫"常度"。"苟不察其实，亦焉往而不失"，刘劭在此强调，无论是论资排辈的升迁，还是破格拔擢的跳级晋升，都需要以实力和表现来作为评判标准，因此在任何情况下，领导者都要"察其实"，核实绩效。不然，"差之毫厘，失之千里"，再往前奋斗，怎能会不失误呢？

"故遗贤而贤有济，则恨在不早拔。"没看出来的贤才被放掉了，即"遗贤"，结果他在别的地方大放异彩，即"贤有济"，自己捶胸感叹，懊悔当时没有重用贤才而便宜了对手。"拔奇而奇有败，则患在不素别"，自以为他是人才，早早地提拔起来，结果没能成事，反而坏了大局，于是怪自己太主观，没有在寻常之处多做鉴别、考验。不管是错过了对的人，或是用错了人，都是需要检讨高层的眼光。"任意而独缪，则悔在不广问"，自己觉得有知人之明，旁人怎么劝都不听，到头来则追悔当初怎么不多问问大家的意见。"广问"就是多问问，集思广益。只是一味地"广问"也不一定行，到处求评价、分析，反而三心二意，没办法下决定了。这时又会怪"广问而误己，则怨己不自信"，痛恨自己当时怎么没有自信做决定，这就是"千金难买早知道"，时机过去了。

"是以骥子发足，众士乃误；韩信立功，淮阴乃震。"韩信因为建汉有功，所以被封为淮阴侯，而在韩信默默无闻不得志的时候，很多人都不知道他是奇才。要不是得到萧何的力荐，韩信也不会有机会发挥。韩信成功之后，全天下才闻名而震。淮阴是韩信出生的地方，光宗耀祖，代表地灵人杰了。这是中国人一直以来的观念，不管任何地方，只要出了一个大人物，那就是当地人的荣耀。好比说，提到曲阜，人们就会想到孔子。

"骥子"就是千里马，不跑则已，跑起来一日千里，出乎大家意料。有句成语："老骥伏枥，志在千里。"意思是老的千里马在马厩中未能施展，一旦有机会，也想驰骋千里。这里用"骥子"比喻三国时期的庞统，庞统与诸葛亮齐名，并称为"凤雏"和"卧龙"，只是庞统长得很丑，和诸葛亮形成鲜明对比。庞统因不受东吴重用，便投奔刘备，起初刘备只派他做一个小县官，他自觉大材小用，就索性怠工。等到张飞去视察的时候，他一下子把几个月的积案都办完了，经鲁肃提醒，刘备才发现自己险些贻误这个人才。所以说，大才从外观上看不出来，等到发足狂奔的时候，所有人才都发现看错了。一切事情要看结果，事先怎么吹牛都没有用，正所谓"布丁好不好吃，得吃了才知道"。

夫岂恶奇而好疑哉？乃尤物不世见，而奇逸美异也。是以张良体弱而精强，为众智之隽也；荆叔色平而神勇，为众勇之杰也。

【译文】

大家难道是讨厌奇才而喜欢怀疑吗？那实在是由于奇才太少见了，而奇才、逸才又如此与众不同，所以容易看走眼。因此，张良虽然身体不好，但意志力和智慧超乎常人，是谋士中最出类拔萃的；荆轲神态平和，但勇气惊人，在勇士中是最杰出的。

【现代解读】

"夫岂恶奇而好疑哉？乃尤物不世见，而奇逸美异也。"大家都看走眼了，是不是因为讨厌奇才又喜欢怀疑呢？即"夫岂恶奇而好疑哉"。其实是真没有那个眼力，奇才内外差别太大，超过常情的评判标准。奇才实在太少见，一生之中都不见得能遇到一个，即"乃尤物不世见"。"世"是指三十年，人说"不世之材"，至少引领当代的风潮，无人能出其右。不世之才，立不世之业，没有人能够跟他齐名。"奇逸"是指奇才、逸才，"逸"有"跳出框框"的味道，不在世俗的范围内。"美""异"可以表示美好，也可以表示与众不同。尤其是这里提到的"尤妙"和"尤虚"，都是世间罕见的，是统计曲线的极端值。

刘劭又举汉代张良的例子，"是以张良体弱而精强，为众智之隽也；荆叔色平而神勇，为众勇之杰也"。虽然张良对汉朝的功劳大得不得了，但他懂得低调，只愿意封侯，称为"留侯"。从刘劭的描述来看，张良的身体不好，但意志力和智慧超乎常人，即"精强，为众智之隽"，他算是谋士中的第一把交椅，外在的体弱不影响他的谋略。他建议刘邦毁弃鸿沟之约，进攻楚军。历史都是由胜利者来解释，无论如何，输家都已丧失了话语权。这说服了刘邦，也改变了楚汉的局面，可见张良一点儿也不迂腐。另外，谈到"精强"，让人联想到乾卦和坤卦，把这两种特质结合在一起，具有妇人孺子的外形，但心智的能量特别强，为"众智之隽"，这是张良的特色。

至于另一位"荆叔"，说的是荆轲刺秦王的故事。虽然荆轲的武功不强，但勇气惊人，他能怀匕首行刺而神态自若，可惜剑术不到位，最后一击不中而失败。相较于副手秦舞阳的匹夫之勇，敢在闹市上杀人，到了秦王殿前却吓得要尿裤子。由此可以看出，真正的勇敢不是鲁莽，而是把生死置之度外的豁达，故称为"众勇之杰"。

什么都是比较级

然则，隽杰者，众人之尤也；圣人者，众尤之尤也。其尤弥出者，其道弥远。故一国之隽，于州为辈，未得为第也；一州之第，于天下为椳；天下之椳，世有忧劣。

【译文】
可以说，具有大智大勇的人，是人才中的人才。而圣人，又是这些人才中最为突出的。越是特别出众的，就越难掌握、越难追寻。所以在一国内了不起的人物，放到州内来看，恐怕就是泛泛之辈；在一州中了不起的人才，是国家可以倚仗的栋梁；但国家可以倚仗的栋梁之材，每个时代也是不一样的。

【现代解读】
"隽杰"指的是前文所提的"众智之隽""众勇之杰"，具备大智大勇的人才不是一般人可以看出来的。就像荆轲面对压力仍能神态自若,并非自以为血脉偾张、实为色厉内荏的秦舞阳所能及。这些特别"出乎其类,拔乎其萃"的人才,是"众人之尤也",即人才中的人才、高手中的高手,也是中国文化中"圣人"的代表。"其尤弥出者,其道弥远",越是特别出众的人,就越难以掌握、越难以追寻。《论语·子罕》中,颜回对孔子的赞叹是:"仰之弥高,钻之弥坚;瞻之在前,忽焉在后。"到"虽欲从之,末由也已"的望尘莫及时,才发现彼此的差距更远,就算想要跟上,也找不到路。所以说,越特殊的人才离平凡就越远,想看懂还真不容易。

"故一国之隽,于州为辈,未得为第也。"在一国之内了不起的人物,放大到州的范围来看,恐怕就是泛泛之辈,要排在前面不容易。"国"在此指的是区域划分的单位,可能只是一个城市的大小,州比国的范围大。很多人在小学时表现很优秀,但到了中学,面对来自各小学的高手,就不显得特别突出。而中学的顶尖学子,到了大学,可能又被别人比下去了。所以一关一关上去,从小地方到大地方,恐怕原先的标准实在搬不上台面。因此,要说了不起,得看是拿什么标准来评判。

"一州之第,于天下为椳;天下之椳,世有忧劣。"依照上面的类推,一步步放大检视,想出人头地也越来越难。"椳"音同"威",指承载门枢转轴的门臼。连同样的东西"椳",在各个时代都有好坏的差别,三国时的蜀汉后期,因为大将都被折损了,最后连先锋都安排不出来,所以才有"蜀中无大将,廖化作先锋"的说法。正是因为人才凋零,所以中等或以下资质的人才,就顺势排在前头,这就是"比较级"的概念,即"天下之椳,世有忧劣"。"忧"同"优",是指好与坏的比较。

是故众人之所贵,各贵其出己之尤,而不贵尤之所尤。是故众人之明,能知辈士之数,而不能知第目之度;辈士之明,能知第目之度,不能识出尤之良也;出尤之人,能知圣人之教,不能究之入室之奥也。由是论之,人物之理妙,不可得而穷已。

【译文】

所以一般人所看重的奇才，只不过是能力、才干超过自己的人，而不是人才中真正的佼佼者。所以，一般人的智慧水平就只能辨识辈士之才，而不能辨识第目之才；辈士之才的智慧水平能够辨识第目之才，而不能辨识最为突出的人才。最为突出的人才，能够明白圣人的教诲，没有机会更深入地学习，掌握最深奥、最精湛的道理。由此说来，选拔人才的道理是微妙而难以穷尽、难以掌握的。

【现代解读】

"是故众人之所贵，各贵其出己之尤，而不贵尤之所尤。"一般人所看重的奇才，只不过是能力、才干超过自己的人，是在他们能够辨识的范围之内的人。那些高手中的高手，因为距离太远，没法看透，或是因为没见过世面而难以辨识，自然也难以理解、推崇。"是故众人之明，能知辈士之数，而不能知第目之度"，所以说，一般人的智慧水平就只能辨识"辈士之数"，再高几个等级的人才，就超过他识别的范围了，即"不能知第目之度"。同理类推，"辈士之明"最多了解再好一级的"第目之度"，再高几个等级，也没有办法识别了。"不能识出尤之良也"，因为太超前、太领先，超过识人者的眼界了。到了张良、荆轲这种等级，虽然能够感受到超出英雄豪杰的圣贤境界，能懂得人文的普世价值，但终究是囿于机缘、环境和事业的影响，没有机会更深入地学习，掌握最深奥、最精湛的道理，即"出尤之人，能知圣人之教，不能究之入室之奥也"。"奥"在方位上指的是房舍的西北角，在后天八卦中为乾卦，属君位、尊位，是主人或家中地位最高的长者所居住的地方。做学问也是一样，必要精益求精，深入再深入才能达到"奥"的境界。《论语·八佾》中有一段与"奥"有关的故事是这样说的：

王孙贾问曰："与其媚于奥，宁媚于灶，何谓也？"子曰："不然，获罪于天，无所祷也。"

孔子到卫国,遇到卫国主管军政的大臣王孙贾,王孙贾就暗示孔子,想要和处于奥位的领导人搭上线不容易,倒不如先就近打点好关系,起码能得到眼前的利益。正所谓"阎王好见,小鬼难缠",因为管事的都是小鬼,就是"灶"的意思。王孙贾的话外之意是劝孔子不要那么骄傲,应该来讨好自己,因为他就是灶王爷,所以想要见更高的人,得先见王孙贾。结果孔子不理会他,只说一切顺从天意,不会刻意地逢迎人事。

"入室之奥",必是登堂入室,穿过门庭进去。若是人还在门外,又如何能得"入室之奥"?哪怕入了门,距离成为"入室弟子"还差得远呢!《论语·先进》中有一句:

子曰:"由也升堂矣,未入于室也!"

孔子的学生子路,因为性格豪放而不受其他学生的尊重。于是孔子便说,子路(仲由)已经入了大堂,比喻他能理解孔子的学问,只是还不够深入,未到"入室弟子"的程度,而那些批评他的人,可能还在墙外呢!学问就是如此,任何一个专业到了最深的地步"奥",就要靠机缘。没有机缘,就算大概知道是怎么回事,也没有办法深究,这是一个同心圆的划分,从最外圈到最里圈,得要过好几关。

"由是论之,人物之理妙,不可得而穷已。"刘劭告诉我们,人真的是没有那么容易了解的。有的人很直白,两三下就能搞清楚;有的人很深沉,得去挖掘、探讨,本以为了解了,恐怕到后来还有更深的、没看到的地方。识人的学问真是无穷无尽,就看你用哪个规格来讨论,有的人物放在当代来说挺不错的,但拿到历史中去比较,可能就被比下去了。就算已经是"前无古人",又如何保证"后无来者"呢?所以人最妥当的方式就是"谦"。

关于刘昞的注,在"出尤之人,能知圣人之教"后是这样说的:"瞻之在前,忽焉在后。"这一句出自《论语·子罕》中颜回对老师孔子的称赞:

颜渊喟然叹曰："仰之弥高，钻之弥坚；瞻之在前，忽焉在后。夫子循循然善诱人，博我以文，约我以礼。欲罢不能，既竭吾才，如有所立卓尔。虽欲从之，末由也已。"

《庄子》中也有记载：

颜渊问于仲尼曰："夫子步亦步，夫子趋亦趋，夫子驰亦驰，夫子奔逸绝尘，而回瞠若乎后矣。"

颜回看孔子的学问和品德，是"仰之弥高，钻之弥坚"，每隔一段时间觉得自己差不多要赶上了，但在知道孔子的学问精髓后，才发现其实差得远呢！这个叫"望尘莫及"，想跟随，却又不知道怎么才追得上。庄子的描述更立体，以"奔逸绝尘"，用快马跑在前面来形容，指后面人就只能盯着飞尘，是追不上的。"瞻之在前，忽焉在后"也有"阴阳不测之谓神"的意思。

刘劭最后说"由是论之，人物之理妙，不可得而穷已"，其中的"妙"有无穷无尽的发挥。《说卦传》中说："神也者，妙万物而为言者也。"由"妙"到"神"的境界，《老子》开头就说："玄之又玄，众妙之门。"刘昞对此作了本章最后的注脚："为当拟诸形容，象其物宜，观其会通，举其一隅而已。"前半句出自《周易·系辞传》的"圣人有以见天下之赜，而拟诸其形容，象其物宜，是故谓之象"。最后的"举其一隅而已"，是《论语·述而》中的"举一隅不以三隅反，则不复也"。若是悟性太差，不懂得举一反三，就不要再勉强。"观其会通"出自《周易·系辞传》的"圣人有以见天下之动，而观其会通，以行其典礼"，这是因为以前的读书人对经典很熟悉，所以信手拈来，俯拾皆得经典中的句子，所以说，如果没有文学基础，连读注解都困难。

效难第十一

盖知人之效有二难：有难知之难，有知之无由得效之难。

何谓难知之难？人物精微，能神而明，其道甚难，固难知之难也。是以众人之察，不能尽备。故各自立度，以相观采：或相其形容，或候其动作，或揆其终始，或揆其儗象，或推其细微，或恐其过误，或循其所言，或稽其行事。八者游杂，故其得者少，所失者多。

是故必有草创信形之误，又有居止变化之谬。故其接遇观人也，随行信名，失其中情。

故浅美扬露，则以为有异。

深明沉漠，则以为空虚。

分别妙理，则以为离娄。

口传甲乙，则以为义理。

好说是非，则以为臧否。

讲目成名，则以为人物。

平道政事，则以为国体。

犹听有声之类，名随其音。夫名非实，用之不效，故曰：名犹口进，而实从事退。中情之人，名不副实，用之有效。故名由众退，而实从事章。此草创之常失也。

故必待居止，然后识之。故居视其所安，达视其所举，富视其所与，穷视其所为，贫视其所取，然后乃能知贤否。此又已试，非始相也。所以知质未足以知其略，且天下之人，不可得皆与游处。或志趣变易，随物而化。或未至而悬欲，或已至而易顾，或穷约而力行，或得志而从欲。此又居止之所失也。由是论之，能两得其要，是难知之难。

何谓无由得效之难？上材已莫知，或所识者在幼贱之中，未达而丧；或所识者，未拔而先没；或曲高和寡，唱不见赞；或身卑力微，言不见亮；或器非时好，不见信贵；或不在其位，无由得拔；或在其位，以有所屈迫。是以良材识真，万不一遇也。须识真在位，识百不一有也。以位势值可荐致之，宜十不一合也。或明足识真，有所妨夺，不欲贡荐；或好贡荐，而不能识真。是故知与不知，相与纷乱于总猥之中。实知者患于不得达效，不知者亦自以为未识。所谓无由得效之难也。故曰知人之效，有二难。

知人未必就能善任

盖知人之效有二难：有难知之难，有知之无由得效之难。

【译文】

识别人才并让他甘心效力，产生实际的效用，有两个难点：一个是识别人才的难处，另一个是认识了才能而无法让他自由发挥的难处。

【现代解读】

什么叫"效难"呢？"效"有验证的意思，就是说，要确定有没有找对人，是件不容易的事。第一个关键是在"辨别人才"这件事上，从前面的陈述大概知道，要做到能知人善任，本身要有一定的修为。自身的修为不够高，最多也只有与自身认知水平相当的鉴别力，若是考察对象的水平超出你的认知水平太多，就没有办法看出来。就像你的修行境界不高，是不能够真正了解境界比你高的人的，因此境界高太多的大才，终究会从你的眼皮底下漏掉。所以才说，"知人难"的第一个问题是"难知"，没有一定的见识是没有办法看出来的。

这个立论是《易经》观卦中观察人的模型，假定是"童观"，以最浅近的视角看天下。到第二爻"窥观"，从门缝里看世界，虽然不完备，但勉强可以理解，只是隔着门缝看人，容易感情用事、自以为是，落得"盲人摸象"的结果。到第三爻"观我生，进退"的时候，基本上已超越了"童观""窥观"的狭隘之见，只是在三爻"观我生"的阶段仍有需要反复修正的地方。既然闭门造车不行，就得向外探索学习，于是有了第四爻"观国之光。利用宾于王"，利用对外观摩、见习的机会，这就到了"童观""窥观"完全没有办法理解的程度了。到第五爻"观我生，君子无咎"的阶段，已经在各部门中历练、轮调一圈，权衡轻重、面面俱到。就好比众生不到罗汉境界时，了解得有限，等修至罗汉境界，再往上看时，还有超过已能理解的菩萨的境界，乃至佛的境界。所以说，只有过来人真的达到了那个境界，才能体证那个境界的一切。这是"欲穷千里目，更上一层楼"的意思，因此，真要能了解一个人，实在是太难了。

"知人难"的第二个问题，就算拥有识人的鉴别力，虽能够发现人才，但真的能用得上这个人才吗？能让他甘心为你效力吗？能给他足够的舞台，让他产生对社会有益的效用吗？在很多情况下，并不是不知道人才在哪里，但终其一生，都没能真正给人才或大才足够的空间来发挥。为什么？《效难第十一》点出，人都有微妙的嫉妒心，还有很多现实的考量。比如用了这个大才，会不会引起其他负面效应，或是面对组织反对、阻抗的力量，最终不得不割舍以求取整体的稳定？"效难"，讨论的就是难以察觉"难知"和难以任用"无由得效"两个问题。

社会、人性中有很多麻烦，能识才的人，可能没有任用权，就算推荐也得有人肯听才行。有时候是有任用权，可是心里有一定的权衡考量，因为这些考量通常都和私心有关，所以人才的任用就没能真正落地，不能发挥实效。第一关得"知人"，第二关还要能够"善任"，这其中可细分出很多关口。《易经》中有不少描述"怀才不遇"的情况，像是水风井卦的九二"井谷射鲋。瓮敝漏"，九三"井渫不食，为我心恻。可用汲，王明，并受其福"。又如火风鼎卦的九二"鼎有实。我仇有疾，不我能即。吉"，九三"鼎耳革，其行塞。雉膏不食。方雨亏悔。终吉"。

井卦的二爻，讲的是市井小民的生活，即大才藏身于市井之中讨生活。孟子曾举例说："舜发于畎亩之中，傅说举于版筑之间，胶鬲举于鱼盐之中，管夷吾举于士，孙叔敖举于海，百里奚举于市。"（《孟子·告子下》）另外，伊尹原本是位厨师，韩信在项羽帐下就是个小兵。这些大才都出身微贱，在没有发迹之前默默无闻，所以井卦二爻讲，如果只用一点点水去救济，就只能养活一些小鱼。爻辞用"瓮敝漏"来形容，"井谷射鲋"是指泥井中喷出一两道小水柱，只能养活小鱼小虾。《小象传》说："井谷射鲋，无与也。"没有人帮忙、赞助。二爻单爻变就叫作水山蹇卦，也就寸步难行、命途多舛，人才就这样被绊倒，因此而跛脚了。

但没有经历这种磨炼，就不能了解基层的问题，孟子接着说："故天将降大任于是人也，必先苦其心志，劳其筋骨，饿其体肤，空乏其身，行拂乱其所为；所以动心忍性，增益其所不能。"井卦中的井水终究会涌出，人才终究不会被埋没。若能够抗住、战胜生活的压迫，井卦三爻指已经具有潜质的人才，好比井水清冽可口，但也不见得有人赏识，即"井渫不食"。虽然路过的人有机会喝到，但他们帮不上忙，只能暗自觉得可惜、表示同情，即"为我心恻"。该怎么办？如果没人帮忙，就得自己想办法毛遂自荐。"王明"，指要找到明王、金主投资，才能"并受其福"，相互成就。其中的过程得靠自己突破，"可用汲"的"汲"，有汲汲营营的意思，这时候绝不能觉得不好意思，否则容易终生被埋没。所以得到处请托，把自己推销出去，孔、孟跑遍天下、周游列国，不也是为了"求王明"吗？如果真碰到明王，就皆大欢喜，要是不能放下面子，或是终其一生没碰到识人者，三爻爻变为坎卦，就得终生辛苦奔波。

由井卦到鼎卦，就从市井小民的生活百态到了庙堂之上、钟鸣鼎食的王侯阶层，第二爻不还是一样人才闲置？因为老板身边已有心腹，有既得利益团体的四爻，所以二爻就被晾在一旁。明明是有能力的人才，但老板被小人包围了，把能人贤臣放在旁边坐冷板凳，即"我仇有疾，不我能即"。只是坐冷板凳时不要乱发牢骚,等到将来四爻出问题,才有机会出手,展现实力。鼎卦二爻单爻变成旅卦,正是失时、失势、失位的落魄。即便到了三爻,更进一步接近权力核心,火候也还不够,恃才傲物,经常得罪人。爻辞以烹肉来比喻,一锅好肉太烫嘴,让人难以入口,正是"鼎耳革,其行塞"。一味批评,没有建议,上进之路就被塞住了,得调整到刚柔并济的状态,即"方雨亏悔,终吉"。人的性格不能那么强,用强是上不去的,只会招致人家嫉妒、讨厌,即"雉膏不食"。所谓"调和鼎鼐",一定要把握火候,要搞好人际关系,所以叫"方雨亏悔"。鼎卦中三爻"雉膏不食"和井卦中三爻"井渫不食"是一样的遭遇,好的人才却没受到重用。无论是在朝或在野,二爻、三爻在下卦要再上一层,那就是"效难",到头来,善于经营人际关系的人升上去了,鼎卦四爻"鼎折足,覆公餗,其形渥。凶",形成共犯结构了。

所以,《效难第十一》中的道理可以从《易经》的源头中解析,能知人,已经不容易;能用人,更是要有胸襟。这种人除了为国举才,在历史上的贡献也很大。因为有知人之明,又不嫉妒,所以能真心地推荐实才,甚至有时候推荐的人升到他的上头,或与他并列朝班,但他都不在乎。这种人虽在做事的能力上有不足,但他的贡献可能远远超过那些做实事的人。

《秦誓》曰:"若有一介臣,断断猗无他技;其心休休焉,其如有容。人之有技,若己有之;人之彦圣,其心好之;不啻若自其口出,是能容之。以能保我子孙黎民,亦职有利哉!"(《尚书·周书》)

试想,有多少人能放下嫉妒心,对所推荐的人不存有要人感激的期待?多半都会要求他作为自己的支持者,甚至有私心希望这个人在发展上不可以超过自己。若一个国家的官员都这样想,那不就成了一丘之貉?韩愈在《马说》中提道:"世有伯乐,然后有千里马。千里马常有,而伯乐不常有。"对能识千里马的伯乐而言,还得看他有没有私心,能不能够诚心地把这匹千里马公布于世。韩愈以马喻人，指出人才好比千里马，感叹任何时代都有大量的人才沉潜而不得发挥，大都是因为具有鉴别能力而又能诚心为国举才的人实在少之又少。

"盖知人之效有二难：有难知之难，有知之无由得效之难。"要让人才产生实际的效用，有"难知之难"，非伯乐不得知人。又有"有知之无由得效之难"，就算知道是大才，却没办法安排一个让大才自由发展的舞台。"由"是取"田中一个作物往上长"的象，有自由自在的意思。豫卦中第四爻叫"由豫"，是全卦"豫"的来源，颐卦上爻叫"由颐"，是支持颐卦的自养之道。这个"由"，有"顺其自然"的意思，放在用人的手法上，就要考虑到组织中既有的平衡，得安排得适宜妥帖、顺其自然，不要激起太多人的嫉妒或不满。因为空降兵在不按次第拔擢时，多半有很高的风险，所以不太容易摆平组织的不满。"无由"，也可以说是找不到好理由、好借口，没办法用最合理的方式来安排这个人才为国家效力。所以，"难知"是前半段，"无由得效"是后半段，只要有一方面有问题，就没法让人才为社会效力，只是这两方面都要做到不容易啊！

各种方法都可能看错人

何谓难知之难？人物精微，能神而明，其道甚难，固难知之难也。是以众人之察，不能尽备。故各自立度，以相观采：或相其形容，或候其动作，或揆其终始，或揆其儗象，或推其细微，或恐其过误，或循其所言，或稽其行事。八者游杂，故其得者少，所失者多。

【译文】

什么是识别人才的难处呢？人的才智精微神妙，需要深入他的精神世界来查明他的才智，掌握这种考察的方法是非常困难的事，这就是识别人才的难处。因此普通人考察人才的方法，往往不能掌握全面。所以每个人都有自己的一套识人的方法，在有限的范围内去检验对方的特点。有的人是以貌取人，有的人是在特定情况下看对方的行动，有的人是揣度对方的意向和动机，掌握来龙去脉，有的人是分析对方的表现来辨其情真伪，有的人是从细节入手、留意，有的人是从个人的过错和失误处去研究性格，有的人依照别人的言论去揣度、推敲，有的人从对方做的事情去考察、印证。以上识人的八个角度涉及错综复杂的综合判断，因为信息太多了，所以能获得正确判断的少，造成误判的多。

【现代解读】

刘劭在破题后开始解释，"何谓难知之难"就是"人物精微，能神而明，其道甚难，固难知之难也"，人太难了解了。这里"精微""神而明"的描述，出自《易经》的文句，像是"神而明之，存乎其人""阴阳不测之谓神""神无方而易无体""神也者，妙万物而为言者也"等，"神"不是一般拟人化的叙述。"神"字从"示"、从"申"，"示"代表祭祀、虔诚、崇敬，"申"是"由"字向下扎根，"明"的日月并列和"易"的上下相承正好呼应。"精微"，《易经》中有："尺蠖之屈，以求信也。龙蛇之蛰，以存身也。精义入神，以致用也。"刘劭用"能神而明"，代表达到了一定的水平，《周易·系辞传》中说伏羲画八卦，是"以通神明之德，以类万物之情"，基本上是"仰则观象于天，俯则观法于地，观鸟兽之文与地之宜，近取诸身，远取诸物"所创造出来的人类文明结晶。所以"能神而明，其道甚难"，指出"识人"谈何容易。刘昞在批注这句时，写作："知人则哲，惟帝难之。况常人乎！""知人则哲""惟帝难之"出自《尚书》，意思是指连尧、舜这样了不起的帝王都会看错人，因为"知人"已经到了哲学的层面，是一门艺术，所以一般人无法抵达。

"是以众人之察，不能尽备。""备"是指完备、面面俱到。若是停留在"童观"或者"窥观"的感情用事层面，根本不能看得完整、尽备，多少带有偏见。正因为"不能尽备"，所以各有各的看法，彼此都有盲点。

"故各自立度，以相观采：或相其形容，或候其动作，或揆其终始，或揆其儗象，或推其细微，或恐其过误，或循其所言，或稽其行事。"由此可见，每个人都有自己的一套识人的方法。"立度"，指的是可以量化、评估的方式，是从主观出发的，也有从省籍、职业、信仰，甚至学校等背景来分类，这就叫"各自立度"，每个人都拿着自己的一把量尺来判断别人。正因为"不能尽备"，也就不能大公无私，只能在有限的范围内去检验对方的特点，即"以相观采"。但大才不是这样检验出来的，假定当时汉高祖刘邦只用同乡，哪还能有韩信、张良来襄助？"采"是风采、文采、精彩的意思。至于都有哪些"采"呢？刘劭提出"或相其形容"，指的是以貌取人，从"形"和"容"两方面来看人。《冰鉴》中也谈"形容"，只是还要考虑"骨、身"等。"或候其动作"，"候"作动词用，指等候，是看人在特定情况下的反应及所采取的行动等。人的"相"不只是静态的，也有动态的表现，所以"行、走、坐、卧"都在其中。另外，不只平常状况，在非常状况里更能看出这个人的修为，会不会手忙脚乱，会不会胆怯退缩，这些都需要"候"才能观察到的细节。

"形"是指轮廓，远远看出的身形。"容"是指相貌、仪表，得靠近才能看出人脸上的七情六欲。《周易·系辞传》中谈到"圣人有以见天下之赜，而拟诸其形容，象其物宜，是故谓之象"，其中"拟诸其形容"，就不只是远观，还要近看，把镜头拉近后仔细观察。山火贲卦描述职场万象，整个卦象谈的是一张脸的表情变化，"贲其须""贲如皤如"。领导在职场中找大才，也得重视"形、容"。古时候当官的人不但要留胡须，而且还要保养胡须，称为"美髯"。除了外形，人的表情、情绪，即喜怒哀乐、怒惧爱恶，都不是静态的。人一辈子到底能接触多少人？能深入地了解多少人？从"形""容"到"神""骨"等，由轮廓到细节，甚至反应、神态，也只能提供识人的大概，没有绝对的标准，也没有那么简单。《论语·子张》中描述孔子的徒孙"子夏之门人小子"，就是从"洒扫、应对、进退"来观察人的教养，这些都是从"动作"上看人的教养。

"或揆其终始"，"终始"指的是事情的来龙去脉，从开始到结束再到开始的"终而复始"。"揆"是忖度，指观察时必要掌握一个周期。好比观察公司经营的绩效，就要考虑旺月、淡月的差别，不能只看某一个区段就下判断，这不能代表全局。《易经》中说的"元亨利贞""贞下起元"，必要有一个"终而复始"的循环，才能把人看清楚。从后天八卦上来看，艮卦有"终始"之象，因为从震卦开始起跑，到艮卦的终点，动静行止正好跑完一圈，接下来才可以做考核。特别是当要交棒给下一个震卦时，能不能放手、能不能不恋栈，从下台的身影和对新秀的培植，就可以看出人的心境，正是艮卦最终的考验——"止欲修行"。《说卦传》讲："终万物，始万物者，莫盛乎艮。"就是指人到要下台的时候，考验就来了，所以得"揆其终始"。历史上的权臣王莽刚开始对知识分子极尽笼络之能事，态度谦恭却别有用心。虽然周公在成王年幼时独揽大权，但是他没有私心，对搞鬼捣蛋的家伙绝不宽容，杀管叔、流放蔡叔、废霍叔为庶人，将国家势力扩展至东海。当时流言皆指周公有称王篡位之心，但周公最终还政于成王，留下漂亮的身影离开政治舞台。很多事情不到最后，永远不知道结果如何，所以《易经》看重"终始"，所谓谦亨君子必能"有终"。开始怎么样不重要，最后怎么样才是定论。

孟子曾说："久假而不归，恶知其非有也！"（《孟子·尽心上》）或许有些人本来是伪善的，但还来不及暴露其邪恶意图时就没有机会走下去了，那到底是以伪善的表现来论断，还是以他本来邪恶的意图来论断呢？所以说，了解一个人太难，除了"知人知面不知心"，藏得深、时间不到，连"盖棺"都不能"论定"。人说"心坎"，心里有一个"坎"呢！而《易经》坎卦中说"坎"还有"坎"，称为"入于坎窞"，也叫心魔。我们学《人物志》，就希望能看出"坎中之坎"，能够兼具"深"和"广"，活学活用才是真有用。

"相其形容"是静态，"候其动作"是动态，"揆其终始"是加入时间轴的考虑，也就是说，事情不能只看一面、只看一段时间，得完整地、周期性地掌握。"或揆其儗象"，"儗"同"拟"，指虚拟的，不一定是真的，和《周易·系辞传》中说的"拟诸其形容，象其物宜"的意思一样。很多人是很会演戏的，举手投足都是戏，配合场合发挥，没有真感情。

因此，得看这个人为什么会有这个表现，到底是真感情还是假惺惺呢？"或推其细微"，从细节处留意，正所谓"魔鬼都在细节里"，比起容易假装的夸张表现，不经意间反而容易流露出心里的真感情。如果刘邦不是赶着逃命，能看出他可以狠心到把儿子、女儿踹下车吗？正因为急了，来不及修饰细节，才更能看到人的真实面目。"或恐其过误"，人不可能不犯错，犯错就叫"过、误"。有的错是无心之过，有的错是故意为之，这就要细究其发心和动机。同时在犯错之后，他是如何面对所犯的错误和过失的？事后怎么去交代？是承担解决，还是闪躲推诿？除了显现个人能力，也可以看出是不是有旁人拖后腿。孔子说："人之过也，各于其党。观过，斯知仁矣。"（《论语·里仁》）观察一个人的"仁"德，可以从他所犯的过错来观察，特别犯错了会不会改过。"知错能改，善莫大焉"，颜回虽被称为"复圣"，也不是不会犯错，但是他和别人的不同之处在于"不贰过"，能够"克己复礼"。反过来说，有些人就是坚持不认错，困卦第五爻认为自己的过错是四爻不争气，即"困于赤绂"。有些人做生意失败了，不检讨自己在经营方面的责任，反而推诿市场不景气、政府政策不利。所以"恐其过误"，要在一个人的过错和失误上去研究他的性格。"或循其所言"，我们听到别人发表的言论，就顺着他所说的话去推敲，看看真实度到底有多少。"或稽其行事"，"稽"是考察、稽核，指从他做的事情去考察、印证。这两个方式，一从言论上，另一自行事上，正是"听其言，观其行"。

"八者游杂，故其得者少，所失者多。""八者"就是以上八种识人的角度，"游杂"指这八种角度涉及错综复杂的综合判断。照理讲，这些角度足以帮助我们观察人的多个方面，甚至还可以做平衡计分表、做人物等级分类。但是把这些都考察了，却仍然"其得者少，所失者多"。为什么呢？因为不管用什么工具，分得越细就越容易陷在里头，反而会迷失在丰富的信息里面，不能得出正确的评断。因为信息造成的误判比正确的还多，也不容易驾驭，所以到头来，每一个方面的深度都不够。其实刘劭提的观点已经很完备了，但并不代表我们用这些方法就真能得到一个人的真实信息，因为那还涉及综合判断的问题。

是故必有草创信形之误，又有居止变化之谬。故其接遇观人也，随行信名，失其中情。
故浅美扬露，则以为有异。
深明沉漠，则以为空虚。
分别妙理，则以为离娄。
口传甲乙，则以为义理。
好说是非，则以为臧否。
讲目成名，则以为人物。
平道政事，则以为国体。
犹听有声之类，名随其音。夫名非实，用之不效，故曰：名犹口进，而实从事退。中情之人，名不副实，用之有效。故名由众退，而实从事章。此草创之常失也。

【译文】
所以必然会有刚刚接触就草率地以貌取人的失误，也会因单看某一方面而忽略了行为、思想变化的谬误。因此，待人接物的时候，轻易地相信他外在的表现和名声，就会忽略内情。
肤浅的人爱炫耀，会把优点充分表现出来，让人以为是异于常人。
有本事的人不爱炫耀、表现，反而让人以为他没什么能力。
有些人分析事情有自己的一套方法，让人觉得他有洞悉事情的能力。
从某甲处听来，传到某乙处，不深入去理解就随便转述，以为精通义理。
有的人喜欢评论是非，就被认为是能明辨善恶。
有的人只知道个梗概，就让人以为他内涵丰富、学富五车。
有的人喜欢评述政治，就把他当作国体之人。
这就好像听见一类动物的声音，就根据声音为之命名一样。但名不副实的很多，一旦被采用往往不能取得好的成效。所以说，名声通过众人的宣传而提升，却随着事实的验证而消退。有真才实学的人，名气和能力不相匹配，但任用他们后，却能发挥成效。所以说，因为没有被众人宣传而名声消退，却随着事实的验证而名声彰显。这些是光看名声就草率地下结论而常有的失误。

【现代解读】

前面刘劭提了八种"立度"，也就是一般常用的八种观人的方法。但看人、识人不是只有靠系统的、指针的方法就能把人看透的，还要有经验、直觉和人生历练，这是一种综合能力。不然，过量的信息要是无法正确处理、掌握，反而会造成误判。

因此产生的问题有"草创信形之误""居止变化之谬"。"草创信形"，指一开始或一下子就因外形、表象而信服。"形"是"形、容"，指"以貌取人"。这是指在还没有实际运用、细微观察前，就下判断或过于草率武断。"草创"就是初步的理解和交流，可能非常表面。这时就相信显现在外面的轮廓，常有可能会出现错误。如一开始拟的计划，叫"草案"，在颁布之前乃至实施的过程中得有多次修改，才能成为最终的定案。若要重用一个人，就必须观察仔细。先前提到过"以言取人，失之宰予；以貌取人，失之子羽"，有的人长得一表人才、玉树临风，其实是个草包，而有的人其貌不扬，相处久了却发现经得起考验。所以，"信形"的风险太高，"形"不只指人的形态，更可以扩大到整个组织所呈现的表象，包括所有呈现的数据等。为了对治"草创信形"，《易经》中孚卦提醒我们在希望与对方展开"信、望、爱"的关系时，第一步就要做好严格的征信，即"虞，吉"。没有经过"虞"的征信，你敢相信吗？没有跨过门槛的筛选，怎么会一见钟情呢？

"又有居止变化之谬"，环境绝对影响人的表现，包括所处的身份地位，所以在观察人时，必要了解其时空背景，比如是在什么样的环境中观察到的，正所谓"换了位置就换了脑袋"。有的人在朝时和在野时的态度大不相同，年轻时对不义之事怀抱不平，满心正义感，到了自己上位之后，重蹈覆辙，这叫"居止变化"，也可能让我们看错人。《易经》中提醒环境对人的影响，屯卦要人"见而不失其居"，"居"是指本心初衷，旅卦讲"失其居"，正是"穷大者必失其居，故受之以旅"。因此"居"得固守，正是"盘桓，利居贞。利建侯"。孟子说"居天下之广居"，人之所"居"绝对会影响自己的表现。人是动态变化的，单看某一个方面，或是在某个情境中的言行就以为是全面的表现，就容易有错误的理解。能经得起"居止变化"考验的人太少了，富贵贫贱、夷狄患难，环境变了，人就变了，所以评价人时要了解其当时所处的时代背景。

"故其接遇观人也，随行信名，失其中情。"待人接物、人际交往，这是"接"的意思。"遇"，则是不期而遇。人的一生会碰到很多人，有的从来不在计划中，总是在"接"和"遇"之中。一旦"接遇"，就依着外在表现的行为，可能就忽略了内情，刘昞注："是以圣人听言观行，如有所誉，必有所试。"这句话出自《论语》，意思是孔子对于别人的称赞，必定经过试炼、考验而有所心得，并不是看表面就相信了。"情"是实情，有时候我们看到一个人的名头大得不得了，就被吓到了。但"中情"是这样吗？他真的名副其实，值得尊敬吗？如果"随行信名，失其中情"，就太冒险、太不可靠了，刘昞从《论语》中得出"听其言，观其行"的教训，提醒我们要注意从言到行间的落差。

接下来刘劭就讲一般人往往因道听途说而犯的错误："故浅美扬露，则以为有异。"有些肤浅的人爱炫耀，只有一点点的优点就拼命表现，唯恐人家不知道。这种爱表现的态度，就是"浅美扬露"，无论怎样都要把它表现出来。可是，大多数的人看到这种半瓶水晃荡的人，就以为不同凡响，那就搞错了。反而那些真有功夫的人，因为他不爱表现，就误认为他没本事，即"深明沉漠，则以为空虚"，这都是"随行信名"，就会"失其中情"。

"分别妙理，则以为离娄。"有些人分析事情有自己的一套方法，我们可能就觉得这个人有洞察力、有智慧，高人一等。"离娄"指传说中眼力很好的人，能在百步之外看到"秋毫之末"，"秋毫"指秋天动物换毛时身上新长出的细毛，有个成语叫"明察秋毫"，用来比喻人对事物的观察入微。《孟子》中有一篇《离娄》，《庄子·天地》中也有提到离娄，有个故事是说黄帝游赤水、登昆仑后，发觉自己的玄珠掉了，派了"知"去找没找到，派了"离朱"（离娄）去找也没找到，派了"吃诟"去找也没找到，最后是"象罔"找到了。黄帝就惊讶这个玄之又玄的玄珠，知识智慧、眼力洞察和言语文字都没有办法找到，居然被什么也搞不清楚的"象罔"找到了。不过，这里离娄是指眼力好，有洞察事情的能力，作为赞辞使用。

"口传甲乙，则以为义理。"这指的是口耳之学，也就是从某甲处听来，传到某乙处，自排头传到排尾。若是把这样的说法当成个人的创见心得，那就大错特错了。"义理之学"多么深刻啊！《说卦传》中讲："和顺于道德而理于义，穷理尽性以至于命。"这才是真正的义理之学。仅仅是道听途说、口传甲乙，不深入理解就随便转述，不足以判断一个人的学养程度。

"好说是非，则以为臧否。"人事考核就是"臧否"，也叫"臧否人事"。师卦中谈作战纪律，叫"师出以律，否臧凶"，打仗是追求胜利的，若没有纪律，用人唯亲，那就"失律凶"。换句话说，千万不要为了一时的胜负而败坏了纪律，不然将会导致组织瓦解、信心丧失。现代说的"臧否人物"，大概就是人力资源的工作，天天处理考核、绩效的事情。一般人好说是非，并不代表真正的公正、公平，因为判断人的量尺必要在"天下为公"的前提下，没有个人的私心好恶，所以《易经》谈大有，讲的是"遏恶扬善，顺天休命"，由此才能无所偏私、积极向上。

"讲目成名，则以为人物。"有的人有时候只知道个梗概，就让人以为他内涵丰富、学富五车，其实也不过是知道几个名词，即"讲目成名"，常被误以为是号人物、大师。"平道政事，则以为国体"，评述政治就当成"国体之人"，《人物志》中"国体"是最高级的人物，像姜尚、伊尹。一个人要是光谈政事，就只是名嘴，错把这样的对象当成"国体"，岂不是滑天下之大稽吗？只是刘昞在注解这句时，点出每个时代都有这样的现象："妄论时事，似识国体。"

"犹听有声之类，名随其音。""声"与"音"是不一样的，音比较细，声比较粗。一般来说，野兽只有声没有音，所以叫"嚎"；禽鸟类只有音没有声，所以叫"鸣"。人有声又有音，甚至还有回音，叫"回衍之声"。我们听到别人发出的声音，或许做一定的推想，或许直观地分类，就以为是这样子，但若仔细深入地听，往往就会发现名实不符，让人有"对不上号"的感觉。刘昞在注这一段时说："七者不能明，物皆随行而为之名，犹听猫音而谓之猫，听雀音而谓之雀，不知二虫竟谓何名也。世之疑惑，皆此类也。是以鲁国儒服者，众人皆谓之儒。立而问之，一人而已。"

前面提到七种识人的问题，多半是因为他们的表现在未加分辨的情况下，大众就赋予了某一类的称呼，而不去细究其本质。这也是大家会对"名实不符"的现象产生困惑的原因。刘昞在此举了《庄子·田子方》中的故事来说明，大家在鲁国习惯穿儒服，认为能提高文化品位，当鲁哀公宣布要对不具儒者资质却着儒服者问罪时，全鲁国只有一人敢穿着儒服。刘劭在后文中谈道："夫名非实，用之不效。"点出"名、实"之间常常是有差距的，名不符实的人有很多。要补充说明的是，我们说社会上的名人，是"闻"；具有能力才干的人，叫"达"。诸葛亮写《出师表》有"不求闻达于诸侯"，就是以能力才干获得名声。前面说的"皆谓之儒"与"一人而已"，就是实效与预期产生落差的原因。这些道理大家都懂，不需要多加解释，但是刘昞注"南箕不可以簸扬，北斗不可挹酒浆"之后，还是多说了两句。他说，既然"北斗七星"叫"斗"，难道可以用来装酒水？而"南箕"星宿，也不可以用以扫除。这些事物只是名称，与实物相距太远。这个注解出自《诗经·小雅》："维南有箕，不可以簸扬；维北有斗，不可以挹酒浆。"后来引申"南箕北斗"为徒有虚名的意思。

既然"信名"有可能"失实"，刘劭就接着说："故曰：名犹口进，而实从事退。"大家都众相推举的人，名气很大，上任之后却发觉没有与实际相匹配的能力，即"实从事退"。一切终究要以"实"为准，而不是看"名"，有"名"未必有"实"。"中情之人，名不副实，用之有效"，有真才实学的人，或许不善交际，没有与实力相匹配的名声，但任用之后却能发挥应有的效能。好比鼎卦二爻"鼎有实"，是有真本事的人才，而蒙卦四爻居高官之位，却叫"困蒙之吝，笃远实也"，不具有"包蒙"或"击蒙"的能力，这也是前文强调"随形信名，失其中情"的原因。

只有真正通过实际事务的考验，人才的才能得以彰显。"故名由众退，而实从事章。此草创之常失也"，可见众相推举、口耳相传的名声，并不能帮助你发掘真人才。这就是"草创信形"，太容易相信表面现象后的缺失。刘劭说"名由众"，哪怕众口铄金、三人成虎，可是实际上好不好，还得"实从事"，从做事上才看得出来。光看名声就下结论为时尚早，属于"草创之常失也"。

刘昞注解："浅智无终，深智无始，故众人之察物，常失之于初。"短浅的思虑是走不远的，一下子就被看破了，而深刻的思虑，在一开始是不容易被辨识出来的。像巽卦的"无初有终"，坤卦的"含章可贞，或从王事，无成有终"，这些都是刚开始看不出来，因为低调、含蓄、内敛，所以经得起长久的考验，能得善终。可惜一般人观察事情或人物时，"常失之于初"，在第一眼时就下结论了。

人会随时转化

故必待居止，然后识之。故居视其所安，达视其所举，富视其所与，穷视其所为，贫视其所取，然后乃能知贤否。此又已试，非始相也。所以知质未足以知其略，且天下之人，不可得皆与游处。或志趣变易，随物而化。或未至而悬欲，或已至而易顾，或穷约而力行，或得志而从欲。此又居止之所失也。由是论之，能两得其要，是难知之难。

【译文】

　　所以说一定要看他处在什么环境、什么职位，通过这些才能真正认识一个人。因此在他日常居家的时候，看他能否安下心来；在他当官的时候，看他举荐、选拔哪些人；在他富裕的时候，看他如何使用资源；在他窘迫的时候，看他的所作所为；在他贫穷的时候，看他对钱财的态度，然后才能够知道他是否是贤能之人。这是已经经过考验得出的结果，并不是一见面就能看出来的。因此仅仅知道一个人的本质，还不等于了解他所采用的策略、方略。况且人的精力有限，哪能有那么多时间跟天下人都去交游相处。人的志趣，会随着时空、环境改变。对于还没有追求到的人生目标，便一直挂在心里；一旦达成目标，就又转向去忙其他事了。在默默无名、什么都没有的时候，天天拼命干；一旦发达得志，就被欲望牵着走。这又是所处的环境使人产生的大转变。这样看来，考察人物时既要知道他的常情，又要考察他的变化，这就是识人的困难之处。

【现代解读】

　　"故必待居止，然后识之。"看人得看他处在什么环境中、处在什么职位上，如此才能了解他是不是能够素位而行，然后才可能看到真相。"故居视其所安，达视其所举，富视其所与，穷视其所为，贫视其所取"，刘劭接下来举了五种情况。日常居家的时候，看看他的心情，"安"有"察其所安"的意思。《中庸》说："君子居易以俟命，小人行险以徼幸。"就是静候时机到来，而不汲汲营营去谋取。《周易·系辞传》中说，"是故君子居则观其象而玩其辞，动则观其变而玩其占。是以自天佑之，吉无不利"，在"居"的时候，没有具体的行动或出手的机会，就分析时事、储备能量，这是君子的从容自在，所以能"安"，即把自己的心安放起来。相较于有人赋闲在家，不能大展拳脚，整天处心积虑地钻营，在气度和心境上就差了一大截。刘昞注解"安其旧者敦于仁"，呼应《周易·系辞传》中"安土敦乎仁，故能爱""安贞，吉"的概念。

　　"达视其所举"，"达"指发达。当他有用人的权力时，就看他选拔、任用哪些人，是选贤举能，还是任用酒肉朋友。"视其所举"，从任用人的器度上可以观测人品。"居"的时候落寞，所以看其"安"于什么。"达"的时候显摆，所以要看周遭的交往关系。至于"富"，即发财了，则看如何运用资源。"与"有很多意思，像"承乘应与"的"与"，当作水乳交融的人际关系，比喻会与哪些对象开展深入的交往合作，也有"给予"的意思，是不是具有"施比受有福"的善心。因为"富"，给得起，就看怎么给、给谁，是雪中送炭，还是锦上添花，要把对象、方式和心态都考虑在内。

"穷视其所为，贫视其所取"，当资源有限或是还没发达的时候，看这个人做了什么。有些人因此拼命钻营，或者为钱不计代价，有些人就拼命念书。刘昞作注："为经术者，勤于志。""经"是需要有"术"的，若"不学"则"无术"，只有"经术"才能"致用"。刘昞在注解时强调，具有经世致用的智慧的人，即便在没有机会、没有资源的情况下，也会"终日乾乾，夕惕若。厉"，拼命追求智慧。先前提过东汉的匡衡，在贫穷的时候"凿壁偷光"，下苦读的功夫，可惜他当了宰相后，因为贪污被革职。以上就是"达视其所举""富视其所与""穷视其所为"和"贫视其所取"的例子。总之，环境会考验一个人的操守，在"居、达、富、贫、穷"下是骗不了人的，"然后乃能知贤否"。

环境能考验一个人的意志，能看他怎么做，看他守不守得住，这就是"元亨利贞"的"贞"德所在。孟子认为"大丈夫"要能"富贵不能淫，贫贱不能移，威武不能屈"，虽然我们不能期待所有人都达到这么高的标准，但是也要期许自己在不同的环境中，仍能秉持初心不变。

"此又已试，非始相也。"这已经是经过考验，不是初见面就能看出来的。如果光凭第一印象就评判一个人，就太武断也太危险了。稳妥一点的话，要靠长期观察，尤其是在他所处的职位、贫富都发生变化的时候，更可以考验其心性，看他有没有因此产生变化。"草创信形"就是始相，最好还是采取孔子所说的"吾之于人，谁毁谁誉；如有所誉者，其有所试矣"，只要"有所试"，多少会"有所悟"。

"所以知质未足以知其略，且天下之人，不可得皆与游处。"经过了一再测试，原则上可以了解一个人大概的本质。只是"知质"并不等同于"知略"，也就是知道他的存心、意图。人的本质有善，有恶，有保守，有开放，有内向，有外向……人的基本调性不会改变，但"略"的存心、意图是随时在变的。人生中处处都有"略"，建国有"方略"，经营谈"策略"，战争讲"战略"，若不能先掌握全局，看出企图心的大方向在哪儿，只从本质上来看，是没有办法真正知人的。如在遭遇事情的时候，怎么布置、规划、应变和行动，如果太快下结论，没有经过实际的考验，后来就会发现"怎么与想象的差这么多"，这就是"知质未足以知其略"。前面说过，光了解人心还不行，得进一步了解心坎，甚至心坎里还有"坎窨"，即真正在乎的心魔。正因为有"心魔"，所以他可以放弃其他所有而不在乎，唯有这件事非要不可。也正因为这个执念，人的行为、心意都会发生改变，甚至颠覆原先对他本质的判断，这就是"略"的魔力。

刘昞掌握了这个观点，说："略在变通，不可常准。""变通"何其不易？《周易·系辞传》中说："变而通之以尽利，鼓之舞之以尽神。"人为了所追求的目标，那个志在必得、非要不可的东西，一定会展开他的"略"，而"知略"，还得从具体的项目中去了解。"且天下之人，不可得皆与游处"，只是人的时间有限，哪有那么多时间跟天下人都去交游相处呢？如果真的愿意花这么多精力和时间，就必定是为了自己的"略"，去找到合适的人，终究是目标导向行为。

刘劭认为，有心人的时间、精力是有限的，无法既要"知质"，又要"知略"，如果不能先取得对方的信任，又怎么能"知略"？臆测的也可能会猜错。再加上人的意向、兴趣、志气都会随着年纪、环境等外在条件变化，能不能维持一贯的想法，很难说。

"或志趣变易，随物而化。"人的志趣会随时空环境改变，一段时间没接触这个人，你对他的认识是否还能和过去的记忆一样？可能早就不同以往了。以前想做的事，没了就戒了；以往的想法，变了就改了。所以，就算曾经花了一段时间和人深交，下次再见面，还能以过去既定的印象为准吗？恐怕早已经沧海桑田，时过境迁了。"或未至而悬欲"，对于还没有追求到的人生目标，欲望、企图一直都挂在心里面，往往没得到的东西都是最好的，所以"终日乾乾"，为这个目的奋斗追求。"或已至而易顾"，一旦达到目标，又转向去忙其他事了，正是"凡事未得都觉好，一朝如意便平常"，追求到手后就不珍惜了，这就是人性。"或穷约而力行"，"约"是简约、资源不足，在默默无闻、什么都没有的时候，天天拼命干。"或得志而从欲"，一旦发达得志，就被欲望牵着走了。这正是"居止之所失也"，是所处的环境使人产生一百八十度的大转变。

"由是论之，能两得其要，是难知之难。"这样看来，看人真是不容易，必要能"两得其要"才能真知。什么是"两得其要"呢？"知其中情"，还要懂得"中情"也是会随环境、时空变化的，随着"未至、已至"或"穷约、得志"而有不同，得从这两方面去掌握，才能降低看错人的概率。所以，经过那么多的测试、那么多角度的观察，还要加上"两得其要"的动态和变化，要这么花工夫、使力气，才能真正去认识一个人，正是刘劭所谓的"难知之难也"。

刘昞注解这段结论时说："既知其情，又察其变，故非常人之所审。"我们对一个人的认识，在跟他深交的阶段只掌握了当时他的本质和意向，可是我们永远没有办法预料他未来的变化，特别是人生际遇不同，原本的玩伴也可能一夕之间反目成仇。在楚汉这一段历史中，有一对生死之交是张耳和陈馀，据《史记》记载，他们既是同乡，也是从小的玩伴，彼此认定是"生死之交"。只是后来因为利益冲突和嫉妒心作祟，两个人结怨，以致非要置对方于死地不可，最后陈馀死于张耳之手，真成了"生死之交"。所以看人不能看一时，而要看一世。

往往看准了还不能用

何谓无由得效之难？上材已莫知，或所识者在幼贱之中，未达而丧；

或所识者，未拔而先没；或曲高和寡，唱不见赞；或身卑力微，言不见亮；或器非时好，不见信贵；或不在其位，无由得拔；或在其位，以有所屈迫。是以良材识真，万不一遇也。须识真在位，识百不一有也。以位势值可荐致之，宜十一合也。或明足识真，有所妨夺，不欲贡荐；或好贡荐，而不能识真。是故知与不知，相与纷乱于总猥之中。实知者患于不得达效，不知者亦自以为未识。所谓无由得效之难也。故曰知人之效，有二难。

【译文】

什么叫识别了人才却不得用的困难呢？最高级的人才不是一般人能够看得出来的。或是所识拔的人才正年轻，还没有任何建树和地位就死了。或是所识别出来的人才还没被推举，就已经去世了。或是曲高和寡，唱得再好也不被他人赞赏。或是位卑职微、影响力有限，所言的主张不被采纳。或是不能顺应时代需求，不被当权者肯定和重用。或是没有用人的权力，没有理由和办法去拔擢、推荐他。或是有用人的权力，但迫于压力，人才终究没能被重用。有的识才者在其位，但受到压抑迫害。所以真正的人才能够被赏识提拔，这个概率不到万分之一。既能识别良人又具有用人权的人，一百个人里也不见得有一个。识才者有权利直接推荐良才给老板的，大概十个人里也碰不到一个。或是具有识拔人才的眼光，但因念头妨碍，而不想把好的人才向上推荐。或是真的欣赏、想要推拔人才为国举用，却没有挑选出好人才的本领。所以，能够识别人才和不能够识别人才，相互交错纷杂地混在一起。能够认识人才的人，有的不在其位而不能够发挥人才的效用。不能够识别人才的人，虽然身在其位却自以为总是没有人才。这就是所说的"无由得效之难"。所以说，能够认识人才并发挥效用，有两个难处。

【现代解读】

"效难"的第二个关卡是"知道人才却不用"的问题，即"上材已莫知"。前文中提到，最高级的人才不是一般人能够看得出来的。"或所识者在幼贱之中，未达而丧"，说的是所识拔的人才还年轻，没有任何建树和地位，只是天妒英才，还没来得及施展才华就死了。在历史上，虽然很多天才在学习时就已经显现出超凡的资质，可惜天不假年，十几岁、二十几岁就去世的人不少，像是义理易学的开山祖师王弼，二十三四岁就死了，但却开创了易学的新风貌。"或所识者，未拔而先没"，认识的人还没有被推举就死了，这也是老天爷没有给他进一步发挥的机会，让他从苗子变成尖子。"或曲高和寡，唱不见赞"，这就是说能够拥有脱俗品位的人有限，倒不如通俗的音乐能够获得更多的共鸣。因此，"阳春白雪"远不如"下里巴人"来得讨好，所以"曲高"一定"和寡"，如果人家听不懂，不论唱得多好，也没有人说他好。同样，如果人才不懂得深入浅出，不懂得通俗、通众，就注定寂寞。人一高，就不容易下来了，做事业得真正落地才行。观卦中谈"风行地上，观先王以省方、观民、设教"，就是这个意思。但"通俗"不是"媚俗"，《周易·系辞传》中提到"精义入神，以致用也。利用安身，以崇德也"，就是"曲高和寡"时需要思考的问题。

"或身卑力微，言不见亮。"位卑职微、影响力有限，甚至所有主张都不被谅解、采纳，即"言不见亮"。当人微言轻时，讲话没有人听，也就能激起奋斗改变的心志。韩信在做小兵的时候，谈兵法被人当作笑话，等到他成了大将军，马上是另一番风景。"亮"即"谅"，指诚信。《论语·卫灵公》中有："子曰：'君子贞而不谅。'"这里的"谅"指小诚、小信。"或器非时好，不见信贵"，意思是说，虽是大才，但不能因应时代需求，也是不会受到肯定和推崇的。这就是《易经》中所谓的"时"，每一个时代都有它的风潮，有些人就是乘时代之运，合乎"时之所好"。一旦过时，就没办法上台面。像秦始皇时期，儒生是"器非时好"，随时有性命之忧，到了汉朝初年，儒家还是不受欢迎，反而是道家的黄老之术受到肯定。一直到汉武帝时期，儒家才变成"时好"，让董仲舒出头了。所以，因应"时之所好"，有时候是潮流风尚有所标榜，而不是本质的问题。从"器非时好",也可以懂得《易经》需卦的重要,必要先有"需",人才能有"用",而且这个"需"得配合"时",才能"用"得上。否则,虽然是人才,但不是时代所需要的,那就等于没用。所以,"需"与"用",都必须配合"时"来决定。

"或不在其位,无由得拔。"所谓"不在其位,不谋其政",就算知道他是个人才,但我没有用人的权力,也没有理由和办法去拔擢、推荐他。这是说还得有"对的人"来赏识,否则就算得到再多的肯定,也是过耳轻风。《易经》井卦第三爻有"井渫不食,为我心恻。可用汲,王明,并受其福",如果不是明王,对人才就没有实质性的帮助。就算他人为此感到可惜,也没有用。"或在其位,以有所屈迫",真的有用人的权力了,也知道谁是人才,但迫于压力,人才终究没能被重用。无论是"屈"还是"迫",原因有很多,但现实往往是各种因素考虑下的妥协,而不是最佳结果。

"是以良材识真,万不一遇也。须识真在位,识百不一有也。"综合上述讨论的结果,真正好的人才能够被赏识、提拔出来的概率大概只有万分之一。更何况,良才还得遇到有用人权的主管才行,恐怕一百个良才中,就只有一两个能有此好运。这样算起来,一万个人中,才能够挑出一个真正的良才;一百个良才中,才可能有一个能遇到有用人权的主管。由此,至少一百万个人中,才能诞生一个有机会发挥的良才。既要"识真",又要"在位",已经是百万分之一的机会,而真正选出来的良才,又可能因为"有所屈迫",或者"器非时好",到最后被迫放弃。

"以位势值可荐致之,宜十不一合也。"若能够直接推荐给老板,情况又有不同。"值"是指恰好,如果"识真之人"的位、势恰好可以拍板定案,就不用考虑太多周围的非技术因素,要用人就可以用了,十个机会中能够成就一个也算了不起了。试想,近乎千万分之一的机会,汉朝时中国才多少人啊?一千万个人里面才有一个人因缘具足,真正能被任用并发挥作用,多么不容易啊!

"或明足识真,有所妨夺,不欲贡荐。"或许具有能够识拔真才的眼

效难第十一 | 417

光，但会不会因念头妨碍、改变了原本的想法，而不想把好的人才向上推荐？又有可能"或好贡荐，而不能识真"。真正欣赏、想要选拔人才为国举用，却没有挑选出好人才的本领。所以，人才的选拔，须主观因素、客观因素相互配合，一方面是有眼力识别人才，却不想推荐；另一方面是很想推举，但没有眼力。

"是故知与不知，相与纷乱于总猥之中。实知者患于不得达效，不知者亦自以为未识。所谓无由得效之难也。""总猥"就是错综复杂的一笔烂账。这句话总结前文中能识人才的"实知者"，没有办法真正地推荐人才。眼力不足、缺乏鉴别人才本领的"不知者"，又会认为自己怎么老碰不到人才。其实"知道做不到"和"不知道做不到"的结果都是一样的，就是没有办法找到人才，让人才发挥作用，这是"无由得效之难也"。所以想要认识并选拔出人才，有以上两个难点。

有句话说："人生在世，升沉孰意？前途如何，在乎自立。"确实如此，很多事情若是想靠别人，好比前文中提到的"值可荐致之"，只有千万分之一的机会，这些因素往往"操之在人"，而非"操之在己"。人生若总是希望靠别人提拔而上位，就会因为别人的诽谤而落马，正是"赵孟贵之，赵孟贱之"。《效难第十一》点出"识人"的理想与现实的差距和人的复杂性，就算知道什么是最好的、该怎么做，却往往会因为私心的考虑、环境的压力、能力的限制等，最终选择了妥协。至于最后一章《释争第十二》，算是全书的另一个高潮，标明了识人学中一个无法企及的愿景。

释争第十二

　　盖善以不伐为大，贤以自矜为损。是故舜让于德而显义登闻，汤降不迟而圣敬日跻；郤至上人而抑下滋甚，王叔好争而终于出奔。然则卑让降下者，茂进之遂路也；矜奋侵陵者，毁塞之险途也。

　　是以君子举不敢越仪准，志不敢凌轨等。内勤己以自济，外谦让以敬惧。是以怨难不在于身，而荣福通于长久也。彼小人则不然，矜功伐能，好以陵人。是以在前者人害之，有功者人毁之，毁败者人幸之。是故并辔争先而不能相夺，两顿俱折而为后者所趋。由是论之，争让之途，其别明矣。

　　然好胜之人，犹谓不然，以在前为速锐，以处后为留滞，以下众为卑屈，以蹑等为异杰，以让敌为回辱，以陵上为高厉。是故抗奋遂往，不能自反也。夫以抗遇贤必见逊下，以抗遇暴必构敌难。敌难既构，则是非之理必溷而难明。溷而难明则其与自毁何以异哉？且人之毁己，皆发怨憾，而变生讐也。必依托于事饰成端末。其余听者，虽不尽信，犹半以为然也。己之校报，亦又如之。终其所归，亦各有半信著于远近也。然则交气疾争者，为易口而自毁也；并辞竞说者，为贷手以自殴。为惑缪岂不甚哉？

　　然原其所由，岂有躬自厚责以致变讼者乎？皆由内恕不足，外望不已。或怨彼轻我，或疾彼胜己。夫我薄而彼轻之，则由我曲而彼直也；我贤而彼不知，则见轻非我咎也。若彼贤而处我前，则我德之未至也；若德钧而彼先我，则我德之近次也。夫何怨哉？

且两贤未别，则能让者为隽矣；争隽未别，则用力者为憝矣。是故蔺相如以回车决胜于廉颇，寇恂以不斗取贤于贾复。物势之反，乃君子所谓道也。是故君子知屈之可以为伸，故含辱而不辞；知卑让之可以胜敌，故下之而不疑。及其终极，乃转祸而为福，屈仇而为友，使怨仇不延于后嗣，而美名宣于无穷。君子之道，岂不裕乎！

且君子能受纤微之小嫌，故无变斗之大讼；小人不能忍小忿之故，终有赫赫之败辱。怨在微而下之，犹可以为谦德也；变在萌而争之，则祸成而不救矣。是故陈馀以张耳之变，卒受离身之害；彭宠以朱浮之郄，终有覆亡之祸。祸福之机，可不慎哉！

是故君子之求胜也，以推让为利锐，以自修为棚橹。静则闭嘿泯之玄门，动则由恭顺之通路。是以战胜而争不形，敌服而怨不构。若然者，悔吝不存于声色，夫何显争之有哉？彼显争者，必自以为贤人，而人以为险诐者。实无险德，则无可毁之义。若信有险德，又何可与讼乎？险而与之讼，是柙兕而撄虎，其可乎？怒而害人，亦必矣！《易》曰："险而违者，讼。讼必有众起。"《老子》曰："夫惟不争，故天下莫能与之争。"是故君子以争途之不可由也。

是以越俗乘高，独行于三等之上。何谓三等？

大无功而自矜，一等；有功而伐之，二等；功大而不伐，三等。

愚而好胜，一等；贤而尚人，二等；贤而能让，三等。

缓己急人，一等；急己急人，二等；急己宽人，三等。

凡此数者，皆道之奇，物之变也。三变而后得之，故人莫能及也。夫惟知道通变者，然后能处之。是故孟之反以不伐获圣人之誉，管叔以辞赏受嘉重之赐。夫岂诡遇以求之哉？乃纯德自然之所合也。

彼君子知自损之为益，故功一而美二；小人不知自益之为损，故一伐而并失。由此论之，则不伐者伐之也，不争者争之也，让敌者胜之也，下众者上之也。君子诚能睹争途之名险，独乘高于玄路，则光晖焕而日新，德声伦于古人矣。

《效难第十一》中提到识拔人才的难点，不是因为人才少，而是因为"识人之才"少，且"识人又能举才之人"更少，正所谓"世有伯乐，然后有千里马；千里马常有，而伯乐不常有"。"荐贤"本身就是最高的修养，能摒弃个人的私心、妒忌，同时克服形势、压力，才能有气度推举可能比自己更具才气和更有发展机会的人。另外，天才早夭，最后得以浮上台面，把自己的天赋发挥得淋漓尽致的人更是少之又少，所以"效难"自古皆然。"效难"虽难，但我们仍然可以在历史的舞台上看到天才的身影。比"效难"更难的是"释争"，历史上似乎到现在都还没有真正出现过。因此刘劭在最后一篇《释争第十二》中，就希望化解人与人之间形形色色的争端，向往《易经》最高的谦卦所揭示的理想："谦，亨。君子有终。"正所谓"满招损，谦受益"。《老子》中也有"夫惟不争，故天下莫能与之争"，点出"不争"是化解人际问题的关键。但是说来容易，真正做到"不争"实在太难，刘劭在《人物志》中提出自己的感慨，以"释争"作为人际关系，乃至国际关系中最圆融的境界，供后人思考。

　　"释"是放开、释放，也有原谅、赦过宥罪的意思。人生短短几十年，没有那么多事情值得去计较，这就是心胸的开阔。开阔的心胸，不是读几本书就可以培养的，有的人是天生性格如此，有的人是经历惨痛的教训后领悟的。只不过，绝大部分的人都心胸狭隘，都有嫉妒心，见不得别人好。不做领导人也就罢了，如果领导人的心胸狭隘，团队就没有前途，不仅人才进不来，已有的人还会离开。《易经》萃卦就是谈吸引人才的方式，所以能人文荟萃，卦辞中提到"亨。王假有庙，利见大人，亨。利贞，用大牲，吉，利有攸往"。换句话说，领导人能够做到"王假有庙"。（按：此意为"穷尽心力去建立共同愿景"；"假"同"格"，即穷尽心力；"有庙"，指共同的愿景。）有这样的心志，就可以汇聚人才，不必担心人力资源的问题。反过来说，为什么人才不来呢？就是因为"王"没有做到该尽的责任，没有建立起共同的愿景"有庙"，更没有做到"假"的尽心尽力，在这种情况下，哪还会有人傻到替你卖命？

满招损，谦受益

盖善以不伐为大，贤以自矜为损。是故舜让于德而显义登闻，汤降不迟而圣敬日跻；郤至上人而抑下滋甚，王叔好争而终于出奔。然则卑让降下者，茂进之遂路也；矜奋侵陵者，毁塞之险途也。

【译文】

善良之人以不自我夸耀为最大的善，贤才之人以骄傲自满招致损害。所以，虞舜禅让于有德行的人，反而更能赢得大家的尊重。商汤不迟疑地贬低自己，结果地位却越来越高。郤至想要骑在别人的头上把别人压下去，结果却适得其反。王叔因为喜好争夺而落得流亡的结局。由此看来，越谦虚礼让、甘居人下的人，越能够官途畅通、平步青云；骄傲跋扈、恃才傲物的人，反而把自己的道路给阻塞了。

【现代解读】

《释争第十二》与《人物志》的总纲以及《九征第一》相呼应，《九征第一》中说"聪明平淡，总达众材"，呼应萃卦中所提到的领导人若不能"中和平淡"，就难免有竞争比较的心态，这样的话就容不得人，又如何能"总达众材"呢？有些人聪明，却平淡不了；平淡不了，就不能"释争"。所谓"淡泊以明志，宁静而致远"，虽是老生常谈，却是人生的大智慧。

"盖善以不伐为大，贤以自矜为损。""伐"就是夸大、骄傲，"不伐"就是谦虚、内敛。颜回对孔子说自己的志向："愿无伐善，无施劳。"意思是不会因为一点成绩就志得意满，也不会因为一点付出就大肆邀功、宣传。这种"不伐之善"就是最大的善，乾卦的《文言传》中提到"元者，善之长"，点出"最大的善"是具有"元"的生生不息的创造力。孔子在《周易·系辞传》中以"劳谦，君子有终吉"与"亢龙有悔"做一对比，一个是"谦中之谦"的典范，另一个是"亢龙有悔"的骄傲到极点，也就是"伐",到头来没有任何群众愿意追随,也不能做成任何事。这两类人正好形成强烈的对比,一个是谦和到极致,另一个是骄傲、夸大到极点。

"劳谦。君子有终,吉。"子曰:"劳而不伐,有功而不德,厚之至也,语以其功下人者也。德言盛,礼言恭,谦也者!致恭以存其位者也。"

"亢龙有悔。"子曰:"贵而无位,高而无民,贤人在下位而无辅,是以动而有悔也。"

"贤以自矜为损"有"亢龙有悔"的味道。并不是否定他的才华,而是因为骄傲,总是把自己看成天下第一,"目无余子",看不起别人,反而招人反感。很多人确实有才气,但有才气自矜就会被扣分。长处最好是留给他人评说,甚至是留给后代的人评说,自吹自擂只是白费心机。因此"贤以自矜为损",欲益反损,到头来反而是吃亏的。不少文人有骄矜的毛病,孔子说:"如有周公之才之美,使骄且吝,其余不足观也已。"(《论语·泰伯》)接下来刘劭举历史上的例子,正是孔子所谓:"三人行,必有我师焉。择其善者而从之,其不善者而改之。"(《论语·述而》)好的典范就"为法",值得效法;不好的借鉴就"为戒",引以为戒。只是历史上向来都是"为法"者少,"为戒"者多。

"是故舜让于德而显义登闻,汤降不迟而圣敬日跻;郤至上人而抑下滋甚,王叔好争而终于出奔。"前面两个例子,舜与汤都是正面、谦德的代表人物。尧、舜禅让天下,这是中国历史中的政治典范,所以说"让于德"。"显义登闻",反而更赢得大家的尊重而成为众人的领袖,没有人不知道他。直到现在,山东济南还有很多以舜为名的道路、建筑等。"汤"是商汤,"降"是适度地贬抑自己。人都想往上升,谁也不想"降",人之所以"自矜",是因为好出风头、好与人争名利。商汤能主动地把自己的锋芒、气势压下来,同时以此训勉自己,实在难得。"不迟"就是不迟疑,反过来说就是及时,意思是随时随地都能够践行此德,并贯彻始终，一直保持低调、谦让。《礼记·曲礼》有"夫礼者，自卑而尊人"（或"卑己而尊人"），谦卦中"谦，尊而光，卑而不可逾"，都是近似的意思。不仅把自己压低，不拼命地夸大，还能够保持一贯的态度，自然而然、恰到好处，有豫卦中四爻"由豫"的味道，因此能够"大有得。勿疑，朋盍簪"，对于这样的发展一点都不用担心，朋友们会接连来相助。所以，谦卑的态度、开阔的心胸，在恰当时机下能表现得宜。《易经》中讲"时之义大矣哉"，意思是好的态度配上适宜的机会，就得到加持，释放的正能量就很可观。《大学》中记载了商汤在洗脸盆上刻铭："苟日新，日日新，又日新。"称之为"汤之《盘铭》"。我们经常在所见所及的地方刻铭、贴纸、提醒、警惕自己。好比洗脸的时候顺便洗心，借此反省，称为"洗心革面"。舜作为"大同世"的代表，是公天下的时代，而"汤"是"小康世"的代表，已经是家天下的时代，但基本上都具备谦的特点，所以才"显义登闻""圣敬日跻"。"日跻"就是每天都有进步，呼应《盘铭》的"苟日新，日日新，又日新"。

"跻"有爬山登高的意思，比喻借由修行不断地提高人的德位。"跻"在震卦二爻中提到"跻于九陵，勿逐，七日得"，意思是以向上攀登为喻，与接下来艮卦止欲修行的意象相呼应。因为震卦在红尘浊世中会碰到很多冲击，所以爻辞中才说"震来厉"。只要懂得登高，即"跻于九陵"，爬到最高的山上，从高处看清局势，一切都不是问题。而艮卦卦象就是重重大山，进一步强调精神的提升，以修到灵山最高峰的"敦艮，吉"为圆满。震卦中说"勿逐，七日得"，就是"七日来复"的概念，点出眼下的纷扰对你来讲都不是问题，必要的时候懂得谦让、避开，因此是"不争"的象。点出"争"不会有好处，避开反而会让原来争议的焦点消失，或是让别人抢得头破血流，采取"隔山观虎斗"的做法，七天之后再从山上下来收拾局面。复卦中也有"七日来复"的概念，都是经过一段时间重新修炼的象，要人闭关修行。所以复卦的《大象传》以"先王以至日闭关，商旅不行，后不省方"作注，现在佛教也有"打禅七"，都是以"七日"为单位的内敛的修行方式。"圣敬日跻"，采取"以退为进"

的方式，拼命克制、降低自己，结果地位却越来越高，是《老子》中"夫惟不争，故天下莫能与之争"的"不争之争"。修行到有这种最深的智慧，天天都有进步，最后能登峰造极，绝不是"争"的人所想象得到的。这同时也印证了谦卦中"天、地、人、鬼、神"都好谦，都能有后福的观点。

刘劭举了两个"为法"的例子之后，接着就是负面的"为戒"了。"郤至上人而抑下滋甚，王叔好争而终于出奔"，郤至是春秋时期晋国的大夫，"上人"指的是"好居人上"，也就是骑在人家头上，想超越别人，爱斗、爱争。"而抑下滋甚"指的是在性格和做法上想把别人压下去，可是结果正好相反，越想向上攀附，跌得越低，人家就越讨厌他，越看不起他。"滋甚"是适得其反、变本加厉，这就是完全得到反作用。《老子》里讲人、事、物时强调："故物或损之而益，或益之而损。"什么叫"损"？惩忿窒欲就是"损"；什么叫"益"？在修德上叫"迁善改过"。"改过"是什么？"改过"就是复卦中恢复生命的创造力，一个例子是《论语》中的"不贰过"，乾卦中讲的"终日乾乾"。另一个例子是周朝大夫王叔因为好争而落得流亡放逐的结果。"流亡出奔"是火山旅的意思，因为好争，所以最后落得没有容身之地，就是"旅而无所容"的意思。"奔"，古作"犇"，取三只牛一起跑的象，便知道那种仓皇狼狈的样子。就算是贵族、特权阶级也非出走不可了，人家对你十分讨厌，哪还会留下来呢？

"然则卑让降下者，茂进之遂路也，矜奋侵陵者，毁塞之险途也。"这里就得出结论，四个案例中分别有"为法"和"为戒"的例子。一个人能卑让、谦卑，反而没有人能超越他，谦卦说："谦，尊而光，卑而不可逾。"越谦卑的人，越不愿意居上，甘居人下的人，就像谦卦中的阳爻。三爻"劳谦"是位居人下，相对于豫卦四爻"由豫"就是居人位之上。这两者，一个是"止之于下"，另一个是"动之于上"，性格完全不同。"茂进"的"茂"有"盛"的意思，代表勤勉不懈，机会丰富多元。"茂进之遂路也"，指出谦卑的态度反而能够助你上升，平步青云。"遂"是心想事成。人生能"遂"不容易，常常是想法多，做成的少，所以一般是"无攸遂",没法依照自己的想法做事。"遂"虽然顺利,但严格来讲和成功的"成"还有差距。若是用"元亨利贞"来比喻,成功属于"贞",得守、得藏,而"遂"比较像"利",也就是正在打顺风牌的时候,是收获、收割的阶段。人生总有"遂",但能不能长期持有,就看你能不能"贞"。不能守住就容易得而复失、春梦一场,要是能固守保有,自然可以"贞下起元",通过不断地积累能量,伺机开拓下一个回合,这是"成"。"成"还有一个意思,是指乐曲演奏终了,所谓"曲终曰成",还能够变调,再谱新曲。因此,提醒人"创业有遂,未必有成",所谓"创业维艰,守成不易",基业长青的真正挑战是固守正道的"贞",正是"贞者,事之干也"。若没有"贞"的话,都是"蛊"的象,也就是经过一段时间后自然会败坏,被淘汰,不改也不行。所以说,能"成"的人都有相当的修为,如同艮卦的"终始无咎"之象。《说卦传》中说:"万物之所成终而所成始也,故曰成言乎艮。"这就是提醒人既能"遂",又要能"守",既守得住,又要能"终而复始""贞下起元",才叫"成"或是"大成"。我们之所以尊称孔子为"大成至圣",就是因为他的学说理论能够传承,并且"终而复始",代代有新意。我们在读到"茂进之遂路也"时,要特别体认到"卑让降下"的"谦"是成功的一个很重要的法门,起码少一些敌人,少遭一点嫉妒和暗算。

"矜奋侵陵者,毁塞之险途也。""矜奋"指骄傲跋扈,所有事情都要抢在人家前面。"奋"(奮)取象为田中大鸟准备起飞前的动作,豫卦中谈"雷出地奋",就有奋发、奋斗的意思。其实奋飞之前是最收敛的,不是张牙舞爪的,这是"奋"的原意。"侵陵"是通过言语、行为去欺负、霸凌别人。"侵"有侵略、侵犯的意思。谈职场、官场历练的山火贲,第三爻是处在社会大染缸中浸染最深的时间点,人往往就会被欲望宰制,性情产生化学变化,于是失了清新,变得俗不可耐。爻辞中有"贲如,濡如。永贞吉",处于酒肉朱门的声色犬马中,得在世不染,守得住本分,而少一些官场习气。贲卦的《小象传》解释:"永贞之吉,终莫之陵也。"没有被世俗习染、被名利压垮。如果一个人能做到修养有成,贲卦三爻就爻变成颐卦，能"自求口实"，达到自养自足、不受宰制的境界。但千万不要落到颐卦初爻"舍尔灵龟，观我朵颐"的地步，被欲望左右而渐渐把灵性侵蚀殆尽，这就是被"陵"。

渐卦谈的是费尽千辛万苦，一步步往上攀登，最后登顶在第五爻中叫"鸿渐于陵"，意思是突破万难，终于登顶。爻辞中用"妇三岁不孕，终莫之胜，吉"作比喻，一直都不能怀孕，最后却能够怀孕，代表有结果。所以《小象传》说："终莫之胜，吉。得所愿也。"能突破所有障碍，不为困难所压垮，最后才能得偿所愿。只是渐卦第五爻"登顶"尚未结束，得到六爻才是大成，六爻谈"成德"，也就是该退的时候要退，这是"谦"的发挥。所以，渐卦第五爻可说是"成功"，但第六爻是"成德"的境界，爻辞说："鸿渐于陆。"从高枝山顶下去了，同时成为后世的典范，即"其羽可用为仪"，这是众人所推崇、敬仰的行止，来去都光明磊落。

人生中求"遂"不容易，不知道要排除多少障碍，经历多少辛苦。好不容易得到、坐上了那个位子，"舍不得，放不下"的小气就显现了，总想牢牢守住，不随便放掉。人生中终究"无成"，顶多称为"遂"。《易经》中一再提醒，人在位掌权时想不透、放不开，只会把好不容易开拓的格局越做越小，晋卦中谈旭日东升，五爻成功之后，六爻却不能放手，所以走入死胡同，即"晋其角"。至此由晋卦转入明夷卦，自天而地，光明斫伤。升卦的五爻是一阶阶地爬到最高峰，叫"贞吉，升阶"，但六爻"冥升"，就是昏聩迷乱，走到《小象传》所谓"冥升在上，消不富也"，将过去的成绩一笔勾销，所累积的资源聚而复散，最后"升而不已必困"，陷入泡沫破灭的困境。孔子称此为"亢"，也就是"亢之为言也。知进而不知退，知存而不知亡，知得而不知丧"，这都是人性中最难突破的地方，中国人常说"看人要看到最后"的道理就是如此。没有盖棺论定，很难说不会做出糊涂事。

既然大家都讨厌咄咄逼人、气焰嚣张的人，这种人自然就把自己推到了"毁塞之险途"。"塞"指一步都难走出去，这种强势逼人的态度，让大家都产生了抵制情绪，不想与他合作，所以他的前途是被自己塞住的。观卦中五爻到了"观我生，君子无咎"的地步，实在不容易，但上爻看到后起之秀便不服气，还有嗔念，想要与人较量。上爻爻辞是"观其生，君子无咎"，修到这么高仍然"志未平"，于是启动噬嗑卦，变成毫无理性的残酷斗争。上爻爻变为比卦，因为"争"，所以会"比"，大家比较、较量，这就是心胸不够宽广。但凡有这种想法，就是"毁塞之险途"。

是以君子举不敢越仪准，志不敢凌轨等。内勤己以自济，外谦让以敬惧。是以怨难不在于身，而荣福通于长久也。彼小人则不然，矜功伐能，好以陵人。是以在前者人害之，有功者人毁之，毁败者人幸之。是故并辔争先而不能相夺，两顿俱折而为后者所趋。由是论之，争让之途，其别明矣。

【译文】
所以，君子的言行举止不敢超越礼法规矩，心中的主宰不超越天地间行事的常轨。内修时得自强不息，使自身获益；在外时采用谦虚礼让的态度，以示敬畏。就算人家要怨尤、抱怨你，也找不出借口。自然安稳有福气，长长久久。那些小人却不是这样，认为自己很有功劳、能力超人，唯恐人家不知道而大肆张扬。所以人们看到他在前面，就要从背后害他；看到他有一点功劳，就想破坏、毁谤；看到他有所失误，就幸灾乐祸。所以，当小人与对手并驾齐驱、不分轩轾时，别人便袖手旁观其两败俱伤。当双方争到精疲力竭、两败俱伤时，反而让后进者超前。由此说来，争夺和谦让这两条道路的差别是很明显的。

【现代解读】
"是以君子举不敢越仪准，志不敢凌轨等。内勤己以自济，外谦让以敬惧。是以怨难不在于身，而荣福通于长久也。""仪"有对称的状态，称为"两仪"，引申为行为举止很有风范，古代称皇后是"母仪天下"，作为大家的模范，所以是很高的标准。"准"是规矩、标准。"仪准"就是共同遵循的典范和标准，不能任意违背、破坏。"志不敢凌轨"，心中的主宰不超越天地间行事的规则。"轨"指万物的常轨，不能脱轨。"轨"代表一种等级，是各有各的运行法则，得循规蹈矩。"内勤己以自济"，指内修时得自强不息，"勤"就是乾卦三爻"君子终日乾乾，夕惕若。厉，无咎"的概念，三爻爻变"履虎尾"的履卦，谈的是"行道"的实践。其中的精神在于"改过"，也就是"朝闻道，夕死可矣"的修正，早上知道有错，晚上就改正；晚上知道有错了，到次日早上就改正，这就是"自济"。我们用渡河的意象来说明"济"，无论是《易经》的"既济、未济"，或是宗教的"慈济、道济"，一切都得靠"自济"，只有自己能够把自己蹚过河，正所谓"自天佑之，吉无不利"。所以，"内勤己"，自己就得这么勤奋，秉持着"苟日新，日日新，又日新"的态度，才能渡到彼岸。一味等待援手，终不如自力救济。"外谦让以敬惧"，对外表现采用"谦"字诀。秉持"敬慎不败、戒慎恐惧"的态度，震卦要人"恐惧修省"，只有战战兢兢才能真正成功。如此一来，日积月累就效应如神："是以怨难不在于身，而荣福通于长久也。""难"是留难、设阻碍，就算人家要怨尤、抱怨你，也找不出借口，因为你既不处在争斗的中心，也不是众矢之的。"而荣福通于长久也"，自然安稳福气，长长久久。

"彼小人则不然，矜功伐能，好以陵人。是以在前者人害之，有功者人毁之，毁败者人幸之。"前面谈的是君子，后面谈的是小人，正所谓"君子吉，小人否"，君子能"怨难不在于身，而荣福通于长久"，小人恰恰相反，"矜功伐能，好以陵人"，认为自己很有功劳、能力超人，唯恐人家不知道而大肆张扬。就好比炫富的人，多半不是真正的有钱人，真正位列排行榜上的有钱人，不用刻意张扬，反而低调做事。"矜"是骄矜，自以为了不起。"伐"是夸大、宣扬。"陵"同"凌"，意思同前文中的压迫，让人感到不舒服，指特别爱用强势的态度，不给人喘息的空间，让人活在巨大的阴影下，即"好以陵人"。"是以在前者人害之，有功者人毁之，毁败者人幸之"，这样的人让人讨厌至极，看到别人在自己前面，就想

释争第十二 | 429

要从背后害人；看到别人有一点功劳，就想破坏、诋毁；看到别人有所失误，就幸灾乐祸。"幸"在这里是幸灾乐祸的意思。这就是人的普遍心理，看到讨厌的人受到挫折，开心得不得了，这其实是做人的失败。

"是故并辔争先而不能相夺，两顿俱折而为后者所趋。"这种人因为骄傲被人讨厌，所以往往在关键时刻就会有失误、失算。刘劭举了以下两种情形，一种是"并辔争先而不能相夺"，另一种是"两顿俱折而为后者所趋"。"并辔"就是当这种人与对手并驾齐驱、不分轩轾时，因为惹人讨厌，旁人会袖手旁观，看其两败俱伤。所以，双方竞争时不仅看实力，还得看人缘，人缘不好自然不会"得道多助"，而是"失道寡助"，竞争不过别人。"两顿俱折而为后者所趋"，同样是爱争斗的双方，彼此不相上下，最后双方争到精疲力竭、两败俱伤时，反而让后来者超前了。正所谓"鹬蚌相争，渔翁得利"，旁人也许正在隔山观虎斗，等到时机成熟时后来者居上。这个就是好争的问题，实力相近的对手相互较劲时，必除之而后快；"并辔争先"时，双方谁也拿不下彼此；"两顿俱折"时，两败俱伤，让后来者捡了便宜。"趋"是哈着腰、低着头，小快步往前跑。

"由是论之，争让之途，其别明矣。"从上面的例子来看，要选择"争"或是"让"的手段，从人事的成败来讲，不是很明显了吗？"争"与"让"这两种不同的处世态度，也许在短期内看不出成败，但若是放眼长期的发展，就是天壤之别，更可以印证刘劭分析的结果，就是《易经》中"十年乃字"的意思。《易经》升卦的爻辞中，有"并辔争先而不能相夺，两顿俱折而为后者所趋"的分析，因为升卦意味着想升到最高点，所以有三爻"升虚邑"的一场空、英雄梦。也有二爻"孚乃利用禴，无咎"的方式，利用最低廉的成本达到目的。"孚"是诚信、爱心，爻变为谦卦，就是"让"的做法。三爻花了不少成本却"升虚邑"，爻变就叫地水师卦，有打仗、竞争的象。一"和"一"战"，"和"者以低成本得高效益，"战"则空耗资源，谁也没得好处。升卦第四爻"王用亨于岐山，吉，无咎"，已经极有实力了，还是保持低调。《小象传》说"顺事也"，是以周文王

"三分天下有其二"，却还能对商纣称臣服从，这是典型的"老二"哲学。升卦四爻爻变为恒卦，也就能可大可久，所以周朝是中国历史上存在时间最长的一个朝代，有八百多年的历史，都是奠基"谦"的修为。因此，"谦"是非常值得参考的策略，领导者保留企业的元气，不要一天到晚去竞争，每"争"一次就会折损一次，同时还会树敌无数。

过分好胜等于自毁

然好胜之人，犹谓不然，以在前为速锐，以处后为留滞，以下众为卑屈，以蹑等为异杰，以让敌为回辱，以陵上为高厉。是故抗奋遂往，不能自反也。夫以抗遇贤必见逊下，以抗遇暴必构敌难。敌难既构，则是非之理必溷而难明。溷而难明则其与自毁何以异哉？且人之毁己，皆发怨憾，而变生衅也。必依托于事饰成端末。其余听者，虽不尽信，犹半以为然也。己之校报，亦又如之。终其所归，亦各有半信著于远近也。然则交气疾争者，为易口而自毁也；并辞竞说者，为贷手以自殴。为惑缪岂不甚哉？

【译文】

然而好胜之人，却不这么认为。他认为处在众人前面为迅捷锐利，处在众人后面为停留不前，处在众人下面是卑下，会受委屈，超过众人是异才，是有本事的人，忍让对手是一种屈辱，盛气凌人才能凸显高明、严肃。所以他必定以勇往直前、永不回头的态度做事，不会自我反省。但用对抗、傲慢的态度来对待贤者，贤者自然会退让。用对抗、傲慢的态度对待性格火暴的人，必然会发生冲突，彼此大打出手。既然双方都冲突起来了，那么是非的道理必然混沌而难以辨明。是非难明，与自毁又有什么差别呢？况且别人对你的诽谤和攻击，是因为心里有怨难，进而不断地扩大成仇。他必然会假托一件事的始末伪装起来，在真真假假间捏造、毁谤。听到这些是非的人，虽然并不完全相信，但多半也认为有些问题。因为受到这样的冤枉，下次有机会也这样伺机报复对方。最终的结果是，远近之人中有一半的人相信，另一半不相信。由此来说，互相激烈地辩斗、辱骂时，不就是借着别人的嘴巴来毁灭自己吗？不就是借着别人的手来打自己吗？这种行为不是人生的大惑、谬误吗？

【现代解读】

"然好胜之人，犹谓不然。"刘劭认为，要"好胜者"同意"不争""谦让"的观点，实在不容易。这就是人的好胜心，就算讲再多道理、举再多例子，对"好胜之人"来说是没用的，因为他不认为是这样的，没有办法被说服。这种凡事要抢在别人前头的"好胜之人"，究竟是什么心态呢？刘劭分析："以在前为速锐，以处后为留滞，以下众为卑屈，以蹑等为异杰，以让敌为回辱，以陵上为高厉。"事事都要跑在前头，能力表现要锋芒毕露、锐气十足，这种"不要输在起跑线"的观念，还会被用在训练下一代上，一直延续下去，即"以在前为速锐"。相对来说，一旦排名在后面，就认定是停滞不前、懈怠，这不是人生的追求态度，即"以处后为留滞"。至于对人客气、谦和，会觉得这种态度是卑下、受委屈，受不了也做不来，即"以下众为卑屈"。认为作为人就应该超越，而不是循序渐进，甚至还要跳级般地飞越，认为这才是真有本事，即"以蹑等为异杰"。"蹑等"就是跳级。"以让敌为回辱"，"回"是往前走遇到阻碍，得迂回的意思。"让敌"，在前面碰到强大的敌人，得先退让才能不吃眼前亏，只是对"好胜之人"来说，这些考虑是一种屈辱，应该正面对决，采取"暴虎冯河"式的正面冲突才对。"以陵上为高厉"，盛气凌人、骑在人家头上，才显得自己高明、严肃。

"是故抗奋遂往，不能自反也。夫以抗遇贤必见逊下，以抗遇暴必构敌难。"若是一个人什么都要"抗"、都要"争"，必定要以勇往直前、永不回头的态度去做，到最后就是"亢龙有悔"。"反"就是"反复其道"、反身修德的意思，"自反"是自我反省的能力。《易经》蹇卦中碰到困难了，就要反身修德。蹇卦第三爻处在内卦艮卦障碍的顶端，称为"往蹇，来反"，这就是前行不进，回头自省。三爻爻变成比卦，得和别人采取合作的策略，而不是采用抗争、硬干的方式。"夫以抗遇贤必见逊下"，这种爱争、爱斗，又气盛得不得了的人，遇到谦让的贤人时，贤人自然会退让，即"必见逊下"，不会和他一般见识，这就是"贤人"与众不同的地方。刘昞注"夫以抗遇贤必见逊下"，以蔺相如和廉颇的故事为例："相如为廉颇逡巡，两得其利。"故事是说，战国时期赵国大臣蔺相如靠着机智和胆识成功地"完璧归赵"，又在"渑池之会"上保住了赵国的尊严，因此官位就升至廉颇将军之上。廉颇觉得蔺相如没有上阵杀敌就取得高位，必定做了小动作，于是打算见到蔺相如时就侮辱他，蔺相如知道后，一旦双方的车驾在路上要碰到时，蔺相如就赶紧绕到小巷子里避开。当然，有些人就认为这是屈辱。蔺相如后来解释，自己是以大局为重，这样的心胸感动了廉颇，后来就有了"负荆请罪"的美谈。

"以抗遇暴必构敌难"，若遇到脾气火爆、爱计较的对象，就无法避免发生冲突，恐怕要大打出手，即"必构敌难"。"构"是引起、造成，一般有"构怨"，指招致怨怼，基本上都是自找的。"敌难"，彼此为难、找麻烦。所以要永远记得《易经》中"匪寇婚媾"的提醒，不论对方是谁，近者合纵、远者连横，都要找出交集点。"敌难既构，则是非之理必溷而难明。溷而难明则其与自毁何以异哉"，既然双方都起冲突了，谁也不肯让步，你是"抗"，他是"暴"，彼此在意气之争的时候还有什么是非可谈？有的只是斗气、看不顺眼，无论如何都要在鸡蛋里挑骨头。于是，是非之理又如何能辨明？"溷"是浑浊、搅浑了，很难搞清楚。在《材理第四》中，分析人在开会时，你一言、我一语，到最后每个人都没听明白，甚至根本没听别人在讲什么，只想大声一点来压制对方，结果就成了一场乱仗，彼此斗气，这也是"敌难既构"。彼此已经产生冲突、成见，那就没有道理可以说，更没有沟通的可能，这与自毁又有什么差别呢？

"且人之毁己，皆发怨憾，而变生釁也。"因为别人出于"怨""憾"，所以才会对你进行诋毁、攻击。"憾"是"感之于心",就是复杂的心理状态的表现。"变生釁",在不同的刻本中有不同的写法,有"变生亹"与"变生釁"两种,由于字义的不同,解释也不一样。"亹"读音为"wěi",是不懈怠、前进的意思。"釁"读音为"xìn",是作仇隙、嫌隙来解释的。作"釁"时,全句的意思是,别人因为心里对你有怨怼、抱憾,所以总是和你过不去,彼此间的嫌隙就因此不断地扩大成仇。于是发生一些事故时,就更容易让对方找到借口来诋毁、攻击你,就算事情本身没什么大不了的,却也能让人借题发挥,这就是结怨的可怕。人家一旦存心要批评你,就算你表现得再好也没有用。不出事还好,要是发生事变,冲着彼此的仇隙,找借口捅你一刀。如果你不去弥补彼此的仇隙,他也不来修复,仇隙就会越来越大。只要有变故,就容易被人依托事端来大做文章,即"饰成端末"。千万不要小看"端",正所谓"履霜,坚冰至",只要抓到一个线头,若想存心要罗织罪名是轻而易举的。刘劭把问题看得很透彻,事故终究会累积成为"釁"的仇隙。

要是作"亹"来说,别人的批评和诋毁,都来自彼此的怨、憾。而"变生亹",指因为与人结下仇怨,使得原本忙碌的行事中,又多出很多意想不到的变故,让你措手不及。而这些变故,也同样会"依托于事饰成端末",让人头大。"亹"出现在《周易·系辞传》中:"能说诸心,能研诸侯之虑,定天下之吉凶,成天下之亹亹者。是故,变化云为,吉事有祥。象事知器,占事知来。""亹亹者"指众生相。人生在世,每个人都在为自己的目标努力打拼,但可惜的是不一定都能有成就。这是因为智慧不够,没有搞清楚自己奋斗的目标、前进的方向,所以劳劳碌碌、终其一生,却一事无成、劳而无功。《周易·系辞传》中说,若能吸收《易经》的智慧,通过"象"的比喻,掌握事件的全貌和未来趋势,包括像"能说诸心""能研诸侯之虑"(这句多解释为"能研诸侯"或是"能研诸虑"),就能有"定天下之吉凶"的能力和"成天下之亹亹者"的智慧,就能因时因势利导变化,知道该怎么做,且事事如意。

"变生釁"和"变生亹",虽然用字不同、解释不同,但是整体的意思相差并不太远。"豐"是让我们重视人与人的"间"，和别人合不上的地方，就可能是未来无穷事端的来源。"豐"是讲人生劳劳碌碌，本就不容易成功，若是没有掌握好方向，再加上经常被人放冷箭、找麻烦，人生精力耗费在救火、灭火上，岂不浪费生命？所以，"变生豐"提醒我们重视人际关系中的怨憾，以免陡生变故，是非不断。至于到底应该作"豐"还是"亹"，这是因为以前的书籍是用木刻板印刷的，"豐"与"亹"两个字太像了，所以弄混了，但不管怎么讲，注经的人总是有办法去解释通。

"怨憾"是蓄积、累积的结果，可能到最后连怎么开始的、什么时候得罪的都不知道。只有到了发生变故、冲突的时候，才猛然意识到，怎么会这样？然后再细细一想，原来在很久前的一句无心之言或是玩笑话得罪了别人，这也叫"豐"。所以，人的一生会受这些贪、嗔、痴的折磨，也就是发于"怨憾"。假定刘劭指的是"豐"的话，日积月累、孜孜不倦地找对方的麻烦或被别人找麻烦，那生活中会是什么状况？人生的变故就从这里发生，我们称人生正面、正向的奋斗目标叫"豐"，但情感上的爱恨交织所产生的负面影响也叫"豐"，就好比越王勾践的"卧薪尝胆"，将复仇成为活下去的动力。吴王夫差在成功之前，不也是"终日乾乾"，为报杀父之仇而活吗？法国文豪大仲马的名著《基督山伯爵》(*Le Comte de Monte-Cristo*)，主人公基督山伯爵为了复仇，隐姓埋名，完成复仇后，才发觉自己已被仇恨锁住了前半生，终于幡然醒悟，带着佳人远走高飞。《易经》讼卦说，人生的争端以"无讼"为大，初爻《小象传》即言："不永所事，讼不可长也。"上爻困于"争胜"的心魔，所以"或锡之鞶带，终朝三褫之"，虽然恃着权势、地位，可能会在一两次中占上风，但是积怨无数，到最后因为树敌而"终朝三褫之"。于是上爻爻变成困卦，正是"因讼受困"，得而复失。讼卦第三爻"食旧德，贞厉"，正是积怨的过程，忍气吞声、放低姿态，但是他没把这个仇忘掉，所以"贞厉"。咬牙忍下来，爻辞称为"无成"，点出在这一回合中暂居下风。只是"贞厉"的"忍"，为的就是"终朝三褫之"的结果，才算赢得最后的胜利。

无论是自己出手，还是别人来报仇，树敌招怨的人在"夜路走多了"之后，终有一天会"遇到鬼"，这不就是人生中的"变生蠁"吗？

《易经》中用家人、睽、蹇及解四个卦来描述人生的纠葛。亲如"家人"，也可能因为小事反目成仇，这不就是"皆发怨憾"吗？人在情绪上来时，往往会"脑补"出很多幻象，老是想别人会陷害、破坏自己，睽卦用泥巴猪拉车、满车恶鬼、彼此剑拔弩张的情势来形容，即"睽孤。见豕负涂。载鬼一车。先张之弧，后之弧"，这不就是刘劭所谓"人之毁己，皆发怨憾，而变生蠁"的心情吗？

"饰成端末"，"端"是事情的开始，"末"是事情的结束。在史书体裁中，有一种是通鉴体，以编年的方式来记录每一年发生的事件。另一种是纪事本末体，以事件为主，从事情的开始记述到结尾，称为"本末"。另外，在《易经》的卦象上，初爻是"本"，上爻是"末"。《大学》中也说："物有本末，事有终始；知所先后，则近道矣。"这强调"本末终始"的自然规律，至于"依托于事饰成端末"，就是攀缘附会，留下无穷的想象空间，真真假假，假假真真。虽然说不一定是编造的，但"依托于事"，用强烈的暗示去抹黑，这一切都来自"变生蠁"的仇隙。反过来说，若是在忙碌的生活中，还要应付这些不定时的麻烦事故，面对"依托于事"的流言，气急败坏又解释不清楚，加上被套上头尾，生活和情绪岂不大乱？这些都是意料之外的让人方寸大乱之事。

"其余听者，虽不尽信，犹半以为然也。"听到这些是非的人，虽然并不完全相信，但回头想想，确实有些问题。"犹半以为然也"，就是认为至少有一半是事实。好比"曾子杀人"的传闻，本来是同名同姓的误会，第一个人来说时，曾子的母亲是不相信的；第二个人来说时，老母亲的内心有些动摇；等到第三个人来说时，老母亲吓坏了，连忙翻墙逃跑，免受株连。这时候，曾子就是跳到黄河也洗不清了。"己之校报，亦又如之"，因为受到这样的冤枉，下次有机会是不是会伺机报复呢？同样用这一套来整人家，双方岂不是越陷越深？人世间的冤冤相报，时间一长，谁也没占到便宜，终究是五十对五十，各有支持和反对者，你这样对付他，他那样对付你，老虎都有打盹儿的时候，任何人都会有出状况、着了道的时候。一旦逮到机会，也是"依托于事饰成端末"，不管人家是不是全盘接受、完全相信，只要有一半人产生怀疑和不信任，就达成了扰乱视听的目的。

不论相信与不相信的人，还得看你和对方的关系亲疏远近，即"信著于远近也"。这就好比《易经》中的爻际关系，"承乘"和"应与"，阴阳相应、相与，"阴承阳、柔乘刚"等，就是在讲亲疏远近。"信著于远近"指出人因为距离、利害关系的不同，所以信任度不一样，这种流言蜚语一旦传播，所引起的风波多半由近而远。《易经》中兑卦代表口说之象，接着就是涣卦的传播，从同心圆的中心往四处扩散。于是就有人相信百分之十，有人相信百分之二十，有人根本不相信，不管怎样，都够你收拾一阵子的。正所谓"信者恒信，不信者恒不信"，全看你和对方的关系。不管你的影响力有多大，都不可能把天下人当成自己人，在这种情况下，种种褒贬、成败、得失都会出现，也就必有折损，这就是风波，也是兑卦和涣卦的另一层意义。

一旦变成仇家，大事、小事就都杠上了，最后双方都遭受了无法估量的折损，谁也没占到便宜。所以，刘劭总结这种人情斗争的轮回为："然则交气疾争者，为易口而自毁也；并辞竞说者，为贷手以自殴。为惑缪岂不甚哉？""交"指交往、交互，有时候这个人还没讲完话，另一个人就用更大的声音压过他，然后双方一次比一次大声。"易"是交换，意思是借着别人的嘴巴来毁灭自己，因为你骂他，他自然回怼，你也变本加厉地奉还回去，所以与人家吵架，就是借着别人骂人的嘴巴来毁灭我们自己。

事实上，别人在口头上争不过你，心里同样不会服气，人前人后他照样会搬弄是非，所以，你真的赢了吗？《易经》讼卦第一爻"不永所事，小有言。终吉"，在开始拌嘴时，就不要再争下去，权当是互相的自我介绍，见风头不对就停止，自然不会恶化事态。要是你回一句，他顶一句，等于是借着他的嘴巴来骂自己，何苦来哉？讼卦一开始就说"讼"要适可而止，一旦"小有言"变成"大有言"，变成意气之争就回不了头了。讼卦初爻爻变成履卦，要人去做实事，别只是张口叫骂。讼卦争到最后就是"终朝三褫之"的得而复失，互相打口水战，指责对方是恶魔，岂不是同样的模式？

"并辞竞说者"，在吵架的时候，不都是你一言、我一语地抢着说，如今连讨论的时候都这样了，只是比谁嗓门大，到头来谁也没听到对方讲的话。至于"贷手以自殴"，借着别人的手打自己，也是一样的比喻。"为惑缪岂不甚哉？"这不是人生的大惑、谬误吗？得要旁观者清，才能看得出当局者困于心魔而不自知。

止讼莫如自修

然原其所由，岂有躬自厚责以致变讼者乎？皆由内恕不足，外望不已。或怨彼轻我，或疾彼胜己。夫我薄而彼轻之，则由我曲而彼直也；我贤而彼不知，则见轻非我咎也。若彼贤而处我前，则我德之未至也；若德钧而彼先我，则我德之近次也。夫何怨哉？

【译文】

然而追究自己这样做的根本原因，难道严格地自我要求、反躬自省的人会在人际间产生这种斗争冲突吗？全都是由于内在宽恕之心不足，外在又总是希望获得支持所造成的。或是觉得人家瞧不起自己，或是嫉妒别人超过自己。本来就浅薄而自然被人看轻，那是由于自己理亏而对方理直。如果自己有贤能而对方却不知道，那么被轻视就不是自己的过错了。如果对方比自己更贤能，排在自己前面，那是自己还有努力的空间，有什么好计较的呢？如果德行相当而对方在自己前面，那更应该努力奋进，争取超越他。这有什么可怨恨的呢！

【现代解读】

"然原其所由","原"作动词,指追本溯源。这一段中谈的是人际交往的情况,《易经》比卦中同样谈到人际的问题,要避免发生"比之匪人""比之无首",卦辞说:"吉。原筮,元永贞,无咎。不宁方来,后夫凶。"交朋友本来是件好事,所以称为"吉"。但一切事情都要推到原点,即为什么要做这件事?为什么要交这个朋友?这个朋友你真的了解他吗?你准备和他交往多久?交往之后的利害在哪儿?故称为"原筮"。当然,在实际生活中,人避免不了要有些互动、外交的情况,对于所参与、涉及的团体,可能与其他团体有对立冲突,导致自己被贴标签,这就叫"不宁方来,后夫凶"。

因此,"原其所由"就是要找到自己要做这件事的理由,也就是检讨自己与所有人际关系、国际关系的"由"。"岂有躬自厚责以致变讼者乎",意思是严格地自我要求、反躬自省,思考为什么人与人之间会产生斗争冲突呢?这句话出自《论语·卫灵公》,孔子说:"躬自厚而薄责于人,则远怨矣。""躬自厚而薄责于人"就是恕道,也就是"己所不欲,勿施于人"的体贴。《易经》中以晋卦、明夷卦两卦作为"躬自厚而薄责于人"的写照,晋卦中严格地要求自己,称"自昭明德"。明夷卦是宽以待人,所以要装糊涂,叫"用晦而明"。这是君子待人接物的方式,不能要求普通人都像圣贤一样,但普通人正好相反,所以会招致那么多的麻烦。刘劭说,如果真做到了"躬自厚责",哪会有这些"变讼"的问题?

刘劭又进一步说:"皆由内恕不足,外望不已。"所谓"如心之谓恕",就是同理心的体贴。"外望",总是希望从外界获得支持、体贴,却不知道要先让别人感受到自己内心的宽恕,正所谓"所求乎朋友先施之"的道理。益卦第五爻就说:"有孚惠心,勿问,元吉。有孚惠我德。"先去想办法帮助别人、理解别人,不期待报答,自然心胸开朗、情绪平和,回馈到自己身上就是自然流露的祥和之气。一般人之所以"莫益之,或击之。立心勿恒,凶",是因为往往不能体会"益"的道理,总是想占便宜,期待别人对自己好一点,不肯去检点反省自己。"或怨彼轻我,或疾彼胜己"，有时候觉得人家瞧不起自己，有时候又因为别人奋斗的成果大过自己而心生嫉恨。这些都是刘劭点出的人性中的心病，叫"无妄之疾"。其实，正是因为"外望不已"，希望能占到便宜，自己却没有一点自省觉悟的能力，就成了痴心妄想。久而久之，"无妄之疾"就变成不可救药，成为心中的大破洞，变成心坎、坎窞。

接下来，刘劭试图化解心魔积怨："夫我薄而彼轻之，则由我曲而彼直也。"假定自己本来的德行不够，因浅薄而被人看轻是自然的，自己理屈又怎么能够怪别人？被人看轻，正好激励自己改进。"彼直"指人家的看法是没错的。"我贤而彼不知，则见轻非我咎也。"如果说我是被冤枉的，别人不知道我其实很不错，反而误会、轻视我，就是因为对方不了解我，问题在他而不在我，我有什么好难过的呢？"见轻"是被人家看轻，"非我咎也"，不是我的问题，而是别人的眼光有问题，那有什么好生气的呢？人生相知满天下，又能有几个知己呢？只要问心无愧就好。《易经》中谈"潜龙勿用"就是这个道理："不见是而无闷，乐则行之，忧则违之，确乎其不可拔，潜龙也。"心中一点都不在乎，因为真正有深度的人不一定能为一般人所理解，自然就是"则见轻非我咎也"。反过来说，若是看到别人优秀的表现，"若彼贤而处我前，则我德之未至也"。如果对方比自己更贤能，就说明自己还有努力的空间，又有什么好计较的呢？"若德钧而彼先我，则我德之近次也。夫何怨哉"，最后一种可能是指彼此势均力敌、不相上下，但目前他稍稍领先，只要稍微加把劲，就可以超越他了，要用正面的态度来鞭策自己。

冤家宜解不宜结

且两贤未别，则能让者为隽矣；争隽未别，则用力者为愈矣。是故蔺相如以回车决胜于廉颇，寇恂以不斗取贤于贾复。物势之反，乃君子所谓道也。是故君子知屈之可以为伸，故含辱而不辞；知卑让之可以胜敌，故下之而不疑。及其终极，乃转祸而为福，屈仇而为友，使怨仇不延于后嗣，而美名宣于无穷。君子之道，岂不裕乎！

【译文】

而且若两个人的德行难分优劣，那么懂得谦让的人会高人一筹；若两个人在竞争时分不出高低上下，那么更费劲的人要更疲惫且更低人一等。所以蔺相如通过回车避让的方式略胜廉颇一筹，寇恂以忍让避免与贾复争斗的方式而获得贤名。事物发展的态势往往适得其反，这是君子所体认的道理。所以，君子懂得只有屈节才可以达到伸展的目的，因此能在遭遇挫折羞辱时欢喜地承受。君子懂得卑辞谦让可以胜过对手，所以甘居人下时毫不迟疑。然而等到最终的结果，就是转祸为福、化敌为友，使怨恨不致延及后代，而将谦让的美名永远地传播出去。君子所说的道理，正是指心胸宽大啊！

【现代解读】

刘劭注意到，两强相争时，以蔺相如和廉颇为例，历史的定论是蔺相如胜过廉颇。社会公评之所以会认为廉颇器量狭小而蔺相如能体察大局，主要是因为蔺相如"能让"，是以能够谦让的人为脱颖而出的"隽"，即"且两贤未别，则能让者为隽矣"。一个能谦懂让的人，就算和对方的实力差不多，结果仍略胜一筹。"争隽未别，则用力者为愈矣"，这句话可以用"瑜亮情结"来说明，周瑜在这一点上就不如诸葛亮，最后被诸葛亮气死了。"争隽"是在竞争时的评价，"未别"，还不能分出高下，无分轩轾时。"则用力者为愈矣"，拼了老命要去争那一口气的人，人家始终认为他是低一个档次的。所以，越是费劲，越咬牙切齿，最后疲惫不堪地累个半死，还是会被人家认为器量不如人，越想争到手，越是落空。再举一个例子，清朝湘军里有"曾左之争"，就是左宗棠跟曾国藩争排名。当时左宗棠恃才傲物，他觉得论文论武都不会输给曾国藩，因此左宗棠私底下跟幕僚讲，曾国藩一天到晚打败仗，我却战无不胜，可是为什么社会上的评价都是"曾左"，不说"左曾"呢？身旁的幕僚就提醒，曾国藩心中没有排序的问题，他想的是更重要的事。所以，一天到晚就想争第一，彼此在想法上没有交集，自然是"用力者为愈矣"，吃力不讨好，反而让人看出其器量狭小。后来曾国藩去世，左宗棠在所赠挽联上承认自己的佩服："谋国之忠，知人之明，自愧不如元辅；同心若金，攻错若石，相期无负平生。"

《易经》既济卦三爻称"高宗伐鬼方，三年克之。小人勿用"，其中"三年克之"就叫"愈"。心里时时刻刻挂念着，得多累啊！天山遁卦的第三爻："系遁，有疾厉。"若不改变"畜臣妾，吉"的宽心善待，就会"系遁之厉，有疾愈也"。城府深的人，心里装太多东西，千算万算怎能不累？舒坦一点不好吗？机关算尽，再聪明也一定会有算不到的地方，所以"愈之于心"，就是"则用力者为愈矣"，这是用力、用智，却不懂得用德。

"是故蔺相如以回车决胜于廉颇，寇恂以不斗取贤于贾复。""回车"就是避让，蔺相如在大街上远远看见廉颇的车驾，自动回避到小巷子里。"寇恂以不斗取贤于贾复"，"不斗"就是不争。这一对冤家，最后劳烦东汉光武帝来劝和。故事是寇恂与贾复有心结，本来贾复想要让寇恂难堪，寇恂识得大体而巧妙化解，并阻止手下意气用事。也因此，无论当代或后世，都认为寇恂贤于贾复。"物势之反，乃君子所谓道也"，刘劭点出这个现象，人越争越没有，越不争越有，与《老子》中所谓"反者，道之动；弱者，道之用""夫惟不争，故天下莫能与之争""圣人不积，既以为人己愈有，既以与人己愈多"相呼应，这就是"布施"的概念。政治也是如此，越是压迫，反弹就越大，反而是在放开手时，局面会大不相同，这是君子所体认的道理。

"是故君子知屈之可以为伸，故含辱而不辞。"大丈夫能屈能伸，《周易·系辞传》中有："尺蠖之屈，以求信（同伸）也。龙蛇之蛰，以存身也。精义入神，以致用也。利用安身，以崇德也。过此以往，未之或知也。穷神知化，德之盛也。""穷神知化"不是用理论去探讨，用概念去分析的，必要有盛德才能领悟。换句话说，"盛德"才是"穷神知化"的关键，前面的动作是为了蓄积能量。刘劭用"君子知屈之可以为伸，故含辱而不辞"提醒人要有含章括囊、忍辱包羞的修养，在遭遇挫折和羞辱时，正好锻炼心志，不能屈、不忍辱又怎么能精进呢？"不辞"，指欢喜地承受。"知卑让之可以胜敌，故下之而不疑"，"卑让"是最强的武器，"甘居人下"就不会成为被棒打的出头鸟。"及其终极，乃转祸而为福，屈仇而为友"，凡事看结果，若能"谦，亨。君子有终"，最后能转祸为福、化敌为友，又何必计较过程中的委屈呢？避开了可能的冲突和仇怨，日子不就过得舒坦了嘛！廉颇跟蔺相如的"将相和"就是最好的例子。《老子》中讲"祸福相倚"，福里埋了祸根，祸里藏了福因，所以用"让"来转祸为福、趋吉避凶、化屈仇而为友，使怨恨不延及后嗣。历史上有许多事件都祸及子孙，让仇恨一代一代往下传递，以致冤冤相报，形成恶性循环。如果能够"赦过宥罪"，使"睽、蹇"得"解"，实在是"善莫大焉"。若是将冤仇、怨恨延及后嗣，就叫"余殃"。《周易·系辞传》中提道："积善之家必有余庆，积不善之家必有余殃。"所以坤卦中的广大众民，必能"厚德载物"，不然贻害无穷啊！"父"与"爻"就是这个意思，"爻"代表每个时代的问题、记录，而"父"则是"爻"上半部的"乂"解开了，不延及后嗣。每个时代有每个时代的挑战，要在当时完成其时代使命，"而美名宣于无穷"，将谦让的美名永远流传下去。

"君子之道，岂不裕乎！""裕"代表宽裕、余裕，形容心胸宽大为怀。"裕"在益卦中是关键字，《周易·系辞传》中谈益卦为"德之裕"，指的是"长裕而不设"，不是一天到晚巧用机关，搞得自己疲惫不堪。"设"是设计、算计，"长裕而不设"就是能维持长久的心宽，永远有空间、余地。正所谓"退一步海阔天空"，都往前争就是"晋其角"，在蜗牛角上也发生过战争呢！《庄子·则阳》中就有："有国于蜗之左角者曰触氏，有国于蜗之右角者曰蛮氏，时相与争地而战，伏尸数万，逐北旬有五日而后反。"在那么一点点大的寸土之地上争斗、仇杀，实在太具讽刺的意味了。

且君子能受纤微之小嫌，故无变斗之大讼；小人不能忍小忿之故，终有赫赫之败辱。怨在微而下之，犹可以为谦德也；变在萌而争之，则祸成而不救矣。是故陈馀以张耳之变，卒受离身之害；彭宠以朱浮之郤，终有覆亡之祸。祸福之机，可不慎哉！

【译文】

而且君子能忍受小小的嫌隙、猜忌，所以不会让嫌隙变成大斗的讼争。小人不能忍受小小的怨愤，最终会招致极大的失败和屈辱。无心之失所造成的细小的怨恨，可以用谦让的态度来化解它。变化还在萌芽阶段就拼命去争、去煽风点火，等到事态扩大，就算要挽回也难了。所以，陈馀与张耳之间有隙，最终遭受身首分离的灾祸；彭宠与朱浮有矛盾，最终遭受全家覆灭的下场。福祸之间的变换，不可不真心且谨慎啊！

【现代解读】

"且君子能受纤微之小嫌，故无变斗之大讼。"很多"变斗大讼"大都是由"纤微小嫌"日积月累而发展成的。正所谓"积善成德，积恶灭身"，噬嗑卦中的斗争就是这样来的。刚开始是"屦校灭趾"，可发展到后来就成了"祸大而不可解，罪大而不可解"，所以"何校灭耳"。讼卦初爻要人"小有言"时就算了，那是纤微之小嫌，要是抓着不放，仇隙会变大的，像病毒一样吞噬人体机能，成为"变斗之大讼"，想要化解就不容易了，必要能承受、忍辱，也就是《易经》说的"包承、包羞"。"小人不能忍小忿之故，终有赫赫之败辱"，反过来说，不能"忍小忿"就"乱大谋"，以致千古以来都知道你做人的失败与事业的失败。《论语·子路》中孔子说："无欲速，无见小利。欲速，则不达；见小利，则大事不成。"需卦上爻："有不速之客三人来，敬之终吉。"就是谈化敌为友，对应三爻的对立仇敌关系"需于泥，致寇至"。《小象传》中呼应上爻"自我致寇，敬慎不败"，发展到了上爻，由"寇"变成"客"，《小象传》中由"敬慎不败"变成"敬之终吉"，把敌我矛盾化解成主客关系。

"怨在微而下之，犹可以为谦德也；变在萌而争之，则祸成而不救矣。"人生中很难不与人发生冲突，甚至有时候是莫名其妙结下的仇怨，也许只是一句话说得不对，让人在心中发酵一辈子，这就是"怨在微"的隐微不显。这种无心之失可以用谦下、退让来化解，即"犹可以为谦德也"。这就是《老子》中所讲的"报怨以德"的逻辑，并不是任何怨都要"报怨以德"，而是将不值得计较的事用"德"来化解，不让"怨"继续增长。因此才有"大小多少，报怨以德。图难于其易，为大于其细；天下难事，必作于易，天下大事，必作于细"，其中"大小多少"，就是要人把小事放大来看，把少的当成多的来看，在"霜"的时候就把它当作"冰"来看，在萌芽时就把它化解掉，这才是圣人的智慧。一旦结下"怨"，毒害和破坏的力道就很强。历史上伍子胥心中的怨毒不是很可怕吗？雪恨鞭尸，自己临老也挨了一刀，所以司马迁感叹："怨毒之于人甚矣哉！"复仇思想成为个人成败的两面刃。"变在萌而争之，则祸成而不救矣"，当变化还在萌芽阶段，还不知道未来会怎么样的时候，就拼命去争、去煽风点火，等到事态扩大，就算要挽回也难了。

"是故陈馀以张耳之变，卒受离身之害；彭宠以朱浮之郄，终有覆亡之祸。祸福之机，可不慎哉！"刘劭又举了楚汉之争的历史典故，一个例子是前面介绍过的陈馀与张耳的故事，这两个人原本是生死之交，到最后因为心生嫌隙，走到你杀我、我杀你的地步。《史记》中司马迁专门为这两个人写了《张耳陈馀列传》，用这一对好朋友的例子，让人看清交朋友能善终者寡。两个人最后闹翻了，从至交变成仇敌。"离身"指身体分离，遭到分尸般的杀戮。另一个例子是彭宠、朱浮的故事，东汉光武帝时期，刘秀手下这两位大将间的嫌隙导致彭宠叛变，杀朱浮自立为王。"郄"指缝隙，因为没有及时弥补，使得原来一点点的不愉快慢慢扩大，若再加上有人挑拨离间，彼此就越来越不能合拍。一点点的不愉快导致"覆亡之祸"，所以刘劭才说"一时争"引来如此严重的结果，能不小心吗？读《易经》就是研究"机"，最后是转祸为福，还是福转成祸。"福""祸"都和祭祀有关，所以是"示"字旁。"慎"，不只是小心，也代表着真心。心越真，自然越谨慎。世事险恶，经过人生风浪之后，最后还能够保持真心很不容易。坤卦中谈到"直、方、大，不习，无不利"，这不是不知道世事险恶，是指若换了新的角度和高度来看人生，就能保持真心不动。若是因为挫折或其他原因，出卖了自己的真心，那就太不值得了。

谦让不争的大智慧

是故君子之求胜也，以推让为利锐，以自修为棚橹。静则闭嘿泯之玄门，动则由恭顺之通路。是以战胜而争不形，敌服而怨不构。若然者，悔吝不存于声色，夫何显争之有哉？彼显争者，必自以为贤人，而人以为险诐者。实无险德，则无可毁之义。若信有险德，又何可与讼乎？险而与之讼，是枻兕而撄虎，其可乎？怒而害人，亦必矣！《易》曰："险而违者，讼。讼必有众起。"《老子》曰："夫惟不争，故天下莫能与之争。"是故君子以争途之不可由也。

【译文】

因此君子求胜的方法，是把对人的谦让当作最锋利的武器，把自身的修养当作攻城的器械。静止时不轻易露出情绪，不发一言，采取行动时，则用恭敬顺从作为手段，通达道路。所以无形之中就取得胜利了，而且胜得让人家心服口服，不构成怨恨。如果是这样，脸上就没有悔恨之色，又怎么会发生争端呢？采用公开的方式跟人家一较高下的人，必然自以为贤能，别人却认为他是奸诈、阴险的人。要是没有彰显出来，就没有可以被批评、造谣的攻讦点，别人想生是非也无从下手。如果真是一个阴险狡诈之人，那还怎么跟人家争论呢？明明自身阴险狡诈却与他人争论，就好像用木笼来关犀牛或捋老虎的胡须，这样做是很危险的，这怎么可以呢？一旦发怒就会伤害自己，这是必然的。《易经》说："为人阴险而又固执，就会引起争论，一旦争论起来，就会越闹越大，最终引发争斗。"《老子》说："正是因为他谦让而不和别人争，所以天下没有人能够与之争的。"所以君子认为争执之路是不可行的。

【现代解读】

"是故君子之求胜也，以推让为利锐，以自修为棚橹。"君子以求胜为目的，但最好用"谦"来得胜，正所谓"夫惟不争，故天下莫能与之争"。"君子之求胜"，目的是"常胜"，这和《孙子兵法》中讲的"全胜"有异曲同工之妙，就是要保全自己的同时保全敌人，正所谓"不战而屈人之兵"。所以"以推让为利锐，以自修为棚橹"，最锋利的武器就是"谦让"，而"棚橹"指攻城的器械。人要靠自己的修行和对人的谦让，打造攻城、攻心的利器。"静则闭嘿泯之玄门，动则由恭顺之通路"，这一句完全是老子的理路，不仅是要人"少说一句"，连表情容色都要"闭"，不轻易显露情绪，没有人能搞清楚你在想什么。反过来说，一旦采取行动，就算发动攻势，也要以"恭顺"作为手段，打通人与人之间的沟通渠道，才符合大畜卦中"何天之衢"的最高境界。

"是以战胜而争不形，敌服而怨不构。"在你赢的时候，人家没看懂你的招数，更别说争夺、争斗了。"不形"就是无形，也是《孙子兵法》的最高境界，没人看懂就赢了，赢得让人心服口服，又怎么会结怨？"构怨"是最可怕的，怨上加怨，就像盖了一栋"怨"的高楼，一层又一层。人在"构怨"的情况下，任何事情都可以"依托于事饰成端末"，等待时机就会爆发出来。"若然者，悔吝不存于声色，夫何显争之有哉"，"吝"出自《易经》的观念，《中庸》在最后也讲：

《诗》曰："予怀明德，不大声以色。"子曰："声色之于以化民，末也。"

《诗》曰："德辅如毛。"毛犹有伦；"上天之载，无声无臭"，至矣！

以"声色之于以化民"是"末",最高境界都是静悄悄的,无声无形。如果能做到"悔吝不存于声色",又何必到台面上来竞争呢?这就是"不争之争",源于谦卦,是最上乘的竞争力,能得善终。

"彼显争者,必自以为贤人,而人以为险诐者。"相反,"显争"的人,采用公开的方式跟人家一较高下,一定是感觉有几成胜算,怎么看都觉得自己比较好,即"必自以为贤人"。可是人家不这么看你,"而人以为险诐者",认为你是奸诈、阴险的人。"实无险德,则无可毁之义",要是你没有彰显出来,就没有可以被批评、造谣的攻讦点,别人想生是非也无从下手。"若信有险德,又何可与讼乎",如果你真的像人家批评的那样,是一个阴险狡诈之人,那你还跟人家争什么呢?这是明明白白的事实啊!"险而与之讼,是柙兕而撄虎,其可乎?怒而害人,亦必矣","险而与之讼"是讼卦的意思,正所谓"天与水违行,讼。君子以作事谋始"。讼卦下卦为"坎",作为险恶之象,如果身处险境还与人兴讼,人家的推论并非没有根据地冤枉你。要不是心中另有盘算,自身都难保,又怎么会有精力、心神和人家争?"柙"是木笼,"兕"是野牛。用木笼来关野牛,能关得住吗?"撄",此为捋虎须,有戏弄之意。"柙兕而撄虎",此处比喻冒很大的风险去做事。履卦中六三谈"眇能视,跛能履,履虎尾,咥人凶。武人为于大君",也是比喻凶险的情境,跛脚加上独眼,看不清又跑不快,却敢去踩老虎的尾巴,不是等着被咬死吗?"怒而害人,亦必矣",把野牛、猛虎惹怒了,就会反噬自己。《庄子·人间世》有讲养虎的故事:"虎之与人异类而媚养己者,顺也;故其杀者,逆也。"要是逆其性,就会引起老虎的杀机。另外,千万不要以为目前能够压制,往后就可以相安无事、永保吉祥,像商纣把周文王关在羑里七年,后来商朝还是被周朝灭亡了,这是更深一层的考虑。

《易》曰:'险而违者,讼。讼必有众起。'"《易经》中的原文并没有"险而违者",《象传》中提到"险而健,讼",是取下"坎"险而上"乾"健之象。刘劭应该是取《大象传》之意,由"天与水违行,讼"来发挥,不过意思差不多。《序卦传》说:"讼必有众起,故受之以师,师者,众也。"要是吵起来就会越来越扩大，闹到要打起来了，这些都是刘劭从经典中所阐释的立论。"是故君子以争途之不可由也"，所以有智慧的人认为世俗相争的路子是绝对不能走的。

是以越俗乘高，独行于三等之上。何谓三等？
大无功而自矜，一等；有功而伐之，二等；功大而不伐，三等。
愚而好胜，一等；贤而尚人，二等；贤而能让，三等。
缓己急人，一等；急己急人，二等；急己宽人，三等。

【译文】

所以君子超越世俗的见解，出手、见识显得高明，特立独行于三等人中的上等。什么是三等？

没有功劳却骄傲自大的，属于第一等；有些功绩却自以为是的，属于第二等；功劳很大却不自夸的，属于第三等。

愚钝却争强好胜的，属于第一等；有贤能却高高在上的，属于第二等；有贤能又能谦让别人的，属于第三等。

对自己宽松却对他人严格的，属于第一等；对自己和别人都很严格的，属于第二等；对自己很严格却对别人宽宏大量的，属于第三等。

【现代解读】

"是以越俗乘高，独行于三等之上。"刘劭最后把人分成三个等级，一一比较。"越俗乘高"，指的是超过世俗的见解，出手、见识显得高明，就要先提升自己本身的高度。好比艮卦中上爻"敦艮，吉"，已经登到巅峰，才能不落俗套。"独"有独立不惧、"慎独"的意思，人越是有特色、有想法，行事越与众不同。"何谓三等？"第一种分类法，第一等是"大无功而自矜"，这是最下等的，讲的是根本没什么功劳，居然骄傲。第二等是"有功而伐之"，虽然有些成绩，但自以为了不起，这就局限了个人的发展和眼界。第三等是"功大而不伐"，这是最上等的，也就是"劳谦君子，有终，吉"。

第二种分类法同样将人分为三等，第一等是"愚而好胜"，不管人的资质如何，都讨厌"输的感觉"，不但能力不足，而且事事想抢在人家前头，自曝其短，这种人是最劣等的。第二等是"贤而尚人"，"尚人"就是居于人上，领先别人的意思。虽然有能力，也表现得不错，但总是让人觉得高高在上、高人一等，因此只能算第二等人。最上等的表现是"贤而能让"，就是能力才智超群，成绩也不错，却能够把成果推让给其他人，将荣耀与人，这就是"功成不居"的意思。

第三种分类法中，第一等是"缓己急人"，这里说的"缓、急"是就个人的改过进修而言，"缓"是慢慢来，"急"是急着要批评、攻击。"缓己急人"是对自己宽容，但是对别人严苛，有"宽以待己"却"严以责人"的意思。在挑别人毛病时严格得不得了，对自己的弱点、过错就宽缓、宽待，这种人最糊涂，器量最小。第二等是"急己急人"，不论是自己或别人犯错，都要求赶快把它改正过来。这种人的正义感很强，但在人际关系方面的考虑或许不足。最上等的人是"急己宽人"，对自己的过错绝对不放过，对别人的错误却尽量地宽宏大量，这才是"严以律己，宽以待人"的表现，也是最难得的表现。

凡此数者，皆道之奇，物之变也。三变而后得之，故人莫能及也。夫惟知道通变者，然后能处之。是故孟之反以不伐获圣人之誉，管叔以辞赏受嘉重之赐。夫岂诡遇以求之哉？乃纯德自然之所合也。

【译文】

以上说的这三等，都是造物者的变化、宇宙的奇迹，是逐步进化而来的。经过三等变化后而独行于上等的境界，这是一般人所不能做到的。只有通晓人生修为是循序渐进、由内而外、由下而上的，才更能看清世道的变化，处在上等的位置。所以孟之反不自夸而受到孔子的称赞，管宁多次推辞出仕而受到厚重的赞赏。怎么能说是用不正当的手段求取发展的机会？这是纯正的道德自然而发且相吻合的结果。

【现代解读】

"凡此数者，皆道之奇，物之变也。"虽然刘劭认为人分三等，但是自下而上的各类人等，都是造物者的变化、宇宙的奇迹，也是逐步进化而来的，从第一等、第二等再到第三等。"物"包括种种的人、事，好比《易经》中谈"始、壮、究"一样，不断地超越过去，慢慢地向高处进修。"三变而后得之，故人莫能及也"，当修行不断进阶，经历初、中、高三次器质的变化，才慢慢懂得要找自己的过错，而不是一天到晚挑人家的毛病，也就是前面提到晋卦跟明夷卦所谓"躬自厚而薄责于人"的道理。"故人莫能及也"，是说一般人做不到这一点，得循序渐进、慢慢来，没有办法一蹴可及。

"夫惟知道通变者，然后能处之。"明白了人生修为得循序渐进、由内而外、由下而上的道理，就能越来越看清世事的变化，也才能真正地安定平静。"是故孟之反以不伐获圣人之誉，管叔以辞赏受嘉重之赐"，孟之反的故事在《论语·雍也》中曾出现过：

子曰："孟之反不伐，奔而殿。将入门，策其马，曰：'非敢后也，马不进也。'"

孟之反在打败仗撤退时，他一个人跑在队伍后面掩护众人撤退，事后大家夸他胆子大、能断后。他说，我不是胆子大，而是马疲惫了跑不动的缘故啊！孟之反因谦虚而受到孔子的赞扬，刘劭因此称他"以不伐获圣人之誉"。"管叔以辞赏受嘉重之赐"，"管叔"指东汉时的管宁，他多次在被邀请出仕时敬谢不敏。《世说新语》中有"割席断义"，记录的就是管宁和华歆的故事。"夫岂诡遇以求之哉？乃纯德自然之所合也"，"诡遇"指用不正当的手段求取发展的机会，《易经》姤卦谈"诡遇"，利用创造出来的偶然机遇，配合不正常的手段往上攀附。这对看清世情的人来说，所有反应都符合性格中的表现，即"乃纯德自然之所合也"。

彼君子知自损之为益，故功一而美二；小人不知自益之为损，故一伐而并失。由此论之，则不伐者伐之也，不争者争之也，让敌者胜之也，下众者上之也。君子诚能睹争途之名险，独乘高于玄路，则光晖焕而日新，德声伦于古人矣。

【译文】
君子懂得越是自我贬损，反而越能获得益处，因此还能得到"谦"的美名；而小人不懂得越想获得好处越会损失得更多，连原本的成绩都被抹杀了。由此说来，越不自夸的人，越会受到夸赞。越不爱争名夺利的人，越会赢得好的名声。谦让对手更加容易战胜对手，处在众人之下最终是为了处于众人之上。君子如果能看到争竞之路的凶险，采取不同于世俗的思维模式，独自超脱于世俗达到玄远的境界，就会光芒四射、日新月异，品德和声誉等同于古代的圣贤。

【现代解读】
"彼君子知自损之为益，故功一而美二；小人不知自益之为损，故一伐而并失。"君子越是自我贬损，反而越能成功受益，且得到"谦"的美名。反过来，小人越想获得好处，偏偏损失越多，连原本一点点的成绩都被抹杀，这多半是急于彰显而引人反感的结果。"由此论之，则不伐者伐之也，不争者争之也"，从这个角度来看，越不夸大争名的人，其实越懂得夸大争名的手段，正所谓"让敌者胜之也，下众者上之也"，完全是《老子》中的处世之道。"君子诚能睹争途之名险，独乘高于玄路，则光晖焕而日新，德声伦于古人矣"，相争则险，采取不同于世俗的思维模式，才能体认到经典中圣贤的启发。